LA MÉDITERRANÉE D'UNE RIVE À L'AUTRE : CULTURE CLASSIQUE ET CULTURES PÉRIPHÉRIQUES

CAHIERS DE LA VILLA « KÉRYLOS », N° 18
BEAULIEU-SUR-MER (ALPES-MARITIMES)

COLLOQUE

LA MÉDITERRANÉE D'UNE RIVE À L'AUTRE : CULTURE CLASSIQUE ET CULTURES PÉRIPHÉRIQUES

ACTES

André LARONDE et Jean LECLANT éd.

PARIS
DIFFUSION DE BOCCARD
11, rue de Médicis
2007

ISSN : 1275-6229
EAN : 978-2-87754-194-7

LA MÉDITERRANÉE D'UNE RIVE À L'AUTRE : CULTURE CLASSIQUE ET CULTURES PÉRIPHÉRIQUES

Actes du 17e colloque
de la Villa Kérylos
à
Beaulieu-sur-Mer
les 20 & 21 octobre 2006

Sous le haut patronage de

Monsieur Gilles de ROBIEN
Ministre de l'Éducation nationale, de l'Enseignement supérieur et de la Recherche

Monsieur Renaud DONNEDIEU de VABRES
Ministre de la Culture et de la Communication

Sous la présidence d'honneur de

Monsieur Gabriel de BROGLIE
Chancelier de l'Institut de France

Monsieur Dominique VIAN
Préfet des Alpes-Maritimes

Sous la présidence de

Monsieur Jean LECLANT
Conservateur de la Villa Kérylos
Secrétaire perpétuel de l'Académie des Inscriptions et Belles-Lettres

Monsieur André LARONDE
Membre de l'Académie des Inscriptions et Belles-Lettres

ALLOCUTION D'OUVERTURE

Monsieur le chancelier de l'Institut de France,
Monsieur le représentant du préfet,
Monsieur l'ambassadeur de France près la Principauté de Monaco,
Madame l'ambassadeur, directeur des Archives du ministère des Affaires étrangères,
Monsieur le consul honoraire de Grèce,
Monsieur le recteur et ses adjoints,
Bien chers confrères,
Mes chers collègues,
Mesdames, Messieurs, chers amis,

C'est un honneur et une grande joie pour moi, en tant que conservateur de la Villa Kérylos, ce joyau de la Côte d'Azur, propriété de la Fondation Théodore Reinach de l'Institut de France, de vous accueillir pour ces deux journées, notre XVIIe colloque, organisé grâce aux efforts de mon confrère et ami le professeur André Laronde, et des services de l'Institut de France, en particulier de M. Éric Peuchot et de Mme Camille Bouvier, que je tiens d'emblée à remercier.

Je voudrais particulièrement saluer la présence parmi nous de notre chancelier Gabriel de Broglie, qui, dès cette première année dans cette lourde charge, veut bien venir participer à nos travaux. Ma gratitude s'adresse aussi à notre nouveau préfet M. Dominique Vian, qui recevra les membres du colloque ce soir dans le Palais, vraiment royal, qui est celui de la Préfecture des Alpes maritimes à Nice.

Pensant que la plupart d'entre vous, vous aurez pratiqué la série des Cahiers de Kérylos où, d'année en année, sont publiés les actes de nos réunions annuelles et que vous connaissez ainsi tant la Villa que la personnalité des trois frères Reinach (les « frères Je Sais Tout », J. comme Joseph, S. comme Salomon, T. comme Théodore), je me contenterai de vous rappeler comment ce dernier, né à Saint-Germain-en-Laye en 1860, benjamin d'une famille de banquiers de

Francfort installés en France sous la Monarchie de Juillet, après des études remarquablement brillantes et précoces, obtint vite un double doctorat (une thèse de droit sur « l'état de siège » – et une autre en lettres sur « Mithridate Eupator ») ; tout à la fois helléniste et hébraïsant, archéologue, papyrologue, épigraphiste, philologue, numismate, musicologue, il commente la constitution d'Athènes (traité d'Aristote), s'intéresse aux sarcophages lyciens, participe aux fouilles de Delphes, déchiffre le système de notation musical grec, retranscrivant les hymnes à Apollon harmonisés à sa demande par Gabriel Fauré ; reçu à l'Académie des Inscriptions et Belles-Lettres en 1909, il sera député de la Savoie de 1906 à 1914, professeur à la Sorbonne puis au Collège de France, directeur de la *Gazette des Beaux-Arts*.

En 1900, il avait acquis un terrain à la Pointe des Fourmis (cap de Beaulieu-sur-Mer). Comme vous pourrez en juger vous-mêmes, le site est éminemment évocateur de l'Hellade, entre l'azur du ciel et le bleu des flots, sous l'extraordinaire lumière méditerranéenne. Avec son ami l'architecte Emmanuel Pontremoli, petit-fils d'un rabbin originaire du Piémont, qui avait remporté le grand prix de Rome et travaillé sur les chantiers de fouilles en Asie Mineure (à Pergame et Didymes), il décide de faire édifier la présente Villa à la grecque ; il la nomme « Kérylos », une sorte de martin-pêcheur, l'hirondelle des mers, citée dans une glose rare.

Le bâtiment s'inspire des demeures de l'île de Délos ; en arrière-fonds se dressent les grands falaises d'Èze, rappelant les roches Phaïdriades de Delphes. A la décoration participèrent les meilleurs artistes et artisans du faubourg Saint-Antoine : A. Karbowsky et Gustave-Louis Gaulmes pour les fresques copiées de scènes antiques (des vases grecs, en particulier du grand recueil de Furtwängler), et l'ébéniste parisien Bettenfeld, pour les tentures Écochard. La réalisation de cette œuvre – on parle de sept ou huit millions de francs or – fut rendue possible par la fortune de l'épouse de Théodore Reinach, Fanny Kann, légataire universelle de ses oncles Charles et Jules Ephrussi, grands amateurs d'art, d'une famille de financiers originaires d'Odessa.

Théodore Reinach a été très présent dans sa Villa Kérylos, y menant une vie tout à la fois érudite et mondaine, recevant auteurs et ministres, savants, musiciens célèbres (Gabriel Fauré y joua sur le piano Pleyel : « Pleyel époiésé », lit-on en caractères grecs sur l'instrument conservé dans une pièce voisine). En 1928, Théodore Reinach, qui se plaisait à travailler dans sa bibliothèque sur un pupitre face à la mer, décéda brusquement.

Son testament confiait la Villa à l'Institut de France. La gestion d'un tel bâtiment entraîne évidemment de lourds frais d'entretien : les façades soumises de plein fouet au climat marin, les huisseries, les terrasses nécessitent des réfections constantes ; ainsi, au cours des récentes années, a-t-il fallu refaire tous les enduits, tâche menée à bien par M. Pierre-Antoine Gatier, architecte des Monuments historiques auquel s'adressent nos compliments. Aussi, depuis 2002, la gestion a-t-elle été confiée par une délégation de service public au groupe « Culture-Espace », en précisant que soit respectée la vocation culturelle de cette réalisation exceptionnelle de la tradition humaniste ; je remercie l'actuel administrateur, M. Pacôme de Gallifet, pour sa coopération. Aux compliments adressés à tous ceux qui nous aident dans une tâche commune, je voudrais encore ajouter ceux que je forme à l'intention de l'Association des Amis de la Villa Kérylos et en particulier à son président le professeur J.-P. Weiss et aux membres de son Bureau si soucieux de veiller au prestige et à l'action de notre joyau.

Vous allez pouvoir à loisir découvrir cette splendide Villa et admirer ses merveilles. Je vous signale qu'une galerie a été aménagée en sous-sol au ras des flots, offrant un espace d'exposition magnifiquement éclairé ; vous y trouverez actuellement une présentation de compositions sur les grands sites antiques due à l'archéologue Jean-Claude Golvin, sous le titre « Voyage autour de la Méditerranée antique ». Parcourez aussi le jardin, avec ses plantes et ses arbres tous caractéristiques de la Méditerranée ancienne, accompagnés de notices instructives dues à la savante spécialiste de la botanique grecque Mme Suzanne Amigues : elles résument les caractéristiques botaniques, les utilisations pratiques, la valeur mythologique de ces diverses espèces.

Enfin vous aurez peut-être remarqué, avant de pénétrer dans la Villa elle-même, un petit auvent qui abrite trois panneaux sous vitrines : ils représentent des guirlandes de feuilles et de fruits. Acquis à une vente publique en 1903 par Théodore Reinach, ils proviennent du péristyle de la Villa de Publius Fannius Synistor à Boscoreale ; ces décors du IIe style pompéien, de très bonne facture, peuvent être datés du milieu du Ier siècle av. J.-C. Je regrette beaucoup que Mme Alix Barbet, qui a identifié ces peintures et en a entrepris l'étude, ne puisse être aujourd'hui parmi nous ; elle nous a promis de venir lors d'un prochain colloque nous présenter les résultats de son enquête.

Depuis 1990 la Villa s'est affirmée comme un centre très vivant de culture et d'humanisme. A la suite de Bernard Chenot, le regretté secrétaire perpétuel de l'Académie des Sciences morales et politiques, alors conservateur de Kérylos, je me suis efforcé de susciter des expositions et d'organiser annuellement une suite de colloques, selon deux thèmes majeurs : l'hellénisme d'une part et la Méditerranée, mer éblouissante, mère des civilisations, d'autre part. Nous y réunissons d'éminents spécialistes pouvant faire profiter de leur expérience un large public cultivé.

Si la Villa constitue vraiment « un temple de l'âme hellénique », comme l'a définie Jacqueline de Romilly, nous ne pouvons cependant manquer de nous intéresser aux problèmes méditerranéens. C'est ainsi que cette année nous reviendrons à considérer l'ensemble de ses rives et à examiner de divers points de vue les relations entre les cultures qui s'y sont épanouies. A plusieurs reprises en effet nous nous étions déjà confrontés aux « problèmes Nord-Sud » : quels sont les contacts d'un bord à l'autre ? La Méditerranée, lieu de rencontre par excellence, ne peut-elle parfois constituer une barrière ? Espace par excellence de la culture classique, ne convient-il pas d'examiner les rapports de celle-ci avec d'autres cultures de la périphérie ? En particulier ne faut-il pas s'arrêter à la Méditerranée orientale : quelles furent les interactions entre le monde de l'Orient antique (les civilisations sémitiques, le judaïsme) et l'hellénisme ? Notre V^e^ colloque en 1994 s'intitulait « Entre Égypte et Grèce », le VIIe en 1996 avait jeté ses regards successivement sur l'Afrique ancienne, puis sur l'islam, le IXe en 1999 sur Alexandrie la cosmopolite.

Cette fois c'est notre confrère le professeur André Laronde, l'un des maîtres de nos études helléniques, également infatigable voyageur, qui a bien voulu nous mener à travers la Méditerranée d'une rive à l'autre, invitant une quinzaine de spécialistes à nous faire profiter de leur érudition, examinant problèmes et éléments de réponse. Si plusieurs sont des membres et des correspondants de notre Académie des Inscriptions et Belles-Lettres, c'est en fait l'ensemble de l'Institut de France qui participe ainsi à la vie de la Villa Kérylos. Le VIe colloque en 1995 avait été mené en association étroite avec l'Académie des Beaux-Arts ; à la dernière réunion, celle de 2005, avait participé l'Académie des Sciences, avec l'un de ses secrétaires perpétuels. Aujourd'hui le chancelier lui-même, membre tout à la fois de l'Académie française et de l'Académie des Sciences morales et politiques, nous honore de sa présence. L'Académie française participe aussi à la réunion en la personne de son éminent secrétaire perpétuel, Mme Hélène Carrère d'Encausse, qui pendant des années a fait profiter de son enseignement tant de jeunes historiens, de chercheurs et d'étudiants des sciences politiques. Quant à l'Académie des Sciences morales et politiques, elle est représentée par le professeur Jean Baechler, auquel me lie une longue amitié, depuis les temps anciens où je professais à l'Université de Strasbourg.

Avant de céder la parole à mon confrère André Laronde, je voudrais encore vous présenter les actes du XVIe colloque, *L'homme face aux calamités naturelles dans l'Antiquité et au Moyen Âge*, c'est-à-dire le colloque de l'an dernier, puisque nous maintenons la tradition de publier nos actes dans le délai vraiment exceptionnel de moins d'une année, ce qui tient de l'exploit éditorial. Je tiens donc à remercier tout particulièrement notre secrétaire général M. Hervé Danesi, agrégé d'histoire, qui depuis quelque dix années assure avec un dévouement constant et une efficacité admirable l'édition des Cahiers de la Villa Kérylos.

De la Sorbonne, de l'École pratique des Hautes Études, des Universités de Strasbourg, du Mans, de Dijon, d'Aix, vous êtes venus, chers collègues et amis, dans ce trésor de la Côte d'Azur de la Belle Époque. Veuillez tous accepter mes vœux les plus ardents d'excellent et très fructueux séjour à la Villa grecque Kérylos.

Jean LECLANT
Secrétaire perpétuel
de l'Académie des Inscriptions et Belles-Lettres
Conservateur de la Villa Kérylos

PRÉSENTATION DU COLLOQUE

Monsieur le chancelier de l'Institut,
Madame et Monsieur les secrétaires perpétuels,
Monsieur l'ambassadeur de France à Monaco,
Monsieur le consul de Grèce à Monaco,
Monsieur le recteur,
Mes chers confrères,
Mes chers collègues,
Mesdames et Messieurs,

Hérodote nous rapporte la réponse que les Athéniens firent au roi Alexandre de Macédoine, puis aux Spartiates, lorsqu'en 480 av. J.-C., après la victoire de Salamine, alors qu'Athènes était toujours aux mains des Perses, ceux-ci cherchèrent à composer avec eux. Le refus des Athéniens était sans équivoque, et de plus ceux-ci étaient indignés que les Spartiates aient pu douter de leur détermination à résister. Hérodote plaça alors dans le discours athénien une définition de l'hellénisme qui est devenue à bon droit célèbre : « ce qui fait de nous des Grecs, (c'est) même sang et même langue, sanctuaires et sacrifices communs, unité de mœurs. »[1]

Cette définition remonte au temps où Hérodote rédigeait ses *Histoires*, dans le troisième quart du ve siècle. Il est révélateur que l'historien fasse appel à des notions de civilisation, alors que la référence politique manque totalement. Ce choix n'a rien de surprenant. Le monde grec n'a jamais conçu, fût-ce à titre d'utopie, une entité politique qui aurait supplanté les cités. Celles-ci pouvaient être des métropoles en vieille Grèce, mais elles étaient tout autant des *apoikiai*, des « établissements détachés », terme qui me paraît préférable à celui de colonie, parce que notre mentalité est imprégnée de références aux colonies de l'époque moderne ou contemporaine, qui recouvrent une toute autre réalité. D'un côté, du xve au xxe siècle, nous avons des dépendances politiques, écono-

1. Hérodote, VIII, 144, trad. Ph.-Ed. Legrand, CUF.

miques, militaires, véritables reflets de la métropole. Et l'on s'émerveille alors de retrouver au cœur de Batavia, l'actuelle Djakarta, une place au sol de galets, avec un puits central, bordée de maisons qui pourraient être celles d'Utrecht ou de Leyde au XVIIe siècle. De l'autre côté, chez les Phéniciens ou chez les Grecs, nous avons des créations originales qui ne conservent que la langue, le calendrier et les dieux de la métropole, mais qui se sont développées et ont souvent dépassé en importance leur métropole sans chercher le moins du monde à reproduire celle-ci, mais au contraire, ces *apoikiai* ont voulu remédier aux défauts de leurs métropoles, et elles ont donc été le champ d'expériences originales. Ainsi la civilisation grecque s'est-elle développée au même degré sur toutes les rives de la Méditerranée et des mers adjacentes, sans que l'on puisse déceler les traces d'un quelconque « provincialisme ». De même, une colonie romaine offre une rigueur urbanistique, dont Rome n'est sûrement pas le modèle, et elle intègre dans sa société des éléments qui ne viennent pas d'Italie. Le titre colonial, outre-mer, signifie seulement que les hommes libres ont tous reçu la cité romaine, sans que cela implique un afflux de colons originaires de Rome.

La culture classique et les cultures périphériques n'ont donc pas entretenu des rapports de concurrence, elles n'ont pas cherché à s'évincer, mais bien au contraire, elles se sont complétées, et la culture classique ne serait pas devenue ce qu'elle est sans l'apport des cultures périphériques. Qu'une cité ait bénéficié de l'apport de ses voisins immédiats non-Grecs, ou non-Romains, cela se conçoit aisément. Massalia n'a pas ignoré ses voisins celto-ligures. Les cités pontiques ont entretenu des rapports avec les Thraces et avec les Scythes. Les habitants de la colonie romaine de Leptis Magna étaient majoritairement de souche libyque ou punique, avec un apport hellénique non négligeable.

Mais qu'en est-il des relations transmarines ? Quels rapports les cités classiques ont-elles entretenu d'une rive à l'autre de la Méditerranée ? Où répondre à ces questions mieux qu'à la Villa Kérylos, voulue par Théodore Reinach pour être un lieu où l'hellénisme s'affirme en notre temps. Le mérite du choix du thème de cette rencontre revient à M. Jean Leclant, secrétaire perpétuel de l'Académie des Inscriptions et Belles-Lettres, et Conservateur de la Villa Kérylos, que je remercie tout particulièrement de m'avoir associé à la préparation de ce XVIIe colloque. Je n'aurai garde d'omettre de remercier Monsieur le ministre de l'Éducation nationale, de l'Enseignement supérieur et de la Recherche, et Monsieur le ministre de la Culture et de la Communication, qui ont bien voulu accorder leur haut patronage à ce colloque. Monsieur le chancelier de l'Institut veut bien honorer de sa présence cette rencontre dont il a bien voulu accepter la présidence d'honneur avec Monsieur le préfet des Alpes-Maritimes, et nous leur exprimons nos remerciements.

Le XVIIe colloque de la villa Kérylos voudrait contribuer à répondre à cette interrogation qui se posait déjà au temps des Lumières. Mme Hélène Carrère d'Encausse, secrétaire perpétuel de l'Académie française, va nous montrer qu'elle est au cœur du rêve grec de Catherine II, dont les aînés des petits-fils s'appelaient l'un Alexandre et l'autre Constantin.

Il ne s'agit pas de minimiser le rôle essentiel qu'Alexandre le Grand a joué dans l'expansion de l'hellénisme vers l'Asie jusqu'au cœur de ce continent immense. Mais les Grecs avaient eu des relations avec le Proche-Orient dès les origines de leur histoire. M. Thierry Petit nous le rappelle en évoquant, pour l'époque classique, les aspects de l'hellénisme chez les dynastes de l'Asie Mineure, de Phénicie et de Chypre. Avec notre confrère Jean-Marie Dentzer, ce sont les permanences et le développement de l'hellénisme en Syrie du Sud que nous aborderons dans la longue durée, de l'époque hellénistique au début de l'époque byzantine.

Un deuxième groupe de communications va nous orienter vers l'hellénisme africain. Mme Catherine Dobias-Lalou va nous inviter à nous demander si les dialectes font partie du bagage culturel exporté par les Grecs et comment ils ont trouvé leur place à côté des langues autochtones. J'essaierai pour ma part de montrer que Cyrène, bien que fière de son héritage dorien, a entretenu des relations culturelles intenses avec Athènes au point de se voir qualifier de nos jours d'« Athènes de l'Afrique »[2]. M. Jean-Jacques Maffre nous entretiendra d'un sujet qu'il connaît mieux que quiconque, les importations de céramique grecque, depuis l'Égypte jusqu'à l'Afrique Mineure. Notre collègue Alexandre Avram nous éclairera sur les relations de l'Égypte lagide avec les cités grecques du Pont-Euxin, en empruntant la voie de la prosopographie.

Mais l'étude des rapports de la culture classique avec les cultures périphériques serait bien incomplète si nous ne faisions pas intervenir la grande question des liens entre hellénisme et judaïsme.

2. C'est le titre du tout récent volume édité par le chef de la Mission archéologique italienne de Cyrène, le professeur Mario Luni : *Cirene « Atene d'Africa »*, Rome (Monografie di archeologia libica, 28), 2006.

Ce sujet bien connu des spécialistes peut bénéficier d'une approche renouvelée grâce à M. Gilles Dorival qui va partir de la traduction de la Torah juive en grec. Notre correspondant Jehan Desanges examinera l'hellénisme dans l'Afrique antique, dans une région qui, parce que riveraine du bassin occidental de la Méditerranée, est considérée communément comme d'obédience latine. Notre confère Azedine Beschaouch va montrer que l'hellénisme n'est pas seulement l'affaire des élites de l'Afrique antique, mais que le milieu populaire l'a aussi connu, et le cas des sodalités lui servira de fil conducteur. Avec Mme Nathalie de Chaisemartin, ce sera la sculpture de l'époque impériale qui nous servira de voie d'approche.

Les influences orientales s'expriment le plus souvent en grec. Notre collègue Mme Mireille Hadas-Lebel va nous entretenir de la connaissance du grec en milieu juif du IIIe siècle av. J.-C. au IVe siècle ap. J.-C. La démarche de Mme Nicole Belayche s'inscrit dans un vaste réexamen des « cultes orientaux. » Elle va rouvrir pour nous le dossier des immigrés orientaux en Campanie et à Rome, et poser du même coup la question de l'importance des cultes orientaux dans l'Empire romain. M. Laurent Bricault va poser la question du culte d'Isis hors de l'Égypte. Il reviendra à notre confrère Jean Baechler de se demander alors si la Méditerranée a été un trait d'union ou une barrière.

On le voit, c'est un vaste domaine que nous allons parcourir, et c'est la nature même de la culture classique qui va être posée durant ces deux journées. Il me reste à souhaiter que tous, intervenants et participants, trouvent plaisir et profit à ce colloque. Ainsi cette rencontre devrait-elle confirmer ce qu'Albert Camus écrivait voici deux tiers de siècle : « la jeunesse du monde se trouve toujours autour des mêmes rivages… Nous autres, Méditerranéens, vivons toujours de la même lumière… La pensée solaire, la civilisation au double visage attend son aurore »[3].

André LARONDE
Membre de l'Académie des Inscriptions et Belles-Lettres

3. Albert Camus, La pensée de Midi *in L'homme révolté*.

LE RÊVE GREC DE CATHERINE II

La Méditerranée, écrit Fernand Braudel, « c'est trois communautés culturelles, trois énormes et vivaces civilisations… Ces civilisations sont en fait les seuls destins de long souffle que l'on puisse suivre sans interruption à travers les péripéties et les accidents de l'histoire méditerranéenne… ». Et ayant fait place à l'Occident, ou plutôt, écrit-il, à la chrétienté, puis à l'islam, Braudel en vient au « troisième personnage… C'est l'univers grec, l'univers orthodoxe. Au moins toute l'actuelle péninsule des Balkans, la Roumanie, la Bulgarie, la Yougoslavie presque entière, la Grèce elle-même pleine de souvenirs où l'Hellade antique s'évoque et semble revivre ; en outre sans conteste l'énorme Russie orthodoxe. Mais quel centre lui reconnaître ? Constantinople direz-vous, la Seconde Rome et Sainte Sophie en son cœur. Mais Constantinople depuis 1453 c'est Istanbul, la capitale de la Turquie… Un autre centre a sans doute joué son rôle, Moscou, la Troisième Rome ».

La place que Braudel accorde à la Russie en Méditerranée n'allait pourtant pas de soi. Sans doute, un temps à compter du Xe siècle, la Russie a été la seule voie d'échanges entre l'Europe et le Proche-Orient. La grande avancée de l'Empire musulman fermait alors la Méditerranée orientale au commerce des chrétiens. Pour tourner cette difficulté, ils traversaient la Russie et ce trafic y a fait surgir des villes prestigieuses : Iaroslav, Vladimir, Souzdal. Mais au début du XIIIe siècle, l'armée mongole conduite par Batu, petit-fils de Gengis Khan, pénétrait en Russie et de Kiev aux cités du Nord ravageait tout. La route commerciale vers Byzance fut coupée et la Russie isolée pour deux siècles. Au XVe siècle ce fut pour la Russie la fin de la domination mongole ; mais aussi des évènements désastreux. Le rejet en 1443 par le concile des évêques russes de l'unité des Églises esquissée au concile de Florence de 1439. Et surtout la prise de Byzance en 1453, suivie de la progression des armées turques dans les Balkans et sur le territoire de l'Empire byzantin, là où la Russie avait été présente ou attirée selon les moments. Enfin, en 1472, Ivan III, Grand Prince de Moscou, souverain de toute la

Russie, épousa Sophie Paléologue, nièce de Constantin XI, dernier Empereur de Byzance, mort en défendant Constantinople assiégée par les Turcs. En 1510, le moine Philotée de Pskov tirait les conséquences des ces divers évènements pour la Russie. Dans son épître au Grand Prince Vassili, fils d'Ivan III et de Sophie Paléologue, il écrit : « Deux Rome sont tombées, la troisième est solide et il n'y en aura pas de quatrième. » La thèse de Moscou, Troisième Rome, héritière de Byzance, née dans les monastères, concerne certes l'Église dans l'esprit des moines et non l'État ; mais deux siècles et demi plus tard elle sera source d'inspiration pour Catherine II.

Du XVIe au XVIIIe siècle, cependant, la renaissance russe, après le temps du joug mongol, prend très tôt une forme impériale, celle d'une avancée vers l'Europe et vers l'Asie et non vers la mer Noire et au-delà la Méditerranée. Poussée vers l'Europe par le rattachement de l'Ukraine à la Russie, en 1654, œuvre du second tsar Romanov, le Très Doux Alexis. Poussée vers l'Asie où six cent quarante cosaques du Don, commandés par Iermak viennent assurer la sécurité des établissements de pêche et de chasse acquis par des marchands aventureux, les Stroganov, le long de la Kama et dans l'Oural. La Sibérie est ainsi apportée à Moscou par l'effort commun des marchands avides de fournir des fourrures à l'Europe et par les cosaques dont certains s'avanceront jusqu'à Pékin, signalant aux souverains russes que la Chine pourrait devenir un objectif d'expansion. Mais ceux-ci ont d'autres soucis, ils doivent avant tout rétablir la stabilité politique menacée depuis la mort d'Ivan le Terrible, par les problèmes successoraux.

Au début du XVIIIe siècle, l'Empire est consolidé et Pierre le Grand reprend sa marche en avant avec un but premier, ouvrir une fenêtre sur l'Europe, c'est-à-dire sur la Baltique, ce qui lui impose d'affronter et de vaincre la puissante Suède. La victoire de Poltava, le traité de Nystadt ont consacré ce projet. Le Sénat russe donne au Tsar le titre d'*Empereur de toute la Russie*. Le choix du terme latin *Imperator* n'est pas innocent. La Troisième Rome se dit ainsi l'héritière de la Première. Pierre le Grand reprend à son compte, implicitement, la prétention d'Ivan le Terrible, d'être le descendant de l'Empereur romain Auguste. Pourtant l'héritage de Byzance, la Deuxième Rome, eût pu être pour Pierre une ligne directrice. Au début de son règne c'est vers l'Empire ottoman que son attention se tourna. La mer Noire était depuis le XVIe siècle, depuis la progression russe le long de la Volga et surtout depuis le rattachement de l'Ukraine qui en ouvrait la voie, une obsession de la politique étrangère russe. Pour Pierre Ier, hanté par le souci d'accéder aux mers, par la passion de la marine, la mer Noire est tout naturellement un objectif, d'autant qu'au début de son règne il avait à décider laquelle des trois puissances affronter pour s'imposer : la Suède, trop puissante ; la Chine, trop lointaine ; et l'Empire ottoman proche par son vassal le Khan de Crimée, auquel le père de Pierre, Alexis, et la régente Sophie avaient déjà tenté d'imposer leur loi. En deux campagnes Pierre s'empara d'Azov, prenant ainsi une sorte de revanche sur la Turquie et l'islam et sur la destruction de Byzance, et montrant que la Russie n'était plus une simple puissance continentale mais qu'elle pouvait aussi prétendre à un destin maritime. Pourtant cette avancée vers la mer Noire fut de brève durée. Vainqueur de Charles XII à Poltava, apparemment invincible, Pierre dut à nouveau faire face à l'Empire ottoman qui n'acceptait pas la présence russe à ses confins. La confrontation déboucha cette fois sur une cuisante défaite militaire, Azov fut perdue. Pierre en conclut que son rêve européen, la présence en mer Baltique, était la voie à suivre pour faire de son pays une puissance internationale reconnue par les grands États d'Europe. Les choix de Pierre le Grand ont été fondés sur une vision politico-stratégique. L'Europe était alors le cœur de la vie internationale et du monde moderne auquel Pierre rêvait de rattacher son pays. En se tournant contre les Turcs au début de son règne il avait choisi l'adversaire qu'il croyait être le plus faible et il pensait ainsi atteindre la mer. Byzance, l'héritage des Paléologue, une vocation messianique à assumer ne pesèrent pas dans ces calculs. Il s'agissait d'affirmer et d'augmenter la puissance russe, c'est pourquoi le choix final se fit en direction de l'Europe. Tous autres seront le calcul et l'inspiration de celle qui se voudra héritière et continuatrice de Pierre le Grand, Catherine II.

Lorsqu'elle monta sur le trône de Russie en 1762, Catherine héritait d'une situation internationale que la guerre de Sept ans avait changée, mais qui restait encore précaire. La décision prise par Élisabeth Ire d'intervenir dans la guerre de succession d'Autriche avait contraint les grands souverains, Louis XV, Marie-Thérèse d'Autriche et Frédéric de Prusse à reconnaître qu'il existait en Europe un deuxième Empire, l'Empire orthodoxe héritier de Byzance, et à lui conférer les honneurs protocolaires requis – titres et place dans la hiérarchie des États. Cette reconnaissance du rôle européen de la Russie, Louis XV ne l'accepta qu'avec réserve et, aussitôt Catherine installée sur le trône, il tenta d'en revenir à une conception restreinte de la scène politique européenne excluant la Russie et à la définition d'une hiérarchie des nations européennes qui la situait au plus bas.

Conseillée par le comte Nikita Panine, qu'elle nommera président du collège des Affaires étrangères, Catherine adopta d'emblée les conceptions de ce ministre : « notre politique doit être guidée par le seul intérêt de la Russie. Suivre le chemin tracé par les alliés ne convient qu'aux puissances de second rang », et le projet qu'il avait élaboré, dit « le système du Nord ». Les piliers de ce système étaient la Prusse, l'Angleterre, le Danemark, la Suède et la Pologne et sa finalité était de faire pièce à l'alliance franco-autrichienne, « l'axe Bourbon-Habsbourg », hostile à la présence russe en Europe. Durant les années où ce système fut à l'œuvre – 1764-1774 – la Russie réussit à établir son contrôle sur la Pologne, à vaincre les Ottomans, pièce maîtresse du dispositif antirusse de Louis XV, dans la première guerre russo-turque, à arracher la Crimée à la domination ottomane, à atteindre les côtes de la mer Noire et à se poser déjà en protectrice des chrétiens des Balkans. La paix de Kutchuk-Kaïnardji conclue en 1774 était dans l'esprit de l'Impératrice la revanche de Pierre le Grand contraint lors de la paix du Pruth signée en 1711 de s'incliner devant la puissance ottomane qui le rejetait de la mer Noire et semblait condamner à jamais son rêve d'y atteindre.

La mort de Louis XV, adversaire intraitable de la Russie, marqua un tournant politique important. Louis XVI et Vergennes invitant la Russie à un changement d'alliance, à l'abandon du système du Nord et avant tout à en finir avec l'alliance privilégiée avec la Prusse, lui suggéraient de nouvelles perspectives d'action. En 1780 les effets de cette attitude transformée de la France à l'égard de la Russie se firent vraiment sentir. Ce fut le renversement des alliances. Joseph II, successeur de Marie-Thérèse, et Catherine s'allient alors, ce qui permet à cette dernière de tourner ses ambitions vers le Sud, et de donner à sa vision politique une dimension idéologique : ainsi naît le projet grec.

Au cœur de ce projet il y a la conquête de Constantinople, qui renvoie au discours traditionnel en Russie depuis le règne d'Ivan III : Byzance conquise par la Sublime Porte, la Russie, troisième Rome, est devenue son héritière. Le moine Philotée avait fait des émules parmi les Russes – clercs souvent – érudits. Des récits se sont multipliés, assignant à la Russie la mission historique de relever le défi de la fin de Byzance. Ainsi le récit de la prise de Tsargrad (Constantinople) dû à un Russe converti à l'islam qui prit part au siège de Byzance, nommé Nestor Iskander, donne-t-il un grand crédit à la prophétie de Léon Le Sage selon lequel Tsargrad serait libérée par le peuple de Rus. Pour Nestor Iskander, dont le récit connut une vogue considérable en Russie, le peuple de Rus n'est autre que le peuple russe. A la Cour de Russie les signaux annonciateurs du projet grec se multiplient. Les deux premiers petits-fils de l'Impératrice sont prénommés Alexandre – né en 1777 – et Constantin – né en 1779. Le rêve grec est bien à l'origine du choix de ces prénoms. L'amitié nouvelle entre Pétersbourg et Vienne repose sur la volonté de Catherine de dépecer l'Empire ottoman que l'attitude bienveillante du roi de France envers la Russie ne protège plus ; et de reconstituer l'Empire grec sous l'égide russe. Joseph II applaudit au projet que Catherine lui expose dans une lettre datée du 10 septembre 1782. Catherine y affirme que, pour sa part, elle ne revendique aucun territoire, sinon pour sa sécurité la forteresse d'Otchakov qui, dans la steppe cosaque, fait presque face à Constantinople. Elle y ajouterait à la rigueur quelques terres situées entre Boug et Dniestr et peut-être quelques îles pour le bien de son commerce. Mais elle entend que la Moldavie, la Valachie et la Bessarabie soient réunies pour former un État indépendant. Ce nouvel État, la Dacie, serait confié à un prince orthodoxe, attentif aux intérêts de Petersbourg et de Vienne. Par ailleurs, les deux alliés étaient d'accord pour détruire l'Empire ottoman, « ennemi du monde chrétien et de l'Europe », et sur ses ruines ressusciter l'Empire grec, qui serait gouverné par un souverain issu de la dynastie Romanov. Catherine jurait que Dacie et État grec seraient à tout jamais indépendants et promettait aux grands États d'Europe des compensations. A la France en Égypte, à l'Autriche en Bosnie, et dans une partie de la Serbie, l'Angleterre même n'était pas oubliée. La Russie revendiquait pour elle-même la liberté de circulation dans les Dardanelles et le droit de développer sans entraves son commerce au Levant, confortant ainsi son statut de puissance maritime conquis en 1770 par Alexis Orlov qui soulevait alors les Grecs et écrasait la flotte turque à Chio et à Tchesme. Si Louis XVI, informé de ce projet par le marquis de Vérac était perplexe, il se refusa pourtant à pousser l'Empire ottoman à la guerre. Le marquis de Vérac l'assurait que le projet était peu populaire en Russie. De son côté le comte de Saint-Priest, ambassadeur de France à Constantinople, conseillait aux Turcs la modération, expliquant à son roi qu'ils n'étaient pas en mesure d'affronter les Russes. Mais cette volonté de paix fut bousculée par l'annexion de la Crimée dont Catherine « protégeait » l'indépendance depuis 1774, mais qu'elle jugea inéluctable et possible en 1783. La France était encore occupée par la Guerre d'Amérique. Le 8 avril 1783, le Manifeste de l'Impératrice annonça l'annexion de la Crimée. Le texte invoquait une nécessité historique, mais aussi un devoir pesant sur la Russie depuis la chute de Byzance, devoir d'un État chrétien qui serait ainsi en position de protéger les minorités des Balkans. Dans le même temps la Russie progressait au Caucase et plaçait la Géorgie orientale sous son protectorat. Et dans les Balkans, les représentants russes intervenaient toujours davantage au prétexte de « protéger les chrétiens ». Pour l'Empire ottoman ce sont autant de provocations que couronne le spectacle de Joseph II et de Catherine contemplant côte à côte depuis Sébastopol – symbole de la puissance russe aux bords de la mer Noire – Constantinople. Du coup les Ottomans, en dépit des conseils de modération qui leur étaient prodigués, décident d'entrer en guerre. En juillet 1787, un ultimatum est remis au représentant russe à Constantinople, Boulgakov, exigeant l'évacuation immédiate de la Crimée ; puis deux vaisseaux russes sont attaqués par la flotte turque. En retour, Catherine II déclare la guerre à la Sublime Porte. Cette guerre parut mettre en péril l'avenir du projet grec. La puissance croissante et les ambitions russes effraient alors l'Europe.

La France est d'ailleurs, malgré l'attitude modérée de Louis XVI, soupçonnée par Catherine II de continuer à nourrir un sentiment pro-ottoman, renforcé par la crainte de voir la Russie avancer vers la Méditerranée et le Levant. L'Angleterre, pour sa part, voit s'affirmer un rival pour son commerce oriental, qui par le Caucase aussi menace ses positions asiatiques. N'est-ce pas déjà la route de l'Inde qui s'ouvre à la Russie ? La Prusse s'est alors rapprochée de l'Angleterre. Seul reste à la Russie son allié autrichien, mais Joseph II est bien hésitant. Pire encore, Gustave III de Suède tente alors de profiter d'une situation où les armées russes sont concentrées au Sud pour entrer en guerre, réclamer la Finlande et le désarmement de la Russie. Pour le Sultan Abdul Hamid Ier dont les troupes sont partout en difficulté, l'ouverture d'un front suédois est une aubaine et il offre une aide financière à la Suède pour la détourner de signer une paix séparée. Le canon tonna aux abords de Pétersbourg et les Russes une fois encore s'interrogeront sur la pertinence de la volonté de Pierre le Grand de placer la capitale si près d'une Europe qui toujours se méfie de la Russie. Cette guerre sera l'une des plus difficiles que Catherine II dût affronter. Sur le terrain, ses troupes dominent pourtant, et les défaites subies suggèrent au successeur d'Abdul Hamid, le sultan Selim III, de négocier. Mais dans le concert des nations européennes sa position est d'une extrême faiblesse, même si elle a su traiter rapidement avec la Suède. La Prusse, l'Angleterre et les Provinces-Unies se rassemblent dans un front antirusse et Léopold II, successeur de Joseph II, est tenté de les rejoindre. Seule la France, paralysée par la Révolution, se trouve écartée du conflit, tandis que nombre de ses aristocrates, tels Langeron ou le duc de Richelieu s'en vont aider la Russie dans le combat contre les Ottomans. Dans cette situation difficile, pressée par ses proches de négocier, Catherine II impavide pose ses conditions : les Turcs doivent reconnaître une fois encore les traités antérieurs, accepter l'annexion de la Crimée, l'abandon à la Russie des territoires situés entre Dniepr et Dniestr et la création du royaume de Dacie aux termes du projet grec. Pour Selim III il n'est pas de négociation possible tant qu'il n'aura pas récupéré la Crimée. L'Impératrice est intraitable, et elle entend par des victoires continues sur le terrain l'emporter pour imposer la paix à ses conditions. Son obstination paie. De mai à juillet 1791 ses troupes sont partout victorieuses, sur le Danube, au Caucase et dans la mer Noire où elles détruisent une fois encore la flotte turque. L'amiral Ouchakov qui a réalisé ce dernier exploit est prêt à entrer dans le Bosphore. Dans le même temps, sur la scène internationale, l'Angleterre déserte soudain le camp anti-russe. Son Premier Ministre, Pitt, est accusé par son Parlement, par les marchands et par la société tout entière de sacrifier les intérêts anglais à ceux d'une « horde barbare », non chrétienne de surcroît ; il doit battre en retraite. La coalition s'effrite. Pitt envoie alors un émissaire à Catherine pour renouer les fils de l'amitié. Et le spectacle des bateaux russes franchissant le Bosphore convainc le Sultan de céder sur tout. Le traité de Jassy de décembre 1791 en témoigne. Certes, Catherine a abandonné le projet de créer la Dacie. Mais que de compensations ! Le littoral de la mer Noire, celui de la mer d'Azov, la région comprise entre la mer d'Azov et le Kouban, la Géorgie reviennent à la Russie. L'amiral de Ribas va construire Odessa, dernier rappel du projet grec, port libre de glaces, débouché de la riche nouvelle Russie que des Grecs viennent peupler. Et Sébastopol n'est-il pas évocateur de l'ancien Kherson ?

Catherine a réalisé et dépassé les ambitions de Pierre le Grand, et réalisé pour l'essentiel son projet grec ; mais elle garde dans son cœur la nostalgie de Constantinople, l'amertume d'une mission inachevée, répétant toujours plus souvent : « si les Turcs abusent de ma patience, j'irai un jour jusqu'à Constantinople. » Elle est en effet bien placée pour le faire.

Au soir de sa vie, faisant le bilan de son long combat pour donner corps au projet grec, Catherine II avait tout lieu de se féliciter. Elle avait replacé la Russie dans l'Europe d'où l'invasion tatare du XIIe siècle l'avait écartée. Elle avait dépassé les ambitions politiques de Pierre le Grand. En installant la Russie sur les rives de la mer Noire qui lui ouvraient la Méditerranée et le monde grec, elle renforçait sa puissance. Mais surtout, elle faisait payer à l'Empire ottoman la chute de Byzance et le recul de la chrétienté. Tsargrad n'était pas reprise, mais la Troisième Rome avait humilié Constantinople, abaissé son statut, préparant ainsi la métamorphose à venir du vainqueur de la chrétienté en « homme malade de l'Europe ».

Hélène CARRÈRE D'ENCAUSSE
Secrétaire perpétuel de l'Académie française

RÉFÉRENCES

F. BRAUDEL, *La Méditerranée.* T. I, *L'espace et l'histoire*, Chap. V. L'histoire, Paris, 1985.

H. CARRÈRE D'ENCAUSSE, *Catherine II. Un âge d'or pour la Russie*, Paris, 2002.

A. B. KAMENSKI, *Pod Seni Ekateriny. Vtoraia Polovina XVIIIe veka*, Saint-Pétersbourg, 1992.

F. D. LIECHTENHAM, *La Russie entre en Europe. Élisabeth Ire et la succession d'Autriche* (1740-1750), Paris, 1997.

I. DE MADARIAGA, *Russia in the Age of Catherine the Great*, Londres, 1981.

V. MALININE, *Starets Eleazarova monastyria Filofei i ego poslaniia*, Kiev, 1901.

P. STEGNI, *Ekaterina II*, Moscou, 2002.

P. TCHERKASSOV, *Dvouhglavyi orel I korolevskie lilii*, Moscou, 1995.

P. TCHERKASSOV, *Ekaterina II I Liodovik XVI*, Moscou, 2001.

ASPECTS DE L'HELLÉNISME CHEZ LES DYNASTES ORIENTAUX (ASIE MINEURE, PHÉNICIE ET CHYPRE) À L'ÉPOQUE CLASSIQUE[1]

A l'exception de quelques courtes périodes, les régions dont il sera question appartinrent à l'Empire achéménide pendant toute l'époque classique, c'est-à-dire les Ve et IVe siècles av. l'ère chrétienne. En effet, le pouvoir impérial perse souffrait, à ses marges occidentales, que divers dynastes locaux exercent sous son contrôle la royauté dans des principautés de taille souvent réduite ; à charge pour eux de ne pas outrepasser les limites explicites ou implicites qui leur étaient imposées par l'autorité centrale. Or nous verrons que l'hellénisme n'a pas attendu l'épopée guerrière d'Alexandre qui abattit cet Empire pour pénétrer pacifiquement dans ces territoires. Le phénomène est d'autant plus intéressant que l'adoption de traits de civilisation hellène par les élites non grecques fut délibérée et assez massive. On examinera ci-dessous dans quels domaines ces traits sont perceptibles et quelles en furent les caractéristiques. Pour la commodité du propos et la clarté de l'exposition, on peut distinguer les trois domaines des arts plastiques, des mœurs et de l'idéologie, les trois subdivisions étant, dans la réalité, moins cloisonnées que l'approche méthodique pourrait le laisser croire. Il y sera fait allusion, en particulier lorsque seront évoqués les vecteurs de cette transmission.

L'art gréco-perse[2]

L'expression « gréco-perse » fut utilisée par Furtwängler pour désigner certaine catégorie de sceaux de style mixte, puis a été

1. Le sujet a déjà été évoqué par plusieurs auteurs, notamment par P. DEMARGNE, 1974b.

2. C'est ce que d'aucuns appellent « l'art des satrapes », tel R. MARTIN, 1994, p. 562-578.

étendue d'abord par Macridy à quelques reliefs d'époque classique découverts en Phrygie hellespontique sous domination perse[3] ; elle fut ensuite appliquée au style de la sculpture d'autres régions de l'Asie Mineure, comme la Carie ou la Lycie ; ainsi que de Chypre et de Phénicie[4] ; enfin d'autres catégories d'artefacts y furent associées, comme les peintures pariétales lyciennes et une série de réalisations monumentales dues à ces princes asiatiques, où se mêlent tradition architecturale indigène et habillage grec ; les plus célèbres sont les monuments des Néréides à Xanthos, l'hérôon de Limyra et, bien sûr, le Mausolée d'Halicarnasse[5]. Dans toutes ces manifestations artistiques cependant, il serait réducteur d'opposer, à la mode aristotélicienne, une *hylè* locale à une *morphè* hellénique. Les choses – nous l'allons voir – ne sont pas aussi simples.

D'ailleurs on a parfois questionné la valeur herméneutique de l'expression « gréco-perse »[6]. Certains ont nié son unité et distinguent plusieurs arts gréco-perses, et préfèrent parler d'art « lyco-perse », « cypro-perse », « phénico-perse », etc. Tout d'abord on fera observer que de telles expressions ne rendent pas compte du style manifestement grec des œuvres. Ensuite la question est bien de savoir, d'une part, si les œuvres ainsi désignées présentent des traits communs caractéristiques qui les apparentent ; et, d'autre part, si ces traits sont clairement différents de ceux que l'on relève dans les arts voisins, auxquels on a pour usage, en partie justifié, d'affecter des désignations « ethniques », et s'ils justifient la création d'une catégorie distincte ; autrement dit, y a-t-il un art « gréco-perse » propre et caractéristique qui serait distinct d'un art grec et d'un art perse ?

Une double présence suffira à nous convaincre de la pertinence du concept. Tout d'abord on trouve des thèmes communs à ce style qui sont en même temps distincts de ceux traités à la fois dans la sculpture grecque et dans l'art achéménide, notamment les scènes

---

3. B. JACOBS, 2002, p. 388. Pour l'histoire de l'expression, voir H. METZGER, 1971, p. 505-506 ; pour son application à la glyptique : J. BOARDMAN, 1970, p. 323-327.

4. H. METZGER, 1971, p. 505-506.

5. Le Mausolée d'Halicarnasse et le monument des Néréides de Xanthos ressortissent bien à l'architecture grecque, par l'usage de certaines techniques (les blocs soigneusement équarris à joints vifs et liaisonnements métalliques) et le style (l'usage d'une colonnade extérieure et d'un décor sculpté) ; mais leur structure propre, savoir un édifice en hauteur qui, sur un soubassement massif, dispose la chambre funéraire, est proprement micrasiatique. Il en va de même des piliers funéraires lyciens si caractéristiques (P. DEMARGNE, 1958 ; Cl. DELTOUR-LEVIE, 1982).

6. J. BORCHHARDT, 1968.

de siège[7] ; et la remarque vaut aussi partiellement pour les scènes de chasse sculptées. D'autre part, on trouve aussi des thèmes connus dans la production perse, mais traités à la grecque, comme les défilés de fantassins et/ou de chars[8], des processions de porteurs d'offrandes[9], les représentations de dignitaires[10], les scènes d'audience[11], les gardes armés[12]. Cette double caractéristique fait de l'art gréco-perse une production tout à fait singulière, irréductible à d'autres catégories, ce qui justifie à mes yeux l'usage de l'expression[13].

Sur ces œuvres figurées, le plus souvent à caractère funéraire, le répertoire montre le roi ou dynaste dans sa majesté (scène d'audience), dans son efficacité à défendre le royaume contre les forces naturelles (chasse), humaines (guerre, siège) ; ou même contre des forces métaphysiques, dans des représentations où les puissances du mal et de la mort sont vaincues sous une forme allégorique, comme dans la centauromachie ou le meurtre de la Chimère de Trysa en

---

7. Ce qu'observe B. Jacobs, 2002, p. 346-347. Pour le siège de Trysa, voir W. Oberleitner, 1994, p. 55.

8. Sur le sarcophage des Pleureuses, l'édifice G de Xanthos (P. Bernard, 1965 ; J. Borchhardt, 1970, p. 376, fig. 29), les stèles d'Aksakal, le sarcophage d'Amathonte, la stèle de Limyra (J. Borchhardt, 1970, p. 374-375, fig. 25 et 27). Pour une liste de ces défilés ou processions : B. Jacobs, 1987, p. 49 et n. 102-103 ; R. Fleischer, 1983, p. 48 ; H. Metzger, 1971, p. 508-520. Il faut y ajouter la peinture de Karaburun et une stèle de Sultaniye Köy (B. Jacobs, 1987, p. 49 et références n. 104). Parmi elles, évidemment il faut faire une place spéciale aux scènes d'*ekphora* où une sorte de catafalque est représenté sur le char (sarcophage des Pleureuses et stèle d'Aksakal, par exemple) : voir B. Jacobs, 1987, p. 49-50.

9. B. Jacobs, 1987, p. 48 et pl. 8-9.

10. Id., 1987, p. 48-49, pl. 8,3 ; 10 ; 11,1.

11. Comme sur le sarcophage de Payava (voir P. Demargne, 1974a, pl. 42-43 ; B. Jacobs, 1987, pl 7), sur le monuments des Harpyes (Id., 1987, pl. 6,2), le monument des Néréides (Id., 1987, pl. 6,3), à Kızılbel (Id., 1987, p. 45-46 ; M. J. Mellink, 1976, p. 31, fig. 36 ; Id., 1998, p. 30-31, pl. XIX-XX) et sur le sarcophage dit « du satrape » (sur ce dernier, la scène n'est pas à proprement parler une scène d'audience, mais la composition scénique en est manifestement inspirée). Pour les scènes d'audiences lyciennes mises en parallèle avec les scènes perses, voir B. Jacobs, 1987, pl. 6. Rappelons aussi l'étonnante scène d'audience, purement achéménide cette fois, sur l'intérieur du bouclier d'un des combattants du sarcophage d'Alexandre (voir, par exemple, J. Boardman, 2003, p. 218, fig. 5,63). Pour ces scènes, voir B. Jacobs, 1987, p. 45-48 ; pour les modèles achéménides, voir Id., 1987, p. 45 n. 58.

12. Voir la note précédente. La stricte disposition paratactique des gardes perses ou des dignitaires dans les scènes d'audience est remplacée par une disposition beaucoup plus animée, plus variée dans les scènes gréco-perses (voir, par exemple, B. Jacobs, 1987, p. 47).

13. De toute évidence, la plupart de ces thèmes figuratifs n'ont pas été développés dans les cités grecques (B. Jacobs, 2002, p. 347) ; et un grand nombre non plus dans l'art achéménide (Id., 2002, p. 346).

Lycie[14], la décapitation de Méduse à Limyra en Lycie ou sur le sarcophage cypriote de Golgoi. Le dynaste est aussi présenté en tant que protégé de la divinité tutélaire dans des scènes d'apothéose, comme j'ai tenté de le montrer dans le cas du sarcophage d'Amathonte[15].

Il me paraît essentiel de constater que cet art est l'apanage de princes. C'est en réalité un art aulique, un art officiel, partagé par ces dynastes. Je dis bien « partagé », car, en plus des thèmes communs qui viennent d'être évoqués, d'autres indices montrent que ces familles régnantes nourrissaient entre elles des relations suivies, ou tout au moins ne pouvaient réciproquement s'ignorer. Grâce aux sources textuelles, nous savons même qu'une certaine émulation somptuaire s'était instaurée entre eux. On sait par exemple qu'au IVe siècle, le roi de Salamine de Chypre, Nicoclès, rivalisait de munificence avec son homologue sidonien, Straton, dont il s'informait des innovations en matière de luxe et d'apparat et qu'il s'efforçait de surpasser[16]. Ainsi il se pourrait que la relative unité de l'art « gréco-perse », qui constituait une sorte de *koinè* artistique, s'explique par son statut d'art idéologique de référence pour toutes ces dynasties souveraines[17]. Celles-ci étaient moins soucieuses de leur opinion publique et de la correction politique que les classes dominantes des cités grecques, aussi bien dans les cités démocratiques comme Athènes que dans l'oligarchique Lacédémone ; d'où la présence dans cet art de motifs asiatiques qui ont trait à la grandeur du souverain, thématique bien sûr inconnue dans l'art grec[18].

---

14. Cf. W. OBERLEITNER, 1994, p. 55, fig. 31-36, 82-88, 99a-c et 101 : « An der Südwand außen sind der Kampf gegen das Böse (und eine Entführung) in der Kentauromachie und der Sieg gegen den äußeren Feind in der Amazonomachie dargestellt. »

15. Th. PETIT, 2004a ; 2006.

16. Théopompe (F. Jacoby, *Fragmente der griechischen Historiker* 11 F 114, cité *infra FGH*) ; Anaximène de Lampsaque, *FGH* 72 F 18 ; Élien, *Histoire variée* VII, 2 (cf. G. F. HILL, 1940, p. 145 et n. 2).

17. Le phénomène est similaire à celui qui a été mis en lumière pour les échanges de vaisselle de luxe entre les aristocraties méditerranéennes de l'âge du Fer : H. MATTHÄUS, 2001 ; B. D'AGOSTINO, 1980 ; P. RUBY, 1993.

18. On a discuté sur le fait de savoir si des artistes grecs ou indigènes avaient sculpté ces œuvres (E. AKURGAL, 1961, p. 136). Outre que le concept de « grec » est difficile à définir (de langue grecque ? de culture grecque ?), la réponse à cette question a peu d'importance du point de vue qui est le nôtre. On a suggéré pour la scène d'audience du monument des Harpyes et pour le départ du guerrier du bâtiment G de Xanthos, que des artistes grecs seraient venus en Lycie, du fait que les commandes faisaient désormais défaut en Grèce même (J. BORCHHARDT, 1993, p. 12).

La *paideia* grecque

Des indices assez abondants montrent qu'à l'époque classique au plus tard, les élites asiatiques avaient adopté un certain nombre d'usages de la *paideia* grecque. Dans la seconde moitié du Ve siècle et au début du IVe siècle, sous les règnes de Gergis et d'Arbinas[19], plusieurs Grecs vivaient à la cour de Xanthos en Lycie occidentale. Certains ont exalté la gloire de leur patron en lui dédiant des « élégies » en langue grecque. Parmi eux, on trouve un devin, Symmachos fils d'Eumédès de Pellana en Achaïe, qui, dans son poème, se compare implicitement à Chalcas et Melampous[20], en quelque sorte les « saints patrons » homériques de la corporation ; mais, on distingue aussi dans ces textes un « pédotribe », dont le nom nous reste hélas inconnu[21]. Qu'un dynaste lycien comme Arbinas ait ressenti le besoin de s'adjoindre les services d'un tel spécialiste, à la fois maître d'athlétisme et précepteur en langue grecque, est un indice capital de l'acculturation des élites asiatiques à la civilisation grecque[22]. L'auteur anonyme de l'épigramme dite de Gergis affirme que le souverain « se montra supérieur par la vigueur de ses bras dans la lutte, sur les jeunes Lyciens de son temps ». Dans le même sens, le pédotribe anonyme d'Arbinas fait éloge de la beauté physique (κάλλος, εἶδος) du jeune prince[23]. Ce sont là des témoignages combien précieux puisqu'ils confirment entre autres que ces aristocrates ne répugnaient pas à se dévêtir pour les exercices gymniques ; sans doute contraire à leur dignité princière, la pratique était pourtant peu répandue parmi les souverains orientaux, comme en témoigne la statue dite de « Mausole » retrouvée à Halicarnasse et qui contraste tant avec la nudité des *kouroi* proprement grecs, ses contemporains. En corollaire, ces documents attestent incidemment que Gergis s'était trouvé des partenaires à vaincre parmi l'élite xanthienne ; c'est le signe d'une diffusion progressive de ces usages dans de plus larges strates de la société locale.

La fréquentation assidue de la palestre par les aristocrates lyciens est aussi illustrée par la sculpture locale. On reconnaît sur

19. H. METZGER *et al.*, 1992, p. 175.

20. EID., 1992, p. 162-163.

21. EID., 1992, p. 159 et 162.

22. EID., 1992, p. 165 et n. 12 ; voir L. ROBERT, 1974, p. 508-529 (spéc. p. 520-523) ; 1975, p. 329, n. 76.

23. Sur « les deux Grecs de la cour xanthienne », voir J. Bousquet dans H. METZGER *et al.*, 1992, p. 161-166.

plusieurs scènes tout ou partie des éléments figurés qui renvoient à l'espace du gymnase[24]. Comme pour illustrer le panégyrique de Gergis, une peinture pariétale de Kızılbel montre sans doute le combat entre deux boxeurs[25]. Dans le même registre, on observe le couronnement d'un vainqueur à la palestre par l'agonothète[26], comme sur le sarcophage de Payava daté du deuxième quart du IVe siècle, ou sur le sarcophage de Merehi qui lui est peut-être contemporain[27]. Sur le *Relief aux trois figures* de la Tombe 81 de Myra[28], le jeune garçon à droite tient dans sa main gauche pendante les instruments caractéristiques de l'athlète fréquentant la palestre : aryballe et strygile. Dans la main droite, il tient une petite pièce d'étoffe qui sert à nettoyer et à polir le strygile. Enfin à Teimoussa, à l'époque du Périclès lycien, un certain χluwanimi fait orner sa tombe d'un bas-relief qui montre un jeune athlète nu[29].

Apanage de la classe aristocratique en Grèce, les exercices athlétiques avaient tout pour séduire l'entourage des rois orientaux. Les pratiques sportives ou guerrières, réservées à ceux qui sont dispensés d'une activité professionnelle à plein temps, transcendent les siècles en tant que comportement de statut : on les retrouve aussi bien dans divers types de féodalités de par le monde[30] que dans la *leisure class* nord-américaine à la fin du XIXe siècle, chère à Thorsten Veblen[31].

A partir des documents qui précèdent, on pourrait imaginer que l'aristocratie micrasiatique a pu n'emprunter de la *paideia* que les épreuves athlétiques, destinées à aguerrir le corps[32]. Un autre document figuré suffirait à prouver le contraire. Sur un bas-relief

---

24. Cl. BÉRARD, J.-L. DURAND (1984, p. 30-31 ; voir aussi Cl. BÉRARD, 1984, p. 88) ont fait le catalogue des motifs iconographiques qui l'identifient : surtout la borne, vasque d'ablution combinée avec le pilier hermaïque, arbres, puits ou chadoufs, et surtout le paquetage de l'athlète, qui comprend l'alabastre ou fiole à huile, l'éponge et le strigile.

25. M. J. MELLINK, 1998, p. 38-39, 60, pl. XXII.

26. P. DEMARGNE, 1974a, pl. 45,1 : on distingue trois personnages avec, au centre, un homme âgé qui fait le geste de poser une couronne sur la tête d'un homme nu à sa droite et un troisième personnage, dont la principale utilité serait d'équilibrer la scène. C'est la première fois que la scène figure sur un tel sarcophage.

27. P. DEMARGNE, 1974a, p. 88-96 (spéc. p. 93-94). L'athlète seul de face est présenté avec l'agonothète de profil (p. 95-96, pl. 52,3). Pour la controverse sur la date de l'œuvre, voir W. A. P. CHILDS, 1976 (*ca* 410-390) et P. DEMARGNE, 1974b (*ca* 370-350).

28. J. BORCHHARDT, 1970, p. 140 et 144, pl. 451.

29. ID., 1970, p. 385, fig. 42 ; 1990, p. 143 ; J. ZAHLE, 1979, p. 336, n° 38.

30. Voir M. WEBER, 1972[5], p. 649.

31. Th. VEBLEN, 1953, p. 172-182.

32. Pour une définition de la *Paideia* grecque, voir W. JAEGER, 1939-1944 et A. SCHNAPP, 1994, p. 40-44.

funéraire de Pinara, en Lycie occidentale, un homme assis déroule sur ses genoux un *volumen*, tandis que, lui faisant face, un jeune garçon paraît ne rien perdre de l'enseignement qui lui est dispensé. Le papyrus indique sans ambiguïté que la société lycienne avait adopté la *paideia* sous tous ses aspects, y compris son pan littéraire, voire philosophique.

Ces attestations textuelles et iconographiques de l'éducation à la grecque en Lycie, ainsi que l'émulation qui, dans d'autres domaines, existait entre potentats orientaux permettent de supposer que d'autres principautés ont pu être touchées par le phénomène. Un troisième indice permet d'étendre la conclusion à l'île de Chypre. Plusieurs sceaux cypriotes portent des scènes de palestre. C'est le cas d'un exemplaire provenant d'Amathonte qui montre un jeune homme nu se penchant pour saisir un disque, et, derrière lui, un strigyle disproportionné ; tandis que, sur l'autre, un jeune homme nu portant strigyle et aryballe, offre de la nourriture à un chien. La série à laquelle ces documents appartiennent est datée entre le milieu du VIe et le début du Ve siècle[33]. Or des scènes similaires sont représentées sur des vases des Ve et IVe siècles trouvées au palais royal d'Amathonte, notamment des coupes et des *skyphoi*[34].

Le banquet aristocratique à la grecque, autre usage social distinctif, est également attesté dans cet art gréco-perse. Les représentations abondent. On y remarque même, comme sur le sarcophage de Golgoi, la présence de vases attiques parfaitement identifiables, en l'occurrence un beau cratère à volutes[35]. Un vase tout à fait identique est représenté au même endroit dans la scène de banquet sur le monument des Néréides, c'est-à-dire à l'extrême gauche de la représentation[36]. La vaisselle grecque, singulièrement attique, semble avoir été prisée pour orner les tables aristocratiques, comme le confirme l'impressionnante quantité de vaisselle attique des VIe, V^e et IVe siècles découverte au palais d'Amathonte[37].

---

33. A. T. REYES, 2001, p. 160, n° 406, fig. 412 ; p. 162, n° 417.

34. Th. PETIT, 1996, p. 215-216, fig. 11, 12 et 14. Là encore l'imagerie attique a dû jouer un rôle essentiel. Au début du Ve siècle, en effet, on représente plus volontiers les éphèbes conversant ou dans les exercices de la palestre qu'à la chasse : Cl. BÉRARD, 1984, p. 80-82.

35. W. KARAGEORGHIS *et al.*, 2000, p. 204-205, n° 331 (vue 3).

36. W. A. P. CHILDS, P. DEMARGNE, 1989, p. 202. Mais la question est toujours posée sur ces monuments funéraires de savoir s'il s'agit d'une représentation de la vie de tous les jours d'un dynaste régalant ses commensaux, d'un repas funéraire de vivants ou du repas des Bienheureux auquel sont éternellement conviés les défunts (voir J. BORCHHARDT, 1968 ; J.-M. DENTZER, 1982, *passim*).

37. Th. PETIT, 1996.

D'autres comportements plus communs relevant des mœurs grecques ont pu pénétrer les couches moins favorisées de ces populations, comme le montrent des scènes d'agora dans la sculpture lycienne, ainsi sur le sarcophage de Merehi[38].

Ces emprunts ne sont pas la conséquence de l'admiration passionnée d'intellectuels pour une civilisation et une culture ressenties comme supérieures. De tels usages et de telles formes plastiques servaient d'abord aux aristocraties lyciennes, phéniciennes et cypriotes, à la représentation de leur pouvoir et de leur distinction sociale. Il peut advenir cependant, à force de jouer sur ce registre, qu'une imprégnation culturelle plus profonde se produise : et c'est bien ce qui s'est passé, comme en attestent les emprunts d'ordre mythologique.

L'idéologie et les mythes de fondation

Les textes montrent, en effet, que ces dynasties locales adoptèrent des généalogies et des légendes de fondation d'inspiration grecque. A cet égard, Chypre fournit un remarquable terrain d'investigation. Le ressort profond de la création et de la diffusion de ces récits est, bien sûr, la lutte idéologique entre cités-royaumes insulaires. Ce qui est intéressant dans l'île, du point de vue adopté dans ce colloque, c'est la diversité linguistique des cités[39]. Évidemment celle-ci n'autorise pas l'adoption d'un mythe commun à tous les Cypriotes[40]. Mais, en dépit de cette bigarrure ethnique, tous ces récits prennent pour base l'épopée grecque, en particulier les poèmes homériques, même dans les royaumes non hellénophones, comme à Amathonte, l'Étéocypriote, et dans les cités phénicophones de Kition et de Lapéthos[41].

---

38. P. DEMARGNE, 1974a, pl. 50:2 et 52:1.

39. Diversité linguistique observée sans peine par Hérodote (VII, 90), le Pseudo-Skylax (K. Müller, *Geographici Graeci Minores* I, p. 77-78, cité *infra GGM*) et Théopompe (F. Jacoby, *FGH* 115 F 114) ; sur ces questions, voir A. SERGHIDOU, 2006.

40. ID., 2006, p. 165-167 ; pas plus que chez les Lyciens : H. METZGER *et al.*, 1992, p. 176.

41. D'après des travaux de Cl. Baurain, il est possible que Kition se soit dotée d'une légende qui établit son antériorité d'après la guerre de Troie, point d'ancrage épique s'il en fut (Cl. BAURAIN, C. BONNET, 1992, p. 183-188).

Prenons l'exemple des deux cités hellénophones de Salamine et de Paphos. Elles passaient pour avoir été fondées par des héros achéens de retour de Troie, respectivement Teukros, frère d'Ajax et fils de Télamon, roi de Salamine de Grèce, et Agapénor, le héros arcadien. Kourion, quant à elle, passait pour argienne. Mais il n'y a là rien de remarquable, puisque précisément ce sont des cités de langue grecque. Amathonte, en revanche, constitue un exemple admirable, non seulement parce que la cité, non hellénophone, adopte également un mythe de fondation sur une base épique, mais surtout parce que, de surcroît, elle en change au cours de l'époque classique. En effet, il semble qu'à l'époque d'Hérodote, les Amathousiens se présentaient comme des descendants d'Éthiopiens. Il s'agit, comme je l'ai démontré, d'une façon de se rattacher au héros Persée qui épousa Andromède, fille du roi d'Éthiopie[42]. Au IVe siècle, au contraire, comme il appert de deux sources littéraires, les Amathousiens se proclamaient descendants de Kinyras[43], le seul Cypriote mentionné dans l'*Iliade*[44], et se disaient en même temps « autochtones »[45]. Le changement dut avoir lieu au cours du Ve siècle, puisque Hérodote ne connaît que la légende éthiopienne. Si cette dernière permet aux Amathousiens d'affirmer leur parenté légendaire avec la dynastie perse par le héros éponyme Persée, la version autochtone, quant à elle, offre l'avantage de proclamer leur antériorité sur les autres habitants de l'île[46].

Ces changements intervenus dans la légende amathousienne illustrent donc la faveur que recueillaient les récits grecs dans ces principautés, mais plus précisément encore l'influence proprement athénienne. En effet, en se disant « autochtones », les habitants d'Amathonte pouvaient se présenter comme les homologues

42. Th. PETIT, 1996. L'adoption de Persée comme ancêtre de la lignée royale ne doit pas être propre à Amathonte puisqu'on le retrouve sur le sarcophage de Golgoi. On le voit s'éloigner de Méduse décapitée, tandis que Pégase et Chrysaor s'échappent de la blessure (W. KARAGEORGHIS *et al.*, 2000, p. 204-205, n° 331 [vue 1]). De même à Kourion, qui se prétend de fondation argienne, on trouve une dédicace à Perseutas (A. DEMETRIOU, 2000, p. 443 et fig. 6,4 ; voir aussi C.G. BENNETT, 2003, p. 446-448). Il est d'ailleurs fort possible que le mythe de Persée ait été fortement attaché à Chypre, puisqu'on a supposé que le terme même de *kibisis* (= *kirbasia*), qui désigne le récipient où Persée transporte la tête de Méduse, était d'origine étéocypriote, c'est-à-dire amathousienne, et apparenté au hourrite (ID., 2003, p. 448 et n. 826).

43. Théopompe, *FGH* 115 F 103,3.

44. *Iliade*, XI, 20.

45. Pseudo-Skylax, *GGM*, p. 77-78.

46. Th. PETIT, 1995a, p. 61-64 ; 1998.

cypriotes des Athéniens[47]. Confirmant cette interprétation, des signes épars mais convergents attestent de ce que l'on pourrait appeler l'« Atticophile » des Amathousiens au cours des Ve et IVe siècles. Par exemple, dans une inscription bilingue et digraphe (étéocypriote syllabique et grec alphabétique) aujourd'hui perdue, la cité honore un certain Ariston, fils d'Aristonax ; celui-ci est qualifié dans la version grecque d'« Eupatride ». A mon sens, le choix de ce terme, qui relève du vocabulaire politique proprement athénien, pour désigner un aristocrate amathousien ne peut être fortuit lorsqu'il est combiné à la prétendue autochtonie de la cité[48].

Il est cependant malaisé de comprendre comment l'on peut brusquement, en quelques décennies, voire plus vite encore, passer d'une légende à l'autre, sans que la crédibilité de l'idéologie royale officielle en souffre auprès des populations qu'elles visaient (intérieures et extérieures). Il fallut pour cela un subterfuge mythographique fort habile. C'est Apollodore qui nous en fournit la clé comme je l'ai montré ailleurs[49]. Dans la généalogie qu'il propose, Kinyras est descendant de Cécrops, Athénien autochtone s'il en fut[50], par sa fille Hersé. Ainsi les témoignages de Théopompe et du Pseudo-Skylax sont cohérents même d'un point de vue athénien. Gageons que les vers de l'*Érechtnée* d'Euripide ont été connus des Amathousiens et qu'ils auraient pu être prononcés par eux : « On ne saurait trouver de ville supérieure à celle-ci. Sa population n'est

47. Voir ID., 1995, p. 61-64 ; 2004b, p. 15-17 ; sous presse (a). Ce changement a pu intervenir après la libération de Rhoikos Ier, roi d'Amathonte, que l'on peut dater des lendemains de Platées (ID., 2004b, p. 18-22). Pour des Éthiopiens autochtones, voir aussi A. BILLAULT, 2001, p. 350-351).

48. Th. PETIT, sous presse (a). En fait d'emprunt au vocabulaire politique attique, on peut citer aussi le fameux « trophée » de Milkiyaton (le mot est d'ailleurs transcrit du grec dans l'inscription), qui associe à sa victoire « le peuple de Kition » (M. Yon et M. Sznycer 1991), ce qui, au début du IVe siècle, constitue également un atticisme en même temps qu'une pure fiction politique.

49. Th. PETIT, sous presse (a) : « Cécrops épousa Agraulos [...] et Cécrops eut comme filles Agraulos, Hersé et Pandrose [...]. Hersé eut d'Hermès un fils, Céphalos, que l'Aurore aima et enleva et, s'étant unie à lui en Syrie, elle eut un fils, Tithonos, qui eut pour fils Phaeton, qui eut pour fils Astyonous, qui eut pour fils, Sandocos, qui passa de Syrie en Cilicie et fonda la ville de Celenderis, et, ayant épousé Pharnacé, fille de Magassarès, roi de Hyrie, engendra Cinyras » (Apollodore, III, 14, 2-3 ; voir Cl. BAURAIN, 1980, p. 282).

50. N. LORAUX, 1990[2]. Apollodore associe les deux légendes à la dynastie éthiopienne en introduisant Tithonos dans le lignage, et à la dynastie perse au moyen de Pharnakè (Th. PETIT, 1998, p. 84-85), ainsi que de Magassarès, au nom purement iranien (M. A. DANDAMAYEV, 1992, p. 60-62 : « *Baga-srava* »). Ainsi Cécrops l'Athénien et Kinyras le Cypriote sont tous deux *eugeneis* autant qu'*engeneis* (N. LORAUX, 1990, p. 217 ; pour la force et la violence du mythe d'autochtonie, voir M. DETIENNE, 2003, p. 20-21).

jamais venue de l'extérieur. Nous, nous sommes autochtones. »[51] Il s'agit ainsi d'une remarquable illustration d'un « autochtone venu d'ailleurs »[52] qui, défiant la loi de la non-contradiction, se love sans difficulté dans les spirales du mythe[53].

Confirmant l'influence spécifiquement athénienne sur l'île, d'autres villes de langue grecque vont se doter directement de fondateurs athéniens. Ainsi les deux fils de Thésée, Démophon et Akamas, passeront pour avoir fondé chacun une ville de Chypre ; pour ce dernier, nous ignorons laquelle[54] ; mais Démophon aurait fondé Soloi, qui aurait par la suite été refondée par Solon[55].

Des indices du même phénomène en Carie sont perceptibles dans le domaine du vocabulaire politique. Ainsi deux inscriptions datées d'après l'année du souverain perse et rédigées sous le règne de Mausole contiennent les formules ἔδοξε + datif (en l'occurrence Μυλασεῦσιν et Ξανθίοις καὶ τοῖς περιοίκοις) ; dans une troisième

51. Fgt 14 l. 5-8 (cité par M. Detienne, 2003, p. 37). Il n'est pas exclu qu'une semblable réorientation mythographique se soit produite à Salamine : dans une inscription en vers trouvée à Argos (*IG* IV, 583), le roi Nicocréon se réclame à la fois d'une ascendance éacide et argienne ; par cette dernière prétention c'est vraisemblablement encore le personnage de Persée qu'il s'agit de s'attribuer comme ancêtre (cf. C. G. Bennett, 2003, p. 53 et n. 246 ; pour ces légendes voir aussi les discussions de E. Gjerstad, 1944 et de C.G. Bennett, 2003, p. 48-58).

52. M. Detienne, 2003, p. 58 ; Th. Petit, 2004b.

53. Il est vain de traquer les contradictions entre deux versions du même mythe : elles doivent être tenues pour deux variantes de la même légende (N. Loraux, 1990^2, p. 12). Elles peuvent fort bien circuler simultanément. En effet, la loi de non-contradiction n'est pas de mise en matière de mythographie (Ead., 1990^2, p. 58 ; voir notamment les manipulation mythographiques d'Euripide : Ead., 1990^2, p. 213-214 ; M. Detienne, 2003, p. 56-59). Comme l'indique M. Van Bakel (1996, p. 331) : « Anthropological literature abounds with example of new myths created and within a short period of time accepted as knowledge from time immemorial in order to incorporate in societal tradition new and hitherto unexperienced or even contradictory events. » Sur l'efficacité de tels mythes et la confiance qu'on leur acordait, voir M. Detienne, 2003, p. 118-119 ; N. Loraux, 1990^2, p. 35 ; C. Bonnet, 1996, p. 115. Nous avons aussi un bel exemple de création et de diffusion d'un mythe chez Diodore qui fait d'Alésia (récemment conquise par César) une fondation d'Héraclès (C. Jourdain-Annequin, 1989, p. 309-310 et n. 466).

54. E. Gjerstad, 1944, p. 109 ; Th. Petit, 1998, p. 81.

55. C. G. Bennett (2003, p. 55) pense que la légende de Solon refondant Soloi à partir de la colline Aipeia vient de l'abandon de Vouni durant l'âge du Bronze. On voit mal sur quels indices archéologiques une telle hypothèse pourrait reposer. Néanmoins, s'il faut réellement trouver à ce récit un fondement historique, il est préférable de supposer le souvenir tardif de l'abandon de Vouni vers 380 selon les déduction des fouilleurs suédois (E. Gjerstad, 1937, p. 286 et 1948, p. 29) au profit du site de la plaine. Les termes mêmes de Plutarque (*Solon* XXVI, 2-4) sont clairs : Αἴπεια ἐστ' ἐν χωρίοις ὀχυροῖς, précision topographique qui correspond bien à la colline abrupte de Vouni.

on relève le verbe ἐψηφίσαντο avec Τραλλεῖς pour sujet[56]. Ces formulaires paraissent directement empruntés au vocabulaire institutionnel athénien ; en réalité, il s'agit de formules creuses, d'une fiction politique, puisque les décisions relèvent bien du seul dynaste carien[57] ; l'usage d'un vocabulaire administratif grec ou attique relève au moins de la « correction politique » du temps[58].

Ces modifications mythographiques peuvent aussi être perçues comme le signe d'une perte d'influence perse à Chypre. Mais au-delà de la conjoncture politico-militaire, c'est aussi le signe non équivoque de l'ascendant que prenait la civilisation grecque, et plus spécifiquement athénienne, en particulier à travers les poèmes héroïques, dans ces contrées relevant de l'hégémonie perse. Ces récits constituaient donc désormais le matériau mythique commun où les dynastes cypriotes pouvaient et même devaient puiser.

Pour la Lycie, nous n'avons pas de textes qui témoignent de l'adoption de légendes grecques ; mais on observe dans l'iconographie la présence répétée de Bellérophon et de la Chimère, comme sur l'hérôon de Trysa et sur le sarcophage de Merehi ; et celle de Persée et de Méduse, à Limyra[59]. Quoiqu'il n'apparaisse pas en personne dans les peintures de Kızılbel, datées du troisième quart du VIe siècle, le héros est présent par prétérition, puisque le thème de la naissance de Pégase et Chrysaor après la décollation de Méduse est représenté. Ce thème, rarissime dans l'art grec, est pourtant présent par deux fois dans l'art gréco-perse : ici et sur le sarcophage de Golgoi. M. J. Mellink[60] en conclut que l'épisode devait avoir acquis un statut particulier dans la mythologie lycienne. Autant à Golgoi qu'à Limyra, on devine le même phénomène d'accaparement d'ancêtres choisis dans la mythologie grecque, mais qui permettaient également de s'associer aux souverains perses. De même à Trysa, on distingue Méléagre, Thésée et les Dioscures, d'une

56. *Syll.* III, n. 167 (cf. H. METZGER, 1979, p. 32-34).

57. D'ailleurs, dans la version araméenne d'une des inscriptions, toute formule de ce type a totalement disparu : L. ROBERT, 1945, p. 101-102 ; voir aussi J. BORCHHARDT, 1993, p. 3.

58. Voir Th. PETIT, sous presse (a). D'aucuns ont aussi voulu voir des traces de la même « atticophilie » dans les sculptures de Trysa : ainsi, selon B. JACOBS (1987, p. 70), les sculptures de Trysa et Limyra montreraient une orientation idéologique nettement pro-athénienne sur fond mythologique.

59. Persée est également présent à Limyra et de la plus éclatante manière puisqu'il figure brandissant la tête de Méduse en acrotère central de l'hérôon du côté nord (J. BORCHHARDT, 1976, jaquette et pl. 38-41).

60. M. J. MELLINK, 1998, p. 57.

part, de l'autre, les exploits de Persée et de Bellérophon ; ce qui trahirait, selon J. Borchhardt[61], la fierté que les dynastes locaux ressentaient de leur ancêtres grecs et perses.

L'imprégnation de la vie politique locale en Lycie par les récits et héros de la mythologie grecque se traduit parfois sous la forme la plus inattendue. Ainsi nous savons, par les inscriptions funéraires, que les villes étaient divisées en quartiers qui portaient chacun le nom d'un héros : Bellérophon, Iobatès, Dandaros, Sarpédon, etc.[62].

La prééminence de cette idéologie à base grecque dans des principautés relevant de l'autorité achéménide[63] doit s'expliquer sans aucun doute par le rayonnement de la civilisation hellénique ; mais elle tient sans doute également au fait qu'au IVe siècle, les liens administratifs au sein de l'Empire achéménide se distendent, non seulement entre le centre et les satrapies, mais également au sein de ces dernières entre le satrape et les dynastes locaux, lesquels acquièrent une autonomie de plus en plus large, voire une quasi indépendance[64] ; et, quoi qu'on en ait, le terme de relâchement sinon de « déclin » — pour éviter celui de « décadence » qui a suscité trop de polémiques — s'impose pour désigner ce phénomène.

L'explication par l'idéologie n'épuise cependant pas le sens de ces représentations. En effet, la plupart des œuvres gréco-perses relèvent de l'art funéraire ; on peut y discerner des préoccupations eschatologiques inspirées du destin de divers héros grecs. Ainsi le dynaste enseveli dans l'hérôon désigné comme le « Monument des Néréides », sans doute Arbinas, serait de ce fait assimilé à Pélée, accueilli par les dieux après sa mort. Citons les vers qu'Euripide met dans la bouche de Thétis (*Andromaque*, v. 1253-1268) :

> « Je t'affranchirai des misères humaines,
> de la mort et du déclin, et tu deviendras dieu.
> Tu vivras aux maisons de Nérée,
> pour toujours, dieu compagnon d'une déesse.
> [...]
> Assieds-toi là et attends que je sorte de la mer
> avec le chœur de mes cinquante Néréides
> qui sera ton escorte... »

61. J. BORCHHARDT, 1993, p. 13 (voir aussi p. 9 pour Bellérophon) ; W. OBERLEITNER, 1994, p. 55.

62. J. BORCHHARDT, 1993, p. 31.

63. Ce qu'avait déjà remarqué P. DEMARGNE, 1974a, p. 121-122, et 1974b.

64. Pour la Lycie, voir J. BORCHHARDT, 1993, p. 13.

De telles prétentions s'observent aussi à Amathonte de Chypre. N'évoquons qu'en passant le personnage de l'Héraclès cypriote, dont la riche personnalité ne peut être épuisée en quelques mots. C'est à Chypre que son assimilation avec le Phénicien Milqart eut sans doute lieu, et ce n'est pas fortuit si le nom même du dieu phénicien signifie « le roi de la cité ». A Amathonte, ville non hellénophone, Héraclès portait le vieux nom sémitique de *Malika*, de même étymologie. Aussi ce ne peut être un hasard si le fondateur éponyme Amathus passe pour un fils d'Héraclès. Comme le montre le beau sarcophage d'Amathonte conservé à New York, *Malika*/Héraclès connaît une apothéose en char sur le modèle de son homologue égéen, dont les représentations vasculaires attiques abondent dès la fin du VIe siècle[65]. Du reste le mythe de l'apothéose en char du dieu-roi n'est sans doute pas sans antécédents dans l'île, comme le montrent deux patères cypro-phéniciennes où une déesse emporte un roi sur son char[66]. P. Demargne imagine qu'il en va de même sur le sarcophage de Payava en Lycie[67] et l'on peut imaginer une explication similaire pour le guerrier de la tombe de Kızılbel[68]. Enfin on ne peut s'empêcher d'interpréter dans la même sens le quadrige qui couronne le Mausolée lui-même.

Les vecteurs de l'hellénisme

Depuis quelques décennies, on soupçonne que l'un des modèles de l'inspiration barbare en fait d'iconographie et de style grecs est la peinture de vases ; un des premiers savants à mettre le phénomène en lumière fut sans doute Henri Metzger dans son article de l'*Antiquité classique*, de 1971[69].

Bien plus, on est désormais convaincu que la décoration des vases doit être mise en rapport avec le contexte sociologique, c'est-

---

65. Th. PETIT, 2004a ; 2006.

66. G. MARKOE, 1985, E2, p. 282 ; Cy7, p. 255 ; cf. Th. PETIT, 2006, p. 94.

67. P. DEMARGNE, 1974a, p. 76 ; voir aussi J. BORCHHARDT, 1993, p. 47-48 ; Th. PETIT, 2004a, p. 58.

68. M. J. MELLINK, 1998, p. 22-24 : le char est précédé d'un génie ailé qui plane au-dessus de l'attelage et brandit une fleur de lotus. Il s'agirait, selon l'auteur d'une scène de « départ » qui est juxtaposée à une scène de « banquet ». On peut aussi y voir un trajet vers l'Au-delà en direction du banquet des Bienheureux (sur ces thèmes, voir mes remarques dans Th. PETIT, sous presse [c]).

69. Voir aussi H. A. SHAPIRO, 1995, p. 135-136 ; Th. PETIT, sous presse (a).

à-dire pour nous « archéologique », dans lequel ils étaient déposés et où, dans le meilleur des cas, ils furent découverts.

Ainsi, par exemple, on a fait observer que la proportion des images d'Athéna représentées sur les vases découverts sur l'Acropole d'Athènes est beaucoup plus élevée que dans l'iconographie en général[70]. Quoique le rapport entre producteur et usager soit moins direct qu'à Athènes et que l'interprétation de ces scènes puisse parfois montrer ses limites[71], on ne peut douter que la règle vaille également pour la céramique peinte d'exportation[72]. Ainsi, plus encore qu'une simple affaire de style ou de thèmes iconographiques, la peinture vasculaire grecque doit être, pour une bonne part, à l'origine des représentations mentales que les barbares se faisaient des mythes et des dieux, des mœurs et des usages grecs[73]. A cet égard, ce n'est pas un hasard si l'on observe la présence massive de céramique attique décorée dans les capitales dynastiques et même satrapiques, comme à Daskyleion[74].

L'influence de la peinture vasculaire sur la plastique orientale semble entendue pour les nombreuses scènes de banquet de l'art gréco-perse[75]. Il en va de même pour certains épisodes mythiques : par exemple, nombre de sceaux ont été découverts à Chypre qui montrent des centaures. Or on ne peut tenir pour pure coïncidence la découverte dans l'île de nombreux vases montrant de tels hybrides, dus notamment au Peintre du Centaure[76]. De même, s'agissant de plusieurs représentations de Géryon trouvées dans l'île, on peut penser qu'il s'agit là de l'influence de la peinture de

70. Citons par exemple le catalogue d'une exposition récente : « Une première analyse nous montre effectivement que le choix du décor reposait généralement sur une décision réfléchie [...]. La proportion de représentations d'Athéna sur l'Acropole est d'environ un vase sur cinq. Elle est donc beaucoup plus élevée que dans l'iconographie en général » (Cl. WAGNER, 2003, p. 53-54).

71. C. BONNET, 1988, p. 256.

72. Ainsi à la question de savoir si, au palais d'Amathonte par exemple, la céramique attique découverte répondait à la demande locale ou si simplement celle-ci suit l'offre, la première solution est de loin la plus vraisemblable (cf. J.-J. MAFFRE *et al.*, 2003, p. 159). Pour la céramique attique décorée en fonction de la clientèle, voir J.-Y. PERREAULT, 1986, p. 168.

73. P. DEMARGNE, 1974b.

74. Voir Y. TUNA-NÖRLING, 1999 et la communication de D. Kaptan aux *Celtic Conferences in Classics* de Rennes en 2004 (sous presse).

75. J. BORCHHARDT (1968b, p. 209) a rapproché des scènes de banquets sur les monuments lyciens des mêmes scènes sur les grands cratères du corinthien moyen et récent ; il note la présence conjointe de détails pittoresques, comme les chiens couchés sous les *klinai*. Pour la figure rouge, voir par exemple P. JACOBSTAHL, 1912, p. 33-68.

76. A. T. REYES, 2001, p. 155. et n. 337.

vase dans la seconde moitié du VIe siècle[77]. Certains ont ainsi noté que les sculpteurs lyciens, en particulier les artistes qui travaillèrent aux sculptures de Trysa et Limyra, n'ont pas adopté la représentation bidimensionnelle de l'Orient mais tridimensionnelle de la peinture et/ou de la peinture de vases grecque. Plusieurs thèmes ont manifestement été inspirés de cette peinture de vases, comme les scènes de banquet[78] ou les scènes de chasse[79]. On retrouve aussi, dans la sculpture lycienne par exemple, des thèmes proprement grecs développés dans la littérature et dans la peinture de vases, mais pas dans la sculpture ; ainsi le motif de la capture des boucliers. S'emparer du bouclier de son adversaire mort est une exploit digne de gloire dans la littérature grecque (*Iliade* XVII, 187)[80].

Pour la Lycie par exemple, la publication de la céramique attique de Xanthos due à Henri Metzger fournit un excellent exemple qu'il est impossible de développer ici. Citons simplement quelques-uns des thèmes qu'on y voit représentés : chez les dieux on voit Hermès[81], Athéna, Artémis[82], Héphaïstos[83], Apollon[84] ; chez les héros Héraclès[85], Achille[86], Thésée contre le Minotaure[87] ; mais aussi des cortèges dionysiaques[88], une chasse de Calydon[89], les métamorphoses de Thétis[90], un jugement de Pâris[91] ; parmi les scènes de

77. C. G. BENNET, 2003, p. 431.

78. Cf. P. JACOBSTAHL, 1912, fig. 75.

79. Dans le domaine attique, le thème de la chasse montée au sanglier ne se trouve que dans la figure noire ; il connaît son acmè à l'époque archaïque. On en trouve aussi dans la glyptique gréco-perse. Les monuments lyciens (Néréides, Trysa, etc.) et le sarcophage dit « lycien » de Sidon montrent des chasses au sanglier et au lion (B. SCHMIDT-DOUNAS, 1985, p. 18-23 ; 61-70) dans des grandes compositions qui rappellent la peinture de vases à figures noires.

80. Pour ce motif, voir Nieswandt, 1995, p. 33 n. 63. Il est présent — rarement, il est vrai, et de manière allusive — dans la peinture de vases (H. H. NIESWANDT, 1995, p. 33 n. 64 ; dans les Amazonomachies : *LIMC s. v.* « Amazones », 1981, n° 55 ; n° 273).

81. H. METZGER, 1972, nos 203, 204, 208 et 257.

82. ID., 1972, nos 183 et 335.

83. ID., 1972, n° 178.

84. ID., 1972, nos 192, 213 et 335.

85. ID., 1972, nos 171, 192, 200, 202, 211, 230 et 285.

86. ID., 1972, nos 206, 338 et 358.

87. ID., 1972, n° 269.

88. ID., 1972, nos 166, 167, 241, 242, 248, 270, 287, 303, 306, 307, 308, 309, 310, 314, 315, 321, 334 et 354.

89. ID., 1972, n° 164.

90. ID., 1972, n° 224.

91. ID., 1972, n° 327.

genre, des scènes de banquet[92], des combats hoplitiques[93], des courses de chars[94] ; mais aussi trois scènes de gymnase[95], dont une scène de cour homosexuelle dans le cadre d'une palestre, comme le montrent les paquetages[96]. On voit par là que les modèles culturels grecs et la *paideia* ont pu être connus des Lyciens avant que les inscriptions ne signalent leur adoption sous le règne de Gergis. Dans le même sens, on observera qu'Achille et Héraclès, dont plusieurs représentations vasculaires sont connues *in situ*, sont mentionnés dans le texte lycien de la stèle d'Arbinas[97].

Un phénomène similaire semble à l'œuvre à Amathonte de Chypre. Des fouilles du palais royal de la cité proviennent un certain nombre de tessons attiques figurés où l'on distingue à la fois des héros, comme Achille et Ajax en présence d'Athéna, ou Héraclès, et des divinités, comme Apollon et Dionysos (ou des scènes dionysiaques)[98] ; mais on trouve aussi des scènes de palestre comme on l'a vu[99].

La remarque vaut sans doute également pour les légendes de fondation ou les généalogies royales que l'on a évoquées ci-dessus. On sait aussi qu'Akamas et Démophon sont volontiers représentés quittant Troie en compagnie de leurs pères Thésée et Exékias[100] ; de même Ajax associé à la fondation de Salamine de Chypre[101]. Pour ce qui concerne la Lycie, Persée et Bellérophon sont également populaires dans l'art attique jusqu'au milieu du VIe siècle[102], l'apothéose d'Héraclès, qui a probablement influencé l'apothéose royale sur le sarcophage d'Amathonte et sur le sarcophage de Payava[103], est un épisode typiquement athénien au cours des deuxième et troisième quarts du VIe siècle[104]. Enfin, notons que, sur le sarcophage de Merehi, l'influence attique est tout aussi manifeste[105].

92. ID., 1972, n°s 206, 338 et 358.
93. ID., 1972, n°s 175, 176, 250, 284, 289, 302, 318, 319, 343 et 352.
94. ID., 1972, n°s 245 et 290.
95. ID., 1972, n° 345.
96. ID., 1972, n° 333.
97. ID., 1992, p. 158 et 160.
98. Th. PETIT, 1996, p. 214, fig. 3, 4, 6 et 10.
99. ID., 1996, p. 217-218, fig. 11, 12 et 14.
100. H. A. SHAPIRO, 1989, p. 147-148.
101. ID., 1989, p. 154-156.
102. ID., 1989, p. 158.
103. P. DEMARGNE, 1974a, p. 76.
104. H. A. SHAPIRO, 1989, p. 161 et n. 179.
105. P. DEMARGNE, 1974a, p. 93-94.

Peut-être initialement popularisés par la peinture vasculaire, ces légendes et mythes ont dû aussi circuler sous forme de récits oraux ou écrits. A Xanthos, l'insertion d'un poème héroïque en hexamètres dactyliques dans une longue inscription en langue lycienne montre le prestige que revêt, non seulement la langue grecque, mais surtout les récits épiques qu'elle note. Ainsi ce sont à n'en pas douter ces lettrés grecs de l'entourage des dynastes qui ont enseigné aux dignitaires locaux les passages « lyciens » de l'*Iliade*, que manifestement ils connaissaient par cœur[106].

L'inspiration « homérique » explique sans aucun doute l'adoption de Kinyras comme ancêtre fondateur par les Amathousiens et les Paphiens, puisque Kinyras est un personnage inconnu de l'iconographie grecque. De même l'épopée appelée *Éthiopide* a dû inspirer la légende éthiopienne des Amathousiens. Nous ignorons en revanche si ces récits ont circulé sous forme écrite ou si des Grecs, rhapsodes ou aèdes, ont voyagé dans l'île, de cour en cour[107]. La première hypothèse semble illustrée par le papyrus que tient le précepteur sur le bas-relief de Pinara.

On peut conclure aussi de cette représentation comme du témoignage exceptionnel que constituent les poèmes grecs du Létôon que les souverains xanthiens et l'aristocratie lycienne connaissaient la langue grecque ; de ce fait même, celle-ci devint sans doute rapidement la langue de prestige. Le phénomène de bilinguisme est aussi indirectement attesté dans d'autres royaumes. A Amathonte, le texte syllabique étéocypriote de l'inscription déjà mentionnée, et qui date du IVe siècle, est doublé d'une version en grec alphabétique. Des graffites sur vases retrouvés au Palais royal de la même cité et datés également du IVe siècle témoignent de la concurrence entre l'alphabet grec et le syllabaire étéocypriote ; il s'agit de bien modestes documents ; mais, mieux que des inscriptions officielles, ils montrent l'état réel des usages linguistiques dans l'entourage du roi d'Amathonte à cette époque[108].

---

106. H. METZGER, 1992, p. 163-165.

107. Il existait des concours de rhapsodes dès le milieu du VIe siècle, récitation dont l'objet était d'ailleurs souvent des cycles autres que les poèmes homériques, *Kypria*, *Ilou-persis*, *Éthiopide*, etc. (H. A. SHAPIRO, 1995, p. 135-136).

108. Th. PETIT, 1991.

Conclusion

Longtemps on a vu dans le moindre tesson attique découvert en Asie une trace d'hellénisation, voire d'implantation grecque[109], ce qui constitue une déduction par trop mécanique. Ensuite, la mode fut à ce que j'appellerais « la décolonisation mentale » de l'Asie antique, c'est-à-dire en réalité à sa « déshellénisation », si l'on m'autorise le néologisme : on a dès lors prétendu que ces emprunts étaient de pure forme, coquille vidée de sa substance pour accueillir les préoccupations locales. L'interprétation paraît également un peu courte dans la majorité des occurrences, et la vérité doit se situer entre ces deux extrêmes. Il faut reconnaître que les influences ne touchent pas seulement la forme des figures, mais le sens qu'il faut leur attribuer et leur place dans la société d'accueil.

La *koinè* autant idéologique, mythographique, culturelle que stylistique, dont on vient d'effleurer les principaux traits, est apparue au moment où la Grèce était politiquement travaillée par ses démons internes, soubresauts si bien décrits par Thucydide. Cependant, plus que par l'or ou par le fer, c'est par sa civilisation et sa culture que la Grèce, avant même les conquêtes d'Alexandre et avant de conquérir Rome, son vainqueur, allait subjuguer le Levant. Qu'ils y aient trouvé des formes céramiques remarquables susceptibles de parer les banquets où ils régalaient leurs vassaux, qu'ils aient été admiratifs devant la perfection technique des sculpteurs ou des architectes hellènes dont les œuvres pouvaient contribuer à orner leurs cités et leur tombeaux, et accroître leur prestige, qu'ils aient trouvé dans les mythes grecs une source inépuisable de récits héroïques où se chercher d'illustres ancêtres ou de glorieux fondateurs de leur capitale, les dynastes asiatiques et cypriotes ainsi que leurs populations ont été extrêmement réceptifs aux diverses formes de la civilisation grecque. « Ainsi que leurs populations » disais-je : en effet, par un phénomène bien connu d'osmose descendante, ces manières grecques et la langue grecque, qui ne constituaient au départ qu'un trait de distinction, de statut, parmi l'aristocratie « barbare », se répandront par imitation dans toute la société. En empruntant des traits de la *paideia* grecque, c'est *nolens volens* toute une civilisation que les élites orientales adoptaient. C'est donc, pour ces cultures périphériques appartenant au monde achéménide, d'un phénomène d'uniformisation culturelle et linguis-

109. Cf. J.-Y. PERREAULT, 1986, p. 162.

tique qu'il s'agit : les langues lycienne, carienne, étéocypriote, n'y survivront pas. Songeons aussi que la langue maternelle de Zénon de Kition, fondateur du Portique à la fin du IVe siècle, était le phénicien ; l'empire d'Alexandre et les royaumes des Diadoques ne firent que renforcer cette tendance, ils ne l'inaugurèrent donc point. Pour Isocrate (*Panégyrique* 51), qui ailleurs déplore que certain roi de race phénicienne ait totalement « barbarisé » Salamine (ἐξεβαρβάρωσεν) avant le retour d'Évagoras sur le trône, le plus grand service qu'Athènes a rendu à la Grèce, c'est la *paideusis* ; c'est elle qui fait le Grec et non la simple naissance. Pour parodier une formule célèbre, nous dirons que, dans cette conception de l'appartenance culturelle, on ne naît pas hellène, on le devient. Ainsi, les « Barbares » de langue pouvaient-ils prétendre de plus en plus, par l'éducation et les mœurs, appartenir à cette civilisation. C'est ce qui se produira dans l'Asie hellénistique, c'est ce que nous voyons déjà en cours à l'époque classique dans les marches occidentales de l'Empire achéménide.

Thierry PETIT

RÉFÉRENCES

B. D'AGOSTINO, 1980, « Grecs et indigènes sur la côte tyrrhénienne au VIe siècle », dans *L'archéologie aujourd'hui*, A. SCHNAPP éd., Paris, p. 207-226.

E. AKURGAL, 1961, *Die Kunst Anatoliens von Homer bis Alexander*, Berlin.

Cl. BAURAIN, 1980, « Kinyras. La fin de l'âge du Bronze à Chypre et la tradition antique », *Bulletin de Correspondance hellénique* 104, p. 277-308.

Cl. BAURAIN et C. BONNET, 1992, *Les Phéniciens. Marins des trois continents*, Paris.

C.G. BENNETT, 2003, *The Cults of the Ancient Greek Cypriots*, Ann Arbor.

Cl. BÉRARD, 1984, « L'ordre des femmes », in *La cité des images. Religion et société en Grèce ancienne*, Lausanne, p. 85-104.

ID., J.-L. DURAND, 1984, « Entrer en imagerie », *ibid.*, Paris, p. 19-34.

P. BERNARD, 1965, « Remarques sur le décor sculpté d'un édifice de Xanthos », *Syria* 42, p. 261-288.

A. BILLAULT, 2001, « Remarques sur l'origine des Éthiopiens dans la littérature antique », in *Origines gentium*, V. FROMENTIN et S. GOTTELAND éd., Bordeaux, p. 347-355.

J. BOARDMAN, 1970, *Greek gems and Fingerrings : Early Bronze Age to late Classical*, Londres.

ID., 2003, *Die Perser und der Westen. Eine archäologische Untersuchung zur Entwicklung der Achämenidischen Kunst*, Mayence.

C. BONNET, 1988, *Melqart. Cultes et mythes de l'Héraclès tyrien en Méditerranée* (Studia Phoenicia, VIII), Louvain-Namur.

EAD., 1996, *Astarté. Dossier documentaire et perspectives historiques*, Rome.

J. BORCHHARDT, 1968a, « Epichorische, gräko-persisch beeinflußte Reliefs in Kilikien », *Istanbuler Mitteilungen* 18, p. 161-211.

ID., 1968b, « Dynastische Grabanlage von Kadyanda », *Archäologischer Anzeiger* 83, p. 174-238.

ID., 1970, « Das Heroon von Limyra – Grabmal des lykischen Königs Perikles », *ibid.* 85, p. 353-390.

ID., 1975, *Myra. Eine lykische Metropole in antiker und byzantinischer Zeit*, Berlin.

ID., 1976, *Die Bauskulpturen des Heroons von Limyra. Das Grabmal des lykischen Königs Perikles*, Berlin.

ID., 1990, « Zêmuri. Die Residenzstadt des lykischen Königs Perikles », *Istanbuler Mitteilungen* 40, p. 109-143.

ID., 1993, *Die Steine von Zemuri*, Vienne.

C. BRUNS-ÖZGAN, 1987, *Lykische Grabreliefs des 5. und 4. Jahrhunderts v. Chr.* (*Istanbuler Mitteilungen*, beiheft 33), Tübingen.

W. A. P. CHILDS, 1976, « Prolegomena to a Lycian Chronology, II : the Heroon from Trysa », *Revue archéologique*, p. 281-316.

ID., P. DEMARGNE, 1989, *Fouilles de Xanthos. VIII. Le monument des Néréides. Le décor sculpté*, 2 vol., Paris.

M. A. DANDAMAYEV, 1992, *Iranians in Achaemenid Babylonia*, Costa Mesa-New York.

Cl. DELTOUR-LEVIE, 1982, *Les piliers funéraires de Lycie*, Louvain-la-Neuve.

P. DEMARGNE, 1974a, *Fouilles de Xanthos. V. Tombes-maisons, tombes rupestres et sarcophages*, Paris.

ID., 1974b, « Xanthos et les problèmes de l'hellénisation au temps de la Grèce classique », *CRAI*, p. 584-590.

ID. *et al.* 1958, *Fouille de Xanthos. I. les piliers funéraires*, Paris.

A. DEMETRIOU, 2000, « The Successors of Agamemnon in Cyprus ? », in *Acts of the third intern. Congress of Cypriot Studies*, Nicosie, p. 429-444.

M. DENTZER, 1982, *Le motif du banquet couché dans le Proche-Orient et le monde grec du* VIIe *au* IVe *siècle av. J.-C.* (BEFAR, 246), Rome-Paris.

M. DETIENNE, 2003, *Comment être autochtone ?*, Paris.

R. FLEISCHER, 1983, *Der Klagefrauensarkophag aus Sidon* (Istanbuler Forschungen, 34), Tübingen.

E. GIRAUD éd., 1985, *ΕΙΔΩΛΟΠΟΙΙΑ. Actes du colloque sur les problèmes de l'image dans la monde méditerranéen classique* (château de Lourmarin-en-Provence, 2-3 septembre 1982), Rome.

E. GJERSTAD, 1944, « The Colonization in Cyprus in the Greek Legend », *Opuscula Atheniensia* 3, p. 107-123.

ID., 1948, *The Swedish Cyprus Expedition IV/2. The Cypro-Geometric, Cypro-Archaic and Cypro-Classical Periods*, Stockholm.

ID. *et al.*, 1937, *The Swedish Cyprus Expedition III. Finds and Results of the Excavations in Cyprus 1927-1931*, Stockholm.

G. F. HILL, 1940, *History of Cyprus*, I, Cambridge.

B. JACOBS, 1987, *Griechische und persische Elemente in der Grabkunst Lykiens zur Zeit der Achämenidenherrschaft*, Jonsered.

ID., 2002, « Achämenidische Kunst – Kunst im Achämenidenreich. Zur Rolle der achämenidischen Großplastik als Mittel der herrscherlichen Selbstdarstellung und der Verbreitung politischer Botschaften im Reich », *Archäologische Mitteilungen aus Iran und Turan* 34, p. 345-395.

P. JACOBSTAHL, 1912, *Göttingischer Vasen nebst einer Abhandlung ΣΥΜΠΟΣΙΑΚΑ*, Berlin.

W. JAEGER, 1939-1944, Paideia. *Die Formung des griechischen Menschen*, 3 vol., Berlin-Leipzig.

C. JOURDAIN-ANNEQUIN, 1989, *Héraclès aux portes du soir. Mythe et histoire*, Besançon.

D. KAPTAN, 1996, « The Great King's Audience », in *Fremde Zeiten. Festschrift für Jürgen Borchhardt*, Fr. BLAKOLMER *et al.* éd., vol. I, Vienne, p. 259-272.

V. KARAGEORGHIS *et al.*, 2000, *Ancient Art from Cyprus. The Cesnola Collection*, New York.

N. LORAUX, 1990², *Les enfants d'Athéna : idées athéniennes sur la citoyenneté et la division des sexes*, Paris.

G. MARKOE, 1985, *Phoenician Bronze and Silver Bowls from Cyprus and the Mediterranean*, Berkeley-Los Angeles.

R. MARTIN, 1971, « Le monument des Néréides et l'architecture funéraire lycienne », *Revue archéologique*, p. 327-337.

ID., 1994, *L'art grec*, Paris.

H. MATTHÄUS, 2001, « Studies on the Interrelations of Cyprus and Italy during the 11th to 9th Centuries B.C. : A Pan-Mediterranean Perspective », in *Italy and Cyprus in Antiquity : 1500-450 B.C.*, L. BONFANTE et V. KARAGEORGHIS éd. (Proceedings of an International Symposium held at the Italian Academy for Advances Studies in America et Columbia University, November 16-18, 2000), Nicosie, p. 153-214.

M. J. MELLINK 1976, « Local, Phrygian and Greek Traits in Northern Lycia », *Revue archéologique*, p. 21-34.

ID., 1998, *Kızılbel : An Archaic Painted Tomb Chamber in Northern Lycia*, Philadelphia.

H. METZGER, 1971, « Sur deux groupes de reliefs "gréco-perses" d'Asie Mineure », *L'Antiquité classique*, p. 505-525.

H. METZGER *et al.*, 1972, *Fouilles de Xanthos.* IV. *Les céramiques archaïques et classiques de l'acropole lycienne*, Paris.

EID., 1979, *Fouilles de Xanthos.* VI. *La trilingue du Létôon*, Paris.

EID., 1992, *Fouilles de Xanthos.* IX. *La région nord du Létôon. Les sculptures, les inscriptions gréco-lyciennes*, Paris.

H. H. NIESWANDT, 1995, « Zum Inschriftenpfeiler von Xanthos », *Boreas* 18, p. 19-44.

W. OBERLEITNER, 1994, *Das Heroon von Trysa. Ein lykisches Fürstengrab des 4. Jahrhunderts v. Chr.*, Mayence.

J.-Y. PERREAULT, 1986, « Céramiques et échanges : les importations attiques au Proche-Orient du VIe au milieu du Ve siècle av. J.-C. Les données archéologiques », *Bulletin de Correspondance hellénique* 110, p. 145-175.

Th. PETIT, 1991, « Syllabaire et alphabet au "palais" d'Amathonte de Chypre vers 300 avant notre ère », in Phoinikeia Grammata. *Lire et écrire en Méditerranée. Actes du colloque de Liège, 15-18 novembre 1989*, Cl. BAURAIN, C. BONNET et V. KRINGS éd., Liège-Namur, p. 481-490.

ID., 1995, « *Amathous* (*autochthones eisin*). De l'identité amathousienne à l'époque des royaumes (VIIIe-IVe s.) », *Sources. Travaux historiques* 43-44, p. 51-64.

ID., 1996, « La céramique grecque du palais d'Amathonte. Description et interprétation », *Bulletin de la Société française d'Archéologie classique.* 28 (1994-1995), *Revue archéologique*, p. 211-223.

ID., 1998, « Amathousiens, Éthiopiens et Perses », *Cahiers du Centre d'Études chypriotes* 28, p. 73-86.

ID., 2004a, « Images de la royauté amathousienne : le sarcophage d'Amathonte », in *Iconographie impériale, iconographie royale, iconographie des élites dans l'Antiquité*, Y. PERRIN et Th. PETIT éd., Centre de Recherche en Histoire de l'Université Jean-Monnet, Saint-Étienne, p. 49-96.

ID., 2004b, « Herodotus and Amathus », in *The World of Herodotus (Nicosia, September 18-21, 2003)*, V. KARAGEORGHIS et I. TAIFACOS éd., Nicosie, p. 9-25.

ID., 2006, « MALIKA : l'identité composite du Dieu-Roi d'Amathonte sur le sarcophage de New York », in *Identités croisées en un milieu méditerranéen : le cas de Chypre (Antiquité-Moyen Âge)*, S. FOURRIER et G. GRIVAUD éd., Rouen, p. 63-99.

ID., sous presse (a), « The Hellenization of Amathus in the 4th Century B.C. », in *From Evagoras to the Ptolemies. The Transition from the Classical to the Hellenistic Period in Cyprus. 29-30 November 2002*, Nicosie.

ID., sous presse (b), « La course agenouillée de l'Héraclès cypriote », *Ktèma* 32 (2007).

ID., sous presse (c), « Un voyage d'Outre-Tombe : le décor de l'amphorisque T.251/8 d'Amathonte », à paraître dans *Festschrift Werner Gauer*, Münster.

A. T. REYES, 2001, *The Stamp-Seals of Ancient Cyprus*, Oxford.

L. ROBERT, 1945, *Le sanctuaire de Sinuri près de Mylasa*. I. *Les inscriptions grecques*, Paris.

ID., 1974, « Un citoyen de Téos à Bouthrôtos d'Épire », *CRAI*, p. 508-529.

ID., 1975, « Une nouvelle inscription grecque de Sardes : règlement de l'autorité perse relatif à un culte de Zeus », *CRAI*, p. 306-330.

P. RUBY, 1993, « Tarquinia, entre la Grèce et Sala Consilina. Éléments pour l'étude de la circulation des biens de prestige dans l'Italie centrale et méridionale protohistorique », *Mélanges de l'École française de Rome. Antiquité* 105, p. 779-832.

A. SCHNAPP, 1994, « Are images animated : the pyschology of Statues in Ancient Greece », in *The Ancient Mind. Elements of cognitive Archaeology*, C. RENFREW éd., Cambridge, p. 40-44.

B. SCHMIDT-DOUNAS, 1985, *Der lykische Sarkophag* (Istanbuler Mitteilungen, Beiheft 30), Tübingen.

A. SERGHIDOU, 2006, « Discours ethnographique et quêtes identitaires en Chypre ancienne », in *Identités croisée en un milieu méditerranéen : le cas de Chypre (Antiquité-Moyen Âge)*, S. FOURRIER et G. GRIVAUD éd., Rouen, p. 165-186.

H. A. SHAPIRO, 1989, *Art and Cult under the Tyrants in Athens*, Mayence.

ID., 1995, « Les Rhapsodes aux Panathénées et la céramique à Athènes à l'époque archaïque », in *Culture et société. L'avènement d'Athènes à l'époque archaïque*, D. VIVIERS et A. VERBANCK-PIERARD éd., Bruxelles, p. 127-137.

Y. TUNA-NÖRLING, 1999, *Daskyleion* I. *Die attische Keramik*, Izmir.

M. VAN BAKEL, 1996, « Ideological perspectives of the development of kingship in the early states of Hawaii », in *Ideology and the Formation of Early States*, H. J. M. CLAESSEN et J. G. OOSTEN éd., La Haye, p. 321-338.

Th. VEBLEN, 1953, *Theory of the Leisure Class*, New York (1re éd. 1899).

Cl. WAGNER, 2003, « Des vases pour Athéna. Quelques réflexions sur l'Acropole d'Athènes comme contexte », in *Le vase grec et ses destins*, P. ROUILLARD et A. VERBANCK-PIÉRARD éd. (catalogue de l'exposition tenue au Musée royal de Mariemont), Munich, p. 49-56.

M. WEBER, 1972[5], *Wirtschaft und Gesellschaft. Grundriß der verstehenden Soziologie*, Tübingen.

M. YON et M. SZNYCER, 1991, « Une inscription phénicienne royale de Kition », *CRAI*, p. 791-823.

J. ZAHLE, 1979, « Lykische Felsgräber mit Reliefs aus dem 4. Jahrhundert v. Chr. Neue und alte Funde », *Jahrbuch des Deutschen archäologischen Instituts* 94, p. 245-346.

L'IMPACT DES MODÈLES « CLASSIQUES » SUR LE CADRE DE LA VIE URBAINE EN SYRIE DU SUD, ENTRE LA FIN DE L'ÉPOQUE HELLÉNISTIQUE ET LE DÉBUT DE L'ÉPOQUE BYZANTINE

Introduction

Le VIIIe congrès international d'archéologie classique, réuni à Paris en 1963, a ouvert une voie très féconde en proposant comme thème « Le rayonnement des civilisations grecques et romaines sur les cultures périphériques »[1]. C'est la direction dans laquelle se sont engagées en France les recherches sur l'*Orient hellénisé,* sous l'autorité de trois maîtres, Henri Seyrig[2], Daniel Schlumberger[3] et Ernest Will[4], qui ont mis au point à la fois une méthode d'approche et d'analyse et des voies d'interprétation historique. Sous des titres divers et autour des notions de « réception » ou, dans une perspective plus large, d'« acculturation » le thème a suscité une vaste bibliographie à mesure que se sont révélés de nouveaux ensembles géographiques, sur un arc chronologique élargi[5].

L'exploration de la Syrie du Sud basaltique, menée à l'échelle régionale depuis la fin des années 1970 par la Mission archéolo-

---

1. *Le rayonnement des civilisations grecque et romaine sur les cultures périphériques,* VIIIe congrès international d'archéologie classique à Paris, 1963 (préface P. Demargne), Paris, 1965. Les références à une bibliographie très vaste ont été fortement réduites ici pour alléger la présentation.

2. Par exemple : H. Seyrig, « Remarques sur la civilisation de Palmyre », *Syria* XXI, 1940, p. 328-337 (= *Antiquités syriennes* III, Paris, 1946, p. 115-124).

3. D. Schlumberger, « Descendants non-méditerranéens de l'art grec », *Syria* 37, 1960, 1-2, p. 131-318 ; Id., *L'Orient hellénisé*, Paris, 1970.

4. E. Will, *De l'Euphrate au Rhin : aspects de l'hellénisation et de la romanisation du Proche-Orient* (Bibliothèque archéologique et historique, 135), Beyrouth, 1995, p. 763-781, 783-795, 797-817, 819-831 et 833-842.

5. M. Sartre, *D'Alexandre à Zénobie : histoire du Levant antique : IVe siècle av. J.-C.-IIIe siècle ap. J.-C.*, Paris, 2001, p. 1078-1080.

gique française[6], a apporté de nouveaux témoignages de l'impact de la culture méditerranéenne, sensible ici à partir de la fin de l'époque hellénistique, en particulier sur le développement urbain. Cette contrée conservait dans les années soixante-dix un patrimoine archéologique exceptionnel constitué non seulement par des monuments mais aussi par des agglomérations antiques de différentes périodes, parfois quasi complètes, inscrites dans des paysages où se lisaient encore les traces de l'organisation antique de l'espace, des voies de communications aux aménagements hydrauliques et agricoles[7]. De plus, un grand nombre d'inscriptions sémitiques (araméennes-nabatéennes, « safaïtiques »), grecques et plus rarement latines éclairent l'interprétation historique de ces vestiges. Limités par le temps, nous laisserons ici de côté le témoignage essentiel des textes sur le développement de la région, son hellénisation ou sa romanisation, pour nous centrer essentiellement sur des apports de l'archéologie. Après avoir cherché des indices sur le substrat culturel de cette région, c'est l'épisode d'hellénisation/romanisation qui sera au centre de cette présentation.

La zone basaltique de la Syrie du Sud appartient tout entière au domaine de la Syrie intérieure, qui se distingue clairement de la région côtière ouverte sur le monde méditerranéen depuis l'âge du Bronze au moins[8] (fig. 1 et 2). Avec une frange qui s'étend sur le Nord de la Jordanie, la Syrie du Sud présente une forte « personnalité » géographique[9]. De formation entièrement volcanique, elle constitue une unité homogène où l'âge, et donc le degré de désagrégation des coulées basaltiques en terre argileuse riche, permettent

---

6. Le programme d'étude régionale de la Syrie du Sud de l'époque hellénistique à l'avènement de l'islam a été mis au point et réalisé en collaboration étroite et amicale avec la direction générale des Antiquités de la République arabe syrienne et les autorités de Bosra et de Suweida que je me dois de remercier ici pour leur accueil chaleureux.

7. J.-M. Dentzer éd., *Hauran I*.

8. R. A. Stucky, « Acculturation et retour aux sources. Sidon aux époques perse et hellénistique », in *Recherches récentes sur le monde hellénistique. Actes du colloque international organisé à l'occasion du 60e anniversaire de Pierre Ducrey,* Lausanne, 20-21 novembre 1998, p. 247-258. Exemple de la Tribune d'Echmoun à Sidon (à laquelle il faudrait ajouter les sarcophages) : R. A. Stucky, « Tribune d'Echmoun : Ein griechischer Reliefzyklus des 4. Jahrhunderts v. Chr. in Sidon », *Antike Kunst* 13, 1984 ; Id., « Die Skulpturen aus dem Eschmun-Heiligtum bei Sidon », *ibid.* 17, 1993 ; E. Will, *op. cit.* (n. 4), p. 105-124.

9. E. Wirth, *Syrien, eine geographische Landeskunde* (Wissenschaftliche Länderkunden, 4/5), éd. W. Storkebaum, Darmstadt, 1971, p. 59-60 et 408-421 ; F. Huguet, « Aperçu géomorphologique sur les paysages volcaniques du Hauran ». in J.-M. Dentzer, *Hauran I*, p. 5-17 ; P. Gentelle, « Éléments pour une histoire des paysages et du peuplement du Djebel Hawran septentrional en Syrie du Sud », *ibid.* p. 19-62.

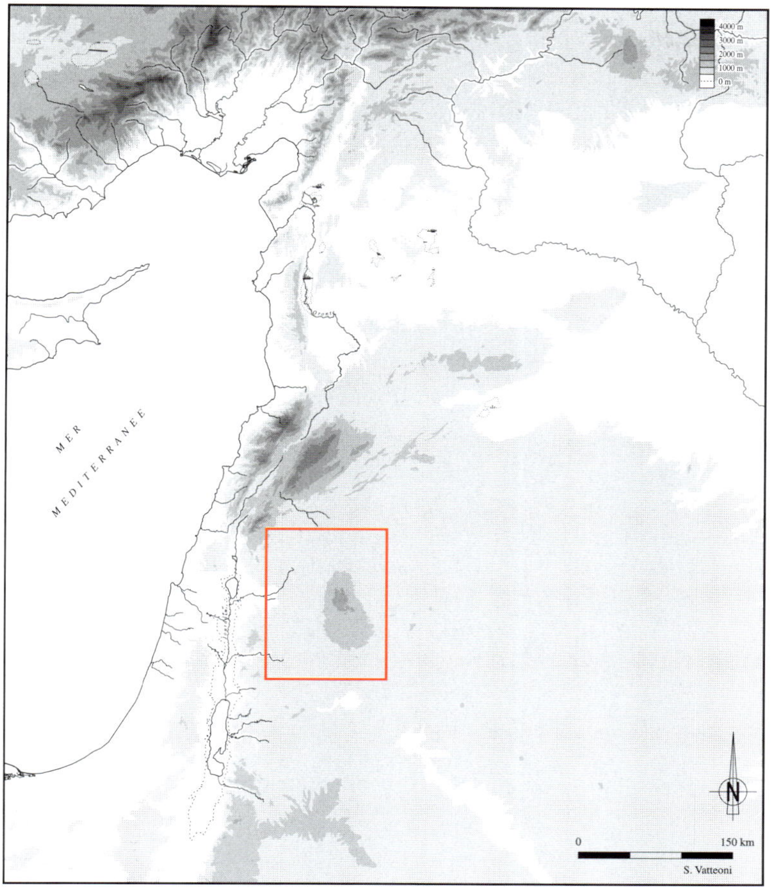

FIG. 1. – Localisation de la Syrie du Sud (S. Vatteoni, Mission Syrie du Sud).

de distinguer trois zones : le soubassement ancien qui constitue le plateau agricole de la Nuqra, la montagne du Jebel al-ʿArab et enfin des zones limitées formées de coulées de lave plus récentes, à l'aspect chaotique, le Leja et le Safa (fig. 2). Ces formations fournissent aussi bien le basalte, matériau de construction quasi unique, qu'une argile nécessaire aux potiers[10]. Par ailleurs la zone bénéficie

10. M. Barret, L. Courtois, D. Orssaud, F. Villeneuve, « Le matériau céramique », dans *Hauran I*, p. 223-234.

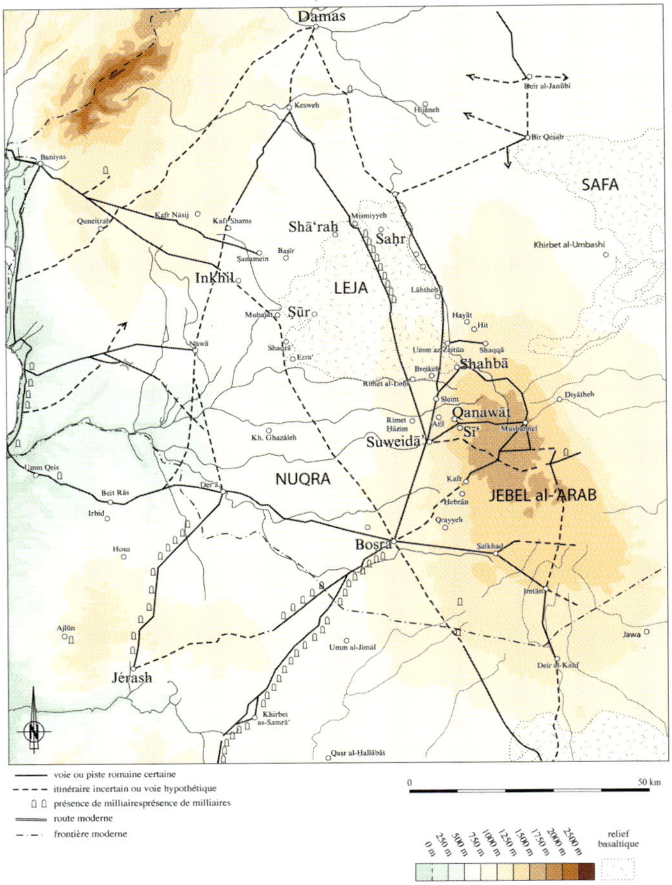

FIG. 2. – Carte de la Syrie du Sud (S. Vatteoni, Mission Syrie du Sud).

d'un avantage climatique : à la latitude du lac de Tibériade, l'interruption des chaînes côtières laisse pénétrer dans la steppe, plus profondément qu'ailleurs, l'humidité méditerranéenne et favorise les cultures, des céréales à la vigne, ainsi que l'élevage. Quatre grandes phases de développement marquent la région, la première à l'âge du Bronze, une deuxième entre la fin de l'époque hellénistique et celle de l'époque ommeyade, une troisième à l'époque médiévale ; la quatrième commence à la fin du XIXe siècle, au début de l'ère industrielle.

Le substrat culturel : l'héritage de l'âge du Bronze et du Fer

Les ressources de la région ont été exploitées largement dès l'âge du Bronze, phase où sont apparues des techniques spécifiques pour la collecte et le stockage des eaux de pluie d'hiver dans des réservoirs, les *birkehs*, mais aussi des procédés de construction tirant profit de la résistance remarquable des poutres de basalte pour remplacer le bois dans la charpente et même dans l'huisserie[11]. Ils fournissent jusqu'au système de couverture dans l'habitat comme dans l'architecture funéraire (*tumulus*). Des piliers permettent d'augmenter les dimensions des pièces. Ces mêmes techniques serviront de base au développement de la région dans la deuxième longue période, dont il sera traité ici, celle qui va de la fin de l'époque hellénistique à l'époque omeyyade. D'autres traces d'une continuité technologique apparaissent dans la céramique de production locale[12] où la même technique du brunissage, polissage sur le tour laissant des traces en spirale, s'observe sur des récipients de l'âge du Bronze ou du Fer et sur des vases produits au Ier siècle de notre ère. Ainsi commencent à apparaître des éléments de continuité liée aux ressources du terrain qui pourraient avoir constitué le fonds d'une identité régionale et un substrat pour l'évolution ultérieure.

Un aspect plus culturel de ce substrat apparaît dans la sculpture et plus particulièrement dans un petit groupe d'objets étranges, trouvés pour l'essentiel dans le Jebel al-'Arab et dans un contexte vraisemblablement cultuel. On ne peut les confondre avec des séries plus banales également trouvées dans la région mais ins-

11. J.-C. Echallier, F. Braemer, « Nature et fonction des "desert kites" : données et hypothèses nouvelles », *Paléorient* 21/1, 1995, p. 35-63 ; F. Braemer, T. Steimer, « Monuments funéraires mégalithiques au Proche-Orient », in *Mégalithismes de l'Atlantique à l'Éthiopie*, J. Guilaine éd., Paris, 1999, p. 175-189 ; F. Braemer, « Le changement dans les habitats de la steppe du Proche-Orient au IIIe millénaire », in *Habitat et Société*, actes des journées internationales d'Antibes - Juan-les-Pins, 1999, p. 181-199 ; Ch. Nicolle, F. Braemer, « Le Levant sud au Bronze ancien : pour une définition des systèmes socio-économiques non intégrés » in *Studies in the History and Archaeology of Jordan VII*, Amman, 2001, p. 197-204 ; F. Braemer, J.-C. Echallier, A. Taraqji, *Khirbet al-Umbashi : Villages et campements de pasteurs dans le « désert noir » (Syrie) à l'âge du Bronze* (Bibliothèque archéologique et historique, 171), Beyrouth, 2004.

12. On identifie cette production à partir de la composition de la pâte obtenue à partir d'argiles de décomposition des basaltes. Des minéraux caractéristiques du basalte sont identifiables au simple examen microscopique de lames minces de cette céramique (voir n. 10).

pirées par des modèles gréco-romains. Ernest Will avait proposé une classification simple, en trois groupes, des sculptures d'époque romaine trouvées en Syrie, et plus particulièrement dans la Syrie intérieure[13]. Il distinguait ainsi :

— des objets importés des grands centres de production gréco-romains ;

— des copies ou imitations provinciales de qualité variable mais dans lesquelles on reconnaît toujours des prototypes classiques ;

— une catégorie résiduelle d'objets qui ne sont explicables en aucun cas comme des copies, même déformées, de types classiques. E. Will les rattachait au domaine des arts « populaires » ou « primitifs ».

G. Bolelli a cherché à serrer de plus près l'originalité de cette dernière catégorie en recherchant les traits communs à un certain nombre de ces sculptures en Syrie du Sud[14]. C'est la recherche d'une expressivité particulière plutôt qu'une incapacité technique qui caractérise ces objets. Elle explique l'absence d'intérêt pour la vérité anatomique et les proportions du corps qui a conduit à exagérer certaines parties des personnages comme le visage et les yeux, auxquels on attribuait sans doute une valeur essentielle, le regard permettant d'établir, avec la frontalité[15], une relation magique entre la figure sculptée et le spectateur, et en particulier avec le dieu dans un sanctuaire. Des formules stéréotypées, d'un caractère plutôt graphique et presque abstrait, suffisent pour représenter les cheveux, les yeux ou les sourcils, certains traits anatomiques ou encore le contour des vêtements[16]. Les volumes tendent vers des formes géométriques qui gardent la trace des limites du contour original du

13. E. Will, « La Syrie romaine entre l'Occident gréco-romain et l'Orient parthe », in *Le rayonnement des civilisations grecque et romaine sur les cultures périphériques*, VIIIe congrès international d'archéologie classique, Paris, 1963, Paris, 1965, p. 511-526, pl. 128-130 (= E. Will, *op. cit.* [n. 4], 1995, p. 763-781).

14. G. Bolelli, « La ronde-bosse de caractère indigène en Syrie du Sud », in *Hauran I*, vol. 2, Paris, 1986, p. 311-372 ; Ead., « La sculpture au musée de Suweida », in *Le Djebel al 'Arab : histoire et patrimoine : au musée de Suweida*, J.-M. Dentzer et J. Dentzer-Feydy éd., Paris, 1991 ; voir aussi J.-M. Dentzer, *op. cit.* (n. 7), p. 387- 420.

15. Frontalité : H. Seyrig, « Bas-reliefs monumentaux du temple de Bêl à Palmyre », *Syria* 15, 1934, p. 185-186 (= *Antiquités Syriennes* II, 1938, p. 38-39) ; Id., « Sur quelques sculptures palmyréniennes », *ibid.* 18, 1937, p. 36-40 ; D. Schlumberger, « Descendants non-méditerranéens de l'art grec », *ibid.* 37, 1960, p. 131 sq. et 253 sq. ; E. Will, *op. cit.* (n. 4) p. 783-795, 797-817, 819-831 et 833-842.

16. G. Bolelli, *art. cit.* (n. 14), 1986, pl. VIII-X.

bloc[17]. Cette économie plastique, que justifiait peut-être la difficulté de tailler un matériau aussi dur que le basalte, aboutit à la construction d'une œuvre où une « façade » traitée en ronde-bosse est assemblée avec deux ou trois autres faces du bloc taillées comme des reliefs disposés sur des plans perpendiculaires. Ce procédé appliqué d'une façon particulièrement claire en Syrie du Sud à des statues de personnages assis, de date encore indécise[18], est attesté dans des séries de sculptures, en basalte elles aussi, produites dans la Syrie intérieure au début du Ier millénaire av. J.-C., en particulier dans le contexte syro-araméen de la Syrie du Nord[19]. Les figures sont intégrées à l'architecture comme les orthostates ornés de figures en relief et complétés par des blocs saillants perpendiculaires portant des fauves ou des monstres. Leur tête, avec l'avant-corps, est vue de face alors que le reste des personnages est représenté en simple relief. Ils encadrent ainsi des portes dans des sanctuaires ou des palais syro-hittites et araméens[20]. Têtes ou *protomai* de fauves traitées en ronde-bosse sortent du relief où est représenté le reste de l'animal[21]. A cette formule s'apparente aussi l'insertion de figures (sphinge[22] ou buste féminin[23]) ou d'accessoires de culte (piédestaux[24], *thymiateria*[25]) dans les façades de certains sanctuaires du Jebel al-'Arab de la phase pré-provinciale. Ils sont intégrés à la base des murs dans une disposition perpendiculaire à ceux-ci et encadrent des portes d'accès. La sphinge pourrait avoir ici la même fonction apotropaïque que les fauves ou monstres placés dans cette position sur des monuments syro-hittites.

---

17. L. Mounif, « Note sur la technologie des sculptures en basalte », in *Kulturkonflikte im Vorderen Orient an der Wende vom Hellenismus zur römischen Kaiserzeit*, K. Freyberger, A. Henning et H. Von Hesberg éd. (Deutsches Archäologisches Institut. Orient-Archäologie, 11), Rahden, 2003, p. 219-222.

18. G. Bolelli, *art. cit.* (n. 14), 1986, nos 12, 14, 16, 17, pl. IV-VI.

19. J.-M. Dentzer, « Le Jebel al-'Arab à l'époque "hellénistique" : repères chronologiques et identité culturelle », in *Kulturkonflikte in Vorderen Orient an der Wende von Hellenismus zur römischen Kaiserzeit*, K. Freyburger, A. Henning et H. von Hesberg éd. (Deutsches Archäologisches Institut. Orient-Archäologie, 11), Rahden, 2003, p. 181-217, particulièrement p. 193-194 ; E. Akurgal, *Die Kunst der Hethiter*, Munich, 1961, pl. 109 ; stèle d'un couple assis de Marash : K. Bittel, *Les Hittites*, Paris, L'Univers des formes, 1976, fig. 317.

20. J.-M. Dentzer, *op. cit.* (n. 19), p. 192-196 ; K. Bittel, *op. cit.* (n. 19), fig. 323.

21. J.-M. Dentzer, *op. cit.* (n. 19), p. 187, 3.2.2 (fig. 1) ; p. 188, 3.2.3 (fig. 2,1 et 2,4) ; p. 189, 3.2.6 (fig. 13).

22. Id., *op. cit.* (n. 19), p. 189-190, 3.3.1, fig ; 16-19 ; J.-M. Dentzer et J. Dentzer-Feydy, *op. cit.* (n. 14), p. 117, 4,18, pl. 1.

23. J.-M. Dentzer, *op. cit.* (n. 19), p. 190-191, 3.3.2, fig. 21-23.

24. Piédestaux étroits (environ 0,35 m), hauts de 1,10 m vus complets et en place par Butler de part et d'autre de la porte du *theatron* de Sî' : H. C. Butler, PPUAES, II A, p. 380-382, fig. 329, 330 et 331.

25. Coupelle creusée dans la surface du *calathos* coiffant la sphinge de Suweida.

Des éléments iconographiques s'ajoutant à ces traits plastiques confirment des relations entre le petit groupe d'œuvres à première vue isolées et atypiques découvertes dans le Hauran et des traditions de la Syrie intérieure de l'âge du Fer, représentées pour le moment avant tout dans le Nord et dans un contexte araméen mais parfois aussi phénicien[26]. Ce sont des dieux ou des autels flanqués ou portés par des fauves ou des monstres[27] (fig. 3a et b). Les derniers sont parfois tenus en laisse par un serviteur (génie ?) vêtu d'un pagne[28]. Ce personnage peut être représenté dans la position dite de la « course agenouillée[29] » (fig. 4). On trouverait d'autres parallèles dans le domaine des vêtements et des accessoires.

Il faut admettre que, dans l'état actuel des découvertes, la distance qui sépare dans le temps et l'espace les deux groupes d'objets, pose un problème. Entre les sculptures de la Syrie du Nord du VIIIe siècle et celles du Jebel al-'Arab que l'on peut qualifier d'indigènes avec G. Bolelli, on peut cependant supposer un intermédiaire, la Damas araméenne dont les niveaux n'ont malheureusement pas encore été atteints par l'archéologie[30]. D'autre part, dans un domaine attaché au respect des formes du sacré et à leur transmission, une certaine continuité apparaît moins surprenante. N'a-t-on pas trouvé des stèles grossières assimilables aux *masseboth* encore plantées dans une petite cour du sanctuaire de Massakeb au-dessus de Suweida[31] ? Le culte y était encore pratiqué à la fin du IIe siècle av. J.-C., d'après la céramique hellénistique trouvée dans ce contexte. Par ailleurs c'est l'attachement aux statues de culte, conservées et transmises pendant des générations et toujours

26. J.-M. Dentzer, *op. cit.* (n. 19), p. 195-200. Lions du Meghâzil d'Amrit : E. Renan, *Mission de Phénicie,* Paris, 1864, pl. XIII ; N. Saliby,*'Amrit*, dans J.-M. Dentzer, W. Orthmann, *Archéologie et histoire de la Syrie.* II, *La Syrie de l'époque achéménide à l'avènement de l'islam* (Schriften zur vorderasiatischen Archäologie, 1), Saarbrücken, 1989, p. 26-27, fig. 7a.

27. J.-M. Dentzer, *op. cit.* (n. 19), p. 187-188, fig. 1, p. 189, fig. 13 ; K. Bittel, *op. cit.* (n. 19), fig. 289, 303, 326 ; E. Akurgal, *op. cit.* (n. 19), p. 125.

28. J.-M. Dentzer, *op. cit.* (n. 19), p. 188, fig. 2-4.

29. Id., *op. cit.* (n. 19), p. 188, fig. 2-5 ; tous ces éléments sont réunis dans le cas de la statue du roi de Zincirli (X^e^-IXe s. av. J.-C.) : K. Bittel, *op. cit.* (n. 19), fig. 303 ; cf. aussi la base de Karkemish : *ibid.*, fig. 282. ; « course agenouillée », *ibid.*, fig. 283. Ce motif a été emprunté auparavant à l'iconographie orientale par l'art grec archaïque.

30. Un relief représentant un sphinx égyptisant remployé dans le mur d'enceinte nord du sanctuaire hellénistique du dieu Hadad à Damas constitue une exception : notice de A. Caubet in *Syrie : mémoire et civilisation*, exposition présentée à l'Institut du Monde arabe, Paris, 14 septembre 1993-28 février 1994, p. 264-265, n° 228.

31. M. Kalos, « Un sanctuaire d'époque hellénistique en Syrie du Sud : Khirbet Massakeb », *Topoi*, 1999, p. 781.

FIG. 3a et b. – Base d'autel ou de statue. Musée de Suweida inv. 266, de Qanawât. Vue de face et vue latérale (photothèque de l'équipe « Proche-Orient hellénistique et romain », UMR 7041 Maison René Ginouvès).

FIG. 4. – Base d'une statue royale de Zincirli. Musée archéologique d'Istanbul. D'après K. Bittel, *op. cit.* (n. 19), fig. 303, détail (X^{e}-IXe s. av. J.-C.).

exposées à la piété des fidèles qui explique le caractère archaïque que gardent, en pleine époque romaine, des images comme le Jupiter héliopolitain[32].

Il restera à situer dans la chronologie réelle de la Syrie du Sud ces œuvres surprenantes pour un observateur formé dans la Méditerranée classique. Malheureusement on ignore le contexte de la découverte des objets décrits plus haut. Certaines des têtes peuvent être rapprochées de têtes représentées sur des chapiteaux de type corinthien du sanctuaire de Baalshamîn à Sî', ce qui permettrait de les dater vers le tournant de l'ère chrétienne[33]. Dans le contexte conservateur du rituel religieux et de son imagerie, il n'est pas exclu que des objets de ce type aient pu encore être produits en pleine époque impériale.

Il faudra d'ailleurs élargir le débat et chercher à préciser à partir de quelle date et dans quelles conditions a commencé la deuxième phase d'expansion régionale, celle que nous pouvons suivre entre l'époque hellénistique et l'époque byzantine/omeyyade. La première inscription évoquant clairement des constructions monumentales les date des années 33-1 av. J.-C. (sanctuaire de Baalshamîn à Sî')[34]. Or des fouilles françaises récentes autour de Suweida ont commencé à apporter des indices d'installations plus anciennes. De la céramique de l'âge du Fer a été trouvée sous le temple 2 de Sî' mais la surface limitée qui a été fouillée n'a pas révélé de trace de construction de cette époque[35]. On ignore donc la nature de cette occupation. D'autres fouilles de la Mission archéologique française ont révélé récemment des constructions de caractère archaïque autour de Suweida (citadelle et tumulus à côté de cette ville, petit sanctuaire de Massakeb dans sa périphérie)[36].

---

32. Y. Hajjar, *La triade d'Héliopolis-Baalbek : iconographie, théologie, culte et sanctuaires*, Montréal, 1985 ; *Lexicon Iconographicum Mythologiae Classicae (LIMC) IV, 1*, *s. v.* « Heliopolitani dei », p. 573-593.

33. G. Bolelli, *art. cit.* (n. 14), p. 324-329.

34. M. de Vogüé, in *CIS* II, 163 ; H. C. Butler, *Ancient Architecture in Syria*, PPUAES, IIA, 1939, p. 380 ; E. Littmann, *Semitic inscriptions*, PPUAES, IV A n° 100 ; J. Starcky, « Les inscriptions nabatéennes et l'histoire de la Syrie du Sud et du Nord de la Jordanie », in *Hauran I*, p. 175.

35. J.-M. Dentzer, *art. cit.* (n. 19), p. 184.

36. M. Kalos, *art. cit.* (n. 31), p. 777-794 ; J.-M. Dentzer, « L'espace des tribus arabes à l'époque hellénistique et romaine : nomadisme, sédentarisation, urbanisation », *CRAI*, 1999, p. 239-257 ; M. Kalos, communication non publiée au colloque *La Syrie hellénistique*, colloque international, Tours, 6-8 octobre 2000 ; J.-M. Dentzer, *op. cit.* (n. 19), p. 185.

Ces constructions présentent des caractéristiques que l'on serait tenté d'attribuer au moins à l'âge du Fer. Or, dans le matériel le plus ancien trouvé dans les sondages effectués, à vrai dire limités, on n'a trouvé que de la céramique hellénistique et en particulier des fragments de lampes d'Éphèse datées de la fin du IIe siècle av. notre ère.

De nouvelles explorations et une connaissance plus précise du matériel céramique de ces périodes permettront peut-être de diminuer la lacune chronologique qui subsiste pour nous entre l'âge du Fer et la fin du IIe siècle av. notre ère et de définir plus précisément la culture de cette période. Elle est, en effet, le substrat qui a reçu, dans une première étape, les influences de la Méditerranée hellénisée et romanisée.

La période préprovinciale

Pompée ayant créé dès 64 av. J.-C. la province romaine de Syrie, l'autorité romaine était présente ou proche dans la région dès le milieu du Ier siècle av. J.-C. ; mais le tournant majeur dans l'histoire de la Syrie du Sud se situe entre la fin du Ier et le début du IIe siècle de notre ère[37]. Au Ier siècle de notre ère, sa partie nord restait placée par Rome, à quelques épisodes près, sous l'autorité de la dynastie hérodienne. Après la mort d'Agrippa II, elle a été rattachée à la province romaine de Syrie. La partie sud, avec Bosra, appartenait au royaume nabatéen avant la création, en 106 ap. J.-C., de la nouvelle province d'Arabie. On est ainsi conduit à distinguer, à l'échelle de l'ensemble de la région, une phase pré-provinciale (Ier s. av. J.-C.-Ier s. ap. J.-C.) et une phase provinciale romaine (IIe-IIIe s.).

L'avènement du christianisme représente un nouveau changement sensible dans la vie urbaine et conduit à placer une nouvelle étape entre le IVe et le VIIe siècle. Nous examinerons, pour chacune des trois périodes, les traces de contact avec la Méditerranée grécoromaine, telles qu'elles apparaissent dans l'organisation urbaine, les monuments publics et leur décor.

37. J.-M., Dentzer « Développement et culture de la Syrie du Sud dans la période préprovinciale Ier siècle av. J.-C.- Ier siècle ap. J.-C. », in *Hauran I*, p. 387-420 ; M. Sartre, *op. cit.* (n. 5), p. 515-527.

Zone nord rattachée à la dynastie hérodienne : le Jebel al-'Arab et le Leja

Villes et villages

Pendant toute la période romaine la zone du Jebel al-'Arab est restée organisée autour d'une multitude de villages qui ont conservé des institutions comparables, dans une certaine mesure, à celles de cités et aussi des vestiges monumentaux imposants, essentiellement de sanctuaires[38]. Il existait cependant deux agglomérations qui dépassaient ce statut modeste, *Kanatha* (Qanawât) à laquelle on a attribué un vaste territoire[39] et *Soada* (Suweida) dont les dimensions étaient importantes dès avant les agrandissements de l'époque impériale où elle devint *Dionysias*. Les dimensions de sa citadelle, qui remonte au moins à l'époque hellénistique, son temple périptère et l'étendue de ses nécropoles l'indiquent[40]. Pour les deux agglomérations, l'organisation urbaine primitive reste inconnue. *Kanatha* insérée dans un paysage accidenté, sur une pente marquée et coupée par un wadi, ne conserve pas de traces d'un plan géométrique, même partiel. Dans une disposition analogue et limitée elle aussi par un wadi, *Soada* ne semble avoir reçu une organisation géométrique partielle qu'à l'époque impériale.

Les sanctuaires

A défaut de pouvoir définir dans cette zone nord les caractères d'un urbanisme propre à cette période, nous tenterons d'estimer l'impact de l'hellénisation dans les constructions publiques les plus

---

38. F. Villeneuve « L'économie rurale et la vie des campagnes dans le Hauran antique (Ier s. av. J.-C.-VIe s. ap. J.-C. », *Hauran I*, p. 63-136 ; Id., « Citadins, villageois, nomades : le cas de la *Provincia Arabia* (IIe-IVe s. ap. J.-C.) », *Dialogues d'histoire ancienne* 15/1, 1989, p. 119-140 ; M. Sartre, « Communautés villageoises et structures sociales d'après l'épigraphie de la Syrie du Sud », *L'Epigrafia del villagio. Epigrafia e Antichità* 12, A. Donati, G. Susini et G. Poma, éd., Faenza, 1993.

39. M. Sartre, « Le territoire de Canatha », *Syria* 58/3-4, 1981, p. 343-357 ; R. Donceel, « L'exploration de Qanawât », *Annales archéologiques arabes de Syrie* 33, 1983, p. 129-140, Damas, 1986 ; K. S. Freyberger, « Zur Urbanistik von Kanatha in severischer Zeit : die Bewahrung des Bestehenden », in D. Kreikenbom, K.-U. Mahler et Th. Weber, *Urbanistik und städtische Kultur in Westasien und Nordafrika unter den Severern,* Beiträge zur Table Ronde in Mainz am 3. und 4. Dezember 2004, Die deutsche Bibliothek, 2005, p. 131-147.

40. R. E. Brünnow, A. von Domaszewski, *Die Provincia Arabia*, III, Strasbourg, 1909, p. 85-101 ; A. Sartre-Fauriat, « Le nymphée et les adductions d'eau à Soada-Dionysias de Syrie au IIe siècle ap. J.-C. », *Ktema* 17, 1992, p. 133-151. Les recherches effectuées par M. Kalos entre 1997 et 2001 ont renouvelé la vision de cette ville dans l'Antiquité : cf. *Le monde de la Bible,* 1999, p. 73 ; Id., « La ville de Suweïda (Syrie du Sud) à l'époque hellénistique », in *La Syrie hellénistique*. colloque international, Tours, 6-8 octobre 2000.

représentatives de cette phase, les sanctuaires. Certains, situés à distance des agglomérations, constituent des centres autonomes de culte, mais sans doute aussi d'organisation sociale, voire politique, pour les communautés de la région. Si le sanctuaire de Sîʿ peut être considéré comme un haut-lieu dépendant de la ville de Kanatha, il est aussi un centre de pèlerinages dont l'audience s'étend jusqu'aux nomades de la steppe, auteurs des inscriptions dites « safaïtiques »[41]. Il est vraisemblable que la grande inscription d'Agrippa enjoignant à une partie des habitants de la région de quitter un mode de vie sauvage, trouvée à Qanawât, provenait de ce sanctuaire. On l'a gravée dans la façade du temple pour lui donner la plus large diffusion[42]. Le sanctuaire de Sahr, éloigné de toute agglomération, pourrait s'expliquer comme un sanctuaire de pèlerinage tribal[43]. Ces installations, qui se distinguent clairement des modèles de sanctuaires de la Méditerranée gréco-romaine, sont commandées par des pratiques cultuelles locales et anciennes. L'unité majeure était le *temenos*, espace sacré limité par un enclos où le temple n'occupait pas, à l'origine, la première place, l'image divine étant placée simplement dans un abri ouvert en forme de niche, prototype de l'*adyton*. L'espace, désigné par la transcription du mot grec *theatron*[44] dans l'inscription sémitique du sanctuaire de Baalshamîn à Sîʿ est à interpréter sans doute comme la cour entourée de rangées de gradins, protégés par des portiques permettant à des fidèles ou à une partie privilégiée d'entre eux de voir les rites accomplis dans la cour. L'emprunt du terme peut être considéré comme une marque d'hellénisation. Le temple, sous sa forme monumentale est attesté dès la fin du Ier siècle av. J.-C. dans le sanctuaire de Baalshamîn à Sîʿ, avec une façade monumentale peut-être flanquée de tours[45] et un plan organisé autour d'un espace central dont on ne sait s'il était

41. J.-M. Dentzer, *op. cit.* (n. 7), p. 403-406 ; M. C. A. Macdonald, « References to Sîʿ in the Safaitic Inscriptions », in J. Dentzer-Feydy *et alii*, *Hauran II*, p. 278-279.

42. Voir *infra*, p. 69.

43. M. Kalos, « Le site de Sahr (Syrie du Sud) », *Topoi* 7, 1997, p. 976-978.

44. M. de Vogüé, in *CIS* II, 163 ; E. Littmann, PPUAES, IV, A, n° 100 ; *RES* 2023. H. C. Butler, PPUAES, II A, 1939, p. 380 ; J. Starcky « Les inscriptions Nabatéennes et l'histoire de la Syrie méridionale et du nord de la Jordanie », in *Hauran I*, p. 175.

45. La partie inférieure de la façade a été vue partiellement en élévation par M. de Vogüé, *La Syrie centrale : architecture civile et religieuse du Ier au VIIe siècle*, Paris, 1865-1867, p. 31 à 38, pl. 2 à 4, fig. 3 à 7 ; H. C. Butler, PPUAES, II A 6, p. 374 à 385, ill. 324 à 334, pl. XXVIII ; PPUAES, III A 6, 771 ; J. Dentzer-Feydy, in *Hauran I*, vol. 2, Paris, 1986, p. 265-269, pl. 2 ; R. Wenning, *Die Nabatäer-Denkmäler und Geschischte*, Eine Bestand aufnahme des archäologischen Befundes (Novum Testamentun et Orbis Antiquus, 3), Fribourg-Göttingen, 1987, p. 35-36. E. Netzer, *Nabatäische Architektur*, Zaberns Bildbände zur Archäologie, Mayence, 2003, p. 102-106.

entièrement couvert[46]. L'organisation de la façade avec son porche a été comparée autrefois à celle du *Bît Hilani*, ce qui représenterait un lien supplémentaire avec la Syrie du Nord du début du Ier millénaire av. notre ère[47]. Il est certain, en tout cas, que ce plan ne doit rien à la tradition du temple méditerranéen[48]. En revanche, on peut distinguer dans le décor architectural, en général concentré sur la façade du monument, des motifs qui paraissent inspirés d'une manière lointaine de formes de l'architecture hellénistique[49]. Dans ce temple, qui appartient à la première phase d'architecture pré-provinciale bien identifiée, vers le tournant de l'ère, des bases à feuilles tombantes évoquent des parallèles achéménides[50], et aussi des formes plus anciennes de Syrie du Nord[51], mais les chapiteaux corinthiens à bustes sont proches d'exemples trouvés dans des constructions d'époque parthe du Sud de la Mésopotamie[52].

Dans une deuxième phase qui couvre le Ier siècle ap. J.-C., les constructions de sanctuaires, que l'on peut rattacher à cette même tradition se développent à Sî' (temple 2[53], Porte dite Naba-

46. Ce plan rattaché par certains auteurs au monde iranien (O. Reuther, voir *infra*, n. 50), a été restitué par H. C. Butler pour une série de temples de Syrie du Sud. Les sondages effectués par la Mission archéologique française obligent à renoncer à ce type de plan au moins pour le temple 2 de Sî' et pour celui de Sahr.

47. F. Oelmann, « Hilani und Liwanhaus », *Bonner Jahrbücher* 127, 1922, p. 203-204.

48. M. Klinkott, « Megaron und Bit hilani », in *Wohnungsbau im Altertum*. Bericht über ein Kolloquium in Berlin vom 21.11. bis 23.11.1978, p. 62-71 ; R. Arav, M. Bernett, « The bit hilani at Bethsaida : its place in aramaean/neo-hittite and israelite palace architecture in the Iron Age II », *Israel Exploration Journal* 50, 2000, p. 47-81 ; F. Sinopoli, *Il re e il palazzo. Studi sull'architettura del Vicino Oriente : il bit-hilani*. San Giuliano Terme, Pise, 2005.

49. Sur l'architecture et le décor architectural de cette phase voir J. Dentzer-Feydy, « Décor architectural et développement du Hauran dans l'Antiquité », in *Hauran I*, p. 263-277 ; J. Dentzer-Feydy, J.-M. Dentzer, P.-M. Blanc, *Hauran II*, p. 79-101.

50. H. C. Butler, AAES, p. 327 ; Id., PPUAES, pl. XXVIII ; O. Reuther, dans A.U. Pope, Ph. Ackermann, *A Survey of Persian Art*, I, Londres 1938, p. 438-439 ; D. Schlumberger, *art. cit.* (n. 3) p. 274-276 ; C. Clark Hopkins, (« The parthian temple », *Berytus* 6/2, 1941, p. 13-17) rejette cette comparaison. J. Dentzer-Feydy, « Peut-on parler d'une influence de la culture parthe sur le décor architectural de Syrie à l'époque impériale ? », in *Prozesse des Wandels in historischen Spannungsfeldern Nordostafrikas/Westasiens*. Akten des 2. Symposium des SBF 295, Mayence, 15.10.-17.10.2001, W. Bisang, Th. Bierschenk, D. Kreikenbom et U. Verhoeven éd., p. 299, fig. 5.

51. Tell Taynat dans la vallée de l'Amuq à l'ouest d'Antakya. W. Orthmann, *Propyläen Kunstgeschichte, 14. Der Alte Orient*, p. 415-417, fig. 132b.

52. E. von Mercklin, *Antike Figuralkapitelle*, Berlin, 1962, p. 23-26, 31-33, fig. 94-108, fig. 132-148 ; J. Dentzer-Feydy, *art. cit.* (n. 50), p. 299, fig. 5, 13.

53. Attribué sans preuve par H. C. Butler, PPUAES, II, p. 385-390, ill. 335-338 (temple 2 de Sî') à Dushara ; J. Dentzer-Feydy, « A propos du temple dit "de Dusarès" à Sî' », *Syria* LVI/3-4, 1979, p. 325-332 ; Ead., in *Hauran I*, p. 270-277, pl. VIII ; J.-M. Dentzer, « Neue Ausgrabungen in Sî' (Qanawat) und Bosra (1985-1987). Zwei einheimische Hei-

téenne[54], et Monument dit Sî'8[55]) (fig. 5), temple de Suweida[56], sanctuaires de Sahr[57] et de Sûr[58] ; les comparaisons avec des profils de moulures classiques se multiplient. Il en va de même pour une série de motifs dérivés du répertoire des oves, rais-de-cœur[59]... Par rapport à leurs modèles tous ces ornements apparaissent sous une forme très déformée qui manifeste une certaine incompréhension du modèle premier. Les parallèles les plus proches se trouvent sur le décor en stuc de la Mésopotamie séleucide puis parthe, comme le théâtre de Babylone (fig. 6) où apparaissent aussi des chapiteaux ornés de têtes[60]. Ces ressemblances quelque peu surprenantes, s'expliquent mieux si nous les considérons comme les traces résiduelles d'une hellénisation développée dans un milieu marqué par un héritage local, différent de celui du monde classique. Les motifs originaux ont été, de plus, déformés par leur transposition en stuc. On peut rapprocher l'organisation de la façade du *theatron* de Sî' de celle du temple V de Hatra avec une porte couverte par un arc comme à Sî', mais aussi des petites bases étroites et saillantes encadrant la porte[61]. Dans l'état actuel de la documentation c'est l'influence de ces centres mésopotamiens hellénistiques qui expliquerait le mieux certains aspects originaux du décor architectural de ces monuments du Hauran et du Leja de la phase pré-provinciale. Dans cette perspective, notre région se trouverait dans une situation comparable à celle de Palmyre. On peut d'ailleurs comparer des linteaux ornés de bustes de figures divines en présentation frontale trouvés dans le Jebel al-'Arab à des

---

ligtümer in der vorkaiserzeitlichen Periode », in *Akten des XIII. Internationalen Kongresses für Klassische Archäologie in Berlin*, 1988, Berlin, 1990, p. 364-370.

54. H. C. Butler, PPUAES, II A, p. 390-393, ill. 339-340 : J. Dentzer-Feydy, in *Hauran I*, p. 270, pl. VII.

55. J. Dentzer-Feydy *et alii*, in *Hauran II*.

56. M. de Vogüé, p. 39 ; R. E. Brünnow, *Provincia Arabia*, 3, Strasbourg, 1909, p. 94-96 ; H. C. Butler, PAAES IIA, p. 327-334 ; J. Dentzer-Feydy, in *Hauran I*, p. 269-270, pl. IV et IX ; R. Wenning, *op. cit.* (n. 45), p. 38-39 ; E. Netzer, *op. cit.* (n. 45), p. 109-110.

57. H. C. Butler, PPUAES, II A7 ; p. 441-445 (Sahr) ; M. Kalos, *art. cit.* (n. 43), p. 965-991 ; M. Kalos, « Le sanctuaire de Sahr al-Lagat (Syrie du Sud). Nouvelles données archéologiques ? », in K. Freyberger, A. Henning et H. Von Hesberg éd., *op. cit.* (n. 17).

58. H. C. Butler, PPUAES, II A7, p. 428-421 (Sûr) ; J. Dentzer-Feydy, in *Hauran I*, p. 270, pl. V.

59. J. Dentzer-Feydy, *art. cit.* (n. 50), p. 300-302, fig. 14-18.

60. Ead., *Hauran I*, p. 263-277 ; J. Dentzer-Feydy, *art. cit.* (n. 50), p. 299, fig. 5, 13 (chapiteaux à bustes à Assur, Uruk-Warka, Séleucie du Tigre), mouluration et décors en bandes : p. 300-302, fig. 14-18.

61. J. Dentzer-Feydy, *art. cit.* (n. 50), p. 297-299, fig. 10-11.

exemples connus à Palmyre[62]. Cette parenté et cette ouverture vers l'est du Hauran pré-provincial peuvent paraître paradoxales dans une région bien plus proche de la province romaine de Syrie, où étaient déjà engagés, au Ier siècle, les programmes de construction du sanctuaire de Baalbek qui serviront de référence à l'architecture classique de la Syrie romaine.

La partie sud rattachée au royaume nabatéen

Il faudrait éviter désormais d'appliquer indistinctement le qualificatif de *nabatéen* aux productions de l'ensemble de la Syrie du Sud[63]. Le point commun entre l'art du Jebel al-'Arab et de l'art du royaume nabatéen est un aspect négatif : c'est la distance qui sépare l'un comme l'autre des normes classiques. La céramique nabatéenne fine et peinte apparaît comme un bon critère pour distinguer une véritable présence nabatéenne. Il est significatif de constater que, trouvée en quantité dans les fouilles de Bosra, elle n'est représentée que par une quantité infime de tessons dans l'ensemble des fouilles de la région de Suweida et du Leja. L'hypothèse ancienne, émise par N. Glueck, qui attribuait à cette production très soignée et fragile une valeur particulière – dépassant celle d'un simple produit d'échanges – pour une société particulière, paraît confirmée si l'on compare sa diffusion à celle des monnaies nabatéennes qui, elles, sont bien représentées sur les chantiers de la zone nord. Les monnaies ne semblent ici traduire que des échanges économiques sans signification culturelle particulière. Il faut admettre que, contrairement aux habitudes prises[64], on ne peut qualifier de « nabatéens » les monuments de la partie nord de la région située en dehors du royaume. Le temple sud de Sî' orné de chapiteaux nabatéens constitue une exception[65]. Il s'agit sans doute d'une offrande consacrée par un souverain nabatéen pour marquer sa présence et son autorité dans un sanctuaire de renommée régionale, au même titre que celles des rois Hérode et Agrippa.

62. Ead., *ibid.*, p. 302-303, fig. 19 ; Ead., « Les linteaux à figures divines en Syrie méridionale », *Revue archéologique*, 1992, 1, p. 65-102.

63. Ead., in *Hauran I*, p. 283-286 ; J.-M. Dentzer, in *Hauran I*, p. 411-414.

64. C'est ce que font, par exemple, A. Negev, « The Nabataeans and the Provincia Arabia, », *Aufstieg und Niedergang der Römischen Welt.* Band II, 8, 1977, H. Temporini et W. Haase dir., p. 520-684, Berlin-New York, 1977 ; R. Wenning, *op. cit.* (n. 45) ; E. Netzer, *op. cit.* (n. 45).

65. H. C. Butler, PPUAES, II A, p. 393-395 ; J. Dentzer-Feydy, in *Hauran I*, p. 280-283, pl. XII.

FIG. 5. – Décor de la niche du monument de Sî'8
(photo UMR 7041 Maison René Ginouvès).

FIG. 6. – Entablement en stuc du théâtre de Babylone
d'après F. Wetzel, E. Schmidt et A. Mallwitz, *Das Babylon der Spätzeit*
(Wissenschaftliche Veröffentlichung der Deutschen Orient-Gesellschaft, 62),
Berlin, 1957, pl. 22.

L'organisation urbaine

L'intérêt du site de Bosra est de permettre de suivre sur une longue durée l'évolution d'un espace urbain, même si nos connaissances restent lacunaires et si nous sommes loin de connaître tous les épisodes de son histoire[66].

66. J.-M. Dentzer, « Les sondages de l'Arc Nabatéen et l'urbanisme de Bosra », *CRAI*, 1986, p. 62-87 ; K. S. Freyberger, « Einige Beobachtungen zur städtebaulichen Entwicklung des römischen Bostra », *Damaszener Mitteilungen* 4, 1989, p. 45-60, pl. 7-16 ;

Un premier examen du plan pourrait faire croire à une organisation régulière, sinon géométrique de la ville (fig. 7 et 8). Les nombreuses irrégularités dans les articulations des différentes rues où l'angle droit est, en fait, très rare, excluent l'existence d'un dessin préliminaire global qui n'est possible que dans une fondation *ex nihilo*[67]. On a relevé de multiples distorsions entre des grands bâtiments et les rues voisines. Il n'est pas moins vrai qu'une certaine régularité semble avoir été recherchée dans la longue durée à travers une suite d'approximations. Les fouilles et quelques sondages effectués par la Mission archéologique française en complément des dégagements de la direction des Antiquités de Bosra, ont apporté récemment des informations permettant de suivre concrètement et dans leur complexité quelques épisodes clés du développement urbain.

L'âge du Bronze

Nous saisissons mieux les origines urbaines de Bosra depuis le sondage réalisé en 2001 par F. Braemer sur le rempart sud[68]. Il a montré, en effet, avec d'autres sondages sur l'espace urbain, des traces d'occupation remontant à l'âge du Bronze ancien. C'est au Bronze Moyen II qu'a été construit le rempart. Son tracé ovale se dessine clairement sur les photographies aériennes anciennes, à l'extrémité ouest de la vieille ville, et se distingue par un contour de rupture nette sur le terrain. L'agglomération bénéficiait à sa limite nord-est d'une source pérenne, fait exceptionnel dans cette zone basaltique, et une dépression allongée, au milieu de l'espace urbain, interprétée comme une naumachie par les premiers voyageurs, a pu servir en réalité de réservoir pour stocker un supplément d'eau des

---

N. Masturzo, « Elementi di disegno urbano a Bosra. Rapporto preliminare sulla zona nord-orientale », *Felix Ravenna* 141-144, 1991-92, [1997], p. 233-256 ; J.-M. Dentzer, P.-M. Blanc, R. & A. Mukdad, « Nouvelles recherches franco-syriennes dans le quartier est de Bosra ash-Sham », *CRAI*, 1993, p. 117-147 ; J.-M. Dentzer, P.-M. Blanc, A. Mukdad, « Le développement urbain de Bosra de l'époque nabatéenne à l'époque byzantine : bilan des recherches françaises 1981-2002 », *Syria* 79, 2002, p. 75-154 ; N. Masturzo, « Bosra (Provincia Arabia). Disegno e trasformazioni urbane dalle origini all'Islam », *Materia e Geometria* 11, 2002, 8 p. ; J. Dentzer-Feydy, M. Vallerin, Th. Fournet, S. & R. Mukdad, *Bosra aux portes de l'Arabie,* Préface de M. Maqdissi, Guides archéologiques de l'Institut français d'Archéologie du Proche-Orient, n° 4, s. p.

67. J.-M. Dentzer, P.-M. Blanc, A. Mukdad, *art. cit.* (n. 66), p. 79-82.

68. F. Braemer, « Le rempart de Bosra au IIe millénaire av. notre ère », *Syria* 80, 2003, p. 65-74. Sur d'autres chantiers de la mission française dans le centre de la ville a été trouvé du matériel néolithique remontant à 6000 av. J.-C. environ. Il n'est malheureusement pas associé à des restes de constructions.

pluies d'hiver. F. Braemer a attiré l'attention sur le fait que cette ville de l'âge du Bronze, occupant environ 21 ha, se trouve être le site fortifié le plus vaste de l'ensemble Syrie du Sud/Jordanie.

Nous n'avons malheureusement pas encore d'information sur la suite du développement de l'agglomération à l'âge du Fer et la ville hellénistique évoquée par l'épisode des Macchabées n'a pas encore été identifiée sur le terrain[69].

La ville nabatéenne

En revanche, nous pouvons à présent apprécier le rôle joué par les Nabatéens dans le développement de la ville. On leur a parfois attribué la fondation d'un premier noyau urbain à l'est, les « Romains » poursuivant ensuite son extension vers l'ouest. En réalité l'ensemble de l'espace de la ville ancienne et sa périphérie immédiate étaient occupés à l'époque nabatéenne, y compris la ville de l'âge du Bronze, comme l'indiquent des découvertes de céramique nabatéenne fine dans ses différents quartiers. Le sondage sur le rempart a montré une réfection de cet ouvrage, que l'on peut imaginer avoir été détruit au moment de l'incursion des Maccabées. Le sondage a situé cette réparation vers la fin du Ier siècle av. J.-C., à un moment où, après avoir abandonné Damas, les rois nabatéens se sont sans doute fixés plus solidement à Bosra.

La création d'un quartier neuf à l'est de la ville a été confirmée et datée de la deuxième moitié du Ier siècle de notre ère par le matériel des fouilles françaises à l'Arc nabatéen[70]. Ce monument combine, à l'ouest, un arc classique, placé sur l'axe de la rue principale ouest-est dont il conclut la perspective, et, à l'est, d'une baie monumentale flanquée de deux piliers ornés de demi-colonnes nabatéennes (fig. 9 et 10). L'axe de cette façade est fait un angle de 61° environ avec celui de la rue principale, mais correspond exactement à l'orientation d'une construction monumentale nabatéenne fouillée plus à l'est. Cette orientation domine, par ailleurs, tout le quartier est (fig. 11). Du monument nabatéen, minutieusement démonté pour faire place à deux églises qui se sont succédé, il ne reste que des éléments remployés dans la grande église à plan centré. On identifie parmi eux des chapiteaux nabatéens caractéris-

69. I Maccabées V, 26 et 28.

70. J.-M. Dentzer, *art. cit.* (n. 66), 1986, p. 62-87 ; I. Kader, *Propylon und Bogentor : Untersuchungen zum Tetrapylon von Latakia und anderen frühkaiserzeitlichen Bogenmonumenten im Nahen Osten* (Damaszener Forschungen, 7), Mayence, 1996 ; J.-M. Dentzer, P.-M. Blanc, A. Mukdad, *art. cit.* (n. 66), p. 142.

FIG. 7. – Vue d'ensemble de Bosra (photo UMR 7041 Maison René Ginouvès).

tiques et des morceaux de frises doriques[71]. En place subsiste une partie d'une cour à portiques (*temenos* ?) à l'intérieur de laquelle est conservé un fragment d'angle d'une construction qui pouvait être un podium ou un autel. S'agit-il du reste d'un *motab* comparable à ceux représentés sur des monnaies de *Bostra*[72] ?

Le dispositif-charnière que constitue l'Arc nabatéen commémore non seulement la création du nouveau quartier auquel il permet d'accéder, mais aussi la restructuration ambitieuse de l'ensemble de l'espace urbain autour de l'axe constitué par la rue ouest-est. Cette démarche montre que les initiatives urbaines étaient limitées à cette époque par le tissu urbain préexistant qui, depuis la

71. J.-M. Dentzer, « Fouilles franco-syriennes à l'est de l'Arc Nabatéen (1985-1987) : une nouvelle cathédrale à Bosra ? », in *XXXV Corso di Cultura sull'Arte Ravennate e Bizantina*, Ravenna, 19-26 marzo 1988, Ravenne, 1988, p. 13-34 ; J.-M. Dentzer, P.-M. Blanc, R. & A. Mukdad, *art. cit.* (n. 66), 1993, p. 117-147.

72. A. Spijkerman, *The Coins of the Decapolis and Provincia Arabia* (Studii biblici Francescani Collectio major, 25), Jérusalem 1978 : *motab* portant trois bétyles sur monnaie de Caracalla (n° 38, pl. 15), d'Élagabale (n° 42, 44, pl. 15), d'Alexandre Sévère (n° 51, pl. 16, ici fig. 14, p. 68), Herennia Etruscilla (n° 69) ; Herennius Etruscus et Hostilianus (n° 72, pl. 17).

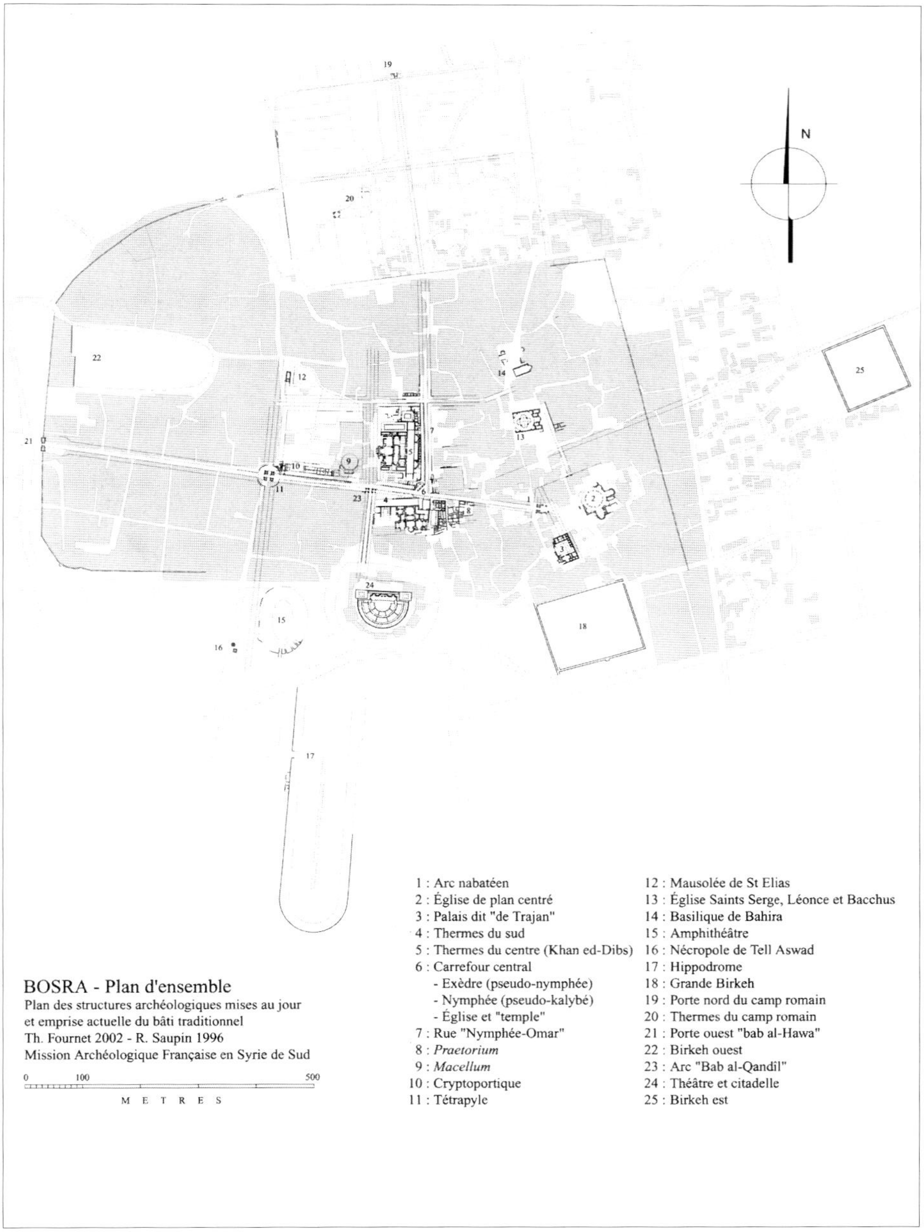

FIG. 8. – Plan de Bosra. Mission archéologique française en Syrie du Sud (Th. Fournet, MOM Lyon).

FIG. 9. – Arc nabatéen vu de l'ouest (photo UMR 7041 Maison René Ginouvès).

création d'une agglomération à l'âge du Bronze moyen, a dû subir des extensions et des modifications successives.

Le décor nabatéen, très rare en dehors du royaume, ne se limite pas au chapiteau mais inclut les modénatures de l'Arc où dominent les moulures concaves et les chanfreins typiquement nabatéens[73]. Sur ce pivot du programme urbain nabatéen, comme dans l'ensemble monumental sous la grande église, il peut être interprété comme la signature claire d'un programme d'urbanisme et un geste politique de la dynastie nabatéenne (fig. 12). Il faut noter que le parti choisi, création d'un quartier neuf sur une trame géométrique, prévue et au moins réalisée en partie, se réfère au modèle d'urbanisme régulier de tradition classique. Une marque romaine plutôt qu'hellénistique est introduite par l'utilisation d'un arc de type romain comme monument charnière, formule largement attestée dans l'ensemble de la Syrie romaine, à partir du Ier siècle de notre

73. J. Dentzer-Feydy, in *Hauran I*, p. 279-286.

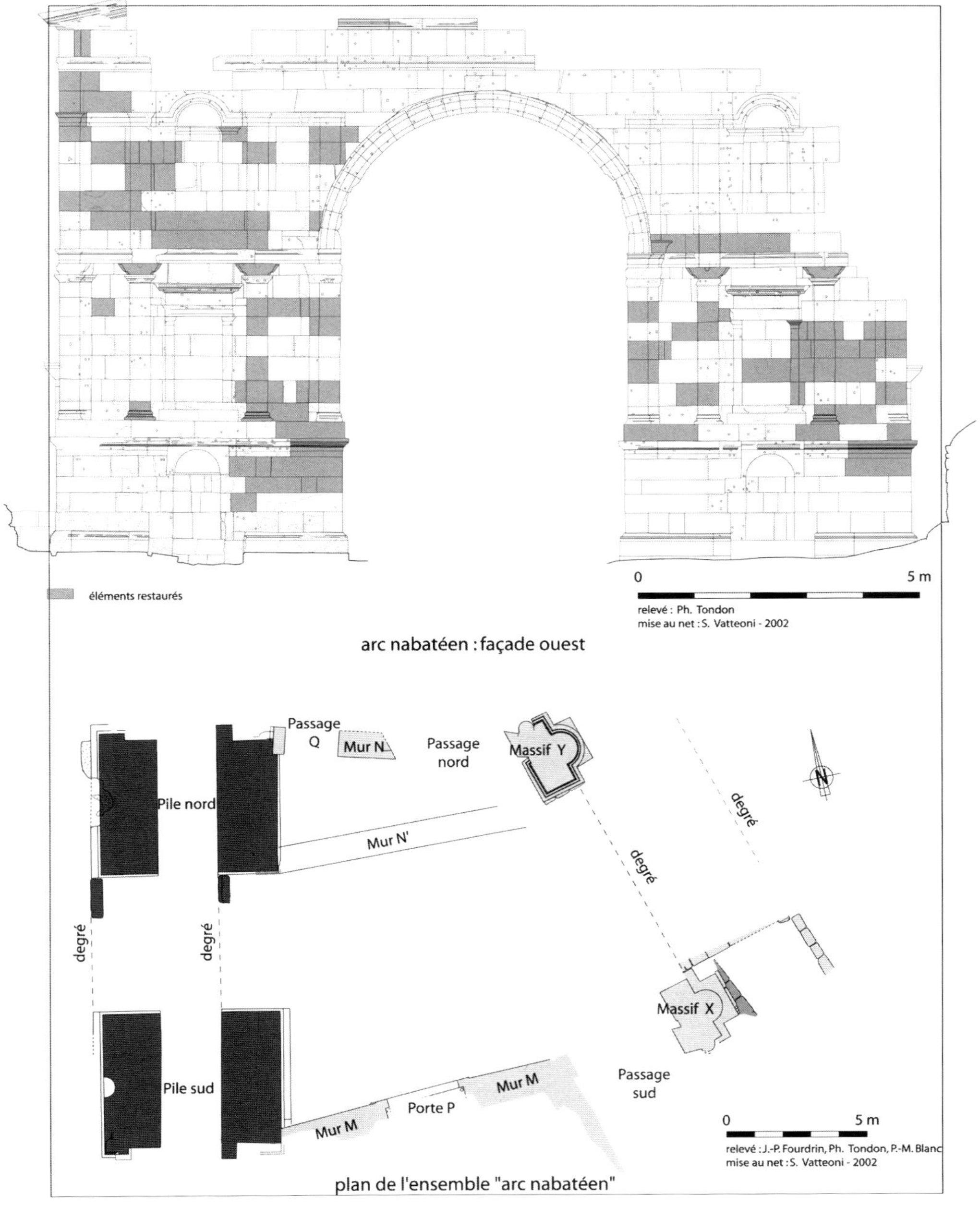

FIG. 10. – Façade ouest de l'arc nabatéen de Bosra et plan d'ensemble.

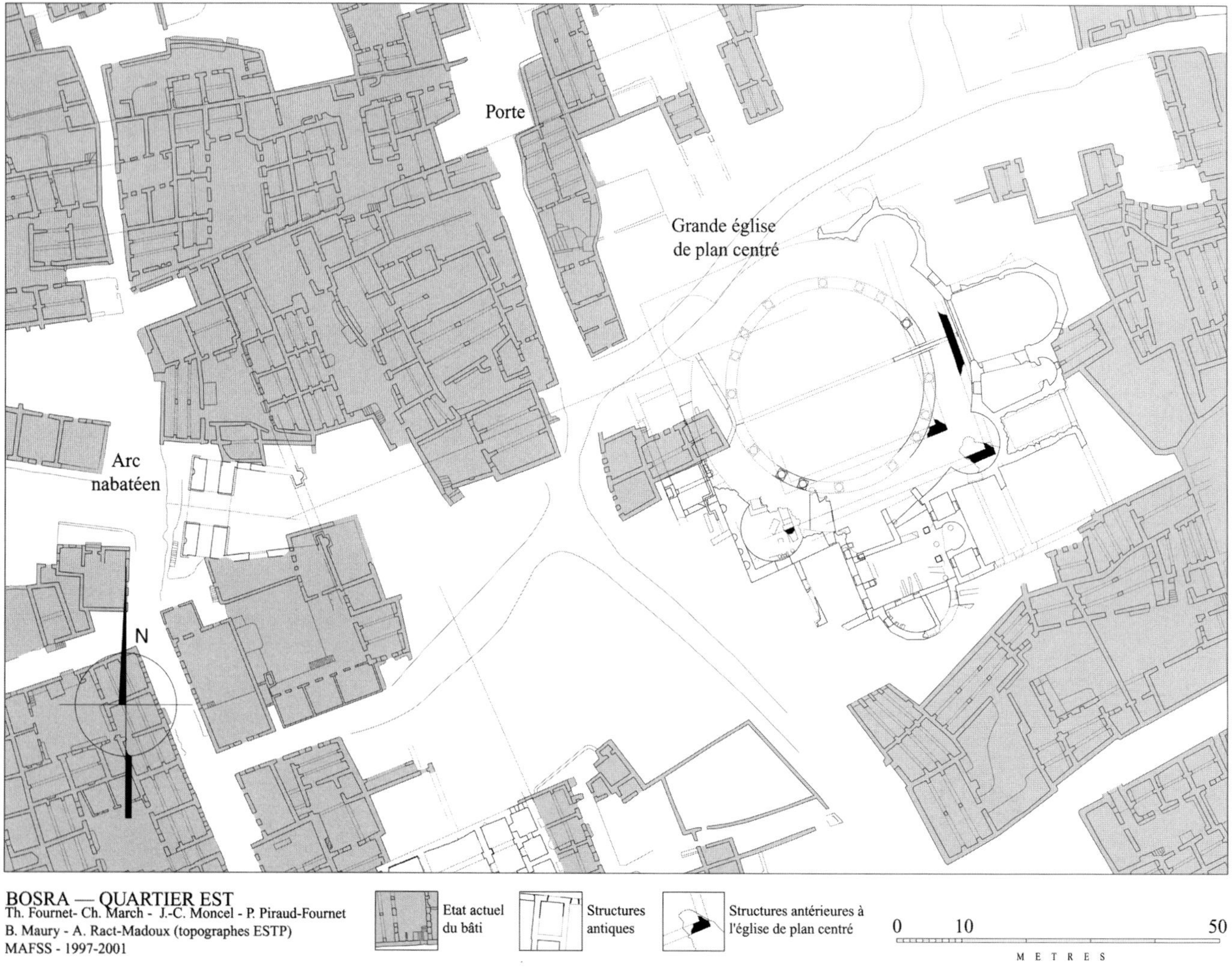

FIG. 11. – Secteur Nabatéen à l'est de Bosra de l'arc au « temenos » (plan Th. Fournet).

FIG. 12. – Centre de Bosra : proposition de restitution en trois dimensions par Th. Fournet.

ère[74]. D'autre part, c'est à un décor post-hellénistique alexandrin que se rattache le système nabatéen combinant colonnes corinthiennes et entablements doriques. Ce style a marqué également, à travers la ville, des constructions de modules plus petits, sans doute jusqu'au niveau de l'habitat.

Peut-on donner à ces travaux le sens d'une refondation de la ville et la mettre en relation avec des inscriptions en l'honneur de Dusarès trouvées dans la zone de Bosra ? Le dieu tutélaire de la dynastie nabatéenne est qualifié du titre de « dieu de notre maître *qui est à Bosra* » désignant Rabbel II[75] ? Le grand monument dont l'orientation a sans doute commandé celle du quartier Est, ne serait-il pas un sanctuaire consacré à Dusarès-'Aara, 'Aara étant la

74. E. Will, « Les villes de la Syrie à l'époque hellénistique et romaine », in J.-M. Dentzer, W. Orthmann, *op. cit.* (n. 26), p. 342.

75. D. Sourdel, *Les cultes du Hauran à l'époque romaine* (Bibliothèque archéologique et historique, 53), Paris, 1952, p. 59-60 ; G. W. Bowersock, *Roman Arabia*, Cambridge Mass.-Londres, 1983, p. 73 ; M. Sartre, *Bostra : des origines à l'islam* (Bibliothèque archéologique et historique, 117), Paris, 1985, p. 59-61 ; J. Starcky, in *Hauran I*, p. 178 : dédicace d'un autel de Tell Ma'âz près d'Imtân (*RES* 83, J. Cantineau, *Le nabatéen* II, p. 21) ; J.-M. Dentzer, P.-M. Blanc, A. Mukdad, *art. cit.* (n. 66), p. 87.

vieille divinité locale à laquelle a été assimilé Dusarès[76] ? L'hypothèse d'un sanctuaire dynastique serait corroborée par un fragment d'architrave portant un fragment de dédicace à Rome et Auguste trouvé au voisinage. Il fait partie, avec les colonnes corinthiennes sur piédestal, des remplois, dans la grande église, d'un ensemble architectural romain de l'époque antonine et doit provenir d'une construction proche. Il est tentant de supposer que ce site a été consacré à des cultes de caractère politique, un culte impérial romain succédant au culte dynastique nabatéen de Dusarès. Il faut souligner enfin que le geste fondateur nabatéen n'est pas fondamentalement différent des pratiques hellénistiques ou romaines et qu'il conduit aussi à la diffusion de motifs décoratifs qui leur sont empruntés, même si certains servent à attester leur intervention. Le pouvoir nabatéen apparaît donc en fin du compte comme le vecteur de pratiques et de motifs de la *koinè* de la Méditerranée orientale qui ne sont d'ailleurs pas forcément sentis comme étrangers par la population locale du Hauran.

La période provinciale romaine (IIe-IIIe s.)

La province romaine d'Arabie

On pourrait attendre à *Bostra* un programme monumental célébrant, dans sa capitale, la création de la province romaine d'Arabie. De fait on n'a pas identifié jusqu'à présent de restes de constructions clairement datées de cette période. La *cavea* du théâtre remonte probablement à la première moitié du IIe siècle de notre ère. Le premier état des thermes du Sud semble avoir été construit à partir du milieu du IIe siècle[77].

Tentative de restructuration urbaine

L'analyse du centre de la ville après les dégagements effectués par la direction des Antiquités de Bosra a cependant révélé un épisode intéressant de programmation urbaine restée sans suite,

76. J. Starcky, « Pétra et la Nabatène, », in H. Cazelles et A. Feuillet dir. *Supplément au Dictionnaire de la Bible* VII, Paris, 1966, c. 988-990 ; M. Sartre, *art. cit.* (n. 75), p. 155 ; R. Wenning, « Das Ende des Nabatäischen Königsreichs », in A. Invernizzi, J.-F. Salles, *Arabia Antiqua : Hellenistic Centres around Arabia* (Serie Orientale Roma, 52, 2), Rome, 1993, p. 88-89.

77. J.-M. Dentzer, P.-M. Blanc, A. Mukdad, *art. cit.* (n. 66), p. 93-98 et 104.

dans le centre de l'agglomération[78]. On a constaté, en effet, une orientation rigoureuse et identique d'un certain nombre de constructions situées autour du carrefour des deux rues principales ouest-est et nord-sud. Il s'agit de la série de salles appartenant au premier état des thermes du Sud, de la façade du nymphée[79] situé au nord-est du carrefour, de murs monumentaux intégrés dans l'ensemble appelé la « maison du Sheikh », et enfin d'une ruelle et de plusieurs murs du quartier dégagé à l'est des thermes du Sud par la direction des Antiquités. Ces orientations divergent par rapport à l'axe ouest-est de la ville. On peut supposer qu'elles gardent la mémoire d'un projet de réorganisation du centre de la ville sur un plan géométrique. Ce plan, dont la date ne peut être précisée, sans doute entre la fin de l'époque nabatéenne et les débuts de la Province, a été abandonné pour une raison qui nous échappe encore et les constructions ultérieures se sont insérées finalement dans le réseau de rues préexistant.

Les rues à portiques

Un moment essentiel dans l'organisation urbaine des villes du Proche-Orient romain est l'introduction des rues à colonnades (fig. 12) ; elle s'est révélée tardive à *Bostra*. Un sondage à cheval sur la limite nord des thermes du Sud et la rue principale ouest-est a montré une mise en place progressive de ses différents éléments, à une date postérieure à la construction du premier état des thermes qui remonte au milieu du IIe siècle[80]. Ces bains ont été édifiés au sud et à proximité immédiate de la rue, qui est à ce moment une simple chaussée, et sur une orientation divergente. C'est à l'époque sévérienne qu'a été mis en place un stylobate pour un portique profond de 4 m, inséré non sans difficulté dans l'espace existant resté libre. La stratigraphie a confirmé cette date que suggérait déjà le type de chapiteau ionique des portiques bordant les rues principales de *Bostra*. Pour dégager la place nécessaire, la façade nord des thermes, divergente, a été retaillée en oblique sur une longueur de 11,50 m.

78. Id., *art. cit.* (n. 66), 2002, p. 142-143.

79. La véritable fonction de ce bâtiment, appelé auparavant *Kalybè*, est apparue avec les récents dégagements de la rue.

80. J.-M. Dentzer, P.-M. Blanc, A. Mukdad, *art. cit.* (n. 66), p. 104-105 ; J.-M. Dentzer, P.-M. Blanc, Th. Fournet, « Le programme de construction sévérien dans le centre de la ville de Bosra », in D. Kreikenbom, K.-U. Mahler, Th. Weber, *Urbanistik und städtische Kultur in Westasien und Nordafrika unter den Severern*, *op. cit.* (n. 39), p. 190-192.

L'aménagement a été repris au Ve siècle avec la création d'un nouveau sol en calcaire gris-beige. Enfin ce n'est qu'au VIe siècle que des boutiques ont pu être ajoutées au portique. Pour obtenir l'espace supplémentaire, il a fallu démonter l'ancienne façade des Thermes et la reconstruire plus au sud, avec une orientation légèrement différente.

C'est, en revanche, le dispositif complet, avec portiques et boutiques, qui a été mis en place, toujours dans la phase sévérienne, dans la rue perpendiculaire nord-sud, dont le tracé existait déjà à cette date, comme le montre l'insertion de bâtiments comme les thermes du Centre (fig. 13) ou la grande exèdre placée au carrefour[81]. L'implantation des portiques, qui a exigé une rectification d'environ 2,5° du tracé de la rue, dans l'optique d'une régularisation du quartier, n'a pas été réalisée sans difficulté.

L'aménagement est plus complexe dans la rue ouest-est, où la création d'un cryptoportique supportant le portique nord, complété par une rangée de boutiques reposant sur des caves, a servi à compenser les différences de niveau entre la rue et l'espace libre situé plus au nord. Des sondages permettent de dater l'installation de ce dispositif complexe entre la fin du IIe et le début du IIIe siècle.

On ne peut pas séparer du système des rues à portiques un certain nombre de monuments qui constituent autant d'articulation du réseau (fig. 12). Ils permettaient, en particulier, de masquer les irrégularités subsistant dans une ville qui n'avait pu être organisée sur une grille géométrique comme dans les fondations *ex nihilo*. L'axe principal est-ouest subit sur son parcours plusieurs inflexions marquées par l'Arc nabatéen à l'est, un *tétrakionion* à l'intersection avec la rue qui conduit vers la mosquée al-Khidr puis, non loin de la porte ouest (Bab al-Hawa), par un élargissement ovale de la chaussée souligné par les colonnes des deux portiques. On peut considérer ce plan comme une réduction de la place ovale de Gerasa.

L'ampleur du programme d'urbanisme monumental sévérien est révélée par les travaux nécessaires pour adapter les rues à portiques aux monuments publics contigus et réciproquement, selon les phases de construction (place derrière le cryptoportique, thermes du Centre, *macellum*). Dans les deux cas l'objectif semble avoir été de donner un accès monumental à la façon de propylées (colonnes

81. *Ibid.*, p. 193-194.

FIG. 13. – Thermes du Centre : cour Est avec décor à niches (photo UMR 7041 Maison René Ginouvès).

d'un module supérieur et éventuellement couronnement à fronton, élargissement du trottoir en saillie sur la chaussée), au passage sous les portiques. Ceux-ci sont appelés à constituer le lien privilégié entre tous les bâtiments publics pour faciliter la circulation et pour intégrer de façon esthétique les édifices à une entité urbaine cohérente[82]. C'est précisément la fonction, dans le même quartier, de l'arc appelé Bab al-Qandîl, qui marque l'accès à la rue du théâtre et au bâtiment lui-même à partir de la rue principale ouest-est. On peut comparer sa disposition aux deux arcs qui, à Palmyre, ouvrent la grande colonnade sur la place semi-circulaire où s'inscrit le théâtre.

82. Le témoignage de Libanios rappelle encore au IVe siècle à quel point ces portiques ont pour fonction de faciliter les circulation et en particulier l'accès aux thermes.

De même, plus à l'ouest dans la rue principale, dans le secteur du cryptoportique, on a aménagé dans un deuxième temps (et à une date qu'il n'a pas encore été possible de préciser) une entrée monumentale à trois portes au fond du portique pour accéder à la place, située 2 m plus bas, qui a été interprétée comme le forum de la ville. Sur cette place s'ouvrait aussi une deuxième rangée de boutiques adossées à celles de la rue, mais étagée à un demi-niveau plus bas[83].

Ces travaux qui ont pu s'étaler sur plusieurs siècles révèlent la volonté délibérée de rendre l'agglomération, dont l'histoire remonte à l'âge du Bronze, conforme à un modèle urbain bien défini que l'on trouve réalisé d'une façon plus ou moins complète dans un grand nombre de villes de l'Orient romain, mais aussi dans la partie occidentale de l'Empire. Dans une conception qui remonte à la cité grecque et aux fondations hellénistiques, la ville représente le cadre par excellence de la vie civilisée, et l'instrument de l'hellénisation, puis de la romanisation de la population locale. Elle doit assumer, bien entendu, les fonctions de base qui s'imposent – dès l'âge du Bronze – à toute agglomération humaine de la taille d'une ville, sa protection derrière un rempart, ses communications à l'échelle du territoire et éventuellement de la région, les approvisionnements, en eau et en nourriture, la production artisanale et les échanges commerciaux, le logement des habitants. Les réponses apportées à ces nécessités matérielles ne suffisent pas à définir l'identité de la ville dans un stade plus évolué et, même dans ses formes les plus primitives, des espaces ont été réservés pour servir de cadre à l'organisation sociale, politique et religieuse. La cité grecque propose un véritable modèle urbain dans lequel s'intègrent, à côté de l'espace privé de l'habitat, toute une gamme de constructions et d'espaces publics disposés dans un ordre hiérarchisé et marqués par la géométrie pour autant que l'environnement le permet, de l'agora au gymnase et au théâtre. Même si la cité n'y a pas gardé son contenu politique plein à l'époque hellénistique, les fondations de la tétrapole syrienne suivent cette tradition. Le modèle de ville romaine était construit sur des bases analogues, mais, dans les fondations urbaines républicaines, le rituel augural jouait un rôle spécifique. On en a retrouvé les traces matérielles tant dans l'espace consacré, qui a gardé sa fonction de pivot, que dans le

83. Un dispositif analogue est visible dans le portique ouest de la rue nord-sud où les boutiques sont posées sur des caves prenant le jour par des soupiraux sous le seuil des boutiques : J.-M. Dentzer, P.-M. Blanc, A. Mukdad, *art. cit.* (n. 66), p. 114.

plan d'ensemble. Des recherches récentes ont montré clairement l'évolution de ce modèle à partir de l'époque impériale[84]. Sans que soient abandonnés les espaces civiques classiques comme le forum, des édifices de spectacles d'une part, des thermes et les fontaines, de l'autre, sont devenus de nouveaux centres d'attraction permanents pour le public[85]. Il est significatif que les mêmes types de monuments soient présents nécessairement, parfois à plusieurs exemplaires, dans pratiquement toutes les villes de l'Orient romain. Il existait donc un véritable programme d'urbanisme conforme au statut de la ville. Comme ces bâtiments exigeaient de vastes espaces qu'ils ne trouvaient généralement pas à l'intérieur de villes plus anciennes, ce développement a souvent entraîné l'éclatement de l'ordonnance antérieure de la cité. La question a pris toute son ampleur avec l'expansion de l'Empire, en particulier vers l'Orient. En dehors de très rares fondations coloniales comme *Berytus*, les agglomérations choisies pour devenir des centres provinciaux sont souvent le fruit d'une longue histoire dans un contexte social et politique différent des traditions méditerranéennes, surtout dans la Syrie intérieure. C'est le cas de la ville de *Bostra,* agglomération qui a derrière elle une longue histoire remontant au moins à l'âge du Bronze, au moment où lui est dévolu un rôle de premier plan en tant que capitale d'une nouvelle province romaine. Au lieu de fonder une nouvelle ville, l'Empire romain hérite d'une agglomération à laquelle il doit imposer son image, aussi claire pour ses habitants que pour les visiteurs étrangers.

Les rues à colonnades, avec les monuments associés, ont pour fonction d'unifier, d'articuler, de donner une qualité monumentale

84. P. Zanker, « Einleitung. », in *Stadtbild und Ideologie. Die Monumentalisierung hispanischer Städte zwischen Republik und Kaiserzeit, Kolloq. Madrid 19-23 Okt. 1987*, W. Trillmich éd. (Bayer. Akad. der Wissensch. Philosoph. Hist. Klasse. Abhandlungen, 103), Munich, 1990, p. 9-23 ; Id. « Veränderungen im öffentlichen Raum der italischen Städte der Kaiserzeit », in *L'Italie d'Auguste à Dioclétien* (coll. EFR 198), Rome, 1994 ; P. Gros, « Comprendre la ville romaine ? Perspectives et problèmes d'une approche structurelle », in *La ciutat en el món romà actas 14. Congreso internacional d'Arqueologia clásica, Tarragona, 5-11/9/1993,* Tarragone, 1994, p. 45-55 ; Id., *Der Kaiser baut fürs Volk*, Opladen, 1997 ; Id., « The City as symbol. Rome and the creation of an urban image », in F. K. Fentress, *Romanization and the City* (*Journal of Roman Archaeology*, Suppl. 38), 2000, p. 25-41 ; F. K. Yegül, « Memory, Metaphor and meaning in the Cities of Asia Minor », *ibid.* p. 133-153.

85. Libanios (*Antiochikos* XI, 218-220, traduction avec commentaire de R. Martin dans A.-J. Festugière, *Antioche païenne et chrétienne : Libanios, Chrysostome et les moines de Syrie* [Bibliothèque des Écoles françaises d'Athènes et de Rome, 194], Paris, 1959, p. 27) regroupe de la même façon ces monuments.

et une identité à un tissu urbain composite, parfois éclaté et d'apparence souvent médiocre[86]. C'est par les rues à portiques que commence Libanios dans l'*Antiochikos* pour définir la cité. A elles se rattachent des ruelles comparées à des ruisseaux. Leur réseau constitue une unité organique à partir de points définis, comme le tétrapyle de la ville neuve, identifié à un nombril. Il détermine l'entité urbaine au même titre que le quadrillage géométrique du cadastre d'une ville « classique ». L'accent est à présent placé non sur des surfaces ou des constructions mais sur des circulations, les rues constituant le lien entre des habitants plus qu'entre des espaces[87]. Dans ce réseau, arcs ou tétrapyles jouent un rôle de repères et d'accents scénographiques[88].

Le forum-agora comme espace politique et lieu de rencontre et d'échange social ne semble plus constituer un lieu dominant dans les villes du Proche-Orient. Il reste d'ailleurs non ou mal identifié dans de nombreux cas, et en particulier à *Bostra*. Une partie de ses fonctions semble avoir été transférée aux portiques des rues. Libanios souligne que ces espaces de circulation sont également des lieux de rencontre entre les habitants et en toute saison[89]. A *Bostra*, ils semblent avoir repris aussi une fonction plus politique du forum : dans la rue nord-sud qui relie le camp romain (sans doute par sa porte principale) et le centre de la ville, est groupée une série d'inscriptions officielles en latin évoquant des gouverneurs de la province[90]. Les rues à portiques ont enfin repris une fonction économique de l'agora-forum : ses boutiques assurent le commerce de détail[91].

---

86. E. Will, *art. cit.* (n. 74) p. 342 ; C. Saliou, « Du portique à la rue à colonnades de Palmyre dans le cadre de l'urbanisme romain impérial : originalité et conformisme », *Annales archéologiques arabes de Syrie* 42, 1996, p. 319-330 ; P. Gros, *L'architecture romaine. I. Les monuments publics*, Les manuels d'art et d'archéologie antiques, Paris, 1996, p. 54-94 ; le grand projet de Dion Chrysosthome pour la ville de Pruse est précisément de construire une ou plusieurs rue à colonnades : *Discours* 47, 17-18, éd. et traduction H. Lamar Crosby, Loeb Classical Library, Cambridge-Mass. 1946 ; *La rue dans l'Antiquité : définition, aménagement et devenir*, colloque international, Poitiers, 7-9 septembre 2006, publication prévue.

87. Libanios, *Antiochikos* XI, 196-202 = p. 504-506 (A.-J. Festugière et R. Martin, *op. cit.* [n. 85], p. 23-24).

88. H. von Hesberg, « Bogenmonumente der frühen Kaiserzeit und des 2. Jahrhunderts n. Chr. Vom Ehrenbogen zum Festtor », in *Die römische Stadt im 2. Jahrhundert n. Chr. Der Funktionswandel d. öffentlichen Raumes*, H. J. Solles éd., colloque Xanten, 1990 (Xantener Berichte, II), Cologne, 1992, p. 277-299.

89. *Antiochikos* XI, 212-215 (A.-J. Festugière et R. Martin, *op. cit.* [n. 85], p. 26-27).

90. J.-M. Dentzer, P.-M. Blanc, A. Mukdad, *art. cit.* (n. 66), p. 145.

91. Libanios, *Antiochikos* XI, 251-259 (A.-J. Festugière et R. Martin, *op. cit.* [n. 85], p. 33-35).

Politique et idéologie impériales

Les monuments publics qui marquaient le réseau urbain et qui viennent d'être décrits portaient des inscriptions qui éclairaient le message que ces programmes architecturaux adressaient aux habitants et aux visiteurs[92]. Parmi les bâtiments que l'on a multipliés dans les villes romaines du Proche-Orient, certains semblent se justifier d'abord par leur fonction utilitaire. Cela semble le cas pour les fontaines et nymphées qui représentent le couronnement d'une des opérations prioritaires, et des plus coûteuses, dans une fondation urbaine, celle de son approvisionnement en eau[93]. Mettre de l'eau pure en abondance, gage de santé et de prospérité, à la disposition des citoyens était une tâche digne d'un fondateur de cité comme le montre la correspondance entre Pline le Jeune et Trajan. Cependant, cette fonction vitale, mais modeste, n'imposait pas le développement monumental dans les trois dimensions d'un grand nombre de ces installations. Celui-ci relève plutôt d'une mise en scène décorative jouant avec l'effet des matériaux précieux, de la polychromie des décors peints, et de l'eau que Libanios célèbre dans le sanctuaire des Nymphes[94]. Mais on peut aller plus loin. On reconnaît une organisation décorative quasi identique à celle de ces nymphées sur d'autres types de monuments publics, exèdres placées dans des rues, des thermes[95] ou des cours de sanctuaires[96], sur des façades de marchés, d'arcs monumentaux, et jusque sur la *frons scaenae* des théâtres[97]. Tous ces bâtiments ont en commun un décor organisé autour d'un système de niches encadrées d'architectures

92. P. Zanker, *Augustus und die Macht der Bilder*, Munich, 1987 ; voir aussi P. Veyne, *L'Empire gréco-romain*, Paris, 2005 p. 397-418.

93. P. Gros, *op. cit.* (n. 86), p. 418-439 ; voir l'importance donnée par Libanios aux aménagements hydrauliques d'Antioche depuis leur collecte jusqu'à leur mise en scène dans la ville : *Antiochikos* XI, 240-248 (A.-J. Festugière et R. Martin, *op. cit.* [n. 85], p. 31-33).

94. *Antiochikos* XI, 202 (A.-J. Festugière et R. Martin, *op. cit.* [n. 85], p. 24).

95. C'est le Kaisersaal des Thermes d'Asie Mineure : F. Yegül, « A study in architectural iconography. Kaisersaal and the imperial cult », *The Art Bulletin* 64, 1982, p. 7-31 ; P. Gros, *op. cit.* (n. 86), p. 415.

96. Cour de l'autel à Baalbek : Th. Wiegand, *Baalbek. Ergebnisse der Ausgrabungen und Untersuchungen in den Jahren 1898 bis 1905*, Vol. I-III, Berlin-Leipzig, 1921-1923, p. 75-99, pl. 31-41 ; N. Jidejian; *Baalbek : Heliopolis « Cité du Soleil »*, Beyrouth, 1998, p. 66, 67 et 110 ; L. Nordiguian, *Temples de l'époque romaine au Liban*, Beyrouth, 2005, p. 25.

97. J.-M. Dentzer, P.-M. Blanc, A. Mukdad, *art. cit.* (n. 66), p. 145-147.

en saillie en forme d'édicules dont la fonction était de recevoir des statues. Une symétrie axiale et la distribution de ces niches sur plusieurs registres permettaient d'établir une hiérarchie entre les figures représentées[98]. Parfois une abside de grandes dimensions, sans doute réservée à la figure impériale, occupe le centre de ce décor[99]. Dans le monde romain, des inscriptions indiquaient que ces statues représentaient essentiellement l'empereur ou des membres de la famille impériale, des représentants du pouvoir romain dans la province, parfois aussi de notables locaux qui avaient contribué au financement des monuments et peut-être des divinités ou des héros fondateurs. Une des réussites de la politique romaine a été d'obtenir la participation engagée d'une bonne partie de la population à ces programmes, et mieux encore, une compétition entre les villes fières de leur cadre urbain impérial. La pression de l'opinion locale pour la construction de bâtiments de prestige est sensible dans la correspondance de Pline le Jeune avec l'empereur Trajan[100].

La multiplication de ces monuments dans la ville répète et renforce le message politique de cette architecture, quelle que soit la fonction matérielle des bâtiments, utilitaires ou non. On s'est étonné de trouver des constructions qui ressemblent à des nymphées sans être reliées à une canalisation. Le monument tétrastyle disposé en oblique sur le carrefour central de *Bostra* et ouvert sur l'espace public se présente dans son premier état comme un nymphée sans eau. Il s'explique sans difficulté dans une fonction politique qu'il ait

98. Eid., *ibid.*, p. 146 ; voir aussi H. von Hesberg, « Die monumentalisierung der Städte in den nordwestlichen Provinzen zu Beginn der Kaiserzeit », in *Die Stadt in Oberitalien und in den nordwestlichen Provinzen des römischen Reiches,* W. Eck et H. Galsterer éd., Cologne, 1989 (= Röm. German. Mus. ; *Kölner Forschungen* 4), Mayence, 1991 ; H. von Hesberg, H.-J. Schalles, « Ausblick, Die römische Stadt im 2. Jahrhundert n. Chr. », *op. cit.* (n. 88), p. 391-398, ; P. Pensabene, « Gli spazi del culto imperiale nell'Africa romana », in *L'Africa romana* 25, *Atti del X convegno di studio su l'Africa romana*, Oristano 11-13 dicembre 1992, Sassari, 1994.

99. Pseudo-Kalybè de Shahba : Gh. Amer, M. Gawlikowski, « Le sanctuaire impérial de Philippopolis », *Damaszener Mitteilungen* 2, 1985, p. 1-15, pl. 1-2. Image omniprésente de l'Empereur : cf. Fronton, *Ad M. Caesarem* IV 12, 4, C. H. Haines éd., Loeb Classical Library, Cambridge-Mass., 1919.

100. Aelius Aristide, *Discours en l'honneur de Rome* 97-99, énumère les différents monuments qui font l'objet de cette compétition : gymnases, fontaines, portes monumentales, temples, boutiques, écoles. Pline le Jeune, *Lettres* X, n°s 23, 39 (= Pline le Jeune IV, M. Durry éd., Collection des Universités de France p. 31, 38-39). Compétition pour des programmes de constructions entre Smyrne, Éphèse, Tarse et Antioche évoquée devant l'assemblée de Pruse par Dion Chrysostome : *Discours* 40, 1-11 ; 45, 12-13 ; et 47, 13-14, H. Lamar Crosby éd. et trad., Loeb Classical Library, Cambridge-Mass., 1946.

été dédié à la Tychè de la ville ou à l'Empereur lui-même[101]. En fin du compte tous ces types de monuments partagent une fonction commune : proclamer la puissance bienfaisante de l'Empire romain et de l'Empereur, qui offre à ses habitants la paix et la prospérité, la fidélité que leur vouent en retour les habitants de la ville et la participation active de ses élites à cet idéal politique[102].

Les édifices de spectacles de grande capacité, théâtres, amphithéâtres, hippodromes/cirques contribuent également à souligner le statut urbain. Ils ne sont pas là seulement pour offrir des divertissements à la population, mais servent concrètement de cadre à des cérémonies publiques qui, plus particulièrement dans une capitale de province, réunissent non seulement les habitants de la ville et du voisinage, mais des délégations des autres cités. La scénographie des rues à portiques sert de fond aux cortèges et aux processions. Cette dimension politique se confond sans doute avec le culte impérial dont les prêtres occupent une place de premier plan dans ces cérémonies[103]. La construction, dans le quartier est, d'un sanctuaire dédié à la déesse Rome et à Auguste est attestée par un fragment d'inscription sur une architrave à trois fasces trouvée au voisinage de l'arc nabatéen[104].

Pour conclure, les grands programmes urbains comme celui de l'époque sévérienne à *Bostra* peuvent être interprétés comme l'expression d'une politique qui atteint son point culminant dans la refondation de la cité[105]. On ignore malheureusement les circonstances précises dans lesquelles ils ont été réalisés. Faute de pouvoir identifier les travaux qui ont pu marquer la création de la nouvelle

---

101. Ou encore un *Tychaion* : J.-M. Dentzer, P.-M. Blanc, A. Mukdad, *art. cit.* (n. 66), p. 125 ; J.-M. Dentzer, Th. Fournet, « L'exèdre monumentale du grand carrefour de Bosra », in *Aux pays d'Allat. Mélanges M. Gawlikowski*, P. Bielinski et F. M. Stepniowski éd., Varsovie, 2005, p. 53-76.

102. P. Veyne, *op. cit.* (n. 92), p. 397-418.

103. S. R. F. Price, *Rituals and Power. The Roman Imperial Cult in Asia Minor,* Cambridge, 1984 ; sur la justification d'un hommage à l'Empereur représenté dans et par un programme architectural, Pline le Jeune (*Lettres* X, n° 70) fournit un exemple concret : le terrain autrefois légué à l'empereur Claude par un habitant de Pruse doit recevoir un nouvel établissement thermal. En échange de l'autorisation impériale, Pline propose d'entourer le terrain d'une exèdre et d'un portique qui seront consacrés à l'Empereur. Cet élégant programme architectural portera le nom de Trajan.

104. M. Sartre, *IGLS* XIII, 1, n° 9143 ; Id., *op. cit.* (n. 75), p. 92-93.

105. P. Zanker, « The City as symbol. Rome and the creation of an urban image », in F. K. Fentress, *op. cit.* (n. 84), p. 37-38.

FIG. 14. – Monnaie d'Alexandre Sévère Rituel romain de fondation. Cabinet des Médailles HS-Y-28632-10. Revers.

province d'Arabie et de la *Néa Trajanè Bostra*[106], on peut se demander si la promotion de *Bostra* au rang de colonie romaine sous Alexandre Sévère[107] n'a pas donné l'occasion de restructurer la ville en y introduisant la rue à colonnades. Une monnaie émise sous le règne de cet empereur représente le rite traditionnel romain de la charrue qui ne peut qu'exprimer une refondation de la ville[108] (fig. 14).

On peut s'interroger enfin sur la réponse que trouve ce programme d'acculturation dans la population locale à *Bostra*. La pratique des thermes peut fournir une indication sur l'accueil d'un aspect de ce programme[109]. Ces établissements ne font pas simplement partie du décor monumental de la ville. Ils proposent, en

106. M. Sartre, *op. cit.* (n. 75), p. 76.

107. Id., *op. cit.* (n. 75), p. 76-77 ; J.-M. Dentzer, P.-M. Blanc, A. Mukdad, *art. cit.* (n. 66), p. 145.

108. Monnaie d'Alexandre Sévère : A. Spijkerman, *The Coins of the Decapolis and Provincia Arabia*, edited with Historical and Geographical Introductions by M. Piccirillo, Jérusalem, 1978, p. 80, n° 51, pl. 16. On se demande enfin si l'attribution du titre de métropole a été célébrée à son tour dans le bâti de la ville : M. Sartre, *op. cit.* (n. 75), p. 78. Il faut souligner la présence centrale dans cette scène de l'autel-*motab* couronné de bétyles, caractéristique d'un culte nabatéen devenu symbole de l'identité de Bosra. Elle pourrait expliquer le titre d'*Actiaca Dousaria* donné aux concours romains de Bosra.

109. J.-M. Dentzer, P.-M. Blanc, A. Mukdad, *art. cit.* (n. 66), 2002, p. 93-103.

effet, à une large part de la population, certainement réticente au départ à la nudité en public, un nouveau mode de vie sociale dans un cadre spécifique luxueux, proche de celui d'un palais. Les deux vastes établissements des thermes du Sud et du Centre qui ne sont séparés que par une rue, ont connu un développement parallèle spectaculaire. Le dédoublement symétrique des salles et le passage d'une circulation aller-retour à un mouvement continu, qui permettait de traiter plus rationnellement une clientèle plus nombreuse, ne peut être que la réponse à une demande croissante et témoigne du succès de cette nouveauté dans la population locale.

On connaît par ailleurs l'intention, plus ou moins clairement affirmée par la politique romaine, d'urbaniser les populations barbares pour réduire leur résistance au conquérant et les intégrer dans l'Empire. Dans une perspective quelque peu teintée de moralisme, un passage de Tacite (*Vie d'Agricola* XXI, 1-3) mentionne explicitement les thermes, à côté des temples, forums, maisons et aussi des portiques, parmi les instruments politiques « pour habituer par les jouissances à la paix et à la tranquillité des hommes disséminés, sauvages et par là même disposés à guerroyer »[110]. L'urbanisation est, dans ce stade, un moyen de faire cesser la dissémination des populations, en particulier des nomades, et de les contrôler mieux. En Syrie du Sud, une volonté politique du même ordre a été exprimée clairement, dans un texte malheureusement très lacunaire trouvé à Qanawât, mais provenant sans doute du sanctuaire de Sî', où le roi Agrippa qui applique une politique explicitement romaine (l'inscription le déclare « ami de César » et « ami des Romains »), enjoint à la population ou à une partie de celle-ci d'abandonner un mode de vie d'animaux sauvages habitant dans des cavernes, manifestement pour l'urbaniser[111].

La zone nord rattachée à la Province de Syrie

On pourrait tirer des conclusions analogues de l'étude des deux seuls sites urbains de la partie septentrionale de la Syrie du

110. « ut homines dispersi ac rudes eoque in bella faciles quieti et otio per voluptates adsuescerunt », trad. E. de Saint-Denis : Tacite, *Vie d'Agricola*, Collection des Universités de France, Paris, 1967.

111. Waddington n° 2329 ; W. K. Prentice, *Greek and Latin Inscriptions*, PPUAES, III, 1908, 315, n° 404.

Sud basaltique, *Kanatha*[112], et surtout *Soada-Dionysias* dont la surface peut être comparée à celle de *Bostra*[113]. Les travaux d'exploration de Michael Kalos ont révélé, outre un noyau ancien autour de la citadelle qui domine le wadi, et un quartier occupé au Ier siècle de notre ère, avec son temple périptère dans un sanctuaire dont l'organisation reste inconnue, un quartier neuf ajouté au sud de la ville à l'époque impériale. Ce quartier est construit sur un plan orthogonal cohérent dont l'axe se confond avec celui d'un odéon-*bouleuterion* et du théâtre dont les dimensions sont très proches de celui de *Bostra*. Des restes d'une grande birkeh comparable à celle de *Bostra*, avec un mur à contreforts étaient conservés dans la partie ancienne de la ville au nord-est du temple. Un programme ambitieux d'alimentation en eau destiné au territoire de Qanawât, mais alimentant en particulier un grand nymphée à Suweida est attesté par des inscriptions[114].

L'architecture et son décor

Les débuts de la romanisation de l'architecture et de son décor en Syrie du Sud sont discutés. K. Freyberger, se fondant essentiellement sur des analyses stylistiques du décor, comparé en particulier à celui de Rome, estime que des bâtiments clairement marqués par le modèle romain ont pu être construits dès les débuts de l'époque augustéenne[115]. Il faut supposer dans ce cas des productions parallèles d'ateliers intégrés dans une tradition locale (à Sî', Suweida, Sûr, Sahr) et d'autres ateliers travaillant, à la même date, sous l'influence de la Syrie gréco-romaine (Sleim, Mouchennef, Rimet Hazem). Cette question qui dépasse les cadres de cette présentation ne peut être discutée ici.

112. Voir *supra* n. 39.
113. Voir *supra* n. 40.
114. Voir *supra* n. 40.
115. K. S. Freyberger « Der Tempel in Sleim : Ein Bericht », *Damaszener Mitteilungen* 5, 1991, p. 9-38, pl. 5-16. 1991 ; Id., *Die frühkaiserzeitlichen Heiligtümer der Karawanstationen im hellenisierten Osten : Zeugnisse eines kulturellen Konflikts im Spannungsfeld zweier politischer Formationen* (Damaszener Forschungen, 6), Mayence, 1998 ; K. S. Freyberger, « Qanawat. Der "Südtempel" (Tempel des Zeus Megistos) : Deutung und Funktion im städtischen Kontext von Kanatha », *Damaszener Mitteilungen* 12, 2000, p. 155-175, pl. 33-36 ; C. Ertel, K. S. Freyberger, « Zwischen Hellenisierung und Romanisierung : Ein Friesblock mit Weihinschrift aus dem Vorgängerbau des "Peripteraltempels" in Kanatha », *Damaszener Mitteilungen* 12, 2002 p. 131-169, pl. 7-27.

On peut conclure de ce survol de l'urbanisme et des bâtiments publics de l'époque impériale que l'essentiel de l'architecture monumentale relève d'un projet politique global et cohérent. La romanisation de la Syrie intérieure à l'époque impériale n'est pas le résultat d'une diffusion informelle par contact et imitation. Dans le cadre provincial, c'est plus précisément à l'échelle urbaine que l'initiative du pouvoir romain est la plus évidente, qu'elle ait été réalisée directement ou indirectement, sous son impulsion, avec des contributions de riches particuliers. Les différents types de monuments énumérés plus haut sont construits sur des modèles importés, et mettent en œuvre, en cas de nécessité comme dans les thermes, des techniques romaines spécifiques. Les monuments de cette scénographie urbaine ont apporté avec eux des formes de décor architectural de la Méditerranée romaine. L'ampleur des travaux suppose que des équipes importantes de maçons et de sculpteurs ont été constituées et formées à l'échelle locale ou régionale. La maîtrise d'un matériau comme le basalte a pu fixer de telles équipes dans la zone et des ateliers spécialisés ont pu se constituer ainsi. Des technologies spécifiques plus complexes portent plus clairement la marque du modèle romain. On a ainsi constaté des ressemblances frappantes entre des bâtiments comme les thermes[116]. Une fois introduites dans la région sur des monuments « impériaux », les formes plus « classiques » de décor architectural ont pu se diffuser et prendre place sur des constructions moins directement marquées par des programmes officiels ; les sanctuaires et l'architecture privée, habitat et monuments funéraires, ont gardé des fonctions propres qui ont déterminé les plans et leur organisation.

Contrairement à d'autres villes proches comme *Gerasa*, ou même à d'autres sites du Hauran, *Bostra* n'a conservé malheureusement que des restes insignifiants de sanctuaires païens. Ils y ont été détruits ou entièrement repris dans des constructions nouvelles, sans doute au cours de phases iconoclastes successives, chrétiennes ou islamiques. Les matériaux de base particulièrement résistants ainsi que le décor en basalte ont été soigneusement réemployés. La romanisation semble avoir été plus limitée dans les programmes religieux que dans le décor urbain. Leur organisation devait d'abord être conforme au rituel, conservateur par nature, qui a assuré la

116. Dès la phase préprovinciale on peut imaginer un atelier de sculpteurs intervenus sur la série de sanctuaires du rebord nord-ouest du Jebel al-ʿArab aux confins ouest du Léjâ.

survie de certains types de plans. Le développement du temple qui prend une place dominante est cependant une marque de l'influence gréco-romaine. Un modèle de temple à *adyton*, représenté dans la zone côtière et la montagne du Liban[117], mais aussi à *Gerasa*[118], et comportant en particulier des escaliers aménagés dans l'épaisseur du mur de façade à côté de la porte, est présent à Qanawât (temple prostyle[119]). Ce type de temple a été manifestement mis au point dans la zone côtière plus directement ouverte à l'influence méditerranéenne. Les temples de Syrie du Sud gardent par ailleurs des traits particuliers comme les niches flanquant la porte d'entrée que l'on connaît déjà dans la phase pré-provinciale à Sî'[120] et à Suweida[121]. Cette disposition est étrangère à l'architecture romaine classique, mais représentée par des exemples dans le sud de l'Asie Mineure romaine.

Le décor architectural commence à reproduire, au plus tard à partir de la deuxième moitié du Ier siècle de notre ère, à l'époque des Flaviens, des formes classiques de la zone côtière. A partir de ce moment, l'architecture du Hauran participe plus directement à une culture commune romano-orientale, où l'Asie Mineure joue un rôle de premier plan. Il en allait sans doute de même dans la sculpture, mais il ne reste pratiquement rien des statues officielles en marbre ou en calcaire qui ornaient les façades à niches. Dans une zone particulièrement éloignée de formations géologiques calcaires, ces statues ont été brûlées, comme les placages en marbre, dans des

117. D. Krencker, W. Zschietzschmann, *Römische Tempel in Syrien*, Berlin-Leipzig, 1938 : grand temple de Niha : p. 123-131, pl. 56-58 ; temple de Medjel Anjar (sans escaliers), p. 182-191, pl. 74-78 ; Th. Wiegand, *op. cit.* (n. 96), II, Temple dit de Bacchus : p. 1-89, pl. 1-36.

118. Jerash : C. Kraeling, *Gerasa. City of the Decapolis,* Amer. School of Oriental Research, p. 125-138 ; I. Browning, *Jerash and the Decapolis,* Londres, 1982, p. 114-165 ; J.-P. Braun, « The upper temple of the sanctuary of Zeus, Gerasa (Jarash) », *Occident and Orient* 2/2, 1997, p. 22-24. J. Seigne in A. Hoffmann, S. Keiner, *Gadara Gerasa und die Dekapolis*, Mayence, 2002, p. 9-15 ; R. Parapetti, *ibid.*, p. 23-35.

119. H. C. Butler, PAAES, II A, p. 351-354 ; R. E. Brünnow, A. von Domaszewski *op. cit.* (n. 40), III, p. 134-137, fig. 1029-1031 ; H. C. Butler, PPUAES, II A 5, p. 347-350, ill. 315, pl. XXIII, XXIV ; PPUAES, III, n° 404, 413, 413a ; M. Gawlikowski, « Les temples de la Syrie à l'époque hellénistique et romaine », in J.-M. Dentzer, W. Orthmann, *op. cit.* (n. 26), p. 331-332, fig. 73 ; K. S. Freyberger, *op. cit.* (n. 115) ; Id. « Qanawat. Der "Südtempel" (Tempel des Zeus Megistos) : Deutung und Funktion im städtischen Kontext von Kanatha », *Damaszener Mitteilungen* 12, 2000, p. 155-175, pl. 33-36.

120. J. Dentzer-Feydy, in *Hauran II*, p. 93-96 et 107.

121. H. C. Butler PAAES p. 327, fig. 118-134 ; J. Dentzer-Feydy, in *Hauran II,* p. 107-109.

fours à chaux. Il ne reste que des morceaux, rares, de copies en basalte des types de statues officielles, statues de personnages en cuirasse, en *himation* ou en toge.

Période paléochrétienne (IVe-VIIe s.)

Un apports majeur des recherches récentes à Bosra a été de mettre en évidence une réelle continuité du développement urbain qui s'étend à l'époque chrétienne, du IVe au VIIe siècle[122].

La christianisation de *Bostra* qui se manifeste d'abord dans la construction d'églises, attestées au moins à partir du IVe siècle[123], n'a pas provoqué de rupture avec la conception antérieure de la cité, à la fois communauté sociale et cadre de vie. La ville n'a pas cessé d'être entretenue. Des inscriptions conservent la trace d'un certain nombre de travaux imposés par la nécessité, voire l'urgence, comme la construction, ou la réfection, de fortifications mentionnées par des inscriptions à l'époque de Justinien (540-551)[124]. Le sondage sur le rempart sud-ouest a révélé des réparations importantes au VIe siècle[125]. On peut ajouter la réfection, à la même époque, de l'aqueduc, signalée par une inscription[126]. A côté de ces travaux utilitaires, on voit se poursuivre des projets d'un caractère plus monumental qui se situent dans la suite des programmes impériaux. Le développement vers le nord des Thermes du Sud, sans doute freiné auparavant par la présence d'un petit temple ouvert sur le carrefour de la rue principale ouest-est[127], ne trouve plus d'obstacle au IVe-

122. R. Farioli-Campanati, « Bosra tardoantica e protobizantina », in *Ricerche Siriane*, 2003-2004 (*Felix Ravenna* 153-156), Ravenne, p. 277 et 242.

123. M. Sartre, *op. cit.* (n. 75), p. 120-129 : église des saints Serge, Bacchus et Léonce de 512 ; R. Farioli-Campanati, « La chiesa tetraconca dei SS. Sergio, Bacco, e Leonzio di Bosra, : il problema della sua destinazione », in *Akten des XII. internazionalen Kongresses für christliche Archäologie,* Bonn, 1991, II, p. 741-745 ; Ead., in J. Dentzer-Feydy, M. Vallerin, Th. Fournet, S. & R. Mukdad, *op. cit.* (n. 66), p. 159-164. Basilique de Bahira : *ibid.*, p. 296-297 ; H. C. Butler, PPUAES, II A p. 265-270. Autres églises mentionnées par des inscriptions : M. Sartre, *op. cit.* (n. 75), p. 120-129.

124. M. Sartre, *IGLS* XIII, 1, nos 9130, 9135 et 9136, p. 210-212 ; Id., *op. cit.* (n. 75), p. 127-139.

125. F. Braemer, *art. cit.* (n. 68), p. 72.

126. *IGLS* XIII, 1, n° 9134, p. 210.

127. N. Masturzo, « Bosra. Rilievo del tempio e della chiesa numero tre (Butler) sul "Decumano" », in *XLIII Corso di Cultura sull'arte ravennate e bizantina*, Ravenna 22-26 marzo 1997, p. 453-482 ; J.-M. Dentzer, P.-M. Blanc, A. Mukdad, *art. cit.* (n. 66), p. 96-98.

ve siècle. Dans cette période sont construits deux nouveaux *frigidaria* et deux palestres. L'interdiction des cultes païens par Théodose a dû libérer de nouveaux espaces pour l'extension de constructions publiques. Des latrines installées dans la partie sud-ouest de la palestre est devaient être ouvertes à un public plus large que la clientèle des thermes, car la palestre continuait à rester accessible directement, depuis la rue principale, par un couloir passant sous la nouvelle église. Il en va sans doute de même pour les vastes latrines construites dans la même phase à l'angle nord-est des thermes du Centre[128]. Le souci de l'hygiène publique justifiait ces programmes.

Au cours du ve siècle l'espace public a fait l'objet d'importants remaniements dont on saisit mal la finalité, au nord du cryptoportique, à l'emplacement possible du *forum*. D'après une inscription remployée dans une maison moderne sur le côté sud de la rue principale ouest-est, un *praetorium,* palais du gouverneur, a été construit en 490[129]. S'agit-il du grand ensemble dégagé récemment du même côté de la rue principale, mais un peu plus à l'est ?

Ce n'est pas seulement pour des raisons utilitaires (défense, approvisionnements de base comme l'eau, hygiène) que des travaux de restauration ou de construction ont été effectués. Le nymphée du carrefour central a été reconstruit comme le montre la disposition des tambours de colonnes remployés dans cet état, au plus tôt au ive siècle[130]. Des fontaines construites avec des éléments réutilisés ont été aménagées dans la façade ouest du massif qui surélève la grande église sud-est. Des fontaines plus petites ont peut-être été installées dans la façade ouest de l'arc nabatéen, à une date tardive, et dans l'exèdre du carrefour central. On peut attribuer aussi à cette phase tardive un décor de placages de marbre et d'ornements métalliques (sans doute en bronze doré[131]) fixés par des tenons dans des mortaises creusées dans le parement de différents monuments[132]. Ces programmes manifestent un souci évident de

128. Latrines à péristyle dans les thermes ouest à Scythopolis à la fin du ive-ve siècle. G. Mazor, R. Bar-Nathan, « The Beht-She'an Excavation Project – 1992-1994 », *Excavations and Surveys in Israel* 17, 1998, p. 20-24 ; cf. p. 11-14.

129. *IGLS*, XIII, 1, n° 9123 ; M. Sartre, *op. cit.* (n. 75), p. 123.

130. J.-M. Dentzer, P.-M. Blanc, A. Mukdad, *art. cit.* (n. 66), p. 116-121.

131. Mentionné dans la description du tétrapyle.

132. Colonnes de l'église à plan centré est, façade de l'arc nabatéen, colonnes de l'exèdre du carrefour central, façade de l'arc central.

conserver et de promouvoir l'éclat et l'agrément de la ville, même à un moment où les ressources et les compétences techniques étaient devenues insuffisantes, comme le montre la multiplication des remplois et des erreurs de remontage dans les assises après des tremblements de terre[133].

Le plus frappant reste cependant le soin consacré à l'entretien, au développement et à la restauration du dispositif urbain le plus significatif de la ville, les rues à portiques et les bâtiments de prestige qui s'y rattachent. Ce n'est qu'au VIe siècle que le portique qui borde la rue est-ouest au nord des thermes du Sud a été complété par des boutiques[134]. Des réfections semblent souvent avoir été nécessitées par des tremblements de terre dont nous gardons des traces précises dans l'église du IVe siècle installée à l'emplacement de la cour à portiques nabatéenne. C'est sans doute à la suite du tremblement de terre de 447 que la réfection de grande ampleur des dallages en calcaire gris-beige des portiques des rues nord-sud et ouest-est a été entreprise. La pose d'un dallage pour tout un portique (*embolos*) est commémorée par une inscription encastrée dans le dallage de la rue du théâtre, à l'ouest des thermes du Sud et datée de 517[135]. Le *tetrakionion,* au carrefour de la rue principale et de la rue qui va de l'amphithéâtre à la mosquée al-Khidr, date du tournant du IIIe au IVe siècle et a été entouré dans un deuxième temps d'une place ronde, sur le même modèle que le tétrapyle sud de Gerasa[136]. Ce monument, orné de chapiteaux en bronze doré, dont les noyaux sont conservés, est-il celui qui faisait la gloire de la ville selon le témoignage de l'*Expositio totius mundi et gentium* (38)[137] ?

Les fouilles récentes ont montré clairement une continuité dans les programmes urbains, fidèles aux mêmes principes d'organisation et de mise en valeur et finalement à la même conception de la ville. C'est l'unité sociale qu'elle constitue qui est mise au premier

133. Elle se manifeste en particulier dans des piédroits des portes par la discontinuité de la mouluration (portes des boutiques de la rue nord-sud ; porte remontée au nord de la grande église).

134. Voir *supra*, p. 60.

135. G. Fiaccadori, « Un epigrafe greca da Bostra e un nuovo governatore della Provincia Arabia », *XXXV Corso di Cultura sull'Arte Ravennate e Bizantina, Ravenna, marzo 1988*, Ravenne, 1988, p. 93-108,

136. J.-M. Dentzer, P.-M. Blanc, A. Mukdad, *art. cit.* (n. 66), p. 108.

137. J. Rougé éd. et trad., *Expositio totius mundi et gentium* (Sources chrétiennes, 124), Paris, 1966, p. 176-177. M. Sartre, *op. cit.* (n. 75), p. 91.

plan par les textes de Libanios ou de Dion Chrysostome, centrés non sur un espace proprement civique et politique, mais sur les facilités de communications et de relations sociales, le bien-être, la prospérité et le confort offerts par le cadre de vie urbaine dont la rue à colonnades représente l'armature. L'*Antiochikos* de Libanios montre que la conception impériale de la ville définie plus haut et dont l'essentiel a été accepté par la population christianisée et les autorités ecclésiastiques, est toujours vivante au milieu du IVe siècle. Il est significatif que les différents aspects de l'image concrète et symbolique de la ville d'Antioche puissent être évoqués par Libanios sans aucune référence aux temples païens à l'exception de Daphné.

Dans le cas de *Bostra*, les fouilles récentes semblent indiquer que ce modèle de la ville est resté vivant au moins jusqu'au VIe siècle. Comme dans les autres villes de la Syrie romaine, l'abandon du modèle urbain se marque par des empiétements de constructions sur les espaces publics et en particulier les rues à colonnades[138]. A *Bostra*, la zone du *tétrakionion* sur la rue ouest-est semble avoir été abandonnée vers le VIe-VIIe siècle. Des empiétements caractérisés ne sont apparus dans les zones étudiées qu'à partir de l'époque omeyyade. Dans la rue nord-sud la construction de murs de refends en matériaux de remploi et coupant les portiques ne semble avoir commencé qu'au VIIIe siècle. Cependant, même alors, le fonctionnement de boutiques a été maintenu et les rues à portiques ont conservé au moins leur fonction de marché linéaire dont il reste des traces jusqu'à l'époque moderne, avec le nom de Khan ed-Dibs attribué aux thermes du Centre. Au moment du dégagement de la rue nord-sud par la direction des Antiquités de Bosra, des boutiques étaient encore visibles à l'emplacement du portique est. A l'angle nord-est du carrefour nord, on a identifié plus précisément les restes d'une boutique d'époque omeyyade.

Les niveaux de fonctionnement de la mosquée d'Omar et, en face, du hammam al-Manjak permettent d'identifier un état de la rue sans doute contemporain de la réfection de la mosquée au XIIe siècle. A cette date, les empiétements se sont étendus à la chaussée qui a été rétrécie ; les trottoirs étaient fortement surélevés, sans doute pour mettre les piétons à l'abri des eaux de pluie qui à cette époque ne pouvaient plus être évacuées par l'égout.

---

138. C. Saliou, « Identité culturelle et paysage urbain : remarques sur les processus de transformation des rues à portiques dans l'Antiquité tardive », *Syria* 85, 2005, p. 207-224.

Conclusion

En étendant la recherche à l'ensemble de la région basaltique, on a entrevu, plus particulièrement à travers l'architecture et la sculpture de tradition religieuse, le substrat d'une identité culturelle inscrite dans le cadre de la Syrie intérieure. Il garde l'empreinte d'une première forme d'hellénisation, sans doute limitée, puis celle, plus forte, d'une romanisation qui a intégré cette région dans l'entité plus large du Proche-Orient romain. Les fouilles récentes à Bosra ont, à travers l'analyse du développement de zones limitées de la ville, apporté des informations concrètes sur des programmes monumentaux successifs. Elles ont mis en relief, dans le détail, un programme politique cohérent et systématique. Le caractère rhétorique, souligné récemment[139], des éloges des villes ne fait que confirmer la référence à un modèle politique impérial très cohérent qui se distingue clairement de ceux de la ville grecque classique ou hellénistique.

Résultat d'une croissance « naturelle », la ville ancienne créée à l'âge du Bronze avait sans doute déjà fait l'objet de restructurations et d'aménagements successifs avant que l'autorité politique nabatéenne ait pris en charge l'ensemble de l'agglomération au Ier siècle av. J.-C. pour la réorganiser. Pour la ville romaine une surprise a été la date tardive de l'introduction de la rue à colonnades, à l'époque sévérienne seulement, les boutiques étant ajoutées plus tard encore, dans certains cas au VIe siècle seulement. Elle ne s'est pas faite sans une certaine violence, parfois aux dépens des monuments contigus dans un tissu urbain qui n'offrait pas les surfaces exigées par cet urbanisme. L'image finale de la ville apparaît comme le résultat de rectifications successives, à la suite d'épisodes aléatoires comme les séismes ou de promotions politiques programmées. Ainsi, ce que l'on entrevoit d'un modèle urbain de type classique ne s'explique pas par un ordre imposé à la fondation de la ville mais comme un point d'aboutissement visé au cours de son évolution. La mise en scène créée autour de la rue à colonnades a sans doute été élaborée dans le contexte de l'Orient romain, à partir du Ier siècle de notre ère. Elle

---

139. Id., « Antioche décrite par Libanios. La rhétorique de l'espace urbain et ses enjeux au milieu du IVe siècle », in *Approches de la Troisième Sophistique : Hommages à Jacques Schamp*, E. Amato éd. (collection Latomus, 296), Bruxelles, 2006, p. 273-285. Le manuel de rhétorique de Ménandre (D. Russel, L. Wilson, *Menander Rhetor*, edited with Translation and Commentary, Oxford, 1981, II, 386, 21 sq.) donne ainsi une liste de bâtiments de prestige caractéristiques.

a trouvé l'adhésion non seulement d'un public de culture grecque mais d'une large partie de la population jusqu'à l'époque paléochrétienne. Les témoignages des rhéteurs le confirment et permettent de saisir la valeur de chaque élément du cadre de vie urbaine pour les habitants. Ils nous donnent un accès, rare, à la vision subjective de l'usager.

Jean-Marie DENTZER

ABRÉVIATIONS

Hauran I : *Hauran I, Recherches archéologiques sur la Syrie du Sud à l'époque hellénistique et romaine*, J.-M. Dentzer éd. (Bibliothèque archéologique et historique, 124), Paris, 1985-1986.

Hauran II : *Hauran II : Les installations de Sî'8, du sanctuaire à l'établissement viticole*, J. Dentzer-Feydy, J.-M. Dentzer et P.-M. Blanc, éd. (BAH, 164), Paris, 2003.

PAAES : Publications of an American Archaeological Expedition to Syria in 1899-1900, New York, 1908.

PPUAES : Syria, Publications of the Princeton University Archaeological Expedition to Syria, 1904-1905 et 1909, Leiden, 1907-1919.

LES DIALECTES GRECS AU SUD DE LA MÉDITERRANÉE

Le grec, dans ses premiers siècles de langue documentaire, n'est qu'un concept abstrait, auquel les Grecs eux-mêmes recouraient, tout en usant en réalité, oralement et par écrit, de variétés locales diversifiées, les dialectes. La différence dialectale ne semble pas avoir été un écran parfaitement opaque, mais elle gênait suffisamment la communication pour que se développât à terme, dans certaines activités, une forme linguistique commune, dite *koinè*. La *koinè* la mieux connue, qui l'emporta sur toutes les autres, est plus proche de l'attique et de l'ionien que des autres dialectes. Cette *koinè* apparaît dans les inscriptions écrites à partir de la fin du IVe siècle et concurrence dès lors les dialectes dans les écrits de nature communautaire ou officielle, les dialectes pouvant rester plus longtemps en usage dans la documentation privée et demeurant assurément vivaces oralement, sans que nous ayons, malheureusement, les moyens de le vérifier. L'élimination documentaire des dialectes s'est faite à des vitesses variables selon les régions.

On sait aussi que l'emploi du grec ne s'est pas limité à la péninsule Balkanique et au bassin de la mer Égée, mais qu'il s'est répandu, parfois loin dans les terres, tout autour de la Méditerranée orientale, dans une partie de la Méditerranée occidentale, ainsi que sur le pourtour du Pont-Euxin. Il est donc légitime, dans le cadre de notre réflexion sur *la Méditerranée d'une rive à l'autre*, d'examiner dans quelle mesure les dialectes ont fait partie des bagages culturels exportés par les Grecs, dans leurs déplacements occasionnels et dans leurs installations définitives outre-mer, et comment s'est produite la rencontre avec les langues déjà en place.

Le sujet peut paraître immense. Il se trouve limité de fait pour plusieurs raisons. D'abord, nous ne pouvons travailler que sur des données écrites, ce qui nous prive non seulement du grec parlé, mais aussi de certaines langues présentes dans les zones d'accueil. Ensuite, notre documentation est forcément partielle, parce que ses supports sont fragiles et souvent fragmentaires, mais aussi parce qu'elle émane essentiellement des couches dominantes de la société, celles justement qui sont concernées par les activités d'échange et d'administration qui requièrent un vecteur unifié de communication. Une troisième limitation découle de la chronologie : l'exportation des dialectes s'est produite essentiellement dans le cadre de la colonisation, tandis que, par la suite, c'est la *koinè* qui a pris la place des dialectes dans l'hellénisation du monde méditerranéen. Ma dernière limitation sera géographique et tient à la grande sagesse de nos organisateurs, qui m'ont proposé de parler du Sud de la Méditerranée.

La Méditerranée occidentale et le Pont-Euxin, considéré comme une extension de la Méditerranée, offriraient matière à une enquête du même genre. Mais mon propos concernera ici seulement la Cyrénaïque et l'Égypte.

Je commencerai par la Cyrénaïque, qui est une terre coloniale et dialectale. Les colons venus de Théra autour de 630 av. J.-C. ont apporté avec eux leurs traditions, leurs cultes et leur dialecte. Du récit exceptionnellement détaillé de la fondation et des deux premiers siècles d'existence de Cyrène, que fournit Hérodote au livre IV, combiné avec d'autres sources d'information, les modernes retiennent une participation crétoise à l'installation primitive, un nouvel apport de population grecque venue de la Grèce entière deux générations plus tard et le développement rapide de trois cités vers l'ouest, à savoir Barca, Taucheira et Euhespérides[1]. Il n'est pas surprenant que le dialecte attesté dans les cités de Cyrénaïque se rattache à l'ensemble dorien, auquel appartiennent Théra et la Crète. Les témoignages épigraphiques abondants mis au jour depuis un siècle permettent de s'en faire une idée assez complète[2]. Il est possible de distinguer un certain nombre de traits du comportement dialectal cyrénéen, que je rappellerai sans entrer dans les détails, car la place manquerait pour brosser le portrait complet de ce dialecte.

Une première constatation est qu'il existe un véritable dialecte cyrénéen, qui ne se confond pas avec celui de Thèra, en dépit de ressemblances indéniables. Comme on dispose de plus de matériel en Cyrénaïque qu'à Théra, on a longtemps présenté les deux dialectes

1. Sur cette période, on se réfère toujours au beau livre de F. Chamoux, *Cyrène sous la monarchie des Battiades*, Paris, 1953.

2. C. Dobias-Lalou, *Le dialecte des inscriptions grecques de Cyrène* (Karthago, 25), Paris, 2000.

ensemble, comme on présente le dialecte de Mégare à travers les témoignages de ses colonies de Grande Grèce. Mais le cyrénéen comporte un système de voyelles moyennes longues sans équivalent ailleurs. En outre, il se distingue du dialecte de sa métropole par le développement du troisième allongement compensatoire, celui qui produit par exemple ξῆνος. Le vocabulaire cyrénéen comporte aussi un certain nombre d'innovations qui, jusqu'à plus ample informé, le distinguent du théréen. Inversement, on ne décèle pas de différence entre les dialectes des différentes cités de Cyrénaïque. Cette situation pourrait être remise en question si l'on disposait de corpus de dimensions comparables pour chacune, ce qui n'est pas le cas. En ce domaine comme en d'autres, Cyrène fait un peu d'ombre à ses voisines.

Second point notable, il est très difficile de détecter une quelconque influence du substrat libyque, ne serait-ce que par manque de points de référence. En effet, la région n'a pas livré de documents écrits indigènes. On a cru trouver quelques renseignements chez Hérodote, mais ils doivent être pris avec la plus grande prudence. La formulation παρὰ Λίβυσι « chez les Libyens » d'Hérodote et de la tradition ultérieure est ambiguë, car en Grèce on désignait comme Λίβυες non seulement les peuples indigènes de la région, mais aussi les Grecs vivant en Libye. Quand Hérodote nous dit que βάττος signifie « roi » en langue libyque, il se trompe probablement. Βάττος, sobriquet transparent en grec, « Lebègue », est devenu l'un des deux noms dynastiques à Cyrène après avoir été porté par le fondateur, qui s'appelait initialement Ἀριστοτέλης. Il a probablement reçu par la suite ce surnom, dû à son infirmité, d'où dérive l'épisode – authentique ou étiologique – de la consultation de la Pythie[3]. En revanche, on est fondé à accepter une dénomination régionale des souris qu'Hérodote transcrit sous la forme ζεγέριες. Ce mot ne se laisse rapprocher d'aucun autre en grec, mais évoque un mot moderne dans certains parlers berbères de l'arrière-pays[4].

Le nom du silphion, la plante sauvage, spécifique de la région, qui a contribué à sa richesse proverbiale et a des chances d'être d'origine libyque, présente des variations : σίλφιον, σέλπον. Le même flottement entre *e* et *i* affecte le nom de la Libye, Λεβύα à côté du plus fréquent Λιβύα. Il existe par ailleurs des cas, tout aussi rares, de flottement entre *o* et *u*, avec des variantes en Πτυλ- des

3. Ead., *ibid.*, p. 285, avec les renvois aux travaux d'O. Masson.
4. Ead., *ibid.*, p. 57 et 287-288.

formes fondées sur Πτολεμαῖος[5]. Les deux phénomènes sont-ils liés ? Ils pourraient indiquer une prononciation particulièrement fermée des voyelles moyennes *e* et *o*[6]. S'agit-il pour autant d'un trait phonétique imputable au substrat libyque, où le système des voyelles devait être différent de celui du grec ? Il est très difficile de se prononcer, d'autant qu'aucun de ces témoignages n'est archaïque[7]. Finalement, le seul domaine où l'origine libyque fasse l'accord est un petit stock d'anthroponymes, qui partagent quelques caractéristiques phonétiques et morphologiques et présentent des correspondances avec des noms attestés dans d'autres parties du domaine libyco-berbère ancien. C'est ce qu'a montré O. Masson au terme d'une étude très prudente de 1976[8].

D'autre part, la *koinè* a, ici comme ailleurs, été pratiquée à partir du IVe s. av. J.-C., mais elle reste pour plusieurs siècles cantonnée aux relations extérieures : dans les cités mentionnées plus haut, et au premier chef à Cyrène, les textes en *koinè* émanant des autorités locales ne concernent que les relations avec les souverains lagides, puis avec le pouvoir romain. Au contraire, c'est pour les cités une bonne occasion de montrer leur attachement aux institutions traditionnelles que de continuer à formuler décrets et consécrations en dialecte, ou dans une langue conservant les traits les plus marquants du dialecte, Dans la sphère privée, notamment dans les épitaphes, la pratique du dialecte est encore plus nette[9].

On peut légitimement s'attendre à une situation différente dans le cas des cités nouvelles apparues à l'époque hellénistique dans la région. Or l'ancienne Euhespérides, légèrement déplacée et refondée dans la décennie 260/250 sous le nom de Bérénikè[10], et Taucheira, devenue Arsinoè au IIIe siècle, n'en restent pas moins

5. Pour d'autres exemples possibles, voir *ibid.*, p. 24.

6. Le caractère fermé pouvant aller de pair avec la brièveté, on trouverait aussi là l'explication d'un certain goût pour la syncope vocalique : *ibid.*, p. 37-40.

7. On a eu recours au même type d'explication à propos du dialecte chypriote, dans le cadre de contacts linguistiques plus complexes, mais également mal assurés.

8. O. Masson, « Grecs et Libyens en Cyrénaïque », *Antiquités africaines* 10, 1976, p. 49-62 (= *Onomastica Graeca selecta*, Paris-Nanterre, 1990, p. 285-298).

9. C. Dobias-Lalou, « Dialecte et *koinè* dans les inscriptions de Cyrénaïque », *Verbum* 10, 1987, p. 29-50. Les matériaux engrangés depuis n'ont pas modifié la répartition d'ensemble.

10. Sur cette date, voir les résultats récents obtenus par A. Wilson, « New light on a Greek City : Archaeology and History at Euesperides », in *Cirenaica : studi, scavi e scoperte I*, E. Fabbricotti et O. Menozzi éd. (British Archaological Reports, International Series, 1488), Londres, 2006, p. 141-152 ; Id., « Une cité grecque de Libye : fouilles d'Euhespérides », *CRAI*, 2003, p. 1647-1675.

attachées au dialecte. Le hasard nous a livré un décret de chacune de ces cités datant de l'extrême fin de l'époque hellénistique. Ils fourmillent de traits dialectaux[11]. En revanche, l'ancien port de Barka a accédé au statut de cité de par la volonté lagide sous le nom de Ptolémaïs[12]. Les rares documents officiels que nous en possédons sont en *koinè*.

Quant au port de Cyrène, devenu la cité d'Apollonia à la fin du IIe siècle av. J.-C., son sol n'a livré aucune décision publique qui puisse nous renseigner. Mais J. Reynolds a probablement raison de se fonder sur le caractère non-dialectal d'une grande liste de prêtres d'Apollon pour estimer que ces prêtres, vraisemblablement éponymes comme dans la cité capitale, sont ceux d'Apollonia, non de Cyrène, où de telles listes conservent à la même époque les caractéristiques dialectales[13].

Il convient enfin de mentionner la communauté juive de Bérénikè, dont nous possédons trois décrets du Ier s. ap. J.-C. en *koinè*[14]. Les colons juifs transférés d'Alexandrie en Cyrénaïque par Ptolémée avaient vocation à accélérer la poussée de la *koinè*, dans les écrits officiels du moins. Car là aussi, le dialecte pouvait concerner l'usage parlé, certaines épitaphes indubitablement juives présentant des caractéristiques dialectales.

Enfin, il existe, ici comme dans le reste du monde grec, une épigraphie extérieure, respectueuse de la différence dialectale. Autrement dit, quand on décide, dans une cité de Cyrénaïque, d'afficher un texte provenant d'ailleurs, on en respecte les particularités étrangères. Ceci explique une partie des textes gravés en *koinè* : ce sont des décisions de l'autorité lagide – à commencer par le célèbre διάγραμμα de Ptolémée Ier (*SEG* 9, 1 en 321 av. J.-C.) – et plus tard

11. Ce sont, respectivement, pour Bérénikè *SEG* 28, 1540 et pour Arsinoè *SEG* 26, 1817.

12. Sur la fondation de Ptolémaïs et la métonomasie de Taucheira au IIIe siècle, voir A. Laronde, *Cyrène hellénistique.* Libykai Historiai. *De la chute de la monarchie au principat d'Auguste*, Paris (Études d'Antiquités africaines), 1987, p. 382-383 et 396-403.

13. G. Pugliese Carratelli, « Supplemento epigrafico Cirenaico », *Annuario della Scuola archeologica di Atene* 39-40, 1961-1962, p. 329-334, n° 201 à 203 ; J. Reynolds, in *Apollonia, the Port of Cyrene, Excavations of the University of Michigan 1965-1967*, J. H. Humphrey éd. (Suppl. to *Libya Antiqua*, 4), Tripoli, 1977 p. 296-300, n° 6-8 ; *SEG* 27, 1128-1130 (trois blocs lors du remploi, qui appartenaient vraisemblablement à la même stèle). Pour la création d'Apollonia et l'édification de son rempart, cf. A. Laronde, « Apollonia de Cyrénaïque : archéologie et histoire », *Journal des Savants*, 1996, p. 3-49, en part. p. 25-29.

14. J. Reynolds, *in Excavations at Sidi Khrebish I*, J. A. Lloyd éd. (Suppl. Libya antiqua, 5), Tripoli, 1978 p. 242-247, n° 16-18.

de l'autorité romaine, dont la chancellerie fournit un texte en *koinè*, comme dans le reste de l'Orient. Aussi possédons-nous des « dossiers » réunissant sur la pierre à propos d'un même sujet des documents de l'un et l'autre idiome. En dehors de cet apport extérieur, prévisible et lié à la situation politique du moment, il existe des cas plus isolés : on a retrouvé sur l'agora de Cyrène une copie fragmentaire d'un décret honorifique athénien[15] pour un Cyrénéen éminent dont on sait qu'il fut prêtre éponyme dans le dernier quart du Ier siècle av. J.-C.[16]. L'appartenance athénienne du décret se déduit de certains détails institutionnels et formulaires, mais surtout des traits étrangers au dialecte local, par contraste avec des décrets cyrénéens contemporains.

En remontant dans le temps, je voudrais aussi mentionner à ce titre la fameuse « stèle des fondateurs », gravée au début du IVe siècle av. J.-C. pour remettre en vigueur le droit de cité auquel pouvaient prétendre les descendants de Théréens venus rejoindre la colonie après sa fondation[17]. Cette stèle est, elle aussi, un « dossier » où sont réunis un décret cyrénéen contemporain de la gravure et, en guise de pièces justificatives, le prétendu décret théréen portant départ d'une expédition colonisatrice et les clauses du serment prêté à l'occasion du départ, englobées dans un appareil narratif. Si ce second décret est anachronique dans sa formulation, il n'en comporte pas moins des traits linguistiques qui n'appartiennent ni au cyrénéen ni à la *koinè* et s'accordent mieux avec ce que l'on sait du théréen. Quant à la troisième partie, elle ne présente guère de traits discriminants permettant de l'attribuer plutôt au théréen qu'au cyrénéen, mais il paraît raisonnable de penser que les formules de serment proprement dites sont théréennes.

En somme, les vieilles cités de Cyrénaïque, à la différence d'autres régions, sont restées fidèles à leur dialecte ancestral, comme elles sont restées fidèles à l'essentiel de leurs institutions, sous le pouvoir lagide et sous le pouvoir romain. Le vieil esprit « dorien » et « laconien » revendiqué par Cyrène, auquel font encore allusion des lettres d'Hadrien[18] n'est pas un vain mot. Face à

15. G. Paci, « Frammento di decreto onorario da Cirene », *Annali Macerata* 19, 1986, p. 369-375 (cf. *Bulletin épigraphique*, 1988, 1018), d'où *SEG* 38, 1889.

16. Sur ce personnage, voir A. Laronde, « Prêtres d'Apollon à Cyrène au Ier siècle ap. J.-C. », *in L'Africa romana IV*, A. Mastino éd., Sassari 1987, p. 469-484.

17. *SEG* 9, 3. Voir aussi mon étude « *SEG* IX, 3 : un document composite ou inclassable ? », *Verbum*, 1994, p. 243-256 (*SEG* 43, 1185).

18. J. Reynolds, « Hadrian, Antoninus Pius and the Cyrenaican cities », *Journal of Roman Studies* 68, 1978, p. 111-121 (d'où *SEG* 38, 1566), en part. l. 10 et 42.

la concurrence de la *koinè*, le dialecte résiste fort bien dans l'usage semi-public. Il ne commence à céder du terrain qu'au IIe siècle av. J.-C., mais la décrue est progressive et très lente et la *koinè* ne l'emporte nettement qu'au IIe s. ap. J.-C., alors même que globalement les inscriptions se raréfient.

Au total donc, une installation durable du grec, seule langue attestée jusqu'à l'apparition à l'approche de notre ère du latin, qui reste minoritaire, mais un grec en deux variétés dont la concurrence dure plusieurs siècles et s'avère plus vivace que dans certaines régions de la vieille Grèce.

Toute différente est la situation de la langue grecque en Égypte. Ici, l'arrière-plan culturel était riche et ancien et les Modernes sont bien renseignés sur lui. L'égyptien écrit connaissait également des variétés, plutôt fonctionnelles que régionales. En ce qui concerne les hiéroglyphes, des fonctions esthétique et religieuse s'y combinaient à la fonction informative. Les Grecs ont entretenu de bonne heure des contacts avec l'Égypte, qui suscitait leur curiosité et leur admiration. Certains n'ont fait qu'y passer, d'autres s'y sont établis plus ou moins durablement. Les traces écrites qu'ils ont laissées témoignent tout naturellement jusqu'au IVe siècle de la variété dialectale. Ce sont essentiellement des inscriptions sur pierre, sur céramique ou sur métal. Elles sont dans l'ensemble antérieures à l'installation du pouvoir lagide, qui semble avoir pratiqué une véritable politique linguistique en imposant l'usage de la *koinè* dans tous les actes écrits[19]. Ce faisant, il s'inscrivait dans la continuité de la politique linguistique des rois de Macédoine, qui ont beaucoup contribué dans l'ensemble du monde grec à l'abandon des dialectes et à la généralisation de la *koinè*, qu'ils pratiquaient à leur cour avant même l'expédition d'Alexandre[20].

Dans l'Égypte lagide donc, la *koinè* était la forme de grec standard enseignée dans les écoles et a servi, plus ou moins altérée selon le degré plus ou moins poussé de l'apprentissage, de langue de communication entre Grecs de souche, communautés fixées en Égypte et Égyptiens hellénisés[21]. Les papyrus documentaires en

19. Sur ce sujet, voir E. Crespo, « The linguistic policy of the Ptolemaic Kingdom », *in Actes du Ve congrès international de dialectologie grecque, Athènes 28-30 septembre 2006*, M. Hatzopoulos éd. (à paraître).

20. Pour la commodité que représentait la *koinè* dans le corps expéditionnaire d'Alexandre, puis dans les royaumes hellénistiques, voir par exemple S. T. Teodorsson, *The phonology of Ptolemaic Koine*, Göteborg, 1977, p. 25-35.

21. Dans l'abondante bibliographie consacrée au bilinguisme gréco-égyptien, la question du grec dialectal n'est jamais abordée. Voir encore l'étude récente de

conservent le témoignage. Les seules autres formes écrites de grec que connaissaient ceux qui avaient accès à l'éducation grecque étaient les langues de l'épopée et des autres genres du programme pédagogique. Ces dialectes littéraires ne font pas partie de mon sujet, mais il ne faut pas oublier que de tout temps et en tout lieu ils ont entretenu chez les Grecs la notion de diversité linguistique et la conscience des niveaux de langue[22]. Les papyrus et tablettes scolaires nous en conservent des témoignages.

Cependant, dans l'usage parlé, certaines composantes de la population d'Alexandrie devaient conserver, voire exprimer avec fierté, les caractéristiques de leur région d'origine. On connaît la réplique des *Syracusaines* de Théocrite, quand dans la foule d'Alexandrie un mauvais coucheur reproche aux deux femmes de lui « écorcher les oreilles à force de *a* bien ouverts » : « Tu veux commander à des Syracusaines ? Eh bien, sache-le : nous sommes d'ascendance corinthienne, comme Bellérophon, et nous parlons comme on parle au Péloponnèse. Il est permis, je pense, aux Doriens de parler dorien ! »[23] Ces femmes sont peut-être des immigrées de première génération, mais elles vivent tout de même depuis un certain temps à Alexandrie, puisqu'il est question des déménagements répétés de l'une d'elles (v. 7-10).

Venons-en aux témoignages des inscriptions. Sans prétendre à l'exhaustivité, j'en rappellerai ici quelques exemples qui résultent de scripteurs ou de commanditaires aux situations assez variées, selon que ces Grecs étaient établis en Égypte ou de passage. Il faut rappeler que jusqu'à la fin du Ve siècle, c'est-à-dire pour une grande partie de la période pré-lagide, l'alphabet grec n'est pas encore normalisé et que les usages graphiques archaïques sont aussi pour nous des éléments utiles dans l'appréciation de l'origine des scripteurs.

H. Maehler, « Alexandria, the Mouseion and cultural identity », in *Alexandria, Real and imagined*, A. Hirst et M. Silk éd., Londres, 2004, p. 1-14.

22. Voir à ce sujet le volume réuni par R. Hodot, *La koinè grecque antique IV. Les koinès littéraires*, Nancy, 2001, en particulier la contribution de P. Cauderlier.

23. Théocrite, *Idylle* XV, 88-93. En fait – et c'est probablement un trait d'humour supplémentaire de la part du poète – l'homme s'exprime dans un dialecte qui ne diffère pas de celui des deux femmes et qui constitue la langue littéraire d'un groupe d'idylles du recueil. Sur la foi de ce passage, on a supposé depuis longtemps que Théocrite imprimait à sa langue littéraire la coloration de son dialecte natal et qu'il était par conséquent Syracusain. Pour une autre hypothèse sur ce dialecte littéraire, voir C. J. G. Ruijgh, « Le dorien de Théocrite : dialecte cyrénien d'Alexandrie et d'Égypte », *Mnemosyne* 37, 1984, p. 56-88 et mes objections, *op. cit.* (n. 2), p. 5, 29 et 68.

Quelque vingt ans avant la fondation de Cyrène, des Grecs s'étaient vu reconnaître le droit à une installation durable en Égypte. Leur venue correspondait à deux grands types d'activité, commerciale et militaire. Une installation commerciale fut concédée aux Grecs à Naucratis vers le milieu du VIIe siècle et le statut des résidents et passagers confirmé un siècle plus tard par Amasis[24]. S'y côtoyaient des groupes de cultures variées, ionienne, dorienne et lesbienne, qui conservaient dans les épiclèses cultuelles, l'anthroponymie et les dialectes la marque de leurs origines différentes. Dans la production épigraphique, le parler ionien est nettement majoritaire et la région d'origine est l'Asie Mineure et l'Est de la mer Égée. Une abondante série de céramiques confirme notamment des liens étroits avec Chios[25].

Les textes sont très courts et n'offrent pas toujours matière à classement linguistique. Ainsi, parmi les tessons inscrits qui conservent la trace des offrandes aux dieux grecs, celles faites à Apollon se comptent par centaines, mais la formulation banale Ἀπόλλωνός ἐ̄μι « j'appartiens à Apollon » ne comporte aucun trait dialectal discriminant. Or cet Apollon est dit souvent « Milésien » et une fois « Didyméen », ce qui signale l'origine ionienne asiatique des dédicants, à une exception près : au lieu du banal Μιλήσιος, on trouve une fois Μιλάσιος, d'un signataire dorien ou éolien (n° 198)[26]. Tout aussi exceptionnelle est l'unique Ἀφροδίτα (n° 616), qui contraste avec τῆ Ἀφροδίτηι (avec ou sans crase, vingt exemples, plus dix au génitif). Il en va de même pour Ἥρη (16 fois), contre Ἥρα (2 fois).

Les anthroponymes fournissent des orientations du même genre, avec une grande série de noms composés se référant au fleuve Hermos (Ἑρμόβιος, -γένης, -δωρος, -θέμις, -κράτης, -μανδρος, -φάνης, Ἑρμαγόρης, Ἑρμαγαθῖνος et inversement Πολύερμος). En tant que divinités, les fleuves régionaux sont souvent insérés dans les composés théophores usuels en grec. Un autre nom, hypocoris-

24. Je suis ici les conclusions d'A. Bresson, *La cité marchande*, Bordeaux, 2000, p. 13-26. Selon lui, la constitution d'une véritable cité ne semble pas remonter avant Alexandre, voir p. 52-55 et 74-79.

25. Dans le volume édité par J. Boardman et C. E. Vaphopoulou-Richardson, *Chios. A Conference at the Homereion in Chios 1984*, Oxford, 1986, voir en part. C. Roebuck, « Chios in the Sixth Century B. C. », p. 81-88, et J. Boardman, « Archaic Chian pottery at Naucratis », p. 251-258.

26. Je cite les graffitis sur céramique et les insciptions de Naucratis par leur numéro dans le recueil d'A. Bernand, *Le delta égyptien d'après les textes grecs*, I. *Les confins libyques*, Le Caire, 1970.

tique d'un composé faisant référence au fleuve Caïque, est Κάιqος[27]. On remarquera enfin le bel assemblage du fleuve d'Égypte avec le dieu local d'Asie Mineure si fréquent dans l'onomastique ionienne : Νελόμανδρος. Je n'ai pas relevé ici les quelques cas où un ethnique (notamment celui d'une cité ionienne) garantit que nous avons affaire à un étranger de passage. Notre classement des autres comme appartenant à Naucratis est fondé évidemment *ex silentio*.

Tous ces exemples onomastiques intéressent certes le linguiste, mais il se délecte davantage d'idiotismes morphologiques plus marquants. Il est donc ravi de rencontrer le datif pluriel en -οισι pour le nom des Dioscures ou le génitif singulier en -εω pour un nom masculin de la 1re déclinaison. Une des rares stèles de marbre portant une dédicace résume assez bien les traits ioniens que l'on peut rencontrer à Naukratis (Bernand, inscr. 20, *BMI* 1083) : Κλεαίνετος Ἀριστοθέμιος | Μαιάνδριος Στρατωνίδεω | τὴμ παλαίστρην ἀνέθηκαν | Ἀπόλλωνι.

Vers la même époque, un certain nombre d'Ioniens et de Cariens, anciens mercenaires de Psammétique Ier, après une installation temporaire dans le Delta, à proximité de la capitale Saïs, furent établis dans la nouvelle capitale de Memphis. Hérodote (II, 154) précise que ces hommes πρῶτοι γὰρ οὗτοι ἐν Αἰγύπτῳ ἀλλόγλωσσοι κατοικίσθησαν « furent les premiers de langue étrangère à être établis en Égypte ». D'autres sources anciennes évoquent ces Hellénomemphites et Caromemphites. Les Modernes considèrent donc comme un Hellénomemphite le dédicataire qui ne précise pas son ethnique dans une inscription en alphabet archaïque ionien datée du troisième quart du VIe siècle[28] : une dédicace bilingue accompagne une scène figurée d'offrande à Amon, qui est aussi nommé dans le texte hiéroglyphique[29].

La partie grecque de la dédicace se lit [Με]λάνθιός με ἀνέθηκε τῶι Ζηνὶ Θηβαίωι ἄκαλμα. En l'absence de trait typiquement ionien, on serait tenté d'attribuer la seule forme notable, Ζηνί, à un dialecte dorien, ce qui serait surprenant dans ce milieu. Mais l'alphabet est

27. O. Masson, « Le curieux nom d'un Marseillais chez Aristote : *Hermokaïkoxanthos* », *Journal des Savants*, 1985, p. 17-23 (= Onomastica Graeca Selecta, p. 475-481).

28. L. H. Jeffery, *Local Scripts of Archaic Greece*, Oxford, 1990² (cité *infra LSAG*), p. 358, n° 49.

29. Le tout constitue l'habillage en bronze d'un socle de monument votif dont l'âme de bois a disparu. Réputé provenir de Memphis, l'objet est aujourd'hui conservé à New York. L'inscription grecque a été rééditée avec photos par O. Masson, in *Revue d'Égyptologie* 29, 1977, p. 53-57 et pl. 2 (*SEG* 27, 1106).

clairement ionien, aussi O. Masson a-t-il à bon droit fait de Ζηνί un souvenir homérisant, amusant chez un homme portant justement un nom odysséen. Zeus qualifié de « Thébain » est la traduction grecque de l'Amon égyptien.

J'évoquerai un autre exemple montrant que les deux communautés d'anciens mercenaires semblent s'être parfois mêlées, à moins que les contacts ne remontent aux générations passées, qui voisinaient déjà en Anatolie. C'est une stèle funéraire d'un type connu comme caromemphite, arrondie au sommet, avec deux scènes figurées d'inspiration funéraire encadrant un bandeau inscrit. La scène du registre inférieur est égyptienne. La scène du registre supérieur et l'inscription, qu'on attendrait cariennes, sont grecques. Les lettres sont ioniennes, datées de la fin du ve siècle av. J.-C.[30]. La coloration dialectale, si peu caractéristique qu'elle soit, est ionienne. En dépit des lacunes du texte, on sait que la défunte portait un nom en -ωάνη qui semblerait plutôt anatolien, alors que son père portait un nom bien grec à second membre -ιππος.

Dans d'autres sites, des dédicaces en grec marquant une dévotion à des dieux égyptiens sont considérées comme émanant de Grecs fixés en Égypte, sans que l'on puisse déterminer s'ils sont natifs de l'un des ces deux établissements ou s'ils ont effectué un séjour durable dans un autre cadre juridique. Trois exemples ont été commentés par O. Masson en 1977. Une statuette d'Isis allaitant, conservée au musée du Caire mais de provenance inconnue, porte sur le socle une dédicace en lettres ioniennes datables vers 500 av. J.-C. par Πύθερμος ὁ Νέ̄λωνος dont le nom renvoie au monde ionien déjà évoqué, et peut-être plus précisément à une famille originaire de Samos[31]. Un peu plus tard (début du IVe s.), à Saqqarah, le socle d'une statuette d'Osiris-Lune porte la dédicace de son fabricant Ζηνῆς Θεοδότō. O. Masson a bien montré le caractère ionien du nom du dédicant, qui s'ajoute à l'usage alphabétique ionien le plus archaïque[32]. Réagissant en Grec, celui-ci a identifié le dieu Osiris à la divinité féminine *Sélènè* « Lune ». Dans le troisième cas, il s'agit d'une statuette de taureau Apis provenant du Delta et dédiée par un certain Σōqύδης qui appelle Πανεπι (datif) la divinité

30. P. Gallo, O. Masson, « Une stèle "hellénomemphite" de l'ex-collection Nahman », *Bulletin de l'Institut français d'Archéologie orientale* 93, 1993, p. 265-276 (*SEG* 43, 1119), cf. J. Bingen, *Bulletin épigraphique*, 1995, 651.

31. Réédition commentée par O. Masson, *art. cit.* (n. 29), p. 57-61 et pl. 3 (*SEG* 27, 1156), cf. J. et L. Robert, *Bulletin épigraphique*, 1979, 533. La datation est celle de L. Jeffery, *LSAG*, p. 358, n° 50.

32. O. Masson, *art. cit.* (n. 29), p. 63-67 et pl. 6 (*SEG* 27, 1107).

bénéficiaire de son offrande. Ce faisant, il transcrit en grec une locution égyptienne signifiant « le taureau d'Apis ». Ici, la conservation d'un *a* long dans la forme verbale ἀνέστᾱσε révèle que le dédicant n'est pas a priori un Ionien[33]. Aucun de ces trois dévots ne fournit d'ethnique, ce qui semble exclure qu'ils soient des étrangers de passage. De plus, leurs actes de dévotion montrent un certain degré d'acculturation.

En revanche, la mention d'un ethnique est l'indice décisif qui permet de penser que l'on a affaire à un Grec en visite en Égypte. Les mentions, assez nombreuses, consistent surtout en graffitis, retrouvés dans toutes les parties de l'Égypte et jusqu'en Nubie. Il est souvent possible d'entrevoir les raisons du passage de ces visiteurs : nous y rencontrons des commerçants et des militaires, mais ils agissent alors surtout en touristes, laissant leur signature sur les monuments. A Naucratis, une petite série de treize tessons du VIe siècle émane d'un Mytilénien et présente des caractéristiques du dialecte lesbien[34]. En combinant les différents exemplaires, tous fragmentaires, on reconstitue la formulation commune : - -] με κάθθε̄κε τᾶι Ἀφροδίται ὁ Μυτιλε̄ναιος. Ce Mytilénien anonyme pour nous devait être un marchand.

Les graffitis laissés par les mercenaires grecs de Psammétique II en 591 sur les jambes gauches de deux statues colossales de Ramsès II, devant le grand temple d'Abu Simbel, sont bien connus[35]. Quelques soldats ont précisé leur ethnique, mais cette précision s'avère presque inutile pour nous dans le cas du n° 2 : il s'agit d'un Rhodien d'Ialysos, qui écrit dans l'alphabet archaïque caractéristique de son île et accumule les traits dialectaux doriens[36]. Comme Ioniens, on relève un Téien auteur du n° 3, un Colophonien

33. Id., *ibid.*, p. 63, pense à un Dorien. Mais d'autres possibilités existent. L. H. Jeffery, *LSAG*, p. 355, corrige indûment l'anthroponyme en une forme qui serait ionienne, comme l'a bien vu O. M., mais se prononce néanmoins pour un dialecte dorien. On prendra garde que la forme ἀνέστασε ne peut pas être prise pour un indice dialectal dans le cas d'une statuette de Leontopolis offerte à Isis vers 400 av. J.-C. (*SEG* 44, 1484) : la dédicace jumelle offre la forme ἀνέστησαν et le nom du dédicant n'a rien de dorien. Ce sera une faute de gravure.

34. Elle est prise en compte à ce titre par R. Hodot dans son *Dialecte éolien d'Asie*, Paris, 1990, cf. p. 278, n° MYT 101.

35. Je les cite d'après la révision d'E. Bernand et O. Masson, *REG* 70, 1957, p. 1-20. Leurs résultats ont été enregistrés par L. H. Jeffery, *LSAG,* dans les diverses sections régionales, et par R. Meiggs et D. Lewis, *A Selection of Greek Historical Inscriptions to the End of the Vth century B.C.*, Oxford, 1969, n° 7. Pour la datation remontée d'un an, voir *SEG* 32, 1600.

36. Les indices sont moins redondants pour le n° 4, également d'Ialysos.

du n° 6 bis. Mais le texte le plus intéressant pour notre propos est le n° 1, qui est aussi le plus long et celui qui a permis de dater les autres :

> Βασιλέος ἐλθόντος ἐς Ἐλεφαντίναν Ψαματίχο,
> ταῦτα ἔγραψαν τοὶ σὺν Ψαμματίχο̄ι το̂ι Θεοκλο̂ς
> ἔπλεον, ἦλθον δὲ Κέρκιος κατύπερθε, υἶς ὁ πόταμος
> ἀνίη· ἀλογλό̄σσο̄ς δ' ἦχε Ποτασιμτο, Αἰγυπτίο̄ς δὲ Ἄμασις·
> ἔγραφε δ' ἀμὲ Ἄρχο̄ν Ἀμοιβίχο̄ καὶ Πέλεϙος Οὐδάμο̄.

« Le roi Psammétique étant venu à Éléphantine, voici ce que firent rédiger ceux qui naviguaient avec Psammétique fils de Théoklès, et qui poussèrent en amont de Kerkis, jusqu'où le fleuve le permettait : la légion étrangère avait pour chef Potasimto, et les Égyptiens, Amasis. Ceux qui rédigeaient étaient Arkhôn, fils d'Amoibikhos, et Pélékos, fils d'Eudâmos. »

L'alphabet est de type ionien[37]. Mais le texte présente des formes dialectales doriennes indubitables : ᾱ, η pour la contraction *e* + *e* (ἦχε), article τοί, adverbe relatif directif υἶς, pronom ἀμέ (« nous » = « ces lignes »). La graphie pour la finale du génitif de βασιλεύς est ambiguë dans cet alphabet archaïque, mais la forme attique à métathèse est peu vraisemblable. En général, on admet la crase de ὁ Ἀμοιβ. pour harmoniser cette mention avec les autres formules anthroponymiques du texte, mais ce n'est pas une obligation, me semble-t-il. Ce texte, plus soigné que la moyenne des graffitis, a été conçu par des Doriens[38], mais gravé par un Ionien. Le dialecte dorien pourrait être rhodien, comme le font supposer les deux signatures d'Ialysiens[39].

Deux siècles plus tard, le pharaon Achôris à son tour eut recours à des mercenaires grecs. Sur les murs extérieurs du petit temple de Karnak qui porte son nom, des membres du contingent chypriote ont apposé leur nom, assorti du patronyme, de l'ethnique, voire du démotique, et pour certains d'entre eux à plusieurs reprises[40]. Seuls cinq graffitis sont alphabétiques, soixante autres

37. Voir le dessin chez L. H. Jeffery, *LSAG*, p. 358, n° 48a : *êta* fermé, un seul O, *qoppa*, *psi* en trident.

38. Le patronyme du second le montre. Pour rendre cette distribution des rôles, j'ai traduit ἔγραφε par « rédiger ».

39. De fait, C. D. Buck insère ce texte dans ses *Greek Dialects*, Chicago-Londres, 1955, comme rhodien (n° 104 de son choix). Noter l'emploi d'ἀλλόγλωσσος, comme chez Hérodote, II, 154, ce qui fait penser que l'historien a reproduit là une expression technique égyptienne.

40. O. Masson, in Cl. Traunecker, F. Le Saout, O. Masson, *La chapelle d'Achôris à Karnak II*, Paris, 1981, p. 253-284, avec les figures et planches dans le fascicule « documents ».

usent de l'écriture syllabique spécifiquement chypriote qui, quand elle note du grec, est réservée au dialecte. On peut, malgré le laconisme et la monotonie de la formulation, repérer de nombreux traits dialectaux caractéristiques : assimilation *-kt-* > *-tt-* (n° 11) ; réduction de *-stl-* à *-sl-* (n° 24) ; génitif singulier en *-au* (exceptionnellement en écriture alphabétique n° 5, ailleurs syllabique n°s 6, 8, 9, 44, 50) ; noms en -ως, -ωϝος (n°s 17, 20, 51) ; nominatif singulier -ης au lieu de -εύς (n°s 18, 19, 39, 56, 59, 60) ; génitif singulier thématique *-o-ne* (n°s 23, 31, 51) ; génitif singulier -ᾶ(ϝ)ος des hypocoristiques en -ᾶς (n°s 2, 7, 15, 16) ; degré radical réduit dans ὀλίζων (n° 13), degré *e* dans -κρέτης (n°s 16c, 51, 55) ; préposition πός (n° 49) ; particule κάς (n°s 51, 56). On repère aussi une majorité de noms typiques du répertoire chypriote : Φιλοκρέων, Στασαγόρας, Ὀνασίκυπρος et autres noms en Ὀνασι-.

Les monuments d'Abydos, Bouhen, Philai, les sanctuaires de Pan sur les itinéraires de la mer Rouge dans le désert oriental ont reçu leur lot de signatures, d'actes d'adoration ou de graffitis pédérastiques, qu'il serait fastidieux d'énumérer. Presque tous ces témoignages modestes méritent commentaire pour ce qu'ils révèlent de l'origine de leurs auteurs. Les anthroponymes gardent plus longtemps que le lexique des caractéristiques locales, qui permettent à la rigueur de parler encore de coloration dialectale, par exemple pour un Chypriote de Kourion à Abu Simbel, pour des Doriens dans le désert oriental à basse époque hellénistique, voire à l'époque impériale.

Mais les textes plus élaborés, gravés dans les villes pour l'affichage et l'information des habitants sont rédigés en *koinè*. Je ne connais qu'un exemple de copie, affichée à Naukratis dans les années 440-420 av. J.-C., d'un décret de Lindos en dialecte rhodien[41], octroyant la proxénie à un certain « Damoxenos fils d'Hermôn, résidant en Égypte » et prévoyant l'exposition d'une copie « en Égypte, dans l'Hellanion », ce sanctuaire de Naucratis où les Grecs originaires des différentes cités pouvaient installer leurs dieux.

Le colosse de Memnon à Abydos suscita chez ses visiteurs une telle admiration qu'elle s'exprima souvent par un hommage plus choisi que la simple signature de voyageur. Ainsi, on a pu y repérer une bonne trentaine d'épigrammes grecques, culminant avec les poèmes de Balbilla relatant la visite d'Hadrien. Comme je l'ai dit

41. La pierre, conservée à Moscou, a été achetée au Caire. Sa provenance ressort du contenu. Le texte est commodément accessible chez A. Bresson, *op. cit.* (n. 24), p. 27-28. Photo chez M. Guarducci, *Epigrafia greca* I, Rome, 1967, p. 459, fig. 236.

plus haut à propos des papyrus, je ne m'y attarderai pas. Leur langue poétique les maintient à l'écart de mon propos dans la mesure où leur langue se rattache à un héritage poétique unifiant dans la *paideia* les Grecs et les peuples hellénisés[42]. Le décalage linguistique y a un effet centralisateur, alors qu'au contraire l'usage du dialecte dans la langue parlée et les témoignages inscrits antérieurs à la période lagide soulignaient la diversité d'origine des microcosmes culturels qui se côtoyaient en Égypte.

Au total, les deux régions que j'ai essayé de scruter à travers le filtre des dialectes grecs nous offrent deux aspects bien différents, révélateurs de processus étrangers l'un à l'autre. D'un côté une terre qui nous apparaît toute grecque, agrandissant en quelque sorte la mer Égée jusqu'à cette avancée septentrionale de l'Afrique qui sur une carte semble doubler la Crète. A la faveur du silence des peuples nomades qui ne cessèrent pas d'en occuper l'arrière-pays, un dialecte homogène et triomphant, résistant longtemps et bien à la pression de la *koinè*, pourtant indispensable aux relations extérieures. De l'autre, une antique civilisation de l'écrit, qui fait aux Grecs une place bien délimitée, à la mesure des besoins commerciaux et militaires du pays. En glanant des indices épars dans des textes brefs, nous pouvons confirmer que ces marchands et ces soldats pratiquèrent leur dialecte aussi longtemps qu'on le fit dans leur cité d'origine en Grèce, l'écrivirent occasionnellement, mais ne ressentirent pas, semble-t-il, le décalage comme un obstacle à la communication. Les interprètes n'étaient nécessaires qu'entre Grecs et Égyptiens.

On peut se demander d'ailleurs quel grec apprenaient les fameux interprètes que devaient former les mercenaires établis par Psammétique Ier. Le fait qu'Hérodote désigne ce groupe comme « les Ioniens » traduit probablement leur suprématie numérique et l'on pourrait penser que le dialecte enseigné dans l'école d'interprètes égyptiens était un dialecte ionien. Mais alors, l'interprète dont la confédération rhodienne fit un proxène à la fin du ve siècle, s'il est bien issu de cette école, parlait-il ionien ou dorien[43] ? C'est une question que personne ne semble s'être posée et à laquelle je ne suis pas sûre que l'on puisse proposer une réponse. Bien plus, ce que nous savons de la communication interdialectale semble

42. Dans le même sens, R. Schmitt, *Einführung in die griechischen Dialekte*, Darmstadt, 1977, p. 79.
43. A. Bresson, *op. cit.* (n. 24), p. 28-36.

indiquer que la différence, objet de fierté ou de moquerie selon les circonstances, n'entravait pas vraiment la communication. Avant d'être promu à cette place officielle, notre interprète avait assurément rendu des services à des Rhodiens venus commercer en Égypte et prouvé sa capacité d'adaptation linguistique. L'avènement imposé de la *koinè* quelques décennies plus tard supprimera la difficulté, si elle en était vraiment une.

Catherine DOBIAS-LALOU

ATHÈNES ET CYRÈNE

Cyrène est connue pour être une colonie de Théra, et pour avoir toujours manifesté sa fierté de son héritage dorien. Il suffit de rappeler que, encore à l'orée du Ve siècle ap. J.-C. Synésios se glorifiait de descendre des Héraclides[1]. Au-delà de ce mythe, il n'en reste pas moins que les relations intellectuelles et artistiques d'Athènes et de Cyrène furent intenses dès l'époque archaïque. Je ne parlerai pas ici des importations de céramique attique en Cyrénaïque, puisque la communication de mon collègue et ami Jean-Jacques Maffre présentera cet aspect des choses.

Il est reconnu que la plus grande part des sculptures archaïques de Cyrène est en marbre de Paros, surtout en marbre de Lakkoi, dans la vallée de Chorodaki. Il faut aussi faire une place au marbre lychnites, le plus recherché de l'île, rare par ailleurs à Cyrène. Il y a cependant des traces de l'emploi du marbre pentélique. L'étude récente de L. Lazzarini et B. Turi attribue aux carrières du Pentélique le matériau du kouros Paribeni 2[2] (fig. 1). Cette identification récente est exceptionnelle, et même unique, pour un kouros archaïque, et elle permet de faire remonter au milieu du VIe siècle av. J.-C. l'emploi à Cyrène de ce marbre, le plus apprécié de tous.

Cette influence attique en sculpture se conjugue avec la diffusion de thèmes empruntés à la tragédie classique. *Alceste* d'Euripide fut présentée à Athènes en 438 si nous en croyons les scoliastes[3]. Or, dès la dernière décennie du Ve siècle, si l'on reprend la datation de L. Beschi[4], deux reliefs de la nécropole Est, retrouvés

---

1. Synésios, *Catastasis* I, 1572B ; cf. C. Lacombrade, *Synésios de Cyrène, hellène et chrétien*, Paris, 1951, p. 14 et n. 7.

2. L. Lazzarini, B. Turi, « Geochimica. Studio archeometrico dei marmi usati nella scultura e architettura di età arcaica a Cirene », *Rendiconti Lincei, Scienze fisiche e naturali*, Ser. 9, vol. 15, fasc. 3, Rome, 2004, p. 191.

3. A. Lesky, *Geschichte der griechischen Literatur*, 2e éd., Munich, 1963, p. 399, 401 et 403 ; L. Méridier, *Euripide*, t. I, Paris, CUF, p. 419.

4. L. Beschi, « Due rilievi funerari della necropoli orientale », in C. Anti, *Sculture greche e romane di Cirene*, Padoue, 1959, p. 55-90, a donné l'étude la meilleure et que je suis ici. Cf. également E. Paribeni, *Catalogo delle sculture di Cirene,* Rome (monografie di archeologia libica, 5), 1959, p. 31 n° 45 et pl. 47.

fortuitement en 1916, s'inspirent de la pièce. Sur l'un de ces reliefs, Admète est figuré avec son vieux père Phérès qui refuse de mourir à la place de son fils. On connaît en revanche le sacrifice d'Alceste, l'épouse de ce dernier, qui accepta de mourir à la place de son époux. Un second relief (fig. 2) représente Alceste reconduite sur terre par Hermès, le dieu psychopompe, envoyé par les dieux émus de cette fidélité et rendue à son mari par leur volonté. Alceste a la tête voilée et se présente comme dans la tragédie. La popularité de ce sujet lui valut d'illustrer une tombe ; plus encore, cela montre combien les œuvres théâtrales athéniennes étaient immédiatement jouées à Cyrène, qui s'enorgueillissait d'avoir plusieurs théâtres.

C'est à la même époque que s'établit une des fréquentations intellectuelles les plus significatives entrer les deux cités. Aristippe quitta Cyrène pour Athènes afin de suivre les leçons de Socrate. Une étude récente de P. Gouirand[5] a attiré à nouveau l'attention sur cette figure. Né probablement en 435 av. J.-C., Aristippe devait appartenir à une famille assez fortunée pour l'envoyer outre-mer. Nous ne saurions rien de ses ressources si la lettre socratique XXVII ne nous apprenait qu'il possédait des domaines, et que sa fille Arétè en possédait aussi. Nous serions donc devant le cas somme toute banal, d'un grand propriétaire cyrénéen ami des lettres. Cette information est à dater de la fin de la vie du philosophe, après 361 av. J.-C., alors qu'Aristippe se rendait à Syracuse auprès du tyran Denys le Jeune, Nous savons par Xénophon qu'Aristippe participait activement aux entretiens socratiques[6].

Il semble qu'Aristippe soit arrivé à Athènes en 416 av. J.-C., fort jeune, puisqu'il avait alors 19 ans. Il aurait alors accompagné son père qui voyageait pour des raisons commerciales. Quoi qu'il en soit, Aristippe fut toujours fier d'avoir été l'élève de Socrate, comme nous le confirme Diogène Laërce[7]. Mais il se distinguait de son maître en se faisant payer fort cher : selon Diogène Laërce[8], Socrate lui demanda un jour : « D'où te vient tout cet argent ? » Et Aristippe répondit : « De là d'où il t'en vient si peu. » Et il faisait sans nul doute allusion à l'enseignement. Outre un goût naturel du faste qui n'était pas rare chez les Cyrénéens, il faut peut-être ajouter des difficultés financières car il semble bien qu'Aristippe ait été

5. P. Gouirand, *Aristippe. Le chien royal. Une morale du plaisir et de la liberté*, Paris, 2005.

6. Xénophon, *Mémorables* II, 1, 8-9 ; II, 1, 11 ; II, 1, 13.

7. Diogène Laërce, *Vie des philosophes illustres* II, 77 ; II, 80.

8. Id., *ibid.* II, 80.

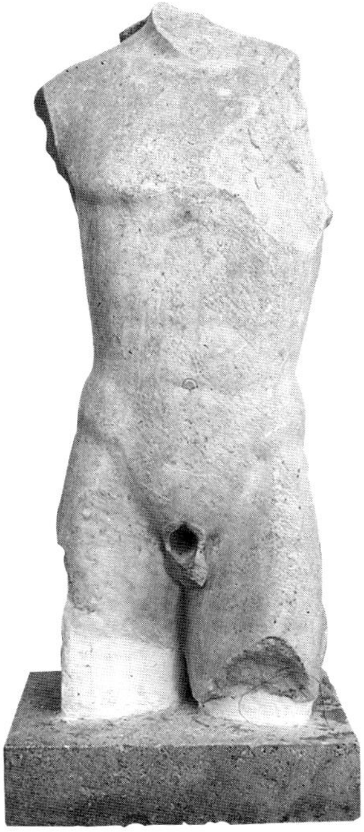

FIG. 1. – Shahat, musée de sculpture. Kouros archaïque en marbre du Pentélique (E. Paribeni, *Catalogo delle sculture du Cirene* [Monografie di Archeologia libica, 5], Rome, 1959, n° 2) (photo A. Laronde).

FIG. 2. – Shahat, musée de sculpture. Relief funéraire en grès figurant Hermès conduisant Alceste (E. Paribeni, *ibid.*, n° 45) (photo A. Laronde).

momentanément exilé de sa patrie. Il dit lui-même en réponse à quelqu'un qui lui reprochait d'avoir quitté Cyrène : « En vérité, ô jeune homme, c'est ma patrie qui m'a fait une grande injustice de me chasser de Libye vers la Grèce. »[9] P. Gouirand[10] relie cet épisode aux évènements de 401 à Cyrène, mais j'ai montré ailleurs[11] que la vie politique de Cyrène fut agitée de la chute de la monarchie, intervenue vers 440, à la fin du premier tiers du IVe siècle, qui vit la conso-

9. *Sentences de la bibliothèque vaticane* (Gnomologium Vaticanum, 743) L. Sternbach éd., Vienne, 9, 1887, p. 189, 28.

10. P. Gouirand, *op. cit.* (n. 5), p. 15.

11. A. Laronde, *Cyrène hellénistique. Libykai Historiai. De la chute de la monarchie au principat d'Auguste*, Paris (Études d'Antiquités africaines), 1987, p. 250.

lidation d'un régime aristocratique. Les évènements tragiques de 401, la mise à mort de plusieurs centaines d'aristocrates, la bataille qui s'ensuivit, et la réconciliation nationale qui ramena le calme ne nous sont connus que parce qu'y furent mêlés les Messéniens chassés de Naupacte lors de la défaite athénienne de 404. Il y eut d'autres soubresauts à Cyrène, et c'est au cours de semblables évènements qu'Aristippe dut être exilé. Cet exil ne fut pas durable, car nous savons que la fille d'Aristippe, Arétè, qui dirigea son école philosophique, habita Cyrène, y avait des domaines comme il a été dit plus haut, et que son fils Aristippe le Métrodidacte, futur chef de l'école, était vraisemblablement né à Cyrène[12].

Les curiosités d'Aristippe étaient multiples. Parmi les ouvrages qu'on lui attribue, selon Diogène Laërce, il y avait une histoire de la Libye en trois livres, qu'il envoya à Denys le Jeune[13].

Défenseur d'une morale du plaisir, il serait faux de voir en lui un simple hédoniste. Les témoignages des Anciens sont formels. Il avait une grande force de caractère. Il disait : « Je possède Laïs, je ne suis pas possédé par elle. »[14] Pour lui, se maîtriser est une des qualités premières de l'homme. Il est bien connu qu'Aristippe fut le fondateur de l'école cyrénaïque qui fraya la voie à l'épicurisme. P. Gouirand reconnait en lui « le plus aristocratique des penseurs de la Grèce. »[15] En cela aussi, Aristippe est clairement cyrénéen, cité aristocratique s'il en fut.

Aristippe voyagea beaucoup. Il alla souvent à Corinthe[16], à Mégare, où il retrouva Eschine le socratique, comme lui élève de Socrate et ami de Platon[17], à Scillonte, où Xénophon lui aurait lu ses *Mémorables*[18], en Asie Mineure où il aurait été retenu par le satrape Artapherne[19], à Syracuse où il se rendit auprès du tyran Denys le Jeune en 361/0[20]. Il fit souvent naufrage, et des anecdotes s'y rapportent[21]. Par ces voyages incessants, Aristippe est aussi un méditer-

---

12. P. Gouirand, *op. cit.* (n. 5), p. 18 ; Id., p. 227, donne en traduction une épigramme de Callimaque, n° 498 ed. Pfeiffer qui mentionne Mélanippos et sa sœur Basilô. C'est le seul texte qui mentionne le fils d'Aristippe.

13. Athénée, XIII, 588c et 544 d.

14. Diogène Laërce, *Vie des philosophes illustres* II, 62.

15. *Lettre socratique* XVIII, Koehler ed., 1928.

16. Diogène Laërce, *Vie des philosophes illustres* II, 79.

17. Id., *ibid.* II, 67, 69, 79, 82 ; il ne faut pas confondre le philosophe avec le rhéteur adversaire de Démosthène.

18. Id., *ibid.* II, 71 ; Vitruve, *De Architectura* VI, 1, 1.

19. Diogène Laërce, *Vie des philosophes illustres* II, 84.

20. Id., *ibid.* II, 75.

21. P. Gouirand, *op. cit.* (n. 5), p. 114.

ranéen par excellence, illustrant bien cette *koinè* hellénique dans laquelle la culture classique s'épanouit. Ce faisant, Aristippe n'était pas une exception. Platon et Eschine le socratique se retrouvèrent comme Aristippe à Syracuse. Ils partageaient aussi cette conception méditerranéenne de leur activité.

Dans les voyages de Platon, il en est un qui le conduisit en Libye, à Cyrène. Ce voyage prend place après 399, date du mémorable procès et de la condamnation à mort de Socrate. Platon devait se sentir en difficulté dans une cité où les proches de Socrate étaient suspects. Il décida de voyager et d'aller retrouver à Cyrène le mathématicien Théodoros, lui aussi élève de Socrate. Les Cyrénéens en profitèrent pour lui demander de leur donner des lois, ce qui s'accorde bien avec le climat de crise qui devait suivre la réconciliation de 401. Platon répondit que les Cyrénéens étaient trop prospères pour accepter de se réformer et que, quand ils seraient dans le malheur, il serait trop tard. Réponse cruelle que Lucullus rappela à ses hôtes lorsqu'il se rendit à Cyrène en 85, alors que Sylla assiégeait Athènes et espérait des renforts de la métropole libyenne[22].

Élien qui cite la même anecdote, attribue le comportement des Cyrénéens à leur inconscience et signale leur richesse proverbiale en citant le poète comique athénien Eupolis. La richesse des Cyrénéens était en effet notoire pour les Athéniens, et un autre comique qui œuvra à Athènes, Alexis de Thourioi (372-270 av. J.-C.) prend lui aussi cette richesse comme sujet de plaisanterie en disant : « Tu me parais être un homme de Cyrène : là-bas aussi, quand on invite une personne à dîner, il en vient dix-huit autres, ainsi que dix chars et quinze paires de chevaux : tout ce monde-là, il faut le nourrir, si bien qu'il aurait mieux valu n'inviter personne. »[23]

Aristippe fréquentait Platon, chez Socrate, et encore à Syracuse au soir de sa vie. Mais Platon comptait parmi ses élèves un autre cyrénéen, Annikéris. Cet Annikéris porte un nom grec typiquement cyrénéen. Nous savons qu'il fut l'élève de Platon et qu'il se ridiculisa en répondant maladroitement à une question du philosophe, mais en faisant allusion à sa dextérité dans la conduite des attelages, une spécialité cyrénéenne[24]. Or, quelques années plus tard, en 389, Annikéris

---

22. Plutarque, *Lucullus* 2, 4-5 ; cf. aussi Id., *Moralia* 779.

23. Élien, *Histoires variées* 12, 30 ; Alexis de Thourioi, cf. C. Dobias-Lalou, « A propos d'attelages chez le comique Alexis », *Revue de Philologie* 55, 1981, p. 309-311.

24. Élien, *Histoires variées* II, 27 ; Lucien, *Demostheni Encomium* 23 ; A. Laronde, *op. cit.* (n. 11), p. 70 sq. et 131 ; sur la charrerie cyrénéenne, cf. F. Chamoux, *Cyrène sous la monarchie des Battiades* (Bibliothèque des Écoles françaises d'Athènes et de Rome, 177), Paris, 1953, p. 235-237.

passait par Égine en allant faire courir ses attelages à Olympie. Le fait est attesté par Olympiodoros. Cela s'inscrit dans le goût bien connu des Cyrénéens pour la charrerie (fig. 3). Annikéris devait être fort riche pour déplacer chars, chevaux, menuisiers, artisans du métal, cochers, etc. Or, au marché d'Égine, il retrouva Platon que le tyran Denys l'Ancien faisait vendre comme esclave. Oublieux des relations difficiles du passé, il racheta son maître et lui rendit la liberté. Et quand les amis de Platon voulurent lui rembourser la somme considérable de 20 mines (2 000 drachmes), ou 30 selon quelques-uns, il refusa en disant que ce geste lui était dicté par l'honneur : « Je fais plus de cas de la gloire acquise en te libérant que de celle que je retire du concours d'Olympie. » Cet épisode a été souvent révoqué en doute[25]. Il est cependant admis de nombre de spécialistes, comme H. Leisegang et J. Luccioni. Il correspond bien aussi à l'état de guerre qui existait en 388 entre Athènes et Égine.

Or, ce fait reprend toute sa valeur si nous considérons l'épigraphie et l'archéologie cyrénéennes. Dans le sanctuaire d'Apollon, divinité archégète de la cité, le grand autel d'Apollon fut revêtu de marbre de Paros par Philon fils d'Annikéris[26] (fig. 4). La dépense était d'importance. Il fallait faire venir le marbre de Grèce, car la Libye n'en possède pas. Ce marbre ne devait pas servir à faire des statues, mais être employé dans un grand monument, long de 22,08 m, large de 4,95 m et haut de 1,93 m. Il s'agit donc d'un usage tout à fait exceptionnel, dont seule une fortune considérable peut rendre compte. Philon était, à n'en pas douter, un des notables les plus en vue de Cyrène, très certainement le prêtre d'Apollon. Son patronyme Annikéris est hors de doute. Or, la rénovation du sanctuaire d'Apollon se produit dans les années qui suivent immédiatement le milieu du IVe siècle[27]. Comme nous savons que les magistrats cyrénéens avaient plus de cinquante ans lorsqu'ils accédaient à la prêtrise d'Apollon, il paraît certain que Philon est de la génération des enfants des notables des années du tout début du IVe siècle. Dans ces conditions, le rapprochement avec le libérateur de Platon devient tout à fait plausible.

---

25. Olympiodoros, *Vita Platonis* 5 ; *RE*, XX, 2, *s. v.* « Platon », col. 2352 (H. Leisegang) 1950 ; J. Luccioni, « Platon et la mer », *Revue des Études anciennes* 61, 1959, p. 19 ; U. Kahrstedt, « Platosverkauf in die Sklaverei », *Würtzburger Jahrbücher für die Altertumwissenschaft* 2, 1947, p. 295-300, qui pense à une interpolation avec Annikéris, le philosophe cyrénéen du même nom qui vivait entre 370 et 330 environ.

26. *SEG*, IX, 84 et 85 ; cf. S. Stucchi, *Architettura Cirenaica* (Monografie di Archeologia libica, 9), Rome 1975, p. 58 sq.

27. A. Laronde, *op. cit.* (n. 11), p. 178.

FIG. 3. – Shahat, musée de sculpture. Base de marbre figurant un quadrige. Provient de la maison d'Hésychius (photo A. Laronde).

FIG. 4. – Cyrène, sanctuaire d'Apollon. Le grand autel d'Apollon enrichi de marbre par Philon fils d'annikéris. Vue prise du sud (photo A. Laronde).

Le cas d'Annikéris est éclairant à plus d'un titre : si Aristippe a été le fondateur d'une grande école philosophique, et si sa postérité n'a pas été en somme indigne de lui, la portée de l'identification d'Annikéris est toute autre. Ici, il ne s'agit plus d'un philosophe de renom, mais d'un Cyrénéen fortuné, ami de la philosophie mais aussi amateur de chars et de courses. Avec Annikéris, nous voyons que les éléments dirigeants de la grande cité africaine étaient parfaitement au courant de l'évolution des esprits à Athènes, et qu'ils avaient à cœur de recevoir ces enseignements, mais aussi de revenir chez eux avec un bagage qui les aidait à tenir leur rang dignement. Preuve que Cyrène appréciait les esprits bien formés. Seule Athènes paraissait en mesure de répondre à cette attente.

Les différents exemples que j'ai présentés jusqu'à présent nous ont conduit de la période archaïque au plein âge classique. La période hellénistique nous invite à modifier notre point de vue. L'arrivée de Ptolémée à Alexandrie et la mise au pas de Cyrène à partir de 321 allaient changer la donne. Le maître d'Alexandrie entendait bien que sa résidence ne soit point un simple centre politique et commercial. Il voulait aussi lui donner un rôle dans le domaine de la culture, à l'instar de ce que fut Athènes depuis le temps de Périclès. L'Athénien Démétrios de Phalère lui servit de conseiller. La brouille momentanée de son beau-fils Magas, mis à la tête de Cyrène en 300, et qui se déclara franchement contre son demi-frère Ptolémée II Philadelphe à partir de 283, ne devait pas entraîner de changements forts, d'autant qu'Athènes, à la même époque, se trouvait sous la coupe macédonienne, qui se révéla des plus lourdes après l'échec de la guerre de Chrémonidès en 260[28]. Ce n'est plus vers Athènes que les Cyrénéens allaient se tourner, mais bien vers Alexandrie, comme je l'ai rappelé ici même lors d'un précédent colloque[29]. Il suffira de citer les noms de Théodore l'Athée, de Callimaque et d'Ératosthène. A Athènes en revanche, la réputation de Cyrène n'avait pas dû beaucoup changer, si nous en croyons une pièce du poète comique athénien Diphilos, postérieure au milieu du IIIe siècle, et aujourd'hui perdue, mais dont le thème inspira Plaute dans le *Rudens*. Les détails sur Cyrène abondent et démontrent que Plaute ne s'est pas beaucoup écarté de son modèle.

---

28. Cf. F. Chamoux, « le roi Magas », *Revue historique* 216, 1956, p. 18-34 ; A. Laronde, *op. cit.* (n. 11), p. 380.

29. A. Laronde, « Alexandrie et Cyrène », in *Alexandrie : une mégapole cosmopolite* (Cahiers de la villa Kérylos, 9), 1999, p. 100-102.

L'action de cette comédie se déroule non loin de Cyrène sur la côte : un des personnages ne va-t-il pas à Cyrène dans la journée ? Cyrène restait donc familière au public athénien, et au public romain par la suite, puisque Plaute conserva le théâtre d'action de la pièce attique[30].

Si Cyrène gardait son intérêt pour Athènes, Athènes en retour ne devait retrouver un rôle pour Cyrène que lors de la brouille entre Ptolémée VIII Évergète II et les savants du Musée[31]. Les Cyrénéens instruits avaient retrouvé alors la route d'Athènes, comme le montre le cas de Carnéade[32]. Mais, contrairement à ses prédécesseurs du temps classique, Carnéade ne revint pas à Cyrène. Il se fixa à Athènes dont il devint citoyen et fit partie d'une mémorable ambassade à Rome, au cours de laquelle il donna des conférences philosophiques qui déplurent[33]. Cela se passait en 156/5 av. J.-C. Carnéade était alors athénien, et c'est à Athènes qu'il mourut en 129/8 av. J.-C., âgé de 85 ans[34].

Ce dernier contact entre Athènes et Cyrène précède la dégradation de la situation des deux cités au début du Ier siècle av. J.-C., alors que la guerre de Mithridate bouleversa tout l'Orient. Athènes fit bon accueil à Mithridate en 88, ce qui ne l'empêcha pas de subir des exactions de la part de son redoutable allié. Puis elle subit un terrible siège de la part de Sylla qui la punit[35]. Cyrène livrée à Ptolémée Apion fut de fait laissée à l'abandon en dépit du testament du dernier roi qui la remettait aux Romains en lui laissant son statut de ville libre. Elle entra elle aussi dans un cycle de crise profonde. Ni l'une ni l'autre des deux cités n'étaient en mesure de poursuivre des relations si profitables.

---

30. C'est Plaute lui-même, dans le prologue du *Rudens*, v. 32, qui nous dit que son modèle fut la pièce de Diphilos. les œuvres de Plaute étant classées par ordre alphabétique des titres, on ne peut préciser la date de la pièce dans la carrière du poète ; cf. A. Ernout ed., Plaute, *Comédies*, t. 6, Paris (CUF), 1938, p. 109-201 ; cf. A. Laronde, *op. cit.* (n. 11), p. 429.

31. A. Laronde, « Ptolémée le jeune », *Quaderni di Archeologia della Libya* 16, p. 100.

32. Cf. Carl Schneider, *Kulturgeschichte des Hellenismus*, 2, Munich, 1969, p. 557.

33. Plutarque, *Caton* 22 ; Pline, *Histoire naturelle* VII, 112 ; sur cette ambassade, cf. G. Bloch, J. Carcopino, *Histoire romaine* II, 1, *Des Gracques à Sulla,* 3e éd., Paris, 1952, p. 61 ; C. Habicht, *Athènes hellénistique*, trad. M. et D. Knoepfler, 2e éd., Paris, 2006, p. 126 sq. et 293.

34. Diogène Laërce, *Vie des philosophes illustres* 4, 65.

35. C. Habicht, *Athènes hellénistique,* trad. par M. et D. Knoepfler, 2e éd. Paris, 2006, chap. 13, p. 327-345.

Il n'en demeure pas moins que, tout au long de la longue période qui va de l'âge archaïque à la fin de l'âge hellénistique, les deux cités entretinrent des relations intellectuelles et artistiques très intenses. Il est remarquable que Cyrène n'ait pas seulement envoyé des siens à Athènes, mais que ces penseurs soient retournés dans leur patrie pour y développer leurs écoles, signe de la vitalité intellectuelle indubitable de Cyrène.

André LARONDE

CÉRAMIQUES GRECQUES EN AFRIQUE[1]

On dit toujours, et on a raison de le dire, que la céramique grecque a été exportée dès la haute époque archaïque tout autour du bassin de la Méditerranée. Certaines régions, comme l'Italie méridionale et la Sicile, ont été particulièrement friandes de vases grecs parce qu'elles étaient peuplées d'une façon assez dense de Grecs dont les ancêtres s'étaient implantés sur les rives de la mer Ionienne et de la mer Tyrrhénienne au VIIIe ou au VIIe siècle, lors de la grande phase de colonisation grecque en Occident[2], et à certains moments, surtout aux VIIe-VIe siècles puis au IVe siècle, des ateliers

1. Qu'il me soit permis de remercier d'abord chaleureusement les organisateurs de ce présent colloque, MM. les professeurs Jean Leclant et André Laronde, qui m'ont fait l'honneur de m'inviter à y prendre la parole et m'ont ainsi donné l'occasion d'esquisser une mise au point sur un sujet très intéressant mais très vaste, la diffusion de la céramique grecque en Afrique, sujet qui ne saurait à l'évidence être traité dans toute son ampleur en un temps aussi limité, mais sur lequel il m'a semblé possible d'apporter quelques informations tenant compte de trouvailles et de publications récentes, en particulier à propos de l'un des pays concernés, la Libye, dans lequel j'ai le plaisir de travailler depuis une trentaine d'années en prenant part aux recherches menées par la Mission archéologique française en Cyrénaïque, grâce à la confiance que m'ont faite ses directeurs successifs, les professeurs François Chamoux et André Laronde. Mes remerciements les plus vifs vont donc à ces deux maîtres et amis, ainsi qu'à tous les responsables du service archéologique libyen qui ont bien voulu me donner accès à des vases ou des fragments de vases grecs inédits conservés dans les réserves des musées de Cyrène et d'Apollonia, notamment le Dr Ali El Khadoury, longtemps président du Département des Antiquités, le Dr Ghouma Anag, actuel président du département d'Archéologie, Hadj Breyek Attiyah El Jiteily, puis le Dr Fadl Ali Mohammed, puis M. Abdelkader Mzeini, contrôleurs des Antiquités à Shahat (Cyrène), les Dr Abdelkarim Mayar, puis Ramadan Gwaider, directeurs des musées de Cyrène, et Hadj Fadlallah Abdussalam, puis M. Breyek Kwinin, directeurs du site et du musée d'Apollonia.

2. Sur la colonisation grecque en Occident, la référence fondamentale reste l'ouvrage de J. Bérard, *La colonisation grecque de l'Italie méridionale et de la Sicile*, Paris, 1957. On trouvera de nombreux éléments d'information et beaucoup d'illustrations dans le volumineux catalogue de l'exposition organisée à Venise, au Palazzo Grassi, en 1996, paru en français sous le titre *Grecs en Occident. De l'âge mycénien à la fin de l'hellénisme*, G. Pugliese Carratelli dir., Milan, Bompiani, 1996 ; pour la céramique, ce catalogue contient, outre beaucoup de belles photographies, deux études brèves mais denses : l'une de D. Williams, « La céramique grecque et le rôle d'Athènes », p. 85-98, l'autre de M. Schmidt, « La céramique italiote et sicéliote », p. 443-456.

locaux de fabrication de céramique de type grec ont façonné, et volontiers orné d'un décor figuré, en Lucanie, en Apulie, en Campanie, en Sicile, de très belles pièces qu'on classe souvent parmi la production grecque[3] ; d'autres secteurs, comme l'Étrurie, ont importé de nombreux vases grecs remarquables aux époques archaïque et classique bien que la population soit essentiellement composée d'éléments étrangers par rapport aux Hellènes[4]. En outre, les indigènes de l'intérieur de l'Italie et de la Sicile ont aussi volontiers acquis des vases grecs dès l'époque archaïque, comme l'ont montré beaucoup de trouvailles récentes.

Plus à l'ouest, non seulement les Grecs de Massalia et d'Ampurias, mais aussi les Ligures, les Celtes, les Ibères, et d'autres populations indigènes, ont souvent acheté de la poterie grecque. Les villes grecques fondées sur le pourtour de la mer Noire ont pour leur part importé beaucoup de céramiques grecques, d'origines sensiblement différentes selon les époques : vases surtout de la Grèce de l'Est au VIe siècle, vases exclusivement attiques au IVe siècle, au point que l'on a appelé, comme on sait, « vases du style de Kertch » le groupe le plus brillant des vases attiques à figures rouges du IVe siècle[5]. Au Proche-Orient, la céramique grecque fut largement diffusée, dès l'époque du style géométrique, au VIIIe siècle, comme

---

3. Ces vases dits italiotes (par opposition à ceux provenant d'ateliers indigènes, qu'on nomme italiques) sont parfois à figures noires, comme les vases dits « chalcidiens », en fait fabriqués dans la région du détroit de Messine au VIe siècle, mais le plus souvent à figures rouges, à la fin du Ve et au IVe siècle, dans toute la Grande Grèce et en Sicile ; les pièces de cette dernière catégorie ont été étudiées et classées par A. D. Trendall, dont les livres servent de référence ; on trouvera des mises au point récentes dans le catalogue de l'exposition tenue à Tarente en 1996 : *I Greci in Occidente. Arte e artigianato in Magna Grecia*, a cura di E. Lippolis, Naples, Electa, 1996 (un compte rendu détaillé de ce gros livre par D. Fontannaz donne une bonne idée de sa richesse : *Revue des Études grecques* 115, 2002, *Bulletin archéologique*, n° 326, p. 290-293). Pour la production à figures noires, excellente mise au point par M. Iozzo, « Black-figure Pottery in Magna Graecia and Sicily », in M. Bennett, A. J. Paul, M. Iozzo, *Magna Graecia. Greek Art from South Italy and Sicily* (catal. d'exposition à Cleveland et Tampa, 2002-2003), The Cleveland Museum of Art, 2002, p. 48-67.

4. Sur la céramique attique importée en Étrurie, on se reportera à C. Reusser : livre de synthèse *Vasen für Etrurien. Verbreitung und Funktionen attischer Keramik im Etrurien des 6. und 5. Jahrhunderts v. Chr.*, Kilchberg (Zurich), Akanthus, 2002, et articles parus dans l'ouvrage collectif *Le vase grec et ses destins*, P. Rouillard et A. Verbanck-Piérard éd., Munich, Biering & Brinkman, 2003 : « La céramique attique dans les habitats étrusques », p. 157-160, « La céramique attique dans les sanctuaires étrusques », p. 161-165, et « La céramique attique dans les tombes étrusques », p. 166-178. Les autres séries de céramiques grecques importées en Étrurie ont été jusqu'à présent moins étudiées.

5. Sur ces vases, les deux études de K. Schefold, *Kertscher Vasen*, Berlin, 1930, et *Untersuchungen zu den Kertscher Vasen*, Berlin, 1934, restent fondamentales.

l'ont montré notamment les trouvailles d'Al Mina[6], et sans doute encore plus tôt sur certains sites d'Israël, du Liban et de Syrie sur lesquels on a trouvé des pièces de style protogéométrique[7]. Qu'en fut-il du côté Sud de la Méditerranée ?

L'Afrique a été elle aussi sensible à l'attrait exercé par la céramique grecque, à la fois dans les secteurs où il y avait des comptoirs ou des colonies grecques (comptoir de Naucratis, et plus tard cité d'Alexandrie, en Égypte ; colonies de Cyrène, Apollonia, Barca, Ptolémaïs, Tocra, Euhespérides en Cyrénaïque) et dans les régions que dominaient les Carthaginois (surtout la Tunisie et la Tripolitaine). La quantité, la qualité et l'origine des vases importés varient selon les endroits et selon les époques, mais le succès des céramiques grecques dans le Nord de l'Afrique ne se dément pas, entre le VIIIe siècle et l'époque hellénistique. Faute d'avoir le temps, à l'évidence, de traiter ici de la totalité des vases grecs découverts sur le sol africain, je me contenterai de rappeler quelques livres et articles importants consacrés aux céramiques grecques trouvées dans la partie orientale de l'Afrique du Nord, de la Tunisie à l'Égypte[8], et de donner des exemples significatifs, de préférence peu

6. Les céramiques trouvées à Al Mina (actuellement en Turquie, province du Hatay) ont fait l'objet de plusieurs études récentes : R. A. Kersley, « Greeks overseas in the 8th century B.C. : Euboeans, Al Mina and Assyrian imperialism », in *Ancient Greeks West and East*, G. R. Tsetskhladze éd. (= *Mnemosyne, Suppl.* 196), Leiden, 1999, p. 109-134 ; J. Boardman, « The excavated history of Al Mina », *ibid.*, p. 135-161 ; Id., « Al Mina : the study of a site », *ibid.*, p. 315-331 ; Id., « Greeks and Syria : Pots and People », in *Greek Settlements in the Eastern Mediterranean and the Black Sea*, G. R. Tsetskhladze et A. M. Snodgrass éd. (British Archaological Reports, International Series, 1062), Oxford, 2002, p. 1-16 ; J.-P. Descœudres, « Al Mina across the Great Divide », *MeditArch* 15, 2002, p. 49-72 ; J. Luke, *Ports of Trade, Al Mina and Geometric Greek Pottery in the Levant* (*BAR IS* 1100), Oxford, 2003 ; G. Lehmann, « Al Mina and the East. A Report on Research in Progress », in *The Greeks in the East*, *A.* Villing éd., Londres, The Trustees of the British Museum, 2005, p. 61-72 ; S.-A. Ashton, M. Hughes, « Large, Late and Local ? Scientific Analysis of Pottery Types from Al Mina », *ibid.*, p. 93-103 (compte rendu de ces livres et articles dans la *Revue des Études grecques* 119, 2006, *Bulletin archéologique*, n° 640-647, p. 329-331). On ajoutera J. Boardman, « Al Mina : notes and queries », *Ancient West & East* 4/2, 2005 [2006], p. 278-291, et H. G. Niemeyer, « Phoenician or Greek : is there a reasonable way out of the Al Mina debate ? », *ibid.* 3/1, 2004, p. 38-50, puis « There is no way out of the Al Mina debate », *ibid.* 4/2, 2005 [2006], p. 292-295.

7. Voir par exemple N. Coldstream, A. Mazar, « Greek Pottery from Tel Rehov and Iron Age Chronology », *Israel Exploration Journal* 53, 2003, p. 29-48, et A. Mazar, « Greek and Levantine Iron Age Chronology : a Rejoinder », *ibid.* 54, 2004, p. 24-36.

8. Les trouvailles de céramique grecque dans l'Afrique du Nord-Ouest ne sont pas inexistantes, que ce soit au Maroc, notamment à Lixus, ou en Algérie, dans quelques comptoirs puniques, mais elles sont rares. On trouvera par exemple d'intéressantes indications dans F. Villard, « Vases attiques du Ve siècle av. J.-C. à Gouraya », *Libyca* 7, 1959, p. 7-13 (publication de quelques vases attiques à vernis noir trouvés en Algérie, dans la

connus ou inédits, de différentes catégories de ces céramiques, sans toutefois entrer dans les détails d'une véritable étude et en insistant surtout sur celles qui sont antérieures à l'époque hellénistique.

C'est à partir du milieu du VIIIe siècle que les Carthaginois et les habitants des autres villes puniques de la zone d'influence carthaginoise importèrent de la céramique grecque, comme le montrent d'abord certaines trouvailles faites sur le territoire même de Carthage, notamment celles du secteur du tophet de Salammbô, avec les vases de style géométrique, sans doute eubéen, de la fameuse « chapelle Cintas » et de ce que l'on a appelé la « cachette Cintas » et la « cachette du dépôt de fondation »[9]. Au VIIe siècle, ce sont des vases protocorinthiens, notamment des *skyphoi* et de petits vases à parfum tels que ceux que l'on peut voir dans une vitrine du musée de Carthage (fig. 1)[10], qui constituent l'essentiel de ces importations, avec quelques pièces de la Grèce de l'Est et des amphores de transport attiques du type SOS[11]. Au VIe siècle, la

nécropole punique de l'antique Gunugu, à une trentaine de kilomètres à l'ouest de Cherchel, et mention de fragments attiques du Ve s. mis au jour à Lixus). Pour Lixus, voir en dernier lieu C. Aranegui Gasco, M. Habibi, « Lixus, Larache : les niveaux phéniciens et punico-mauritaniens du sondage du Caroubier », *Bulletin d'Archéologie marocaine* 20, 2004, p. 131-167 (mention de la mise au jour de cinq fragments de céramique attique à vernis noir et de plusieurs tessons de céramique campanienne).

9. Sur ces trouvailles, qui avaient été datées beaucoup trop haut par leur inventeur, P. Cintas, on trouvera une excellente mise au point dans S. Lancel, *Carthage*, Paris, Fayard, 1992 (rééd. dans la collection « Le grand livre du mois », 1998), p. 38-47 (rééd. Tunis, Cérès éd., 1999, p. 43-54). Voir aussi en dernier lieu H. Bénichou-Safar, *Le Tophet de Salammbô à Carthage. Essai de reconstitution*, Rome, EFR, 2004 (surtout p. 58-79 et 121-137, et pl. 37-38), qui reprend le dossier de la chronologie du tophet, notamment de la date de sa mise en service, qu'elle ne juge pas antérieure aux années 750-740 en se fondant sur les céramiques grecques de style géométrique, sans doute eubéen. Sur ces vases, voir aussi C. Briese, « Die *Chapelle Cintas* – das Gründungsdepot Karthagos oder eine Bestattung der Gründergeneration ? », in *Archäologische Studien in Kontaktzonen der antiken Welt* (= Veröffentlichung der Joachim-Jungius-Gesellschaft der Wissenschaften, n° 87), Göttingen, 1998, p. 419-452 + pl. 35-37 (j'ai donné un compte rendu de cet article in *Revue des Études grecques* 115, 2002, *Bulletin archéologique*, n° 441, p. 327).

10. Les photos qui illustrent cet article sont, sauf une, l'œuvre de l'auteur.

11. On trouvera un bon résumé sur les importations de céramiques méditerranéennes, notamment grecques, à Carthage dans J.-P. Morel, *Vie et mort dans la Carthage punique d'après les fouilles de Byrsa (VIIe-IIe s. av. J.-C.)*, Tunis, Institut national du Patrimoine, 2000, p. 36-52 (avec illustrations). Voir aussi G. Trias, « Greek Pottery from Carthage. German Mission », in *Karthago* III (*Die deutschen Ausgrabungen in Karthago*), hrgg. von F. Rakob, Mayence, von Zabern, 1999, p. 259-288 + pl. 26-32 (catalogue commenté d'une centaine de fragments, allant du VIIe au IIe siècle : corinthiens, étrusco-corinthiens, gréco-orientaux, laconien, attiques surtout – à figures noires, à figures rouges et à vernis noir –, et hellénistiques). De nouvelles trouvailles sont signalées dans R. F. Docter, F. Chelbi, B. M. Telmini *et al.*, « Carthage Bir Massouda. Preliminary report on the first bilateral excavations of Ghent University and the Institut National du Patrimoine (2002-

céramique corinthienne continue à être importée (aryballes, alabastres, coupes, *skyphoi*, *œnochoai*, comme en témoigne par exemple une vitrine du musée du Bardo, fig. 2), mais la céramique attique à figures noires fait son apparition, puis viennent celles à figures rouges et à vernis noir[12]. A Utique[13] et à Kerkouane[14], les *antiquaria* présentent un certain nombre de vases grecs provenant des nécropoles de ces deux villes puniques : quelques vases corinthiens et attiques à figures noires à Utique – dont deux coupes, l'une du type de Droop, avec départs de quadriges (fig. 3)[15], l'autre

2003) », *BaBesch* 78, 2003, p. 43-70 (publication de quelques fragments protocorinthiens), et Eid., « Carthage Bir Massouda. Second preliminary report on the bilateral excavations of Ghent University and the Institut National du Patrimoine (2003-2004) », *ibid.* 81, 2006, p. 37-89 (publication de quelques fragments attiques et siceliotes à figures rouges et à vernis noir des Ve-IVe s.).

12. Plusieurs vases attiques à figures noires trouvés à Carthage sont exposés au musée de Carthage et à Tunis, au musée du Bardo ; plusieurs vitrines du musée de Carthage abritent des fragments attiques à figures rouges et à vernis noir. Quelques pièces attiques provenant de Carthage ont été répertoriées par Beazley : lécythe à figures noires *ABV* 465,36 (Groupe de Phanyllis), pélikè et œnochoè à figures rouges *ARV*² 1467,108 (Groupe G) et 1487,99 (*Fat Boy Group*).

13. Voir par exemple A. Lézine, *Utique*, Tunis, Société tunisienne de Diffusion, 1970, p. 41-42 et 105-107 (illustration de deux coupes attiques, l'une de type C à vernis noir, l'autre à figures noires, et d'une œnochoè corinthienne, tenue à tort pour punique), et F. Chelbi, *Utique la Splendide*, Tunis, Agence Nationale du Patrimoine, 1996, p. 22 (illustration de l'œnochoè corinthienne déjà citée, ainsi que d'une coupe de la *Segment Class* et d'un lécythe attiques à figures noires de la fin du VIe s.) et 41-42 (belle photo d'une petite amphore attique à figures noires du début du Ve s.). – Trois lécythes à figures noires provenant d'Utique ont été répertoriés par Beazley, l'un du Groupe du Coq (*ABV* 467,30), deux de la *Little-Lion Class* (*ABV* 514,38 et 40 ; *Paralipomena* 251).

14. Il est très peu question de céramique dans les trois riches volumes publiés par M. Fantar, *Kerkouane. Cité Punique du Cap Bon*, Tunis, INAA, 1984-1986. Dans le tome III (*Sanctuaires et cultes. Société – Économie*), on relève toutefois dans la conclusion (p. 546) l'affirmation suivante : « La cité punique de Kerkouane importait ou plutôt utilisait une céramique originaire d'Ionie, de l'Attique ou de Corinthe. Les coupes ioniennes du type B2 ont tout particulièrement attiré l'attention ; Carthage en importait d'ailleurs ; des coupes ressortissant à cette catégorie ont été retirées de ses caveaux puniques, comme en témoignent les réserves du musée du Bardo : deux coupes ioniennes du type B2 y ont été reconnues » ; l'une de ces coupes est illustrée pl. 40. La 2e partie du livre, consacrée à la société (p. 377-486), mentionne et illustre quelques rares vases attiques du IVe siècle av. J.-C. trouvés dans la nécropole d'Arg el-Ghazouani, notamment quatre gutti (p. 394-396 et pl. 33-36), dont deux au moins, décorés de palmettes à figures rouges, semblent à coup sûr attiques. – On trouve aussi quelques vases grecs dans M. H. FANTAR, *Kerkouane. Cité punique au pays berbère de Tampezrat*, Tunis, Alif-Les éd. de la Méditerranée, 1998, p. 16 (coupe ionienne), 17 (œnochoè attique à figures noires ; cf. *infra* n. 17) et 84-85 (pièces attiques des Ve-IVe s. : skyphos et guttus à vernis noir, guttus à palmettes et fragment d'askos à figures rouges) ; ce livre contient une précieuse mise au point sur les nécropoles de Kerkouane, p. 86-101.

15. Signalée et reproduite dans A. Lézine, *op. cit.* (n. 13), p. 42 et 105, fig. 52.

FIG. 1. – Musée de Carthage. Vitrine de vases archaïques (corinthiens, étrusques) (photo J.-J. Maffre).

FIG. 2. – Tunis, musée du Bardo. Vases corinthiens à figures noires (de Carthage) (photo J.-J. Maffre).

FIG. 3. – Antiquarium d'Utique. Coupe attique à figures noires, n° 19 (photo J.-J. Maffre).

FIG. 4. – Antiquarium d'Utique. Coupe attique à figures noires, n° 3 (photo J.-J. Maffre).

de la *Segment Class* avec un décor original d'amphores et de dauphins (fig. 4)[16], toutes deux datables du dernier quart du VIe siècle –, plusieurs pièces ioniennes et surtout attiques à figures noires et à figures rouges à Kerkouane, dont, pour les figures noires, des amphores (l'une met en scène Athéna, dans un extrait de Gigantomachie : fig. 5) et une intéressante œnochoè représentant la célèbre scène de l'évasion d'Ulysse hors de l'antre du Cyclope Polyphème grâce à l'idée ingénieuse d'une dissimulation sous le ventre d'un bélier (fig. 6)[17] ; le vase date du début du Ve siècle, comme une olpè, conservée à Berlin, qui illustre le même épisode[18]. Pour l'époque classique, on a trouvé à Carthage quelques vases et beaucoup de fragments attiques à figures rouges, mais surtout de la céramique à vernis noir (attique et italiote) qui a donné lieu à une publication d'ensemble bien documentée[19] ; à

16. Sur cette catégorie de coupes basses attiques à figures noires dites de la *Segment Class*, voir J. D. Beazley, *ABV*, p. 212-215 et 689-690 ; *Paralipomena*, p. 102-104 ; Th. Carpenter, *Beazley Addenda²*, p. 57. Un exemplaire de Naples (*ABV* 215,60) est décoré de quatre amphores. La coupe d'Utique est signalée et illustrée dans F. Chelbi, *op. cit.* (n. 13), p. 22.

17. Le vase est signalé et illustré dans M. H. FANTAR, *Kerkouane. Cité punique au pays berbère de Tampezrat* (cf. *supra*, n. 14), p. 17. Pour une liste des représentations du thème de la fuite d'Ulysse hors de l'antre de Polyphème, qui apparaît dès avant le milieu du Ve siècle (olpè protoattique d'Égine, inv. 566), voir par exemple *LIMC* VI, 1992, s. *v.* « Odysseus » (O. Touchefeu-Meynier), n°s 100-137 + pl. 628-630.

18. Berlin, Staat. Mus. F 1913 : *LIMC* VI, s. *v.* « Odysseus », n° 116.

19. F. Chelbi, *Céramique à vernis noir de Carthage*, Tunis, INAA, 1992. L'auteur publie non seulement la céramique à vernis noir, mais aussi quelques vases attiques à figures rouges ou à décor apparenté (ainsi les n°s 308, 337-338, 449 – d'Utique –, 460-462, 467-493, 545-546, 601-605) et même à figures noires (n°s 331-332), ainsi qu'un lécythe tenu pour siciliote à figures rouges (n° 494).

Kerkouane, on a aussi mis au jour des céramiques attiques à figures rouges (fig. 7)[20] et à vernis noir.

En Tripolitaine, on a trouvé de la céramique grecque des ve-ive siècles, surtout des vases corinthiens et attiques à vernis noir, un peu à Sabratha, mais principalement dans la nécropole de Lebda, lors de fouilles effectuées sous le théâtre romain de Lepcis[21], et dans divers sondages menés sur le site jusqu'aux niveaux puniques[22] ; bon nombre de ces pièces sont exposées au musée de Leptis Magna[23].

Du côté de l'Égypte, les trouvailles de céramiques grecques archaïques faites à Naucratis sont bien connues, et quelques mises au point récentes nous dispensent de commentaires[24] ; le matériel est réparti principalement entre l'Ashmolean Museum d'Oxford, le British Museum et le musée égyptien du Caire, qui abrite aussi des vases grecs de provenances diverses[25], répartis dans plusieurs

20. Cf. n. 14, *in fine*. Aux deux askoi illustrés à notre figure 7 s'ajoute au moins un plat à poissons attique à figures rouges exposé dans la même vitrine de l'antiquarium.

21. Voir principalement E. De Miro, G. Fiorentini, « Leptis Magna. La necropoli greco-punica sotto il teatro », *Quaderni di Archeologia della Libia* 9, 1977, p. 5-75 + pl. 1-30 (nombreuses photos et dessins de profils, notamment de vases corinthiens et attiques à vernis noir des ve-ive s.).

22. Voir Th. Howard Carter, « Western Phoenicians at Lepcis Magna », *American Journal of Archaeology* 69, 1965, p. 123-132 + pl. 31-34 (notamment pl. 33 fig. 6 pour la céramique : tessons attiques à figures rouges et à vernis noir).

23. On trouvera un bon résumé relatif aux premières nécropoles de Leptis et au matériel qu'elles contenaient dans A. Laronde, G. Degeorge, *Leptis Magna. La splendeur et l'oubli*, Paris, 2005, p. 19-20.

24. Voir notamment les études de K. Smolarikova, *Greek imports in Egypt. Graeco-Egyptian relations during the first millenium B. C.*, *Abusir* VII, Prague, 2002 (sous une forme condensée, cet ouvrage abondamment illustré fait le point sur les problèmes de la présence grecque en Égypte à travers les importations céramiques d'époque archaïque), et d'A. Möller, *Naukratis. Trade in Archaic Greece*, Oxford, 2000 (compilation sur les céramiques grecques du site, p. 119-145, et appendice dressant la liste des principales trouvailles classées par catégories, p. 217-261). On retiendra aussi plusieurs articles publiés in *Naukratis. Die Beziehungen zu Ostgriechenland, Ägypten und Zypern in archaischer Zeit* (*Akten der Table Ronde in Mainz, 25-27/11/1999*, hrg. von U. Höckmann & D. Kreikenbom), Möhnesee, Bibliopolis, 2001, notamment ceux de M. Kerschner, « Perspektiven der Keramikforschung in Naukratis 75 Jahre nach Elinor Price », p. 69-94 + pl. 7-10, de D. Piekarski, « Die Keramik aus Naukratis im Akademischen Kunstmuseum Bonn », p. 95-110 + pl. 11-15, de S. Weber, « Archaisch ostgriechische Keramik aus Ägypten ausserhalb von Naukratis », p. 127-150 + pl. 19-23, et d'U. Schlotzhauer, « Ausgewählte ostgriechische Keramik aus Naukratis im Blickwinkel neuer Forschungen », p. 111-125 + pl. 16-18 (compte rendu de ces livres et articles par P. Dupont in *Revue des Études grecques* 116, 2003, *Bulletin archéologique*, n°s 79-85, p. 178-180). – Beazley avait répertorié beaucoup de vases attiques provenant de Naucratis : *ABV*, *ARV*^{2} et *Paralipomena*, index des provenances, respectivement p. 719-720, p. 1714 et p. 528.

25. Beazley propose une attribution pour treize d'entre eux, de fabrication attique : *ABV* 33,5 ; 249,8 ; 349,11 ; 489,4 et 6 (passés au musée d'Alexandrie : *Beazley*

FIG. 5. – Musée de Kerkouane. Amphore attique à figures noires, n° 10 (photo J.-J. Maffre).

FIG. 6. – Musée de Kerkouane. Œnochoè attique à figures noires, n° 8 (photo J.-J. Maffre).

FIG. 7. – Musée de Kerkouane. Deux askoi attiques à figures rouges, nos 5 et 6 (photo J.-J. Maffre).

vitrines, comme en témoignent les figures 8-9. D'autres sites du delta ou de la côte méditerranéenne ont livré récemment, sporadiquement, des tessons grecs des époques archaïque et classique, par exemple Abousir[26], Tell el-Herr[27] et Marsa Mathru[28]. A Alexandrie, dont le musée gréco-romain abrite plusieurs vitrines de vases grecs[29], de diverses époques, mais surtout évidemment de la 2e moitié du IVe siècle et de l'époque hellénistique, comme le montrent par exemple la figure 10 (cratère en cloche attique à figures rouges avec Satyres et Ménade) et la figure 11 (vases d'époque hellénistique, dont cinq hydries d'Hadra), les trouvailles de céramique hellénistique se sont multipliées au cours des dernières années, comme en témoignent notamment les rapports de fouilles et plusieurs articles parus dans les collections spécialisées[30].

Addenda^{2} 122) ; 490, 27 ; 494, 117 ; 556, 435 (= *Paralipomena* 289,3) ; – *ARV*^{2} 366, 74 ; 590, 4 (= *Beazley Add.*^{2} 264) ; 704, 62 ; 740, 1 (alabastre éponyme du « Groupe du Caire », mais passé lui aussi au musée d'Alexandrie : *Beazley Add.*^{2} 283) ; 1009, 9 ; 1363, 8 ; la plupart de ces vases étaient déjà signalés par C. C. Edgar, *Catalogue général des Antiquités égyptiennes du Musée du Caire : Greek Vases*, Le Caire, 1911.

26. Voir par exemple K. Smolarikova, « Abusir-South Field. Late Period », *Bulletin de Liaison du Groupe inernational d'Étude de la Céramique égyptienne* 20, 1997, p. 13-14 (mention de tessons grecs archaïques, provenant surtout d'amphores commerciales de la Grèce de l'Est, mais aussi de vases peints, dont un fragment d'œnochoé de style chiote à figures noires, *ca* 580, et un autre de céramique attique à figures noires, non datable), et « The Shaft Tomb of Iufaa at Abusir. Preliminary Report for 1995/96 », *Göttinger Miszellen* 156, 1997, p. 9-23 (mention de fragments grecs archaïques, appartenant à des amphores d'Ionie du Sud, de Chios, de Lesbos et peut-être de Clazomènes).

27. Voir par exemple C. Defernez, « Le poids de l'orientalisation et de l'hellénisation au travers des échanges et des productions céramiques dans l'angle nord-est du delta égyptien », in *Céramiques hellénistiques et romaines. Productions et diffusion en Méditerranée orientale (Chypre, Égypte et côte syro-palestinienne)*, F. Blondé, P. Ballet et J.-F. Salles dir. (= Travaux de la Maison de l'Orient méditerranéen, 35), Lyon, 2002, p. 235-245 (mention de l'importation, aux Ve et IVe s., de vases attiques : lécythes à décor végétal, canthares de la Classe de Saint-Valentin, skyphoi et autres petits vases à vernis noir décorés de motifs estampés).

28. Voir D. Bailey, « Pottery of the Greek and Roman periods », in D. White *et al.*, *Marsa Matruh II : The Objects (The Univ. of Pennsylvania Museum of Archaelogy and Anthropology's Excavations on Bates's Island, Marsa Matruh, Egypt, 1985-1989)*, The Institute for Aegean Prehistory Academic Press, Philadelphie, 2002, p. 117-152 (catalogue de 155 entrées, dont 26 pour des fragments de coupes archaïques, ioniennes et attiques, et de petits vases classiques : coupes, bols, cruches attiques à vernis noir. A noter aussi un fragment d'amphore SOS, n° 12, 36, daté de la fin du VIIIe s., et de la céramique commune d'époque ptolémaïque).

29. Trois pièces attiques à figures noires sont répertoriées in *ABV* 58, 2 ; 412, 2, en bas (= *Beazley Addenda*^{2} 107) ; 414, 1, en bas ; ces deux derniers vases (des amphores panathénaïques) proviennent de Cyrénaïque. Trois vases à figures rouges sont mentionnés in *ARV*^{2} 587, 56 ; 1455 (sans n°) et 1480 (sans n°).

30. Voir par exemple J.-Y. Empereur, « Alexandrie. Les fouiles terrestres : la *Nécropolis* », *Bulletin de Correspondance hellénique* 123, 1999, p. 549-559 (mention de la

Ni la Tunisie ni l'Égypte ne peuvent cependant rivaliser avec la Libye pour l'ampleur de l'importation des vases grecs, car les colonies grecques de Cyrénaïque, à partir du moment de leur fondation, dès la fin du VIIe ou la seconde moitié du VIe siècle, se sont abondamment approvisionnées en céramiques grecques de divers ateliers. Nous disposons à ce jour de trois sources d'information fondamentales pour avoir un bon aperçu de ces importations : celle fournie par la publication des fouilles anglaises de Tocra[31], qui ont mis au jour des céramiques archaïques corinthiennes, rhodiennes, chiotes, gréco-orientales, cycladiques, crétoises, béotiennes, laconiennes et attiques (à figures noires et à vernis noir, pour ces deux dernières catégories), ainsi qu'un peu de céramique attique d'époque classique, à figures rouges et à vernis noir, et de poterie hellénistique ; celle aussi que procurent les volumes relatifs aux trouvailles américaines du sanctuaire de Déméter à Cyrène, dont sont publiées, dans un volume, les céramiques attiques à figures noires et à vernis noir, ainsi que les céramiques hellénistiques fines[32], dans un autre les céramiques théréennes, cycladiques, crétoises, laconiennes, gréco-orientales, ioniennes de bucchero, chiotes, clazoméniennes et du style de Fikellura[33], et dans un troisième la

trouvaille d'hydries d'Hadra, qui servaient d'urnes cinéraires) ; M.-F. Boussac, « Sceaux sur des hydries de Hadra », in *Alexandrina* 1, 1998, p. 55-63 ; P. Ballet, M.-F. Boussac, A. Enklaar, « Les hydries de Hadra », in *Études alexandrines* 5, *Nécropolis* 1, 2002, p. 273-290 (publication de neuf hydries de fabrication crétoise, *ca* 240-210, trouvées dans la nécropole de Gabbari – la *Nécropolis* de Strabon) ; P. Ballet, C. Harlaut, « Introduction à la céramique de Gabbari », *ibid.*, p. 295-368 ; J. W. Hayes, C. Harlaut, « Ptolemaic and Roman Pottery deposits from Alexandria », in *Alexandrina* 2, 2002, p. 99-133 ; A. Lamarche, « La céramique. Secteur 2 de la fouille du pont de Gabbari », in *Études alexandrines* 7, *Nécropolis* 2/1, 2003, p. 111-190 ; J. Rappasse, J.-C. Tréglia, « La céramique hellénistique. Secteur 5 de la fouille du pont de Gabbari », *ibid.*, p. 375-389 ; A. Enklaar, « Les vases cinéraires. Secteur 5 de la fouille du pont de Gabbari », *ibid.*, p. 391-405. Voir aussi P. Ballet, « Les productions céramiques d'Égypte à la période hellénistique. Les indices de l'hellénisation », in *Céramiques hellénistiques et romaines. Productions et diffusion en Méditerranée orientale* (cf. n. 27), p. 85-96.

31. J. Boardman, J. Hayes, *Excavations at Tocra, 1963-1965. The Archaic Deposits I* (Annual of the British School of Athens, Suppl. 4), Oxford, 1966 ; Eid., *Excavations at Tocra, 1963-1965. The Archaic Deposits II* (Annual of the British School of Athens, Suppl. 10), Oxford, 1973.

32. M. B. Moore, « Attic Black Figure and Black Glazed Pottery », in *The Extramural Sanctuary of Demeter and Persephone at Cyrene, Libya, Final Reports*, III, D. White éd., University of Pennsylvania Museum, Philadelphie, 1987, part II ; Ph. M. Kenrick, « Hellenistic and Roman Fine Wares », *ibid.*, part III.

33. G. P. Schaus, *The Extramural Sanctuary of Demeter and Persephone at Cyrene, Libya, Final Reports*, II, *the East Greek, Island, and Laconian Pottery*, University of Pennsylvania Museum, Philadelphie, 1985 (les pièces les plus nombreuses et les plus remarquables appartiennent aux ateliers laconiens, gréco-orientaux et chiotes).

FIG. 8. – Musée égyptien du Caire.
Vitrine de vases grecs divers, de l'époque mycénienne à la fin de l'époque classique (photo J.-J. Maffre).

FIG. 9. – Musée égyptien du Caire.
Vitrine de vases grecs archaïques (gréco-orientaux, attiques à figures noires) (photo J.-J. Maffre).

FIG. 10. – Musée gréco-romain d'Alexandrie. Cratère attique à figures rouges (photo J.-J. Maffre).

FIG. 11. – Musée gréco-romain d'Alexandrie. Vitrine de vases hellénistiques (photo J.-J. Maffre).

céramique corinthienne[34] ; celle enfin que nous donne le gros volume qui résume les recherches menées il y a quelques décennies par l'Université de Manchester, sous la direction d'A. Rowe, dans les nécropoles de Cyrène, où furent mises au jour beaucoup de pièces de céramique, surtout attiques, mais d'une qualité dans l'ensemble médiocre, des VIIe-IVe siècles[35].

Parmi les trouvailles de Tocra, les vases les plus originaux sont sans doute les calices de Chio[36], dont l'un représente d'une façon exceptionnelle une poule entourée de deux coqs[37], et les quelques coupes laconiennes[38], dont l'une montre Héraclès transportant les nains Cercopes (fig. 12)[39]. La plupart des vases trouvés à Tocra sont exposés au musée local, d'autres au musée de Tripoli, qui propose un choix d'objets (dont deux vitrines de vases grecs) provenant de divers sites de Libye.

Les céramiques trouvées par les missions italiennes qui se sont succédé à Cyrène n'ont pas encore été publiées d'une façon systématique, mais plusieurs mentions de découvertes de vases ou de tessons ont été faites dans divers livres ou articles plus ou moins anciens, et deux volumes récents font une place non négligeable à la céramique[40]. D'autres pièces trouvées à Cyrène dans des circons-

---

34. A. Kocybala, *The Extramural Sanctuary of Demeter and Persephone at Cyrene, Libya, Final Reports*, VII, *the Corinthian Pottery*, University of Pennsylvania Museum, Philadelphie, 1999 (présentation d'une sélection opérée parmi les 5 000 fragments trouvés dans les fouilles).

35. J. C. Thorn, *The Necropolis of Cyrene. Two hundred years of Exploration*, Rome, « L'Erma » di Bretschneider, 2005. La section II du catalogue des objets qui ont pu être récupérés énumère (p. 603-619), sous le titre « Fired Clays – Painted and Glazed Finewares », plusieurs dizaines de vases, dont une centaine sont ou semblent attiques ; de ces vases sont donnés des dessins, éparpillés en divers passages du livre (p. 94 fig. 44, p. 479 fig. 266, p. 482 fig. 269, p. 661-680 fig. 306-325, p. 685-692 fig. 330-337, p. 696-699 fig. 341-344, p. 701-741 fig. 346-386, p. 744 fig. 389, p. 747-765 fig. 392-410, p. 768-781 fig. 413-426) et de rares photos (p. 176-177 fig. 85-86, p. 179 fig. 90). On relève parmi les pièces attiques quelques spécimens à figures noires (amphore panathénaïque, lébès gamikos, skyphoi), une quinzaine de vases à figures rouges (pélikai, hydries, lécythes, cratères, coupes) et surtout du vernis noir (pélikai, hydries, œnochoai, coupes, skyphoi, *bolsals*, canthares, bols, plats, lampes).

36. J. Boardman, J. Hayes, *op. cit.* (n. 31), 1966, p. 57- 63 et pl. 39-45, n°s 771-817.

37. *Ibid.*, n° 785 ; J. Boardman, *Aux origines de la peinture sur vase en Grèce*, Paris, Thames & Hudson, 1999, p. 144-146 et fig. 322.

38. J. Boardman, J. Hayes, *op. cit.* (n. 31), 1966, p. 81-87 et pl. 57-65, n°s 932-950.

39. *Ibid.*, n° 934.

40. M. Luni *et al.*, *Cirene « Atene d'Africa »* (Monografie di Archeologia Libica, XXVIII), Rome, « L'Erma » di Bretschneider, 2006. On relèvera en particulier les contributions suivantes : « Ceramica dal Quartiere dell'Agora », p. 79-118 (fragments à décor figuré des VIe-IVe s., gréco-orientaux, laconiens, attiques à figures noires et à figures rouges ; fragment de pithos à reliefs archaïque ; bols à reliefs hellénistiques), et « Mate-

FIG. 12. - Musée de Tocra. – Coupe laconienne à figures noires (d'après J. Boardman, J. Hayes, *Tocra* I, pl. 5, n° 934).

FIG. 13. – Réserves du musée de Cyrène. Aryballe plastique rhodien (?) (photo J.-J. Maffre).

tances mal définies et conservées dans l'ancien musée de sculpture ou dans ses réserves ont été naguère présentées en diverses occasions[41]. Il en reste beaucoup d'autres (vases ou fragments) qui sont encore inédites et dont je prépare la publication ; parmi les plus fines prend place un petit aryballe plastique archaïque sans doute rhodien en forme de tête d'Héraclès coiffé de la léontè (fig. 13).

Pour Euhespérides, l'on dispose, grâce à des articles récents, d'informations à la fois sur certaines explorations anciennes et sur

riali ceramici di età arcaica » (du nouveau sanctuaire *extra muros* de Déméter), p. 160-164, plus « Lo scavo di un deposito votivo nel tempio di Demetra : le ceramiche », p. 167-170 (très modestes tessons). Voir aussi O. Mei, « Ceramica greca arcaica dell'area del Ginnasio-Caesareum di Cirene », in *Cirenaica : studi, scavi e scoperte. Parte I : Nuovi dati da città e territorio* (*Atti del X Convegno di Archeologia Cirenaica, Chieti, 24-26/11/2003*, a cura di E. Fabbricotti e O. Menozzi) (British Archaological Reports, International Series, 1488), 2006, p. 490-494 (matériel de la fin du VIIe-début du VIe s.) ; R. Leone, « Ceramica decorata a rilievo d'età ellenistica del Ginnasio di Cirene », *ibid.*, p. 495-497.

41. Voir J.-J. Maffre, « Quatre pélikai attiques à figures rouges conservées à Cyrène », *Studi Miscellanei* 29, *Scritti di Antichità in memoria di Sandro Stucchi*, 1996 [1997], p. 193-210 (publication de quatre pélikai du Ve et du IVe s., dont l'une attribuée au Peintre des Niobides, avec Éos poursuivant Céphale) ; Id., « Pièces de céramique grecque conservées à Cyrène », in *La Cirenaica in età antica. Atti del Convegno internazionale di Studi, Macerata, 1995*, Macerata, 1998, p. 351-361 + pl. 1-11 (publication de quelques pièces attiques inédites, à figures noires et à figures rouges, et d'une pélikè fragmentaire à figures rouges de la fin V^e^/début IVe s. considérée comme de fabrication corinthienne). Je remercie encore une fois les autorités archéologiques libyennes qui m'ont autorisé à étudier et à publier ces vases.

les fouilles actuelles[42] ; pour Ptolémaïs, l'on n'a que peu de renseignements et, pour Barca, l'on ne peut guère signaler que le matériel attique de deux tombes du Ve siècle trouvées au cours des dernières décennies : tombe contenant une amphore panathénaïque des années 480 et quelques vases à figures rouges de la 2e moitié du Ve siècle[43], tombe abritant une amphore panathénaïque de la fin du Ve siècle[44]. D'une façon générale, les amphores panathénaïques provenant de Cyrénaïque ont fait l'objet de plusieurs études ces dernières années[45], et une monographie récente a eu l'ambitieux projet de recenser les importations de céramique grecque en Cyrénaïque depuis la fin de la période archaïque jusqu'au début de l'époque hellénistique[46]. Pour les vases attiques à figures rouges des Ve-IVe siècles, on tirera encore profit de la liste d'importations naguère dressée par A. Laronde[47], dans laquelle prend place par

42. Voir notamment G. R. H. Wright, « Euesperides 1952-54. Recollections of a forgotten excavation », in *La Cirenaica in età antica* (cf. *supra*, n. 41), p. 613-621 + pl. 1 (rappel de la découverte de vases miniatures corinthiens, de fragments à figures rouges, certainement attiques, et de petits vases à vernis noir, sans doute aussi attiques), et A. Wilson, « Une cité grecque de Libye : fouilles d'Euhespérides (Benghazi) », *CRAI*, 2003, p. 1647-1675 (mention de trouvailles de céramique grecque : fragments attiques à figures noires, à figures rouges du IVe s., et surtout à vernis noir des Ve-IIIe s., ainsi que du *West Slope* et des pièces du style de Gnathia, la proportion des importations attiques diminuant, à l'avantage de celles venues de l'Italie du Sud, à partir de la fin du IVe s.). Cf. aussi A. Wilson *et al.*, « Euesperides (Benghazi) : preliminary report on the spring 2003 season », *Libyan Studies* 34, 2003, p. 191-228 (mention de quelques trouvailles de céramique corinthienne du IVe s. et surtout de fragments attiques à figures noires tardives, à figures rouges des Ve-IVe s. et à vernis noir du IVe s. ; sont en outre signalés du vernis noir campanien et un fragment apulien du style de Gnathia).

43. M. Vickers, A. Bazama, « A fifth-century B. C. Tomb in Cyrenaica », *Libya Antiqua* 8, 1971, p. 69-85.

44. J.-J. Maffre, F. A. Mohammed, « Une nouvelle amphore panathénaïque découverte à Barca, en Cyrénaïque », *Revue archéologique*, 1993/1, p. 91-100.

45. Voir notamment J.-J. Maffre, « Amphores panathénaïques découvertes en Cyrénaïque », in *Panathenaïka. Symposion zu den Panathenäischen Preisamphoren ; Rauischholzhausen, 1998*, M. Bentz et N. Eschbach éd., Mayence, von Zabern, 2001, p. 25-32 + pl. 8-12, et M. Luni, « Nuove anfore panatenaiche da Cirene », *Quaderni di Archeologia della Libia* 18, 2003 (= *Studi in memoria di Lidiano Bacchielli*), p. 97-113. Il faut maintenant ajouter les exemplaires récemment découverts à Apollonia (voir *infra*, avec la n. 49).

46. F. M. Elrashedy, *Imports of Post-Archaic Greek Pottery into Cyrenaica. From the end of the Archaic to the beginning of the Hellenistic period* (*BAR IS* 1022), Oxford, 2002. Cet ouvrage a le mérite de proposer une riche documentation sur les vases grecs des Ve et IVe siècles trouvés en Cyrénaïque, mais d'une façon très incomplète, et avec une illustration médiocre (voir le compte rendu que j'ai proposé in *Revue des Études grecques* 119, 2006, *Bulletin archéologique*, n° 582, p. 311-312).

47. A. Laronde, *Cyrène et la Libye hellénistique. Libykai Historiai*, Paris, 1987, p. 140-142 (recension de 69 vases conservés les uns en Libye, les autres au Louvre ou au British Museum, d'après les indications données par Beazley dans les *ARV*²).

FIG. 14. – Louvre MN 749 : pélikè attique à figures rouges (photo J.-J. Maffre).

exemple une pélikè du Louvre (fig. 14) qui, provenant de Cyrénaïque (sans précision), représente sans doute une Amazonomachie et se rattache au Groupe des Griffons[48].

En ce qui concerne Apollonia, l'on savait déjà que le site et la nécropole recélaient beaucoup de céramique d'époque classique, que l'on pouvait estimer médiocre[49]. La trouvaille fortuite, en 2000, d'une vingtaine de tombes de la nécropole occidentale qui contenaient plus

48. Louvre MN 749 (N 3420, M 68) : A. Laronde, *op. cit.* (n. 47), p. 141, 23 ; *ARV*[2] 1465, 74. – Je remercie cordialement Alain Pasquier, conservateur général chargé du département des Antiquités grecques, étrusques et romaines du Louvre, de m'avoir permis de photographier, il y a une vingtaine d'années, bon nombre de vases attiques du musée provenant de Cyrénaïque et de reproduire ici l'un d'entre eux.

49. Voir par exemple J.-J. Maffre, « Céramique grecque des Ve et Ve siècles av. J.-C. récemment découverte à Apollonia de Cyrénaïque », *Quaderni di Archeologia della Libia* 16, 2002, p. 55-58 (mention d'hydries et de skyphoi miniatures corinthiens ainsi que de petits vases attiques à vernis noir du IVe s. trouvés par la mission française, puis d'une coupe basse de la fin du Ve et d'un cratère en cloche du IVe s. attiques à figures rouges provenant de la nécropole).

FIG. 15. – Réserves du musée d'Apollonia. Bols attiques à vernis noir à décor estampé (photo J.-J. Maffre).

de 150 vases grecs du IVe siècle[50] a en partie renouvelé nos connaissances sur la quantité et la qualité des importations de céramique attique dans cette ville à cette époque : outre beaucoup de petits vases à vernis noir, souvent au décor estampé, qui sont certes d'une fabrication soignée, comme en témoignent par exemple les deux petits bols de la figure 15, mais somme toute d'une grande banalité, on a trouvé trois amphores panathénaïques et une quinzaine de pièces attiques à figures rouges, dont certaines d'une belle qualité de dessin et d'un grand intérêt iconographique, telle cette hydrie des années 370-360 que j'ai proposé d'interpréter comme une version insolite de la rencontre d'Éos et de Céphale (fig. 16-17)[51]. Le matériel comprend aussi quelques pyxides corinthiennes (par exemple celle de la fig. 18) et, apparemment pour la première fois à Apollonia, un vase apulien : une épichysis à décor floral surpeint. Les fouilles menées actuellement par la mission française sur les pentes du rocher de Callicrateia, dans la partie centrale du site, mettent aussi au jour des fragments attiques à figures rouges du IVe siècle, tels un couvercle de pyxis avec tête juvénile casquée, sans doute d'Athéna (fig. 19), et de

50. Voir J.-J. Maffre, « Céramique attique récemment découverte à Apollonia de Cyrénaïque », *CRAI*, 2001, p. 1065-1079 (mention générale de cette trouvaille, et première présentation détaillée de quelques-unes des pièces) ; Id., « Céramique grecque de la nécropole occidentale d'Apollonia », in *Cirenaica : studi, scavi e scoperte* (n. 40), 2006, p. 221-230 (quelques compléments par rapport à l'article précédent). Les autorités archéologiques libyennes ont bien voulu me confier la publication de l'ensemble du matériel céramique mis au jour en cette occasion, ce dont je les remercie encore une fois.

51. Hydrie inv. 1069. Voir J.-J. Maffre, *art. cit.* (n. 50), 2001, p. 1074-1076, et *art. cit.* (n. 50), 2006, p. 226 et 229.

FIG. 16-17. – Réserves du musée d'Apollonia. Deux détails de l'hydrie attique à figures rouges inv. 1069 : Éos, avec Céphale et ses compagnons (?) (photo J.-J. Maffre).

FIG. 18. – Réserves du musée d'Apollonia. Pyxis corinthienne du IVe siècle (photo J.-J. Maffre).

→ FIG. 19. – Réserves du musée d'Apollonia. Couvercle de pyxis attique à figures rouges : tête casquée (photo J.-J. Maffre).

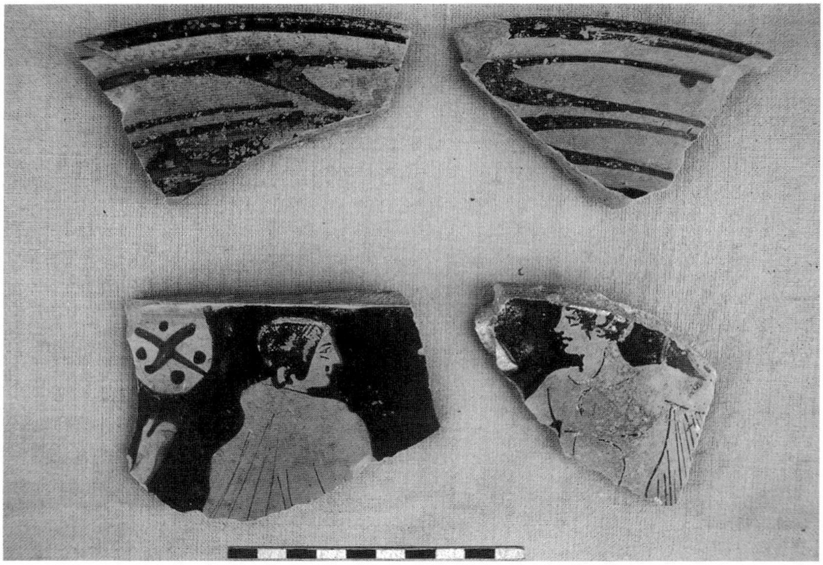

FIG. 20. – Réserves du musée d'Apollonia. Fragments de cratères attiques à figures rouges (photo J.-J. Maffre).

nombreux fragments de cratères (fig. 20)[52], ainsi que, bien entendu, des fragments de petits vases à vernis noir de la même époque.

Si l'on veut, au terme de ce rapide survol, dresser un bilan provisoire et faire quelques suggestions, l'on constatera que c'est très nettement, comme on pouvait s'y attendre, la Cyrénaïque qui a importé le plus de céramique grecque sur le sol africain. Toutes les cités de fondation grecque l'ont fait, et la variété de ces importations est remarquable, comme le montrent bien les trouvailles de Cyrène, de Tocra, d'Euhespérides, de Barca et d'Apollonia. Les travaux actuellement menés à Cyrène par la mission italienne dans les sanctuaires *extra muros* du secteur occidental[53] sont en train d'enrichir le lot de ces céramiques, comme l'ont déjà fait, à Apollonia, les trouvailles effectuées par la Mission française au pied du rocher de Callicrateia, dont nous venons de parler, et surtout celles de la nécropole occidentale, qui confirment notamment que la Cyrénaïque est l'une des régions du monde grec antique où l'on trouve le plus d'amphores panathénaïques. Du côté de l'Égypte, les fouilles conduites à Alexandrie mettront sans aucun doute encore au jour beaucoup de céramique hellénistique. Pour la Tunisie, un bilan d'ensemble reste à proposer, dans l'attente de nouvelles trouvailles possibles en territoire punique. L'établissement d'une base de données pour l'ensemble des trouvailles de céramique attique dans le bassin méditerranéen est en cours à l'Université de Catane, et une présentation de ce travail a été publiée, avec annonce d'une prise en compte de l'Afrique (Égypte, Libye, Malte, Tunisie), mais sans que l'on ait encore eu le temps de parvenir à des résultats, semble-t-il, pour ce secteur[54]. Il ne faudra pas oublier les céramiques provenant d'autres ateliers de production, et l'on verra alors encore plus nettement que la frange côtière de l'Afrique du Nord a importé une quantité et une variété considérables de vases grecs, entre le VIIIe siècle et l'époque hellénistique.

Jean-Jacques MAFFRE

52. Je remercie Jean-Sylvain Caillou, qui dirige ces fouilles, de m'avoir autorisé à mentionner et à reproduire ces fragments, trouvés en 2006.

53. Sur ces travaux, que dirige Mario Luni, voir par exemple en dernier lieu M. Luni, « Un demi-siècle de recherches archéologiques menées à Cyrène par l'Université d'Urbino », *CRAI*, 2006, à paraître.

54. Pour un résumé des résultats déjà atteints, avec de nombreux tableaux (mais pas pour l'Afrique), voir F. Giudice, S. Barresi, « La distribuzione della ceramica attica nell'area mediterranea : Dai dati Beazley alle nuove acquisizioni », in *Griechische Keramik im kulturellen Kontext. Akten des Internationalen Vasen-Symposions in Kiel vom 24. bis 28. 9. 2001, veranstaltet durch das Archäologische Institut der Christian-Albrechts-Universität zu Kiel*, B. Schmaltz et M. Söldner éd., Münster, Scriptorium, 2003, p. 280-286.

L'ÉGYPTE LAGIDE ET LA MER NOIRE : APPROCHE PROSOPOGRAPHIQUE

A en regarder la littérature accumulée surtout dans les dernières décennies, l'impression qui se dégage est que les études consacrées aux relations entre l'Égypte lagide et les cités grecques de la mer Noire s'attaquent communément à trois genres de questions[1]. Il s'agit tout d'abord, en ce qui concerne l'histoire politique, des quelques ingérences des deux premiers Ptolémées dans les affaires pontiques, d'ailleurs assez discrètes et de toute façon connues d'une manière plutôt insatisfaisante, car reconstruites à partir de sources disparates et peu bavardes. A peine peut-on déceler des faits plus concrets sur l'attitude de Ptolémée Ier à l'égard des cités du Pont méridional[2] ou bien sur l'intervention de la flotte

---

1. Abréviations d'après le *SEG* pour les corpus épigraphiques et d'après J. F. Oates *et alii*, *Checklist of Editions of Greek Papyri and Ostraca* (Bulletin of the American Society of Papyrologists, Suppl. VII), Atlanta, 1992⁴.

Abréviations supplémentaires :

Baillet	J. Baillet, *Inscriptions grecques et latines des tombeaux des rois ou syringes* I-IV, Le Caire, 1920-1926.
DphA	*Dictionnaire des philosophes antiques*, R. Goulet dir., Paris, 1994 sqq.
Launey	M. Launey, *Recherches sur les armées hellénistiques* I-II, Paris, 1949-1950.
PP	*Prosopographia Ptolemaica*, Louvain.
RICIS	L. Bricault, *Recueil des inscriptions concernant les cultes isiaques* I-III, Paris, 2005.
SIRIS	L. Vidman, *Sylloge inscriptionum religionis Isiacae et Sarapiacae* (Religionsgeschichtliche Versuche und Vorarbeiten, 28), Berlin, 1969.
Tacheva	M. Tacheva-Hitova, *Eastern Cults in Moesia Inferior and Thracia* (Études préliminaires aux Religions orientales dans l'Empire romain, 95), Leyde, 1983.
Uebel	F. Uebel, *Die Kleruchen Ägyptens unter den ersten sechs Ptolemäern*, Berlin, 1968.

Sauf mention contraire, toutes les dates seront désormais à comprendre comme av. J.-C.

2. C. Habicht, *Gottmenschentum und griechische Städte*, Munich, 1970², p. 116-121 ; Kl. Bringmann et H. von Steuben éd., *Schenkungen hellenistischer Herrscher an griechische Städte und Heiligtümer* I. *Zeugnisse und Kommentare*, bearbeitet von W. Ameling, Kl. Bringmann und B. Schmidt-Dounas, Berlin, 1995, p. 271, n° 239. Cf. K. Strobel, *Die Galater. Geschichte und Eigenart der keltischen Staatenbildung auf dem Boden des helle-*

lagide en mer Noire dans un contexte qui constituerait le volet « pontique » de la deuxième guerre de Syrie[3]. Viennent ensuite les enquêtes consacrées à la diffusion des cultes égyptiens dans les cités de la mer Noire[4]. Car outre que ces cités ont fourni quelques beaux documents épigraphiques et iconographiques à ce propos, il convient de rappeler que les citoyens d'Istros consultaient l'oracle de Chalcédoine sur l'opportunité d'introduire le culte de Sarapis dès le milieu du IIIe siècle[5], soit à un moment suivant de près l'avènement du dieu à Alexandrie même, que vers la même époque la triade égyptienne est attestée à Chersonèse de Crimée[6], que des villes comme Mésambria ou Tomis disposaient déjà vers la basse époque hellénistique d'un sanctuaire de Sarapis[7] et qu'à Byzance et

nistischen Kleinasien I. *Untersuchungen zur Geschichte und historischen Geographie des hellenistischen und römischen Kleinasien*, Berlin, 1996, p. 256 ; H. Kotsidu, Τιμὴ και δόξα. *Ehrungen für hellenistische Herrscher im griechischen Mutterland und in Kleinasien unter besonderer Berücksichtigung der archäologischen Denkmäler*, Berlin, 2000, p. 298-299, n° 202 ; M.-Th. Le Dinahet, « Aspects de l'hellénisme en Asie Mineure », in *L'Orient méditerranéen de la mort d'Alexandre au Ier siècle av. notre ère*, M.-Th. Le Dinahet coord., Nantes, 2003, tableau, p. 129. – Pour la possibilité que certains dons faits à Byzance et à d'autres cités du Pont méridional, attribués dans les ouvrages précités à Ptolémée Ier, aient, en effet, comme auteur Ptolémée II et que, par conséquent, ils se rapportent plutôt à l'intervention de la flotte lagide en 255/4, voir A. Avram, « Sur la date de la divinisation de Ptolémée II Philadelphe à Byzance », in *Orbis antiquus. Studia in honorem Ioannis Pisonis*, L. Ruscu *et alii* éd., Cluj-Napoca, 2004, p. 828-833.

3. En voir dernièrement mes considérations : A. Avram, « Antiochos II Théos, Ptolémée II Philadelphe et la mer Noire », *CRAI*, 2003, p. 1181-1213.

4. P. M. Fraser, « Two Studies on the Cult of Sarapis in the Hellenistic World », *Opuscula Atheniensia* 3, 1960, p. 1-54 (particulièrement p. 37-38 pour la mer Noire) ; D. M. Pippidi, « Sur la diffusion des cultes égyptiens en Scythie Mineure », *Studii clasice* 6, p. 103-118 (= *Studii de istorie a religiilor antice. Texte şi interpretări*, Bucarest, 1969, p. 60-82 = *Scythica Minora. Recherches sur les colonies grecques du littoral roumain de la mer Noire*, Bucarest-Amsterdam, 1975, p. 96-110) ; M. M. Kobylina, *Divinités orientales sur le littoral nord de la mer Noire*, avec un appendice de O. J. Névérov (Études préliminaires aux Religions orientales dans l'Empire romain, 52), Leyde, 1976, p. 34-52 et 53-65 (cat. 1-19, pour les divinités égyptiennes) ; Tacheva, p. 3-67. Voir surtout les recueils *SIRIS* et *RICIS*.

5. *SIRIS* 709 a = Tacheva, p. 15, n° I, 22 = *I. Histriae* 5 = *RICIS* 618/1101 ; cf. S. A. Takács, *Isis and Sarapis in the Roman World* (Religions in the Graeco-Roman World, 124), Leyde, 1995, p. 185-191 ; *SEG* L, 682.

6. Y. G. Vinogradov, M. I. Zolotarev, « Worship of the Sacred Egyptian Triad in Chersonesus (Crimea) », *Ancient Civilizations from Scythia to Siberia*, 1999, 4, p. 357-381 (*SEG* L, 691) = *RICIS* 115/0302.

7. Mésambria : Tacheva, p. 26-27, n° I, 45 = *IGBulg* V, 5094 = *RICIS* 114/1403 (IIe/Ier s.) ; Tomis : *SIRIS* 704 = Tacheva, p. 8-10, n° I, 13 = *I. Tomis* 7 = *RICIS* 618/1001 (aux environs de notre ère).

à Dionysopolis il y avait un prêtre du même dieu[8], autant dire que le culte était public[9]. Enfin, et c'est, d'après ce que je constate, la tendance récente, les savants se sont mis à interroger les documents archéologiques : faïences ptolémaïques et céramiques du style Hadra, bagues, médaillons et monnaies lagides, sans préjudice d'autres *aegyptiaca*[10]. Et le dossier sera sans doute enrichi prochai-

8. Byzance : éponymie divine tenue par Sarapis même, identifié à Zeus, *SIRIS* 129 = *I. Byzantion* 19 = *RICIS* 114/0701 (Ier s., ἐπὶ ἱερομνάμονος Διὸς Σεράπιδος) ; Dionysopolis : *IGBulg* I² 13 = *SIRIS* 703 = Tacheva, p. 6-7, n° I, 9 = *RICIS* 618/0801 (milieu du Ier s.).

9. A tout cela, il convient d'ajouter plusieurs autres attestations des dieux égyptiens qui relèvent plutôt d'un culte privé.

Byzance : *SIRIS* 129 a = *I. Byzantion* 16 = *RICIS* 114/0702 (aux environs de notre ère).

Mésambria : dédicace à Sarapis, Isis, Anoubis et Aphrodite (*IGBulg* I², 322 *ter* = *SIRIS* 131 a = Tacheva, p. 22-26, n° I, 42 = *RICIS* 114/1402, IIe/Ier s.) et à Sarapis et Isis (*IGBulg* I², 328 = *SIRIS* 131 = Tacheva, p. 26, n° I, 43 = *RICIS* 114/1401, IIe/Ier s. ; *IGBulg* I², 329 = *SIRIS* 132 = Tacheva, p. 26, n° I, 44 = *RICIS* 114/1404, IIe/Ier s.) ; voir aussi une inscription fragmentaire récemment publiée, dans laquelle figure Σέραπις (V. Velkov, in *Nessèbre* III, Burgas, 2005, p. 173-174, n° 22, IIIe/IIe s.).

Anchialos : dédicace à Sarapis et à Isis (*IGBulg* V, 5133 = *RICIS* 114/1301, IIe s.). Cette inscription, réutilisée dans un mur d'époque romaine, pourrait venir de Mésambria ou d'Apollonia du Pont ; cf. M. Oppermann, *Die westpontischen Poleis und ihr indigenes Umfeld in vorrömischer Zeit*, Langenweißbach, 2004, p. 281, n. 2886.

Tomis : dédicace à Sarapis, Isis et Anoubis (*SIRIS* 705 = Tacheva, p. 10-11, n° I, 14 = *I. Tomis* 154 = *RICIS* 618/1002, aux environs de notre ère) et une autre, faite par un Sinopéen, à Sarapis (*SIRIS* 706 = Tacheva, p. 11, n° I, 15 = *I. Tomis* 152 = *RICIS* 618/1003, IIe/Ier s.).

Tyras : dédicace à Sarapis et Isis (*IOSPE* I², 5 = *SIRIS* 712 = *RICIS* 115/0101, IIe/Ier s.).

Quant aux données tirées de l'onomastique, voir surtout les occurrences hellénistiques du nom Σαραπίων, réunies dans *LGPN* IV, *s. v.* Le plus ancien porteur de ce nom dans la région du Pont semble être le père de l'érudit alexandrin d'origine callatienne Hérakleidès Lembos (notre n° 68).

10. Après l'étude pionnière de B. Touraeff, « Objets égyptiens et égyptisants trouvés dans la Russie méridionale », *Revue archéologique* 18, 1911, p. 20-35, il suffirait sans doute de mentionner, pour le Pont Nord, I. G. Šurgaja, « Import Aleksandrii v Severnom Pričernomor'ja », *Vestnik Drevnej Istorii*, 1965/4, p. 126-140 ; O. Ja. Neverov, « Grupa ellenističeskix bronzovix v sobranii Ermitaža (k voprosu o vremeni proniknoven'ja egipetskix kul'tov v Severnom Pričernomor'ja) », *ibid.*, 1974/1, p. 106-115 ; M. I. Treister, « Bospor i Egipet v III v. do n. e. », *ibid.*, 1985/1, p. 126-139 ; A. S. Ostroverxov, « Fajansovye i stekljannye busy v Skifii i Sarmatii », *ibid.*, 1985/3, p. 92-109 ; Z. H. Archibald, « Contacts between the Ptolemaic Kingdom and the Black Sea in the Hellenistic Age », communication faite au colloque *The Black Sea in Antiquity. Regional and Interregional Economic Exchanges*, Sandbjerg Estate, 27-29 mai 2004, The Danish Research Foundation's Centre for Black Sea Studies (www.pontos.dk), à paraître en 2007.

Pour le Pont occidental, où les relations avec l'Égypte sont moins évidentes, bien que reflétées dans les importations céramiques : P. Alexandrescu, « Un vase ptolémaïque en faïence d'Istros », in *Beiträge zur Ikonographie und Hermeneutik* XI. *Festschrift für Nikolaus Himmelmann*, H. U. Cain, H. Gabelmann et D. Salzmann éd. (Beihefte der Bonner Jahrbüche, 47), Mayence, 1989, p. 305-309 (= Id., in P. Alexandrescu *et alii*, *Histria* nement, car, d'une part les fouilles archéologiques pratiquées sur plusieurs sites des côtes Ouest et Nord de la mer Noire pourraient en réserver des surprises, d'autre part mon sentiment est que le dépouillement soigneusement mené des collections des musées – et je pense surtout à l'Ermitage de Saint-Pétersbourg – n'a pas encore dit son dernier mot.

Devant toutes ces composantes, nul ne doute de l'influence exercée par l'Égypte lagide sur les Grecs de la mer Noire. Il demeure, certes, à en définir l'ampleur, à en interroger éventuellement la différence entre la façade pontique de l'Asie Mineure et ce qu'on appelle communément Pont Gauche et Pont Nord ou à en établir des séquences chronologiques. Toujours est-il que sur l'ensemble du dossier pèse une inconnue qui a mis à rude épreuve la quasi-totalité des exégètes, quel qu'en fût le type d'investigation. Car il convient, bien entendu, de s'interroger entre autres sur les acteurs de ce phénomène. Puisque la mer Noire n'a jamais été contrôlée par les Lagides, les réponses à cette question ont été cherchées plutôt ailleurs : relations politiques, parfois scellées par des échanges d'ambassades entre Alexandrie et le royaume du Bosphore[11], circulation des marchandises en provenance d'Alexandrie grâce surtout aux activités de Rhodes[12], d'ailleurs bien mises en évidence dans toute la

---

VII. *La Zone Sacrée d'époque grecque*, Bucarest-Paris, 2005, p. 412-413) ; V. Lungu, « Céramique du style Hadra à Histria », *Il Mar Nero* 4, 1999-2000, p. 43-87 ; Ead., « Amphores West-Slope sur le littoral pontique », *Pontica* 33-34, 2000-2001, p. 253-281 ; Ead., « Les relations de l'Égypte avec le Pont-Euxin à l'époque hellénistique », in *Cités grecques, sociétés indigènes et empires mondiaux dans la région nord-pontique : origines et développement d'une* koinè *politique, économique et culturelle (VIIe s. a.C.-IIIe s. p. C.), Actes du colloque de Bordeaux, 14-16 novembre 2002*, A. Bresson, A. Ivantchik et J.-L. Ferrary éd., Bordeaux, 2007 (en cours d'impression). – Pour les faïences égyptiennes en mer Noire, voir aussi M.-D. Nenna, M. Seif El-Din, *La vaisselle en faïence d'époque gréco-romaine. Catalogue du Musée gréco-romain d'Alexandrie* (Études alexandrines, 4), Le Caire, 2000, p. 38, 237 (Odessos) et 254 (Istros).

11. M. I. Treister, *art. cit.* (n. 11), p. 126-132, interprète – à juste titre, me semble-t-il – certaines bagues à portraits « ptolémaïques » trouvées à Panticapée et dans d'autres cités du royaume du Bosphore comme des cadeaux diplomatiques. Ajouter maintenant l'impression céramique d'un sceau de type « ptolémaïque » : O. Ya. Neverov, « Impressions of Seals on Northern Pontic Pottery », in *Northern Pontic Antiquities in the State Hermitage Museum*, J. Boardman, S. L. Solovyov et G. R. Tsetskhladze éd. (Colloquia Pontica, 7), Leyde-Boston-Cologne, 2001, p. 26 et fig. 11.

12. P. M. Fraser, *Ptolemaic Alexandria*, I, Oxford, 1972, p. 162-169, sur les relations économiques entre Alexandrie et Rhodes, et 171-173, sur Alexandrie et la mer Noire : « again Rhodes was probably the junction » (p. 172). Sur ce même problème, voir maintenant les observations de J. Lund, « Rhodian Amphorae in Rhodes and Alexandria as Evidence of Trade », in V. Gabrielsen *et alii*, *Hellenistic Rhodes : Politics, Culture, and Society* (Studies in Hellenistic Civilization, 9), Aarhus, 1999, p. 187-204. Pour le

mer Noire notamment par la présence massive des amphores produites dans cette île[13], circulation des mercenaires ayant accompli leurs carrières dans la solde des Ptolémées[14], rayonnement culturel d'une Alexandrie ayant attiré entre autres des Pontiques.

Force est de constater, cependant, que si on peut toujours compter sur le recueil de F. Heichelheim sur les étrangers dans l'Égypte ptolémaïque[15], sur la prosopographie des militaires dressée dans ses *Recherches sur les armées hellénistiques* par M. Launey[16] et, bien entendu, sur les débris de prosopographie externe accompagnant certains corpus d'inscriptions consacrés aux cités de la mer Noire, il manque, à vrai dire, une étude sur la circulation des personnes entre les deux mondes. Récemment, Cs. La'da publia sa remarquable collection d'ethniques attestés dans l'Égypte hellénistique[17], ce qui rend d'ailleurs une telle démarche manifestement plus commode. Toujours est-il que, vu le caractère de l'ouvrage – catalogue alphabétique des attestations, avec un minimum de renvois – les ethniques imputables aux ressortissants du Pont s'y trouvent dispersés parmi tant d'autres. D'autre part, contrairement à l'approche de Heichelheim, La'da ne donne pas de commentaire

---

« triangle » Alexandrie-Rhodes-Pont septentrional, voir aussi les remarques, parfois dépassées, mais toujours importantes, de M. I. Rostovtzeff, *The Social and Economic History of the Hellenistic World*, Oxford, 1941, I, p. 586-601. – Pour le commerce de blé de Rhodes : R. M. Berthold, *Rhodes in the Hellenistic Age*, Ithaca-Londres, 1984, p. 51 ; V. Gabrielsen, « Rhodes and Rome after the Third Macedonian War », in P. Bilde, *Centre and Periphery in the Hellenistic World* (Studies in Hellenistic Civilization, 4), Aarhus, 1993, p. 146-148 ; A. Bresson, *La cité marchande* (Ausonius, Scripta Antiqua, 2), Paris-Bordeaux, 2000, p. 95-99.

13. M. Lazarov, « Les timbres amphoriques grecs et les problèmes du commerce dans la Thrace pontique », in *Recherches sur les amphores grecques*, J.-Y. Empereur et Y. Garlan éd. (*Bulletin de Correspondance hellénique*, Suppl. XIII), Athènes-Paris, 1986, p. 401-405 ; Ju. S. Badal'janc, « La Rhodes hellénistique et le Nord de la mer Noire (les relations économiques d'après l'épigraphie céramique) », in *Production et commerce des amphores anciennes en mer Noire, Colloque international organisé à Istanbul, 25-28 mai 1994*, Y. Garlan éd., Aix-en-Provence, 1999, p. 247-253 ; N. Conovici, « The Dynamics of Trade in Transport Amphoras from Sinope, Thasos and Rhodos on the Western Black Sea Coast : a Comparative Approach », in *Chronologies of the Black Sea Area in the Period c. 400-100 BC*, V. F. Stolba et L. Hannestad éd. (Black Sea Studies, 3), Aarhus, 2005, p. 97-117.

14. C'est la thèse défendue notamment par Ju.N. Litvinenko, « Ptolemeevskij Egipet i Severnoe Pričernomor'e v III v. do n.e. (k voprosu o kontaktax) », *Vestnik Drevnej Istorii*, 1991/1, p. 12-26.

15. F. Heichelheim, *Die auswärtige Bevölkerung im Ptolemäerreich* (*Klio*, Bh. 18), Berlin, 1925 (réimpression Aalen, 1963).

16. Launey II, p. 1188-1205.

17. Cs. A. La'da, *Foreign Ethnics in Hellenistic Egypt* (Studia Hellenistica, 38 ; *Prosopographia Ptolemaica*, 10), Louvain, 2002.

pour les listes qu'il a compilées. Je remarque enfin que la moisson prosopographique mise à notre disposition par cet ouvrage peut être enrichie par endroits.

J'estime donc qu'une approche prosopographique pourrait éclaircir l'ensemble de la question des relations entre l'Égypte lagide et la mer Noire. Dans ce dessein, j'ai commencé par recenser, d'une part, les ressortissants de l'Égypte attestés dans les cités de la mer Noire, d'autre part, les Pontiques établis en Égypte, y ayant séjourné ou tout simplement fréquenté ce pays.

Les résultats de la première partie de ma démarche sont plutôt décevants. En effet, si on laisse de côté les données sur une ambassade de Ptolémée II à Nymphaion – datée apparemment de 254 et précédant donc de quelques mois l'ambassade du roi Pairisadès II du Bosphore à Alexandrie (n° **74**)[18] – je ne trouve qu'un seul Alexandrin surpris par la mort à Callatis, sans doute un commerçant. Il faut attendre l'époque impériale pour prendre connaissance d'un οἶκος τῶν Ἀλεξανδρέων à Tomis[19], ville commerçante par excellence et plutôt cosmopolite, capitale du *koinon* du Pont Gauche à partir du règne de Trajan. Cette compagnie, existait-elle déjà avant la date de son attestation ? Je serais plutôt enclin à le croire, mais rien ne l'indique pour autant. Quelle qu'en soit la réponse, un *oikos* n'est pas coutume. Seul constat est qu'il n'y a presque pas de traces d'Alexandrins dans le bassin de la mer Noire, autrement dit que dans ce cas,

18. N. L. Grač, « Ein neuentdecktes Fresko aus hellenistischer Zeit in Nymphaion bei Kertsch », *Abhandlungen der bayerischen Akademie der Wissenschaften* 98, 1987, p. 87-95 et pl. 35-39 ; Ju. G. Vinogradov, « Der Staatsbesuch der "Isis" im Bosporos », *Ancient Civilizations from Scythia to Siberia* 5, 1999, 4, p. 271-302 ; O. Höckmann, « Naval and Other Graffiti from Nymphaion », *ibid.* 5, 1999, 4, p. 303-356. Ajouter la littérature commentée dans *Bulletin épigraphique*, 1990, 590 (Y. G. Vinogradov) et 2002, 70 (M. Sève), ainsi que d'autres travaux cités par Y. G. Vinogradov et M. I. Zolotarev, *art. cit.* (n. 6), p. 357, n. 1. – Pour le contexte politique de cette visite, voir dernièrement mes considérations dans l'article cité *supra*, n. 3.

19. *IGRR* I 604 = *SIRIS* 708 = Tacheva, p. 12-13, n° I, 17 = *I.Tomis* 153 = *RICIS* 618/1005. L'inscription, apportée de Tomis (Constantza) en France pendant la guerre de Crimée, se trouvait vers le début du XXe siècle dans la cour d'un hôtel de la rue de Hambourg, à Paris, où elle avait été étudiée par M. Brillant, « Inscription de Tomes », *RPh* 36, 1912, p. 284-296, ensuite elle fut portée disparue. Récemment, j'ai eu la chance de la retrouver dans les locaux du Centre de Recherches archéologiques et historiques médiévales (CRAHM) de l'Université de Caen. D'après les archives, agrémentées de la tradition orale, elle y fut apportée dans les années cinquante d'un ancien immeuble situé rue d'Amsterdam de Paris : autant dire que l'inscription fut, à un certain moment, transportée de la rue de Hambourg, où elle avait été vue par M. Brillant, à la rue d'Amsterdam. Bien que légèrement endommagée entre temps, l'inscription est à peu près tout aussi lisible qu'en 1912.

le commerce n'a que peu à voir avec la circulation des ressortissants de l'Égypte. Dans ces circonstances, il ne reste qu'à en accepter des intermédiaires : les Rhodiens demeurent les meilleurs candidats, comme il est généralement admis.

En revanche, la liste des 89 ressortissants du Pont-Euxin que j'ai pu identifier dans l'Égypte lagide fournit une tout autre image, ne serait-ce qu'à la comparer aux 57 personnages (cités de Thrace et de la Propontide comprises) recensés naguère par Heichelheim[20].

Il faut dire d'emblée que la liste est par endroits volontairement maximaliste. Je ne suis pas sûr, par exemple, que tous les Héracléotes qui y figurent soient des ressortissants d'Héraclée du Pont. Qu'il me soit permis de rappeler à ce propos ce qu'écrivait naguère L. Robert : « Les citoyens des Antioches, des Laodicées, des Apamées, des Séleucies, des Ptolémaïs, des Arsinoè, des Antigoneia, comme les Apolloniates et les Héracléotes – avec ces ethniques tout nus – ne peuvent se répartir entre les villes de ce nom dans l'Orient grec qu'après étude dans un petit nombre de cas, les plus favorables, et le plus souvent l'attribution restera impossible ; cette masse flottante posera un problème insoluble à celui qui voudra dresser la prosopographie d'une de ces villes. Dira-t-on que trop grande abondance vaut mieux que lacune et ira-t-on insérer à la fois dans la prosopographie d'Héraclée du Pont et dans celle d'Héraclée du Latmos, sans parler des autres, tous les « Héracléotes » de notre documentation épigraphique[21] ? Pire encore, bien que l'on sache que les habitants de l'Héracléopolis égyptienne privilégient l'ethnique Ἡρακλεοπολίτης, ce qui nous empêcherait de mélanger les choses, il n'est pas sûr que la distinction ait toujours été faite : car l'onomastique ne nous aide guère.

Seuls quelques Héracléotes pourraient revendiquer des racines pontiques. Ἡρακλέων Ἡρακλείδου, attesté à Alexandrie (n° **79**), se détache par sa profession : il est armateur et, comme l'a bien vu L. Robert[22], cela ne peut s'accommoder qu'à une cité portuaire comme Héraclée du Pont. Toujours à Alexandrie, Λαγείτα (?), fille de Λύκων (n° **81**), peut être considérée comme originaire du Pont grâce à son patronyme, assez bien représenté à Héraclée du Pont et en général en mer Noire[23]. Un graffite des *Syringes* (n° **37**) semble

20. F. Heichelheim, *op. cit.* (n. 15), p. 48-51, et prosopographie.

21. L. Robert, « Sur les inscriptions de Délos », in *Études déliennes* (*Bulletin de Correspondance hellénique*, Suppl. I), Athènes-Paris, 1973, p. 437.

22. *Ibid.*, p. 442, n. 38.

23. W. Ameling, « Prosopographia Heracleotica », in *I.Heraclea Pontica*, p. 148-149.

nous révéler un Héracléote du Pont à condition que l'on change la restitution proposée par l'éditeur : plutôt que de voir dans le débris ΒΙΘΥ le commencement du patronyme, je préfère comprendre Δημόκριτος Βιθυ[νὸς] Ἡρακλεώ(της), à savoir Démokritos, Bithynien Héracléote. Un papyrus d'origine mal précisée mentionne trois Héracléotes à côté d'un ressortissant de Tios (Tion, Tieion) (n° **57**), cité proche d'Héraclée du Pont, ce qui invite à accepter l'origine pontique de ces mercenaires (n^os^ **45-47**). Enfin convient-il d'attribuer à Héraclée du Pont quelques autres Héracléotes, cette fois sur des bases onomastiques : Θόας Ἀμμωνίου et Νουμήνιος Λυσιμάχου, tous les deux membres d'une association cultuelle dans l'Oxyrynchite (n^os^ **43-44**). En effet, Θόας est un bon nom micrasiatique, Νουμήνιος est très fréquent dans toute la mer Noire, alors que Λυσίμαχος est un nom « historique ». Je serais, en revanche, plus prudent devant le médecin Μένιππος Προκλέος, attesté en Thébaïde (n° **72**), bien que les deux noms soient illustrés à Héraclée du Pont, et devant le clérouque Δάμων de Dikaiou Nèsos (n° **24**), lequel porte un bon nom dorien, mais qui n'est pas attesté à Héraclée du Pont. Toujours d'Héraclée du Pont me semble être originaire le grammairien et périégète Ἀπολλᾶς « le Pontique » (n° **73**). La désignation des Héracléotes de la mer Noire comme Pontiques est bien attestée, ne fût-ce qu'à penser au philosophe Héraclide dit « le Pontique »[24].

Au vu de toutes ces difficultés, dont je n'ai dressé qu'un échantillonnage à titre d'exemple, et si l'on ajoute que dans certains cas, là où les inscriptions et les papyrus sont fragmentaires, il est même difficile de distinguer entre ethnique et patronyme, on voit bien que la prééminence des Héracléotes sur l'ensemble de notre documentation demeure sujette à caution. Cependant, en acceptant que « trop grande abondance vaut mieux que lacune », je préfère laisser aux autres le soin d'éliminer : j'ai donc présenté tous ceux qui pour-

24. F. Wehrli, *Die Schule des Aristoteles* VII, Bâle-Stuttgart, 1969[2] ; H. B. Gottschalk, *Heraclides of Pontus*, Oxford, 1980 ; H. J. Krämer, « Die ältere Akademie 5. Herakleides Pontikos », in Fr. Überweg, *Grundriss der Geschichte der Philosophie*, H. Flashar éd., völlig neubearbeitete Ausgabe, *Die Philosophie der Antike* III. *Ältere Akademie-Aristoteles-Peripatos*, Bâle-Stuttgart, 1983, p. 88-102 ; F. Wehrli, « Der Peripatos bis zum Beginn der römischen Kaiserzeit 18. Herakleides Pontikos », *ibid.*, p. 523-529 ; K. Gaiser, *Philodems Akademica. Die Berichte über Platon und die alte Akademie in zwei herkulanensischen Papyri* (Supplementum Platonicum, 1), Stuttgart-Bad Cannstatt, 1988, p. 119-123, 208-216, avec commentaires, p. 483-493 ; I. Gallo, *Corpus dei papiri filosofici greci e latini. Testi e lessico nei papiri di cultura greca e latina* I. *Autori noti* 1**, Florence, 1992, p. 199-220.

raient – et que l'on tienne compte du conditionnel – venir d'Héraclée du Pont.

D'autres incertitudes règnent sur quelques ethniques fragmentaires ou incertains ou bien sur les « faux » ethniques. Outre le « Pontique » qu'on a vu, interrogeons-nous sur l'origine du célèbre grammairien Denys dit « le Thrace » (n° **62**). En était-il vraiment un, comme le suggérerait d'ailleurs son patronyme (Τήρης) ? Rien de moins sûr, car ce nom, si thrace qu'il soit, demeure plus précisément « royal », ce qui lui confère un statut à part. D'autre part, si l'on tient compte de ce que Byzance a donné à la science alexandrine, il reviendrait plutôt à Denys d'en compléter la pléiade, comme le veulent d'ailleurs presque tous ses exégètes modernes[25].

Enfin verrais-je une difficulté d'ordre chronologique. Il est parfois difficile, voire impossible, de distinguer entre la basse époque hellénistique et l'époque impériale. Cela vaut notamment pour les graffiti, et c'est peut-être à cause de ces incertitudes chronologiques que certains personnages que j'ai retenus pour mon compte n'avaient pas trouvé leur place dans le recueil de La'da. Fidèle à ma manière de prendre les choses, je préfère les insérer dans mon catalogue, mais une fois de plus – j'en suis conscient – la prudence est de rigueur.

Vaut donc ce que vaut la liste que je vous propose, elle permet pour autant, osais-je espérer, de comprendre en quoi et à quel point l'Égypte des Ptolémées attirait des ressortissants des cités pontiques.

Il y a, tout d'abord, les mercenaires, dont on a des exemples du Pont Ouest et Nord (des Byzantins, des Odessites, des Tomitains, des Istriens, des Mésambriens, des Bosporites et sans doute des Sarmates), mais surtout du Pont Sud (des Bithyniens, des Chalcédoniens, des ressortissants de Prousias de l'Hypios, des Héracléotes du Pont, des Paphlagoniens, des Cappadociens, des Cromnites, des Sinopéens, des ressortissants de Tion et des Cappadociens).

Les plus anciens semblent être les deux Bosporites révélés par un catalogue de mercenaires du Fayoum (n^{os} **9-10**) et, à condition que les dates avancées sur la foi des traits paléographiques en soient assurées, l'Odessite (n° **6**) et l'Héracléote (n° **49**) attestés par les graffiti du Memnonion d'Abydos. Ils pourraient tous être datés du

25. Voir l'explication de l'ethnique fournie par *Schol.*, p. 160, 32 Hilgard : τὸ μὲν γένος ἦν Βυζάντιος, ἐκαλεῖτο δὲ Θρᾷξ τῷ Μείζονι κοσμούμενος τῆς χώρας ὀνόματι. Cf. L. Cohn, *RE* V 1 (1903), col. 977-983, *s. v.* « Dionysios » 134 ; P. M. Fraser, *op. cit.* (n. 12), II, p. 678-670, n. 207 ; *DPhA* D 86 (F. Ildefonse).

début du IIIe, voire de la fin du IVe siècle, soit d'une époque pour le moins contemporaine de la mise en place du royaume de Ptolémée Ier. Quant aux clérouques, ils datent majoritairement de la deuxième moitié, et surtout de la fin du IIIe siècle. Il y en a même des cas, où l'on peut suivre deux générations, ce qui nous fait remonter le *floruit* des mercenaires vers la première moitié du IIIe siècle.

Parmi les derniers militaires originaires du Pont, on peut recenser tout d'abord un Bithynien τῆς ἐπιγονῆς (n° **16**) attesté en 156, et qui est sans doute un clérouque, et cinq autres clérouques : un Bosporite du milieu du IIe siècle (n° **11**), un Paphlagonien des environs de 148 (n° **53**), un Sinopéen de la première moitié du IIe siècle (n° **55**) et deux Héracléotes (sont-ils du Pont ?) du milieu du IIe siècle (nos **50-51**). Les tout derniers seraient, à en juger d'après la date attribuée à l'inscription, laquelle pourrait descendre jusque vers la première moitié du Ier siècle, les deux membres de l'association cultuelle militaire, Θόας Ἀμμωνίου et Νουμήνιος Λυσιμάχου, des Héracléotes (nos **43-44**) dont les noms semblent suggérer, comme je l'ai remarqué plus haut, une origine pontique. Sauf que le patronyme du premier dévoile qu'il était presque sûrement né en Égypte. En effet, Ἀμμώνιος est un nom égyptien par excellence, autant dire que son porteur était lui-même sans doute né en Égypte et que l'on aurait donc affaire à une famille de militaires de père en fils.

Deux conclusions semblent se dégager de toutes ses remarques. *Primo*, le recrutement des Pontiques correspond *grosso modo* au IIIe siècle, avec une certaine prééminence pour l'époque des trois premiers Ptolémées. *Secundo*, l'aire de recrutement est manifestement plus variée à la haute époque hellénistique, car étendue à l'ensemble de la mer Noire, pour autant que l'on compte entre autres des ressortissants du Pont Gauche et Nord, alors qu'à partir du IIe siècle, à la seule exception du Bosporite (n° **11**), il n'y en a plus que du Pont Sud (Bithynie et Paphlagonie, des Héracléotes et des Sinopéens). Certes, des datations plus serrées pour les graffiti du Memnonion ou des *Syringes* pourraient éventuellement nuancer ces conclusions, sans pour autant, espérerais-je, les remettre entièrement en question. Dans ces circonstances, il est intéressant à constater que cette image correspond parfaitement à ce que l'on peut tirer des quelques débris d'informations sur les contacts des Ptolémées avec la mer Noire. Les flottes des deux premiers avaient pénétré en mer Noire, les mêmes rois avaient fait des dons à Byzance et aux cités du Pont Sud, mieux encore, Ptolémée II s'était impliqué dans la guerre de succession de Bithynie et sa flotte se rendit à Byzance, avant qu'elle ne continuât par une démonstration de force jusqu'en Crimée[26]. Ptolémée III, quant à lui, avait tenté vers le début de son règne une expédition en Thrace[27]. D'autre part, à l'époque du déclin déjà annoncé par les dernières années du règne de Ptolémée III, les ambitions lagides ne dépassèrent plus l'Égée. Il est donc normal que les cités situées plus au nord, aux confins du monde grec, ne figurassent plus dans le bassin de recrutement des armées lagides.

Quoi qu'il en soit, même si la base documentaire s'est enrichie depuis l'époque des enquêtes de M. Launey, la conclusion du grand savant demeure toujours valable : « Quant aux mentions de Grecs ou Barbares de la mer Noire dans les cités et royaumes hellénistiques, elles sont rares[28]. »

Pour en finir avec ce point, il convient de s'interroger sur l'éventuel retour de certains mercenaires dans leur pays natal. Certes, notre documentation est fléchée : les papyrus, relevant du domaine administratif par excellence, mentionnent surtout ceux qui sont restés sur place en tant que clérouques, d'autre part, les inscriptions sont pour la plupart funéraires, autant dire qu'elles nous révèlent les noms de ceux qui y trouvèrent la mort. Il n'y a, que je sache, aucun cas attesté de mercenaire ayant pris la retraite dans sa patrie après des exploits accumulés en Égypte, et vu le caractère de nos sources, il est même peu probable qu'on puisse songer à en trouver un jour. Dans une étude consacrée aux débuts du culte de Sarapis à Chersonèse, Y. G. Vinogradov et M. I. Zolotarev pensaient pour autant en avoir apporté une preuve[29]. Ils estimaient que les deux Bosporites du Fayoum (n^os^ **9-10**) – dont le premier portait un bon nom milésien, Μολπαγόρας (tiré des Μολποί) et appartenait, par conséquent, nous disait-on, à l'élite du royaume – se fussent prudemment réfugiés du Bosphore lors des luttes de succession déclenchées par la mort de Pairisadès Ier et qu'après avoir gagné leur pain noir en tant que mercenaires en Égypte, ils revinssent chez eux dès

26. *Supra*, n. 2 et 3. L'exécution de la fresque de Nymphaion (n. 18) appartient à ce même contexte.

27. Pour les possessions de Ptolémée III en Thrace, voir notamment l'inscription triomphale d'Adoulis (*OGIS* 54). Cf. B. Niese, « Adaios, Dynast in Thrakien », *Hermes* 35, 1900, p. 69-72 ; K. Buraselis, *Das hellenistische Makedonien und die Ägäis. Forschungen zur Politik des Kassandros und der drei ersten Antigoniden (Antigonos Monophthalmos, Demetrios Poliorketes und Antigonos Gonatas) im Ägäischen Meer und in Westkleinasien* (Münchner Beiträge zur Papyrusforschung und antiken Rechtsgeschichte, 73), Munich, 1982, p. 122-123 et 139 ; A. Avram, *art. cit.* (n. 3), p. 1209-1210.

28. Launey I, p. 422.

29. Y. G. Vinogradov, M. I. Zolotarev, *art. cit.* (n. 6), p. 365-370.

qu'Eumèle, le nouveau roi, eut accordé l'amnistie (Diodore, XX, 24, 4). Les deux auteurs renchérissaient en proclamant qu'il s'agît là d'une « only one evidence » pour le mercenariat en provenance de cette région[30], alors qu'en réalité il y a au moins encore un Bosporite (n° **11**). A mon avis, les arguments avancés pour faire des Bosporites du Fayoum une sorte de mercenaires malgré eux ne sont pas suffisants, et il n'est donc pas sûr que les deux soient jamais revenus dans leur patrie.

Tout bien considéré, je ne crois guère qu'il puisse être question d'un rôle majeur des mercenaires dans la diffusion des cultes égyptiens ou de quoi que ce soit. D'une part, ils ne semblent pas avoir été trop nombreux, d'autre part, il est hautement à supposer que, pour la plupart, ils n'auront jamais regagné leurs foyers.

Une deuxième catégorie de ressortissants du Pont-Euxin qui se laisse définir est constituée de lettrés ayant accompli leurs carrières et écrit leurs ouvrages à Alexandrie. Certes, l'histoire n'en a retenu que les personnalités. Là, ce sont les Byzantins qui s'imposent, à la fois du point de vue numérique que du point de vue de la portée de leurs contributions littéraires ou scientifiques (n^os^ **59-67**). Si la culture alexandrine avait été manifestement plus pauvre sans la contribution des Byzantins, il n'est point question qu'elle ait été trop enrichie par les autres Pontiques. Le rapport entre le Pont Ouest et Nord, d'une part, et le Pont micrasiatique, d'autre part, est d'ailleurs parfaitement équilibré : deux érudits callatiens (n^os^ **68-69**) et un autre d'Olbia (Borysthène) (n° **70**) contre un médecin de Chalcédoine (n° **71**), un autre d'Héraclée (n° **72**) et un périégète toujours d'Héraclée (n° **73**) (sans doute du Pont, pour les deux derniers). L'explication me semble en être pour autant différente. Les cités du Pont Sud ont toujours été des centres culturels à l'époque hellénistique. On en connaît plusieurs, philosophes ou historiens, sans préjudice d'un grand nombre d'érudits de deuxième rang qui ont, certes, voyagé, mais qui ont déployé leurs activités surtout dans leurs villes d'origine. Par contre, rien de moins sûr que Satyros et Héracleidès Lembos de Callatis ou bien Sphaïros d'Olbia aient pu faire tout aussi bien s'ils n'avaient pas opté pour toujours pour Alexandrie. Autrement dit, seule une petite partie de la culture chalcédonienne ou héracléote est représentée outre-mer, alors que pour le Pont Gauche et Nord, Alexandrie accumule presque tout ce que l'on peut recenser à ce propos.

30. *Ibid.*, p. 366.

Bien que les documents nous manquent cruellement, il faut y ajouter nombre d'étudiants ayant parachevé leur éducation dans la grande métropole des bouches du Nil et encore d'autres lettrés dont les exploits ne suffirent pas pour que leurs noms fussent rendus immortels par la postérité. Aussi, serait-on en droit de poser la même question que pour les mercenaires : combien parmi eux sont-ils revenus dans leurs cités d'origine ? Rien ne nous aide dans une telle enquête, mais rien ne nous empêche non plus d'imaginer que ce fut de toute façon plus souvent le cas que pour les militaires. Quoi qu'il en soit, grâce à leur prestige, ces lettrés auraient pu, une fois retournés chez eux, apporter une touche égyptienne à leurs cités natales. Auraient-ils entre autres contribué à l'introduction du culte de Sarapis, d'Isis et des autres dieux égyptiens ? Sans doute, d'autant plus qu'il convient d'admettre que les initiatives privées ont précédé l'intervention officielle. Autrement dit, si l'assemblée d'Istros envoie vers le milieu du IIIe siècle une délégation à l'oracle de Chalcédoine pour l'interroger sur l'opportunité d'accueillir Sarapis dans son panthéon, c'est parce que le culte de ce dieu commençait déjà à être bien populaire dans le domaine privé. Néanmoins, là aussi il y a un bémol : car il n'est pas sûr que tout ce qui est égyptien dans les cultes ait été apporté directement des bouches du Nil. Délos et Rhodes seraient dans ce domaine des candidats tout aussi honorables sinon mieux placés.

D'autres Pontiques figurent dans les documents d'époque ptolémaïque dans des contextes plus obscurs. Il s'agit parfois de graffiti qui ne disent rien sur la qualité des signataires ou de fragments de papyrus qui ne permettent pas de reconstituer le contexte des affaires. Je ne retiens pour la discussion que le cas du nauclère héracléote (n° **79**). Il est d'ailleurs, sur l'ensemble de notre documentation, le seul Pontique à avoir fréquenté Alexandrie *negotiandi causa*. Je pense que cela dit beaucoup sur la faible circulation des trafiquants pontiques vers l'Égypte, tout comme pour la circulation des ressortissants de l'Égypte dans les eaux de la mer Noire il n'y a, on l'a vu, presque rien.

En fait, tout cela n'a rien d'étrange. Les exportations des céréales égyptiennes auront eu très peu à voir avec la mer Noire. Là il y avait des cités qui assuraient l'essentiel de leurs besoins grâce à leur *chôra*. Il est vrai que les attaques des voisins indigènes y faisaient parfois des ravages et que les inscriptions nous racontent plus d'une fois à quel point il fallait assurer le ravitaillement à l'étranger. Mais il y avait également la Crimée, manifestement mieux placée que l'Égypte, pour aller chercher des céréales. Quant à la supposée concurrence céréalière entre le Bosphore de Crimée et l'Égypte lagide, personne n'y pense plus sérieusement. On est loin du temps où, pour d'aucuns comme M. I. Rostovtzeff, l'ambassade de Pairisadès II à Alexandrie (n° **74**) concernait ni plus ni moins qu'une entente sur les marchés du blé[31]. Admettons donc que, pour ce qui est du commerce entre l'Égypte lagide et la mer Noire, les Rhodiens auront largement assuré l'essentiel, pour le moins à la haute époque hellénistique[32].

L'heure est venue pour essayer de tirer quelques conclusions.

1. L'image générale est qu'il s'agit d'une circulation dans un seul sens : de la mer Noire vers l'Égypte. Les perspectives du mercenariat et le prestige des écoles d'Alexandrie attirent des Pontiques à tel point que, pour la plupart, ils ne retournent plus jamais. L'Égypte lagide reçoit donc largement plus qu'elle en donne. Cela étant, ce n'est pas avant tout la crainte du pléonasme qui nous empêchera de parler de relations « bilatérales ».

2. Même dans ces conditions, la présence des Pontiques dans l'Égypte ptolémaïque peut être considérée comme modeste, au moins par rapport à certaines régions du monde méditerranéen. Cela est d'autant plus vrai si l'on ajoute que, pour la plupart, les ressortissants du Pont attestés en Égypte datent du IIIe siècle, soit d'une époque où les Ptolémées étaient non seulement au sommet de leur gloire, mais aussi plus concernés, bien que d'une manière plutôt passagère, par les affaires en mer Noire.

3. De tous les domaines d'activités qui se laissent entrevoir au niveau actuel de notre documentation, c'est le commerce qui est le

---

31. Voir, pour les diverses opinions sur ce point : H. I. Bell, « Greek Sightseers in the Fayum in the Third Century B. C. », *Symbolae Osloenses* 5, 1927, p. 33-36 ; M. I. Rostovtzeff, « Greek Sightseers in Egypt », *Journal of Egyptian Archaeology* 14, 1928, p. 13-15 ; Id., *Skythien und der Bosporus* I, Berlin, 1931, p. 123, n. 1 ; V. F. Gajdukevič, *Das Bosporanische Reich*, Amsterdam, 1971, p. 89 ; N. L. Grač, *art. cit.* (n. 18), p. 94 ; J. G. F. Hind, in *Cambridge Ancient History* VI², Cambridge, 1994, p. 503-504. Voir la mise au point récente de Z. H. Archibald, « In-Groups and Out-Groups in the Pontic Cities of the Hellenistic Age », in *Pontus and the Outside World. Studies in Black Sea History, Historiography and Archaeology*, C. Tuplin éd. (Colloquia Pontica, 9), Leyde-Boston, 2004, p. 1-15.

32. Il convient pourtant de rappeler – valent ce que valent les conclusions suggérées par le traitement des données amphoriques (en voir la mise en garde de Y. Garlan, *Amphores grecques et timbres amphoriques grecs. Entre érudition et idéologie* [Mémoires de l'Académie des Inscriptions et Belles-Lettres, n. s. XXI], Paris, 2000, p. 173-192) – que les exportations rhodiennes en mer Noire sont en déclin dans la deuxième moitié du IIe siècle : Ju. S. Badal'janc, *art. cit.* (n. 13), p. 252 ; N. K. Rauh, « Rhodes, Rome, and the Eastern Mediterranean Wine Trade, 166-88 BC », in V. Gabrielsen *et alii* éd., *op. cit.* (n. 12), p. 168 et 171 ; N. Conovici, *art. cit.* (n. 13), p. 104-107.

plus faiblement représenté, pour ne pas dire qu'il brille par son absence. C'est dire combien on a parfois de la peine à insérer les preuves matérielles dans une reconstruction historique qui satisfasse toutes les exigences.

ALEXANDRINS DANS LES CITÉS DE LA MER NOIRE

Callatis

Θέων Ποτάμωνος – inscr. funéraire – Ἀλεξανδρεύς – deuxième moitié du IIIe s. – *I. Kallatis* 155.

Tomis

Οἶκος τῶν Ἀλεξανδρέων – autel consacré à Sarapis – 26 mars 160 ap. J.-C. – *IGRR* 604 = *I. Tomis* 153. Origines hellénistiques ?

Nymphaion

Fresque représentant le navire *Isis*, très probablement un écho de la visite faite en 254 par une escadre de Ptolémée II : N. L. Grač, « Ein neuentdecktes Fresko aus hellenistischer Zeit in Nymphaion bei Kertsch », *Abhandlungen der bayerischen Akademie des Wissenschaften* 98, 1987, p. 87-95 et pl. 35-39 (cf. *Bulletin épigraphique*, 1990, 590 ; 2002, 70) ; Ju. G. Vinogradov, « Der Staatsbesuch der "Isis" im Bosporos », *Ancient Civilizations from Scythia to Siberia* 5, 1999, 4, p. 271-302 ; O. Höckmann, « Naval and Other Graffiti from Nymphaion », *ibid.* 5, 1999, 4, p. 303-356.

RESSORTISSANTS DES RÉGIONS DE LA MER NOIRE ATTESTÉS DANS L'ÉGYPTE LAGIDE[33]

MILITAIRES ET CLÉROUQUES

Pont Ouest et Nord

BYZANTIOI

Ἀλεξάνδρεια

1. Ἀπελλῆς – père du grammairien Ἀριστοφάνης (n° **60**) et sans doute aussi de Δημήτριος (n° **61**) – ἡγούμενος στρατιωτῶν – Βυζάντιος – 285-246 – *Sud.* A 3933.

33. J'ai toujours ajouté un point d'interrogation avant les personnes dont j'estime que l'origine pontique n'est pas assurée, ce qui vaut notamment pour les Héracléotes, lesquels ne seraient pas tous du Pont.

Cf. F. Heichelheim, *RE Suppl.* V (1931), col. 43, *s. v.* « Apelles » 5a [*PP* II, 2151 ; X, E 340] ; Launey I, p. 372 ; II, p. 1189. Ἀπελλῆς, ὁ παρὰ τοῦ βασιλέως (*PCairZen* I, 59004, l. 27 ; 59006, l. 26-27), attesté sans ethnique à Gaza, Marisa et Adora, est, semble-t-il, le même. Cf. *PP* VI, 15138 : « faut-il l'identifier avec l'officier *PP* II, n° 2151 ? ».

Φιλαδελφία (Ἡρακλείδου μερίς, Ἀρσινοίτης)

2. Ἀμμώνιος Φίλωνος – liste de colons – Βυζάντιος – fin du IIIe s. (W. Clarysse) – *PMich* XVIII, 781, col. II, *recto*, l. 19 [*PP* X, E 339].

Cf. J. Dillery, *PMich*, *loc. cit.*, p. 181 : « Although Ammonios is a common name, no other man bears either the patronym Φίλωνος or the ethnic Βυζάντιος. While Φίλων is also common, it is interesting to note that *PP* does list one Philon who is described by the ethnic Βυζάντιος : *PP* 16561, a mathematician and engineer active at the end of the IIIrd / beginning of the IInd century » (n° **67**).

3. ? Δωρόθεος Καλλικράτου – liste de colons – Β̣υ̣ζά̣[ντιος] (?) – fin du IIIe s. (W. Clarysse) – *PMich* XVIII, 781, col. II, *recto*, l. 25 [*PP* X, E 343 : « for the ethnic, see the ed.'s note to l. 25 : Κ̣υ̣ζι̣[κηνός] is less likely »].

Θηβαΐς

4. Ἡλι[-] Ἀριστο[-] – graffite – militaire ? – Βυζάντιος – basse époque hell. – Baillet 782 ; cf. Launey I, p. 387, n. 3 ; II, p. 1189.

ΜΕΣΑΜΒΡΙΑΝΟΙ

Lieu inconnu, Ἡρακλεοπολίτης ou Ὀξυρυγχίτης

5. Δωρίων – τῶν Κρατέρου [*PP* II, 1932] – Μεσ[ημ]β̣ριανός (*vel* Μεσ[αμ]β̣ριανός) – *ca.* 230 – *PHib* II, 267, l. 4-5 ; Uebel 1273 [*PP* VIII, 3900a ; X, E 1840].

ΟΔΗΣ(Σ)ΙΤΑΙ

Ἄβυδος

6. Ἁρμόδιος – graffite – militaire ? – Ὀδησίτης – deuxième moitié du Ve s. ou début du IIIe s. – P. Perdrizet, G. Lefèvre, *Les graffites grecs du Memnonion d'Abydos*, Nancy-Paris-Strasbourg, 1919, n° 382 = *SB* I, 3782, l. 4 [*PP* X, E 1915] ; cf. Launey I, p. 422 ; II, p. 1205.

ΤΟΜΙΤΑΙ

Θηβαΐς

7. Με̣λ̣ά̣γ̣ιππος – graffite – militaire ? – [Τ]ωμίτης (*sic*) – hell. – Baillet 764 d (avec *add.*, p. 618) ; cf. Launey I, p. 86 et 387, n. 3 ; II, p. 1191.

ΙΣΤΡΙΑΝΟΙ

Θηβαΐς

8. Μοσχιάδης – graffite – militaire ? – Ἰστριανός – hell. – Baillet 1202 ; cf. Launey I, p. 86 et 387, n. 3 ; II, p. 1189.

Βοσποριται

Fayoum (Πολέμωνος μερίς, Ἀρσινοίτης)

9. Μο[λ]π̣αγό[ρ]α̣ς – catalogue de mercenaires – Β̣[οσπ]ο̣ρίτη̣ς – IVe/IIIe s. – *SB* III 6831 = É. Bernand, *Recueil des inscriptions grecques du Fayoum*. III, *La « méris » de Polémôn*, Le Caire, 1981, p. 111-113, n° 193, l. 9 [*PP* X, E 336].

Cf. Launey I, p. 422 ; II, p. 1205. Y. G. Vinogradov, M. I. Zolotarev, « Worship of the Sacred Egyptian Triad in Chersonesus (Crimea) », *Ancient Civilizations from Scythia to Siberia* 5, 1999, 4, p. 365-370 (*SEG* L, 707) estiment que Μολπα(γ)όρης attesté à Panticapée vers 304-284 (*CIRB* 19) soit le même.

10. Φιλώνιχος – catalogue de mercenaires – Βοσπορίτης – IVe/IIIe s. – *SB* III 6831 = É. Bernand, *loc. cit.*, n° 193, l. 6 [*PP* X, E 337].

Cf. Launey I, p. 422 ; II, p. 1205.

Lieu inconnu, Ὀξυρυγχίτης ou Ἡρακλεοπολίτης

11. *Ignotus* [- δ]ώρου – κληροῦχος (ἑκατοντάρουρος ?) – Βοσπορίτης – milieu du IIe s. – W. M. Brashear, *Ptolemäische Urkunden aus Mumienkartonage*, Berlin, 1980 (*BGU* XIV), p. 103-105, n° 2423, fr. A, col. I, l. 8 [*PP* X, E 338].

Σαρμαται ?

Θηβαΐς

12. ? Σαρμάτης Σαρα(πίωνος ?) (*sic* éd.) – graffite – militaire ? – hell. – Baillet 271.

« Il est curieux de voir ce nom de peuple scythe employé comme nom personnel par un individu de souche égyptienne » (Baillet). J'estime que Σαρμάτης pourrait être un ethnique : Σαρμάτης Σαρα(-), « le Sarmate Σαρα(-) ». Cf. *POxy.* LV, 3792, I, l. 4 : Σαραπίων Σαρμάτης. S'agit-il de la même personne ?

13. ? Σαρμέτ[ιος] (*vel* Σαρμέτ[ης]) – graffite – militaire ? – hell. – Baillet 1151. Nom ou ethnique estropié ?

Pont Sud

Βιθυνοι

Ἀλεξάνδρεια (Gabbari)

14. Διονύσιος – inscr. funéraire – cavalier – Βιθυνός – IIIe/IIe s. – *SB* III, 6241 = B. R. Brown, *Ptolemaic Paintings and Mosaics and the Alexandrian Style*, Cambridge, MA, 1957, p. 28, n° 27 [*PP* II, 2882 ; VIII, 3886a ; X, E 316] ; cf. Launey I, p. 435 ; II, p. 1211.

Ἀλεξάνδρεια (Ἅδρα)

15. [Σωτ]ήριχος – inscr. funéraire – militaire ? – Βιθυνός – IIIe/IIe s. – E. Breccia, *Catalogue général des antiquités égyptiennes du Musée d'Alexandrie. Iscrizioni greche e latine*, Le Caire, 1911, p. 127, n° 231 = *SB* I, 4007 = R. Pagenstecher, *Nekropolis. Untersuchungen über Gestalt und Entwicklung der alexandrinischen Grabanlagen und ihrer Malereien*, Leipzig, 1919, p. 48, n° 35 [*PP* X, E 318] ; cf. Launey I, p. 435 et 793 ; II, p. 1211.

Ἀμμωνιάς (Ἀρσινοίτης)

16. Λυσίμαχος Τιμάρχου – militaire – Βιθυ[νὸς τῆς ἐπιγονῆ]ς (lecture de R. A. Coles) – 156 – *SB* XXII, 15240, l. 8-9 [*PP* X, E 320].

Θῶλθις (κάτω τοπαρχία, Ὀξυρυγχίτης)

17. Π[τολε]μαῖος – ἐβ[δομηκοντάρουρος τῶν Νι]κοδήμου ; συγγραφοφύλαξ – Βιθυνός – 215/4 – W. Müller, *Papyrusurkunden aus ptolemäischer Zeit*, Berlin, 1970 (*BGU* X), p. 76-78, n° 1959, l. 14-15 ; Uebel 1342 [*PP* IV, 8855a ; VIII, 4080a ; X, E 317].

Uebel estime (p. 318, n. 5) que le même Πτολεμαῖος était le père d'Ἀριστόμαχος (n° suivant).

Τακόνα (κάτω τοπαρχία, Ὀξυρυγχίτης)

18. Ἀριστόμαχος Πτολεμαίου – militaire, témoin – Βιθυνὸς τῆς ἐπιγονῆς – 203/2 – *BGU* VI 1266 et W. M. Brashear, *Ptolemäische Urkunden aus Mumienkartonage*, Berlin, 1980 (*BGU* XIV), p. 49, n° 2386, l. 7 ; Uebel 1342 [*PP* X, E 319].

Καλχηδονιοι (Χαλκηδονιοι)

Ἱερὰ Νῆσος Θεῶν Σωτήρων (Ἡρακλείδου μερίς, Ἀρσινοίτης)

19. ? [Στ]ρατωνίδης – τῶν Μαραίου [*PP* II, 1946] τακτόμισθος κ[ληροῦχος] (lecture de W. Clarysse) – Χα[λκηδόνιος] plutôt que Χα[λκιδεύς] – 210/209 – *PPetrie* II, 47, l. 27-29 = III, 55b, l. 27-29 ; Uebel 105 (sur la provenance, p. 62, n. 2) [*PP* II et VIII, 4104 ; IV, 9525a ; X, E 2557] ; cf. Launey I, p. 425, avec n. 4 ; II, p. 798 et 1206.

Τακόνα (κάτω τοπαρχία, Ὀξυρυγχίτης)

20. Σώ{ι}στρατος Θεοδότου – Καλχηδόνιος τῆς ἐπι‹γ›ονῆς – 203/2 – *BGU* VI, 1266A, l. 9 et B, l. 9 + *BGU* XIV, 2386 ; Uebel 1399 [*PP* IV, 9968 ; X, E 2558] ; cf. Launey I, p. 425, avec n. 4 ; II, p. 798 et 1206.

Προυσιεισ απο υπιου

Θηβαΐς

21. Βουρικιανὸς Δημοχάρης – militaire ? – Προυσιεὺς ἀπὸ Ὑπίου – hell. – Baillet 1921 (corrigé dans *SEG* VIII, 760) = *I. Prusias ad Hypium*, p. 206-207, T 12 ; cf. Launey II, p. 1211.

22. Διονύσιος Ἰάσωνος – militaire ? – Π[ρ]ουσι[εύς] – hell. – Baillet 1972 = *I. Prusias ad Hypium*, p. 207, T 13 ; cf. Launey II, p. 1211.

Ηρακλεωται

Ἀλεξάνδρεια

23. ? Ἀγήσανδρος – [συ]νταγμα(τάρχης) – Ἡρα[κλεώτης] ? (Ἡρα[-] peut être un patronyme ou un ethnique) – 252 – *PLond* VII, 1986, l. 14-15 = *SB* X, 10251 [*PP* II et VIII, 3778 ; X, E 599].

Δικαίου Νῆσος (Ἀρσινοίτης)

24. ? Δάμων – époux de Διοδώρα Πελλα[ία] [*PP* X, E 1945] – [τῶν - *ca*. 9 -] τῆς ε᾽ ἱπ(παρχίας) (ἑκατοντάρουρος) – Ἡρακλ[εώτης] – 231 ou 206 – *CPR* XVIII, 20, l. 409 [*PP* X, E 604] ; cf., sur la date, K. Maresch, *Bronze und Silber. Papyrologische Beiträge zur Geschichte der Währung im ptolemäischen und römischen Ägypten bis zum 2. Jahrhundert n. Chr.* (Papyrologica Coloniensia, 25), Opladen, 1996, p. 76-81.

Λαγίς (Θεμίστου μερίς, Ἀρσινοίτης)

25. ? Πτολεμαῖος – δεκα(νικὸς) κλ(ηροῦχος) – Ἡρακλεώτης – 223/2 – *PTebt* III, 815, fr. 7, l. 28 ; Uebel 412 (sur la provenance, p. 127, n. 5, et p. 133, n. 5) [*PP* II et VIII, 2282 ; X, E 616] ; cf. Launey I, p. 611 ; II, p. 1266.

Θεόγονις (Πολέμωνος μερίς, Ἀρσινοίτης)

26. ? Δη[μήτριος Δημη]τρίου – ἐπίτρ[οπος] – Ἡρακλεώτης τῆς ἐπ[ιγον]ῆς – 236/5 – *PPetrie* I, 11 = III, 12 = *PPetrie*² I, 18, l. 13-14 ; Uebel 569 [*PP* X, E 623] ; cf. Launey I, p. 611 ; II, p. 1265.

27. ? [Διον]ύσ[ιος] – époux de Χρυσόπολις et père de Πτολεμαῖο[ς] – [τῶν Μενελάο]υ [*PP* II, 1949] τῶ[ν ἐ]κ τ[οῦ Ἑ]ρμοπολίτου πρώτων ἑκατον(τάρουρος) – Ἡρακλεώτης – 236/5 – *PPetrie* I, 11 = III, 12 = *PPetrie*² I, 18, l. 7-9 ; cf. *PTebt* III, 815, fr. 4, l. 23 ; Uebel 568 [*PP* II et VIII, 2880 et 4387 ; X, E 605] ; cf. Launey I, p. 611 ; II, p. 1265.

28. ? Πτολεμαῖο[ς] – fils et héritier de [Διον]ύσ[ιος] et de Χρυσόπολις – *PPetrie* I, 11 = III, 12 = *PPetrie*² I, 18, l. 12.

Ἱερὰ Νῆσος Θεῶν Σωτήρων (Ἡρακλείδου μερίς, Ἀρσινοίτης)

29 (= **31 bis**) ? Ἀπολλώνιος – cavalier τ[ῶν Ἱππο]κράτους [*PP* II, 1921] τῆς δευτέρας ἱππαρχίας [ἑκατον]τάρουρος – Ἡρακλεώτης – 210/209 – *PPetrie* II 47 = III, 55b, l. 31-33 ; Uebel 110 [*PP* II et VIII, 2757 ; IV, 8595a ; X, E 600] ; cf. Launey I, p. 220 et 611 ; II, p. 1265 ; *BL* VII, p. 161.

Ψεοννῶφρις (Ἡρακλείδου μερίς, Ἀρσινοίτης)

30. ? Ἀρίστων – fils de [......] – τῆς τῶν Θεσσαλ[ῶν ἱπ(παρχίας)] – Ἡρακλεώτης – *ca*. 221/220 – *PPetrie* III, 112 f, l. 7-9 ; Uebel 331 [*PP* II, 2735 ; IV, 8836 ; X, E 601] ; cf. Launey I, p. 611 ; II, p. 1265.

Lieux inconnus, Ἀρσινοίτης

31. ? Ἀμμώνιος – fils naturel de Δίων (n° **32**) – *PPetrie* I, 15 = III, 2 = *PPetrie*² I, 3, l. 20-21 ; Uebel 882.

31 bis (= **29**). ? Ἀπολλώνι[ος] – témoin – [Ἡρα]κλεώτης τ[ῆς] ἐπιγονῆς – 226/5 – *PPetrie* I, 19 = III, 19 a = *PPetrie*² I, 24, l. 6 ; Uebel 957 [*PP* X, E 622].

Cf. Launey I, p. 611 ; II, p. 1265 ; W. Clarysse, *PPetrie*² I, p. 229 : « With Launey, I prefer the more common name Ἀπολλώνι[ος]. A certain Ἀπολλώνιος Ἡρακλεώτης τ[ῶν Ἱππο]κράτους τῆς δευτέρας ἱππαρχίας [ἑκατον]τάρουρος acts as a syngraphophylax in a contract of 209 BC [*supra*, n° **29**]. Though the name Apollonios is extremely common in Ptolemaic Egypt, this might be the same person : in 226 he is about 40 years old and still a member of the epigone, seventeen years later he has become a hundred arourai soldier in Hiera Nesos Theon Soteron. »

32. ? Δίων – [τῶν Δ]άμωνος [*PP* II, 1872] πεντακοσίαρχος κληροῦχος – Ἡρακλεώ[της] – 238/7 – *PPetrie* III, 2 = I 15 = *PPetrie*² I, 3, l. 13-14 ; Uebel 882 [*PP* II et VIII, 2308 ; IV 9224 ; X, E 607].

Cf. Launey I, p. 611 ; II, p. 1265. Δίων πεν(τακοσίαρχος) [*PP* II, 2307] pourrait être le même, selon Uebel, p. 207, n. 5, et p. 205, n. 3. *Contra* : W. Clarysse, *PPetrie*² I, p. 99 : « given the great number of cities with the name Herakleia in the Greek world, the city-ethnic Ἡρακλεώτης is of hardly any help in establishing Dion's origin. » Voir aussi R. Scholl, *Corpus der ptolemäischen Sklaventexte* (Forschungen zur antiken Sklaverei, Bh. 1), Stuttgart, 1990, n° 28.

33. ? Μελάνθιος – λο(χαγός) – Ἡρακλειώτ[ης] – *ca*. 244-242 – *PPetrie* II, 35a, col. II, l. 8 = III, 54b (a) ; Uebel 772 (sur la date et la provenance, p. 208-210) [*PP* II, 2267 ; X, E 611] ; cf. Launey I, p. 611.

34. ? [Π]τ̣ο̣λ̣ε̣μαῖος [- -]λ̣ε̣ρμου – τῶ̣ν̣ Μενελάου [*PP* II, 1949] (ἑκατοντάρουρος) ἐκ τοῦ Ἀρσινοίτου νομοῦ – Ἡρα[κλεώτης] ? (« the supplement Ἡρά[κλειος] is also possible », *PP* X, E 615) – *ca*. 245-235 ? – *PLond* 2123, l. 2-6 ; Uebel 797 (sur la date, n. 3) [*PP* VIII, 4084 a ; X, E 615].

35. ? [-]των (?) – militaire – Ἡρακ̣[λεώτης] ? (Ἡρακ̣[- -] peut être un nom, un patronyme et un ethnique) – 238/7 – *PPetrie* III, 5b = *PPetrie*² I, 12, l. 13 ; Uebel 851 [*PP* II et VIII, 1909 ; X, E 2619] ; cf. Launey I, p. 611, n. 6 ; II, p. 1266.

36. ? *Ignotus* – [τ]ῶν ἐν τῶι νομῶι (ἑκατονταρούρων) [ἱππέ]ων - - – [Ἡρα]κλεώτης – 221/220 – *PPetrie* III, 112a, col. I, l. 19 ; Uebel 994 [*PP* VIII, 2974d ; X, E 621] ; cf. Launey I, p. 611 ; II, p. 1266.

Θηβαΐς

37. Δημόκριτος Βιθυ[-] – militaire ? – Ἡρακλεώ(της ?) – hell. – Baillet 1110.

Cf. Launey I, p. 612, n. 4 (« ferait songer à un nom thraco-bithynien, commençant par Βιθυ[-] ») ; II, p. 1265, qui pense prudemment à Héraclée du Pont. Je préfère restituer Δημόκριτος Βιθυ[νὸς] Ἡρακλεώ(της).

38. ? Διονύσιος (I) Δωρίωνο[ς] – militaire ? – Ἡρακλε[(ι)ώτης] (*vel* Ἡρακλε[(ι)οπολίτης], Baillet) – hell. ? – Baillet 60 ; cf. Launey I, p. 612 ; II, p. 1265.

39. ? Διονύσιος (II) Μοσχίωνος (I) – militaire ? – Ἡρακλεώτη[ς] – hell. – Baillet 241 = *SB* III, 6617.

L'inscription donne Διονύσιος Μοσχίωνος ὁ καὶ Μοσχίων Διονυσίου Ἡρακλεώτει[ς]. Cf. Baillet : « à la deuxième ligne, ὁ est fautif » ; Launey I, p. 612 ; II, p. 1265 : Ἡρακλεώτει[ς] « remplace-t-il Ἡρακλεῶται au pluriel, ou Ἡρακλεώτης au singulier ? ».

40. ? Μοσχ[ί]ων (II) Διονυσίου (III) – militaire ? – Ἡρακλεώτη[ς] – hell. – Baillet 241 = *SB* III, 6617 ; cf. Launey I, p. 612 ; II, p. 1265.

Voir n° précédent.

Θῶλθις (κάτω τοπαρχία, Ὀξυρυγχίτης)

41. ? Στράτων Διονυσίου – Ἡρ[α]κλεώτης τῆς ἐπιγονῆς – 213/2 ? – *PFrankf* I, 3, l. 1-2 ; Uebel 1359 [*PP* X, E 625] ; cf. Launey I, p. 612 ; II, p. 1266.

? *Θῶλθις (κάτω τοπαρχία, Ὀξυρυγχίτης)*

42. ? Νικάνωρ Νικ[ά]νωρος – Ἡρακλεώτης τῆς ἐπιγονῆς – 213 – *BGU* X, 1964, *verso*, l. 24-25 + *SB* V, 7569, *verso* ; Uebel 1435 [*PP* X, E 624].

Ṣafānīya (Ὀξυρυγχίτης)

43. Θόας Ἀμμωνίου – inscr. d'une association cultuelle militaire – ἐπιμελητ[ὴς τῆς συ]νό[δου] – Ἡ[ρ]ακλεώτης – IIᵉ s. ou première moitié du Iᵉʳ s. – H. Heinen, in F. Gomaà, R. Müller-Wollermann et W. Schenkel éds., *Mittel-Ägypten zwischen Samalūt und dem Gabal Abū Ṣīr. Beiträge zur historischen Topographie der pharaonischen Zeit*, Wiesbaden, 1991, p. 258-267, n. 2 (*SEG* XLI, 1635), l. 8 de l'inscr. [*PP* X, E 610].

44. Νουμήνιος Λυσιμάχου – inscr. d'une association cultuelle militaire – ἱερατεύων τὴν [σύνοδον] – Ἡρακλεώτης – IIᵉ s. ou première moitié du Iᵉʳ s. – H. Heinen, *loc. cit.*, l. 4 de l'inscr. [*PP* X, E 613].

Lieu inconnu, Ἡρακλεοπολίτης ou Ὀξυρυγχίτης

45. Ἀ[σκ]ληπιόδοτος – λογευτής – Ἡρακλεώτης – 230/29 – *PGrad* 5, l. 17 = *SB* III, 6278, l. 20 ; Uebel 1263 [*PP* I, 1674 a ; II, 2873 ; VIII, 1674a, 2532b, 2873 ; X, E 602].

Cf. Launey I, p. 612 ; II, p. 1265. Il s'agit très vraisemblablement d'Héraclée du Pont, car le même papyrus mentionne, hormis les trois Héracléotes, [Νι]κόστρατος Τιανός (n° **57**).

46. Ζηνόφιλος – λογευτὴς - - τῶν Ζωΐλου [*PP* II, 1908] – Ἡρακλεώτης – 230/29 – *PGrad* 5, l. 22 = *SB* III, 6278, l. 25 ; Uebel 1268 [*PP* I, 1680b ; II, 2900 ; VIII, 1680b, 2532g, 2900 ; X, E 608] ; cf. Launey I, p. 610 et 770, n. 3 ; II, p. 1265.

Voir n° **45**.

47. [....]..τος ([Διό]δοτος, *ed. pr.*) – λογευτής – Ἡρακλεώτης – 230/29 – *PGrad* 5, l. 16 = *SB* III, 6278, l. 19 ; Uebel 1262 [*PP* II, 2879 ; VIII, 1676a, 1705a, 2532 p, 2879 ; X, E 618].

Voir n° **45**.

Silsilis

48. ? Πρώταρχος – graffite – « assez sûrement un soldat, car le graffite est daté ἐπ᾽ Ἀρταπάτου στρατηγοῦ » (Launey) – Ἡρακλεώτης – première moitié du IIIᵉ s. (*BL* VIII, p. 303) – *SB* I 245 = A. Bernand, *De Thèbes à Syène*, Paris, 1989, p. 62, n° 39 [X, E 614] ; cf. Launey I, p. 612 ; II, p. 1266.

Ἄβυδος

49. ? Φιλῖνος – graffite – militaire – Ἡρακλειώτας – IVᵉ/IIIᵉ s. – P. Perdrizet, G. Lefèvre, *Les graffites grecs du Memnonion d'Abydos*, Nancy-Paris-Strasbourg, 1919, n° 292 (Heraclée Trachinienne ?) = *SB* I, 4272, l. 5 [*PP* X, E 617].

Vu la forme dorienne de l'ethnique, on pourrait également songer à Héraclée du Pont.

Lieux inconnus (Égypte)

50. ? Διονύσ[ι]ος – τῶν Σωσθένους [*PP* II, 2007] – Ἡρακλεώτης – IIᵉ s. – *BGU* VI, 1224, l. 37 ; Uebel 1470 [*PP* II, 3893 ; X, E 606] ; cf. Launey I, p. 612 ; II, p. 1265.

51. ? *Ignotus* – clérouque ? – Ἡρακλεώτη[ς] – milieu du IIe s. – *BGU* X, 1938, fr. B, l. 13 + *BGU* XIV, 2423 (*apud PP* X, E 620).

ΠΑΦΛΑΓΟΝΕΣ

Lieu inconnu (Θεμίστου μερίς, Ἀρσινοίτης)

52. *Ignotus* [Ἀ]ν[τ]ιπά[τρ]ου – militaire et colon ? – Παφλαγὼν τῆς ἐπιγονῆς – *ca*. 223/2 – *PTebt* III, 815, fr. 8, *recto*, col. II, l. 2-3 ; Uebel 522 (cf. p. 127, n. 5, et p. 133, n. 5, sur la provenance) [*PP* IV, 10042 ; X, E 1941] ; cf. Launey I, p. 484 ; II, p. 1227.

Lieu inconnu (? Πολέμωνος μερίς, Ἀρσινοίτης)

53. *Ignotus* – κάτοικος ἱππεύς – Παφλαγών – *ca*. 148 – *PTebt* I 99, fr. (c), col. I = R. Scholl, *Corpus der ptolemäischen Sklaventexte* (Forschungen zur antiken Sklaverei, Bh. 1), Stuttgart, 1990, n° 242 ; Uebel 710 [*PP* X, E 1940] ; cf. Launey I, p. 484 ; II, p. 1227.

ΚΡΩΜΝΙΤΑΙ

Φεβῖχις (Ἡρακλεοπολίτης, Κωίτης)

54. [Διον]υσόδωρος – τῶν Ζωΐλου [*PP* II, 1908] – témoin – Κρωμνί[της] – 260/59 ou 259/8 – *PHib* I 96, l. 12, 29-30 = *CPJ* I, 18 ; Uebel 1167 [*PP* II et VIII, 3894 ; X, E 1112] ; cf. L. Robert, *Études anatoliennes*, Paris, 1937, p. 263, n. 2 ; Launey I, p. 484 ; II, p. 1227.

ΣΙΝΩΠΕΙΣ

Κροκοδειλόπολις (1) et Σωκνοπαίου Νῆσος (2) (Ἀρσινοίτης)

55. Δημήτριος – (1) τῶν Μητρ[ο]φάνους τῆς τῶν Θεσσ(αλῶν) καὶ τῶν ἄλλων Ἑλλήνων ἱππαρχίας ἑβδομηκ[ο]ντάρουρος ; (2) τῆς β' ἱπ(παρχίας) (ἑβδομηκοντάρουρος) – Σινωπεύς – (1) 179 ? ; (2) 165 – 1) *PAmh* II 42, l. 6-8, 30-32 ; 2) *PAmh* II 55, l. 1-2 ; Uebel 138 [*PP* II et VIII, 2770, 4245 ; IV, 8841 ; X, E 2441] ; cf. Launey I, p. 484 ; II, p. 1227 ; *BL* VII, p. 4.

Ἀγκυρονόπολις (Ἡρακλεοπολίτης)

56. Ζωΐλος Πτολεμαίου – acheta le lopin συκαμινοακανθίνου λιτοῦ (*scil.* γῆς) ἀρο(υρῶν) κ – Σινωπεύς – 229/8 – *PHib* I 70 a, l. 3-4 [*PP* IV, 11392 ; X, E 2442] ; cf. Launey I, p. 484 ; II, p. 1227.

ΤΙΑΝΟΙ

Lieu inconnu, Ἡρακλεοπολίτης ou Ὀξυρυγχίτης

57. [Νι]κόστρατος – λογευτής – Τιανός – 230/29 – *PGrad* 5, l. 19 = *SB* III, 6278, l. 22 ; Uebel 1265 [*PP* II, 2930 ; VIII, 1692c = 2532k = 2930 ; X, E 2517] ; cf. L. Robert, *Études anatoliennes*, Paris, 1937, p. 267, n. 1 ; Launey I, p. 484 ; II, p. 1227.

ΚΑΠΠΑΚΟΚΕΣ

Καλλιφάνους (Ἀρσινοίτης)

58. Πτολεμαῖος Ποσειδωνίου – συγγραφοφ[ύλ]αξ – Καππάδοξ τῆς ἐπιγονῆς – 231 ou 206 a. C. – *CPR* XVIII, 17, l. 358-359 [*PP* X, E 979] ; cf., sur la date, K. Maresch, *Bronze und Silber. Papyrologische Beiträge zur Geschichte der Währung im ptolemäischen und römischen Ägypten bis zum 2. Jahrhundert n. Chr.* (Papyrologica Coloniensia, 25), Opladen, 1996, p. 76-81.

LETTRÉS

Pont Ouest et Nord

ΒΥΖΑΝΤΙΟΙ

Ἀλεξάνδρεια

59. ? Ἀνδρόμαχος – époux de Μοιρώ et père d'Ὅμηρος – philologue – origine incertaine (Byzantin ou Hiérapolite) – fin du IVe-début du IIIe s. – *Sud.* M 1464 ; Steph. Byz., *s. v.* Ἱεράπολις.

Cf. E. Diehl, *RE* VIII 2 (1913), col. 2247-2248, *s. v.* « Homeros » 3. Voir n° **65**.

60. Ἀριστοφάνης – fils d'Ἀπελλῆς (n° **1**) et peut-être frère de Δημήτριος (n° suivant) – grammairien et curateur de la bibliothèque (202-187) – Βυζάντιος – *ca.* 257-180 [*PP* VI, 16513 ; X, E 341].

Cf. *DPhA* A 405.

61. Δημήτριος – sans doute frère d'Ἀριστοφάνης (n° précédent) et fils d'Ἀπελλῆς (n° **1**) – historien – Βυζάντιος – deuxième moitié du IIIe s. – Diogène Laërce, V, 83 ; *FGrHist* 162 [*PP* VI, 16910 ; X, E 342].

Le prêtre d'Alexandre et des Ptolémées *PP* III et IX, 5082 est, semble-t-il, le même.

62. ? Διονύσιος Τήρου – grammairien et rhéteur – vécut à Alexandrie et à Rhodes – ὁ Θρᾷξ et Ἀλεξανδρεύς – *ca.* 170-90 [*PP* VI, 16845 ; X, E 735].

Cf. *DPhA* D 86.

63. Ἐπιγένης – astrologue – *Byzantius* – IIe/Ier s. – Sénèque, *Naturales Quaestiones* VII 4, 1 ; *PMichZen* III, *Appendix*, p. 310-311 (E. Honigmann) [*PP* VI, 16358 ; X, E 349].

Cf. Rehm, *RE* VI 1 (1909), col. 65-66, *s. v.* « Epigenes » 17 ; W. Gundel, H. G. Gundel, *Astrologumena. Die astrologische Literatur in der Antike und ihre Geschichte*, Wiesbaden, 1966, p. 46, n. 15, et p. 106.

64. Μοιρώ (*AP*, *passim*) ou Μυρώ (*Sud.*) – épouse d'Ἀνδρόμαχος et mère d'Ὅμηρος (*Sud.* M 1464 et O 253, *s. v.* Ὅμηρος) – ποιήτρια ἐπῶν καὶ ἐλεγείων καὶ μελῶν (*Sud.*) – Βυζαντία – fin du IVe et début du IIIe s.

65. Ὅμηρος – fils d'Ἀνδρόμαχος et de Μοιρώ – γραμματικὸς καὶ τραγῳδιῶν ποιητής (*Sud.* O 253) – Βυζάντιος – *floruit* 284-281 a. C. (*Ol.* 124) – B. Snell, *Tragicorum Graecorum Fragmenta* I, p. 268-269, n° 98, T 1-11 [*PP* VI, 16708 ; X, E 345].

66. Παρμένων (vel Παρμενίσκος, *Schol. Theocr.* VI 3) – choliambographe – Βυζάντιος – IIIe s. – *FGrHist* 627, F 2.

Cf. P. Maas, *RE* XVIII 4 (1949), col. 1572, *s. v.* « Parmenon » 1 ; H. J. Lloyd-Jones, P. J. Parsons, *Supplementum Hellenisticum*, Berlin-New York, 1983, n° 604 A [*PP* VI, 16710 ; X, E 346].

67. Φίλων – mathématicien et ingénieur, disciple de Ctésibios, vécut à Alexandrie et à Rhodes – Βυζάντιος (= *Byzantius*, Vitruve, VII *praef.*, 14) – fin du IIIe s. [*PP* VI, 16561 ; X, E 347].

Seul le livre V de son traité fut conservé. Éditions : E. W. Marsden, *Greek and Roman Artillery. Technical Treaties*, Oxford, 1971 ; Y. Garlan, *Recherches de poliorcétique grecque* (Bibliothèques des Écoles françaises d'Athènes et de Rome, 223), Paris, 1974, p. 279-404.

ΚΑΛΛΑΤΙΑΝΟΙ

Ἀλεξάνδρεια

68. Ἡρακλείδης ὁ καὶ Λέμβος – fils de Σαραπίων (*Sud.* H 462 ; Diogène Laërce, VIII, 7, 44 et 58) – biographe, grammairien (?) et philosophe – Καλλατιανὸς ἢ Ἀλεξανδρεύς (Diogène Laërce, V, 94) ou Ὀξυρυγχίτης (*Sud.*) – milieu du IIe s. [*PP* VI, 16922 = 14764 = 16857 ; X, E 974].

Cf. M. R. Dilts, *Heraclidis Lembi excerpta Politiarum* (Greek, Roman and Byzantine Monographs, 5), Durham N. C., 1971 ; I. Gallo, *Frammenti biografici da papiri* I, Rome, 1975, p. 13-55 ; idem, *Corpus dei papiri filosofici greci e latini. Testi e lessico nei papiri di cultura greca e latina* I. *Autori noti* 1**, Florence, 1992, p. 249-257 (sur *POxy* 1367) ; *DPhA* H 61.

69. Σάτυρος – περιπατητικός et biographe, dont les *Vies* furent résumées par Ἡρακλείδης Λέμβος (n° précédent) – Καλλα[τιανός] (*PHerc* 558, F 1) – deuxième moitié du IIIe s. – *FHG* III, p. 159-166 ; *PHerc.* 558 F 1 ; *POxy* 1176 F 39, col. XXIII, l. 1-6 [*PP* VI, 16948 = 16949 ; X, E 975].

Cf. A. Gudeman, *RE* II A (1923), col. 228-235, *s. v.* « Satyros » 16 ; C. F. Kumaniecki, *De Satyro peripatetico* (Archiwum Filologiczne, 18), Cracovie, 1929 ; S. West, « Satyros : Peripatetic or Alexandrian? », *Greek, Roman anb Byzantine Studies* 15, 1974, p. 279-287 ; F. M. Giuliano, « *PHerc* 495 – *PHerc* 558 (Filodemo, Storia di Socrate e della sua scuola ?). Edizione, commento, questioni compositive e attributive », *Cronache ercolanesi* 31, 2001, p. 65 (F 1) ; M. Firicel, « Écrivains originaires de Callatis », *Studii și Cercetări de istorie veche și archeologie* 52-53, 2001-2002, p. 134-135 (T 1-6), avec comm., p. 144-148.

ΒΟΡΥΣΘΕΝΙΤΑΙ

Ἀλεξάνδρεια

70. Σφαῖρος – philosophe stoïcien et historien, fit ses études à Athènes auprès de Zénon, Cléanthe et Chrysippe, vécut ensuite à Alexandrie, à la cour de Cléomène III à Sparte (238/7-221), puis de nouveau à Alexandrie, à la cour de Ptolemée IV Philopatôr – ὁ Βορυσθενίτης (Plutarque) et ὁ Βοσποριανός (Diogène Laërce) – *ca.* 285-210 – *FGrHist* 585 ; *SVF* I, p. 139-142, n° 5 a, T 620-630 [*PP* VI, 16788 = X, E 335].

Cf. Hobein, *RE* III A 2 (1929), col. 1683-1693, *s. v.* « Sphairos » 3.

Pont Sud

ΚΑΛΧΗΔΟΝΙΟΙ (ΧΑΛΚΗΔΟΝΙΟΙ)

Ἀλεξάνδρεια

71. Ἡρόφιλος – médecin et professeur de médecine – Χαλκηδόνιος – *floruit* à l'époque de Ptolémée Ier – Galène, III, 21 ; X, 28 ; XIV, 683.

Cf. H. von Staden, *Herophilus. The Art of Medecine in Early Alexandria*, Cambridge, 1989 [*PP* VI, 16606 ; X, E 2556].

ΗΡΑΚΛΕΩΤΑΙ

Θηβαΐς

72. ? Μένιππος Προκλέος – médecin – Ἡρακλειώτης – hell. – Baillet 13 = *SB* I 1762 [*PP* VI, 16617 ; X, E 612].

Cf. Launey I, p. 612.

ΠΟΝΤΙΚΟΙ

Ἀλεξάνδρεια

73. Ἀπολλᾶς (Ἀπελλᾶς) – grammairien et périégète, disciple de Callimaque, écrivit ἐν τοῖς Δελφοῖς et περὶ τῶν ἐν τῷ Πελοποννησίῳ πόλεων – ὁ Ποντικός – deuxième moitié du IIIe s. – *FGrHist* 266.

Cf. Ed. Schwartz, *RE* I 2 (1894), col. 2841, *s. v.* « Apollas » 3 [*PP* VI, 16821].

AMBASSADEURS

ΒΟΣΠΟΡΙΤΑΙ

Ἀλαξάνδρεια

74. Ambassadeurs du roi Pairisadès II (Παιρισάδου πρεσβευταί) chez Ptolémée II Philadelphe mentionnés par la lettre d'Apollonios (Fayoum) – 21 sept. 254 – *SB* III, 7263 = *PLond* VII, 1973, l. 4-7.

Cf. A. E. Samuel, « The Ptolemies and the Ideology of Kingship », in *Hellenistic History and Culture*, P. Green éd., Berkeley-Los Angeles-Londres, 1993, p. 172 ; A. Avram, « Antiochos II Théos, Ptolémée II Philadelphe et la mer Noire », *CRAI*, 2003, p. 1207-1208.

AUTRES

Pont Ouest et Nord

ΒΥΖΑΝΤΙΟΙ

Lieu inconnu, Ἀρσινοίτης ou Basse-Égypte

75. Ἐχετώδορος – Ḅυζάντιος – 257 – *PCairZen* I 59089, l. 20-21 [*PP* X, E 344].

Istrianoi (?)

Ἀλεξάνδρεια (Ἄδρα)

76. ? Ἀσία – inscr. funéraire – Ἴστρα (*sic*) – IIIe s. – E. Breccia, *Catalogue général des antiquités égyptiennes du Musée d'Alexandrie. Iscrizioni greche e latine*, Le Caire, 1911, p. 128, n° 234 = *SB* I, 4990 = R. Pagenstecher, *Nekropolis. Untersuchungen über Gestalt und Entwicklung der alexandrinischen Grabanlagen und ihrer Malereien*, Leipzig, 1919, p. 35-36, n° 5 = B. R. Brown, *Ptolemaic Paintings and Mosaics and the Alexandrian Style*, Cambridge-Mass., 1957, p. 25, n° 17 [*PP* X, E 2628].

Cette forme de l'ethnique n'est pas attestée ailleurs.

Pont Sud

Βιθυνοι

Fayoum (Ἀρσινοίτης)

77. *Ignota* – papyrus fragmentaire – Βιθυνή – hell. – *BGU* I, 118, col. I, l. 7.

Καλχηδονιοι

Τακόνα (κάτω τοπαρχία, Ὀξυρυγχίτης)

78. *Ignotus* – liste fragmentaire – Καλχηδόνιος – 243 – *SB* XVI, 12858, l. 6.

Ηρακλεωται

Ἀλεξάνδρεια

79. Ἡρακλέων Ἡρακλείδου – ναύκληρος – Ἡρακλεώτης – époque hell. ou impériale – *SB* I, 2050, l. 1-2 [*PP* X, E 609].

Cf. L. Robert, *Études déliennes* (*Bulletin de Correspondance hellénique*, Suppl. I), Athènes-Paris, 1973, p. 442, qui en voit un Héracléote du Pont [W. Ameling, « Prosopographia Heracleotica », dans *I. Heraclea Pontica*, p. 140].

80. ? Ἵλαρον – inscr. sur une colonne – Ἡρακλεῶτις – hell. ? – *CIG* 4690 (*add.* vol. III, p. 1187) = *SB* V, 8292 [*PP* X, E 626].

81. ? Λαγείτα (lecture incertaine) Λύκωνος – inscr. funéraire – Ἡρακλειῶτις – fin du IVe ou début du IIIe s. – E. Breccia, *Catalogue général des antiquités égyptiennes du Musée d'Alexandrie. Iscrizioni greche e latine*, Le Caire, 1911, p. 156, n° 299 (Λάνειτα) = *SB* I, 5005, l. 1-3 (Λανείκα ?, B. Keil *per epistulam*) [cf. W. Ameling, « Prosopographia Heracleotica », dans *I. Heraclea Pontica*, p. 148, n. 92 : Λαγείτα ; *PP* X, E 627 : Λαίνετα].

Ἀλεξάνδρεια (Ἄδρα)

82. ? Ἀγαθόκλεα, παῖς Πολυκράτεος – épigramme funéraire – πάτρην Ἡράκλειαν (v. 1) – IIIe s. – *GVI* 1353 = E. Bernand, *Inscriptions métriques de l'Égypte gréco-romaine. Recherches sur la poésie épigrammatique des Grecs en Égypte*, Paris, 1969, p. 158-159, n° 30.

Lieux inconnus, Ἀρσινοίτης

83. ? Ἀτίων Θέωνος – Ἡρα[κλεώτης] ? (« the supplement Ἡρά[κλειος] is also possible », *PP*) – IIIᵉ s. – *PSorb*. inv. 546.8 = *PCount* 7 (*apud PP* X, E 603).

Θηβαΐς

84. ? Διονυσία – graffite – Ἡρακλειώτης (*sic*) – hell. – Baillet 828.

85. ? Πικλεῦς (génitif ?) – graffite – Ἡρακλειώτης – hell. – *SB* I, 1762.

86. ? *Ignotus* » - -].ε.τ̣ου – Ἡρακλεώτης – *ca*. 225-175 – *PPetrie* inédit TCD FF 78, l. 1 (*apud PP* X, E 619).

ΑΜΑΣΤΡΙΑΝΟΙ

Θηβαΐς

87. Ἕλενος – graffite – Ἀμαστριανός – hell. – Baillet 1681.

88. *Ignotus* – graffite – Ἀμάστριος – hell. – Baillet 1758.

ΑΜΑΣΕΙΣ

Θηβαΐς

89. Ἑρμογένης – Ἀμασ[εύ]ς – basse époque hell. ou impériale – *CIG* 4789 = *OGIS* 694 = *SB* I, 1912 = Baillet 1283 [*PP* X, E 130].

Alexandre AVRAM

HELLÉNISME ET JUDAÏSME

Hellénisme et judaïsme : deux mots grecs dont il faut rappeler le sens si l'on veut poser correctement la question du rapport entre les deux réalités auxquels ils renvoient.

Les mots et les choses

Le substantif *hellênismos* désigne d'abord l'utilisation correcte de la langue grecque, par exemple chez Diogène de Babylone (IIe s. av. n. è.) et Philodème (Ier s. av. n. è.). Les traités *Peri hellênismou* composés par Séleucos, Ptolémée d'Ascalon, Philoxène et Tryphon entre le IIIe et le Ier siècles portaient sur cette question. Un sens assez proche figure dans les papyri, où le mot désigne l'utilisation de la *koinè* par opposition à celle de la langue atticisante (*POxy* 1012). Un autre emploi est attesté dans le célèbre passage de 2 Maccabées 4, 7-17, où le grand prêtre Jason obtient du roi Antiochos Épiphane l'autorisation d'établir à Jérusalem un gymnase et un *ephêbeion* et où il entreprend de faire passer les Juifs « vers le caractère hellénique » ; Jason fait disparaître les comportements conformes à la Loi, le culte est délaissé ; « de la sorte, il y eut un triomphe de l'hellénisme et un essor de l'allophylisme » (4, 13), c'est-à-dire des manières étrangères ; on le voit, l'hellénisme est synonyme d'abandon de la Loi juive et d'adoption des manières grecques. Enfin, plus tard, chez l'empereur Julien, l'hellénisme n'est autre que le paganisme grec : c'est le premier mot de la *Lettre 84* adressée à Arsace, le grand prêtre de la Galatie, dans laquelle Julien énumère les réformes religieuses qu'il veut mettre en place. C'est en ce sens que le code de Justinien parle de « l'impiété de l'hellénisme » (I, 13, 9, 1). Le verbe *hellênizein* est attesté avant le substantif, dès l'époque classique. Il signifie « parler grec », chez Eschine, Platon (*Ménon* 82b) et Xénophon. Il désigne le fait de « parler correctement le grec » chez Aristote, puis chez Denys d'Halicarnasse ; en ce sens, il s'oppose au verbe *barbarizein*, « parler une langue barbare, parler incorrectement » (Sextus Empiricus, *Contre les grammairiens* 246). Chez le poète comique Posidippe, *hellênizein* est attesté au sens de « parler la *koinè* », par opposition au grec attique. Employé transitivement, le verbe signifie « helléniser » une autre langue, c'est-à-dire la traduire en grec : Dion Cassius, *Histoire romaine* 55, 3, 5, explique qu'il est impossible d'« helléniser » le mot latin *auctoritas* ; un sens proche est attesté chez Flavius Josèphe, celui de « donner une allure grecque » à des mots étrangers, en transformant par exemple *Nôkh* en *Nôkhos* (*Antiquités juives* I, 129). Le passif est attesté chez Thucydide au sens d'« être instruit dans la langue grecque » par quelqu'un. Chez les Pères de l'Église, le verbe a souvent le sens de « pratiquer la religion païenne, être païen ». Quant à l'adverbe *hellênisti*, il signifie d'abord « en grec », chez Xénophon, Platon, Plutarque, puis « à la manière grecque », chez Lucien et Plutarque. Enfin, le nom d'agent *hellênistês* apparaît plus tardivement, dans le corpus du Nouveau Testament, où il désigne ceux des Juifs qui ont pour langue le grec (Actes 6, 1 ; 9, 29) ; chez l'empereur Julien, il désigne le sectateur de la religion grecque traditionnelle (*Lettre 84*, 430d).

Le lexique du judaïsme présente une série de mots parallèle au vocabulaire de l'hellénisme. Toutefois, ce lexique n'est pas attesté chez les auteurs païens, mais uniquement chez les écrivains juifs et chrétiens. Le substantif *ioudaismos* figure quatre fois en 2 Maccabées, où il désigne la religion propre aux Juifs dans toutes ses dimensions : en 2, 21, il est question des actes de bravoure accomplis par Judas Maccabée « en faveur du judaïsme » ; en 8, 1, Judas Maccabée rassemble contre l'ennemi païen ceux « qui étaient restés dans le judaïsme » ; en 14, 38 (*bis*), Razis est présenté comme un défenseur du judaïsme. Le même sens est attesté en 4 Maccabées 4, 26, ainsi qu'en Galates 1, 13-14, où Paul parle de son passé « dans le judaïsme ». Le verbe *ioudaizein* signifie « faire le juif, se faire juif » en Esther 8, 17, où il traduit le participe hithpael de *yâhad* ; dans la Bible, ce verbe est un hapax, mais la racine ne peut signifier que « être juif » et l'hithpael « se faire juif » ; il est intéressant de noter que, dans la LXX, le verbe est traduit deux fois : « beaucoup des peuples de la terre furent circoncis et judaïsèrent » ; les verbes *peritemnesthai* et *ioudaizein* apparaissent ainsi comme synonymes. Le même verbe avec le même sens se retrouve en Galates 2, 14 et chez Flavius Josèphe, *Guerre des Juifs* II, 454 et 463. L'adverbe *ioudaisti* signifie « dans la langue des Juifs » en 4 Règnes 18, 26 et Isaïe 36, 11, où il s'oppose à *suristi*, « dans la langue des Syriens », c'est-à-dire en araméen ; le même sens est attesté en 4 Règnes 18, 26 ; 2 Paralipomènes 32, 18 ; 2 Esdras 23, 24 ; Isaïe 36, 13. Enfin, *ioudaistês* figure seulement dans la littérature patristique, où le mot désigne des chrétiens qui adoptent des comportements juifs (Adamantius, *Dialogue* 2, 15 ; Concile de Laodicée 29).

Ainsi, les deux familles de mots renvoient, en un sens étroit, à une réalité linguistique et, en un sens large, à une réalité de civilisation dans tous ses aspects, la langue, le mode de vie, les valeurs, la religion. Cependant, elles ne sont pas totalement symétriques : si *hellênismos* désigne le fait, pour des Juifs, d'avoir adopté le mode de vie grec, en revanche, *ioudaismos* ne désigne pas le fait, pour des Grecs, d'avoir adopté le mode de vie juif, mais simplement le judaïsme en tant que religion et mode de vie. Néanmoins, chez les Pères de l'Église, le verbe *ioudaizein* peut désigner le fait, pour des chrétiens, d'adopter des manières ou des croyances juives.

Quand on rapproche les deux termes grecs d'hellénisme et de judaïsme, c'est pour poser la question de l'hellénisation du judaïsme et, plus rarement, celle de la judaïsation de l'hellénisme. En fait la langue grecque n'a pas de substantif pour désigner ce processus de pénétration et d'influence. Cependant, dans un texte de Philon sur lequel Martin Hengel a attiré l'attention, le verbe *aphellênizein* renvoie à ce que nous appelons aujourd'hui hellénisation[1]. Philon fait l'éloge de l'empereur Auguste, il énumère les bienfaits que le souverain a apportés : il a mis fin aux guerres civiles et à la piraterie et il a civilisé les populations associables et sauvages ; c'est lui qui « a accru la Grèce de beaucoup de Grèces et qui a hellénisé la terre barbare dans les parties les plus nécessaires » (*Ambassade* 147). A ce passage, on peut ajouter un texte d'un auteur païen, où le même verbe est employé au passif dans le même sens : dans le *Discours 37 aux Corinthiens* attribué à Dion Chrysostome, mais que l'on restitue aujourd'hui à Favorinos d'Arles, l'orateur, qui parle de lui-même à la troisième personne, affirme qu'il pratique avec zèle non seulement la langue, mais aussi la pensée, le mode de vie et la manière d'être des Hellènes (§ 25) ; « tout en étant Romain, il a été hellénisé, comme votre patrie » (26) ; il affirme le caractère universel de la *paideia* grecque. On le voit, l'hellénisation concerne les individus, les cités, la terre habitée. Elle consiste dans le remplacement de ce qui est barbare par le mode de vie et de pensée grec.

1. M. Hengel, *Juden, Griechen und Barbaren, Aspekte der Hellenisierung des Judentums in vorchristlicher Zeit*, Stuttgart, 1976, traduction anglaise par J. Bowden, *Jews, Greeks and Barbarians, Aspects of the Hellenization of Judaism in the pre-Christian Period*, Londres, 1980, p. 54.

La manière dont ce modèle grec s'est diffusé dans le monde méditerranéen jusqu'à l'Inde grâce aux conquêtes d'Alexandre et aux Épigones a fait l'objet du livre fondateur de Johann Gustav Droysen, *Geschichte des Hellenismus*, paru à Hambourg à partir de 1833[2]. Il y est très peu question des Juifs. L'hellénisme est conçu comme la fusion de la Grèce et de l'Orient et, dans la pensée de J. G. Droysen, il fait couple avec le christianisme, qui en est l'achèvement. Les historiens postérieurs se sont beaucoup intéressés aux rapports entre hellénisme et christianisme, parfois en défendant un tout autre point de vue que celui de J. G. Droysen. Par exemple, à l'extrême fin du XIXe siècle, Adolf von Harnack veut revenir au christianisme authentique, ce qui suppose à ses yeux que l'on procède à sa déshellénisation[3]. Dans ce contexte, il est plus rarement question de la rencontre entre hellénisme et judaïsme, et Martin Hengel n'a pas tort, en 1969, de considérer que son *Judentum und Hellenismus* est la première tentative d'aborder le sujet dans toute sa complexité, même s'il rend hommage aux travaux préparatoires de F. M. Abel, W. Bousset et H. Gressmann, A. Schlatter, E. Schürer, V. Tcherikover et surtout E. Bickermann[4]. Peu après M. Hengel, en 1976, Arnaldo Momigliano publie *Alien Wisdom*, en partie consacré à notre sujet[5]. Les études, alors, se multiplient, notamment en France, où Edouard Will et Claude Orrieux publient en 1986 *Ioudaismos-Hellenismos. Essai sur le judaïsme judéen à l'époque hellénistique*. En 1998, Marie-Françoise Baslez donne *Bible et histoire. Judaïsme, hellénisme, christianisme*, un livre dont le sous-titre montre que, dorénavant, on ne peut plus traiter du couple hellénisme et christianisme sans introduire le judaïsme. Enfin, en 2001, dans sa synthèse *D'Alexandre à Zénobie. Histoire du*

---

2. *L'Histoire d'Alexandre le Grand de Macédoine* a été suivie en 1836 des *Diadoques* et en 1843 des *Épigones*. Les trois volumes ont été publiés ensemble en 1877-1878 sous le titre *Geschichte des Hellenismus* et traduits en français sous la direction de A. Bouché-Leclercq, *Histoire de l'hellénisme*, Paris, 1883-1885, 2003[2].

3. Il s'agit de seize conférences prononcées à l'Université de Berlin en 1899-1900 et publiées sous le titre *Das Wesen des Christentums*, Leipzig, 1900, traduction française *L'Essence du christianisme*, Paris, 1902.

4. Traduction anglaise par J. Bowden, *Judaism and Hellenism. Studies in their Encounter in Palestine during the Early Hellenistic Period*, Londres, 1974. M. Hengel a apporté un complement à ce livre *Zum Problem der « Hellenisierung » Judäas im 1. Jahrhundert nach Christus*, 1989, traduction anglaise par J. Bowden, *The « hellenization » of Judaea in the First Century after Christ*, Londres, 1989.

5. Traduction française par M.-C. Roussel, *Sagesses barbares. Les limites de l'hellénisation*, Paris, 1979.

Levant antique, Maurice Sartre consacre de nombreuses pages au sujet qui nous occupe.

De la lecture de ces travaux, il ressort que l'hellénisation est un concept large, qui ne se réduit pas aux réalités grecques : avec la conquête romaine, l'hellénisation devient par plusieurs de ses aspects une romanisation. Par exemple, les thermes se répandent dans tout l'Orient : les rabbins des deux Talmuds les fréquentent et un passage décrit même le roi David en train d'y prendre un bain ! Un second acquis de la recherche est que la pénétration du mode de vie et de pensée gréco-romain n'est pas un phénomène uniforme dans le temps et dans l'espace. La langue hébraïque semble s'être maintenue dans les milieux du temple de Jérusalem, tandis que la langue et la culture grecques triomphent chez les Juifs d'Alexandrie. A Jérusalem, la phase d'hellénisation initiale est suivie de la résistance maccabéenne, à laquelle succède une période d'ouverture sur l'hellénisme symbolisée par Hérode le Grand, suivie d'une nouvelle phase de résistance marquée par les deux guerres juives et terminée par le repli du judaïsme sur lui-même. Les mêmes phases ne se retrouvent pas à Alexandrie, où pour reprendre le titre d'une étude de Joseph Mélèze-Modrejewski, aux splendeurs grecques ont succédé les misères romaines[6]. Et encore s'agit-il de tendances générales, qui ne doivent pas masquer que les choses ont été plus complexes dans la réalité : l'époque maccabéenne n'est pas seulement une phase de résistance à l'hellénisation, car, en face des Maccabées, il a existé un courant de Juifs favorables à une adaptation et une modernisation du judaïsme ; et les splendeurs grecques d'Alexandrie ont connu quelques ratés, que raconte 3 Maccabées.

En fait, il semble que le principal problème rencontré par les historiens soit de déterminer des critères incontestables de l'hellénisation : sont tour à tour invoqués la pénétration de la langue et de l'onomastique grecques ; le développement de l'éducation à la grecque ; l'apparition d'une littérature juive de langue grecque ; la présence, dans cette littérature, d'idées grecques sur Dieu, l'homme et le monde ; l'importance numérique de mots d'origine grecque et latine dans la Mishna, les deux Talmuds et la littérature midrashique ; l'influence du modèle politique de la cité grecque et des royaumes hellénistiques ; la multiplication des monuments gréco-romains, etc. L'existence de traductions d'écrits juifs en grec a éga-

6. J. Mélèze-Modrzejewski, « Splendeurs grecques et misères romaines. Les Juifs d'Égypte dans l'Antiquité », in J. Hassoun, *Juifs du Nil*, Paris, 1985, p. 17-48.

lement été utilisée, mais sans que l'argumentation soit présentée dans toutes ses dimensions.

La Septante entre adaptation à l'hellénisme et fidélité au judaïsme

A elle seule, l'existence d'écrits juifs de langue grecque ne prouve pas une pénétration réelle de l'hellénisme au sein du judaïsme. 2 Maccabées, dont la plus grande part a été écrite directement en grec, fait connaître les idées d'un groupe de Juifs ennemis de l'hellénisme. En va-t-il différemment dans le cas des traductions ? C'est ce que l'on pense spontanément, mais à tort. Car il existe deux types de traductions dans l'Antiquité : les traductions *ad sensum*, qui privilégient la langue cible et ses catégories de pensée, et les traductions *ad litteram*, qui veulent rendre compte de la langue de départ[7]. La traduction de la Bible par Aquila au début du IIe siècle de notre ère reproduit si fidèlement le modèle hébreu qu'elle est incompréhensible pour qui ne sait pas l'hébreu. La traduction de la Torah par les soixante-douze lettrés venus de Jérusalem à Alexandrie sous Ptolémée II Philadelphe, ou un peu plus tard, n'est pas aussi littéraliste. Mais elle a été entreprise à une époque où il n'existait pas encore de traductions *ad sensum*. Elle est fortement littérale, comme le montre le fait qu'elle reproduit l'ordre des mots de l'hébreu. Or on a admis pendant longtemps que la Septante avait été traduite pour répondre aux besoins de la communauté juive d'Alexandrie, qui n'aurait plus su l'hébreu[8]. Elle serait donc un exemple d'adaptation d'un texte juif à l'environnement grec. Mais, depuis une vingtaine d'années, on en revient à l'explication donnée dans l'Antiquité et notamment par Aristée, *Lettre à Philocrate* : la traduction résulterait d'une initiative du pharaon grec, soucieux de pouvoir accéder en sa langue à un texte de référence d'une des ethnies d'Alexandrie[9]. Si cela est vrai, alors il n'y aurait pas eu de volonté explicite d'helléniser la Bible hébraïque. Est-ce à dire pour autant qu'il n'y a pas eu d'hellénisation effective de ce texte ? Selon Aristée, les traducteurs étaient « des maîtres

---

7. S. P. Brock, « Aspects of Translation Technique in Antiquity », *Greek, Roman and Byzantine Studies* 20, Durham (North Carolina), p. 69-87.

8. Le livre qui a le mieux exprimé cette thèse est celui de H. St. J. Thackeray, *The Septuagint and Jewish Worship*, Londres, 1921.

9. J. Mélèze-Modrzejewski, *Les Juifs d'Égypte. De Ramsès II à Hadrien*, Paris, 1991, p. 84-101.

dans les lettres judaïques, mais aussi adonnés à la culture hellénique » (§ 121). Est-il possible de vérifier cette compétence culturelle ?

L'HELLÉNISATION DES RÉALITÉS BIBLIQUES

Quelques exemples suffiront pour prendre la mesure de ce phénomène. La Torah hébraïque présente le peuple errant dans le désert sous l'aspect d'une population de nomades en déplacement. Or, le Pentateuque grec apporte une innovation à cette présentation : le peuple nomade devient une cité grecque en route dans le désert. Dans le livre des Nombres, la « communauté », *sunagôgê*, des fils d'Israël est divisée successivement en « tribus », *phulai*, « parentés », *suggeneiai*, « dèmes », *dêmoi*, et « maisons des lignages paternels », *oikoi patriôn*. C'est la distinction entre tribus et dèmes qui doit retenir l'attention. En effet, le mot « dème » apparaît plus de 150 fois, et uniquement dans ce livre. Il correspond à l'hébreu *mishpâẖâh*, qu'on traduit par clan, ou par famille, ou par parenté. Dans les autres livres de la Torah, ce mot est rare et est rendu par « tribu », *phulê* (11 exemples en Genèse ; 1 en Lévitique). L'originalité des Nombres est donc d'introduire la distinction entre la tribu et le dème. Or, cette distinction renvoie à une réalité politique grecque précise : plusieurs cités d'époque classique ou hellénistique sont organisées en tribus et en dèmes. A l'époque de Clisthène, les dèmes constituent les éléments de base de l'organisation civique athénienne : au nombre de 139, puis dépassant les 150, les dèmes sont les lieux d'enregistrement des citoyens âgés de 18 ans. Ces dèmes sont répartis entre les dix tribus, qui servent de cadre à l'ensemble des institutions politiques. Le système des dèmes et des tribus existent également à Rhodes, où il y avait 3 tribus et 36 dèmes. La cité d'Alexandrie elle-même semble avoir été divisée en 5 tribus ; et, à leur tour les tribus sont divisées en 12 dèmes, et les 12 dèmes en 12 phratries ; de la sorte, il y a 60 dèmes et 720 phratries, comme le signale le papyrus *Hibeh* 28 (265 avant notre ère). A la différence d'Athènes, où les dèmes avaient une réalité topographique, les dèmes d'Alexandrie étaient probablement une simple réalité numérique, regroupant un nombre défini de citoyens. Les dèmes bibliques, eux, sont au minimum une réalité numérique, puisque le second recensement de Nombres 26 se fait dème par dème ; mais ils sont probablement aussi une réalité topographique : lors de la marche dans le désert et au moment des campements, chaque tribu a une place déterminée ; même si le texte biblique est muet sur ce point, il est probable que l'ordre des dèmes au sein de chaque tribu en déplacement ou au repos n'était pas anarchique. Ainsi, par l'emploi des mots « tribu » et « dème », les traducteurs ont transposé le modèle de l'organisation civique en usage dans des cités grecques célèbres à la description que donne la Torah d'une population nomade errant dans le désert. Ce qui a favorisé cette transposition, c'est que la Torah décrit la population en marche dans le désert comme une armée en déplacement organisée autour de ses monuments cultuels.

L'influence du modèle civique grec ne se limite pas à cet exemple. En Nombres 1, 18, Moïse et Aaron passent en revue les fils d'Israël et se livrent à une opération peu claire dans le texte hébreu, mais que les targums araméens et les traductions modernes comprennent comme un enregistrement. La Septante dit que « ils mettaient sur des tablettes » les noms des soldats. Le verbe *epaxoneîn* signifie au départ « placer sur un axe ». Mais, dans le vocabulaire politique, il prend une signification particulière : à Athènes, les *axones* étaient les quatre côtés d'une pièce de bois de section carrée sur lesquels étaient gravées les lois de Solon ; ces tablettes tournaient autour d'un pivot, ce qui permettait leur consultation ; selon d'autres sources, les *axones* étaient de forme quadrangulaire et recevaient les lois privées, tandis que les lois publiques étaient écrites sur des *kurbeis* triangulaires de pierre. Les lois de Rome avaient été gravées sur un dispositif de ce genre. Ainsi, à l'instar de ce que certaines cités du monde gréco-romain pratiquaient pour leurs lois, Moïse et Aaron mettent sur des tablettes les noms des Hébreux : de la sorte, leur passage en revue reçoit force de loi. Dernier exemple : le mot hébreu qui signifie « les anciens » est traduit tantôt par *presbuteroi*, tantôt par *gerousia* (25 exemples dans le Pentateuque) ; si le mot *presbuteroi* n'a pas en grec de sens institutionnel net, en revanche, la *gerousia* est une institution bien attestée, qui désigne une forme de gouvernement par les plus âgés.

Les limites à l'hellénisation

Pour les traducteurs, toutes les réalités juives ne sont pas traduisibles en grec. C'est ce que montre l'existence des translittérations. Normalement les noms propres d'hommes ou de lieux sont translittérés. Dans le lexique des plantes, il y a *sabek*, l'arbre du sacrifice d'Abraham (Genèse 22, 13). Dans le domaine des unités de mesure, il y a, dans le cas des liquides, l'*hin* (6,5 l) et l'*oiphi* (45 l) ; dans le cas des solides, le *gomor*, qui transcrit l'hébreu *ḫômer*. Dans le domaine de l'alimentation, la nourriture miraculeuse du désert est appelée *to man* ou *to manna* ; la boisson alcoolisée appelée *shêkar* devient, d'après l'araméen, *to sikera*. Dans le domaine des réalités religieuses, il y a les exemples bien connus des chérubins, *hoi kheroubim*, et de Pâque, *to paskha*. Toutefois, cette limite à l'hellénisation qu'est la translittération rencontre à son tour des limites. C'est ainsi que des mots résultant au départ d'une translittération entrent dans le système nominal grec et se déclinent ou bien ils donnent lieu à des dérivations ; de la sorte, on peut dire qu'ils sont partiellement hellénisés : c'est le cas de noms propres, comme Moïse, *Môusês*, ou de quasi-noms propres comme « lévite », *leueitês*, ou encore d'un des mots qui désignent le prosélyte, *ho geiôras*, ou enfin du sabbat, *ta sabbata*, sur lequel est fabriqué le verbe *sabbatizein*. Surtout, des noms de lieux que les traductions modernes transcrivent sont traduits en grec ; il y a une trentaine d'exemples de ce phénomène dans la Genèse ; c'est ainsi qu'en 11, 28, la cité d'Abraham, Ur, devient « territoire », *khôra*. De la sorte, les traducteurs anciens considéraient le texte biblique comme plus traduisible que nous ne le faisons aujourd'hui.

Un autre phénomène atteste que les traducteurs avaient conscience des limites de la traduisibilité de leur texte : l'existence des hébraïsmes sémantiques, en d'autres termes de mots grecs employés en un sens qui n'existe que dans leurs correspondants hébreux. Le *Greek-English Lexicon* de H. G. Liddell et de R. Scott contient un assez grand nombre de ces mots, pour lesquels, après les sens attestés en grec, ils signalent, dans une rubrique spéciale, l'emploi propre à la LXX. Mais, en s'appuyant sur une analyse sémantique plus rigoureuse et en se fondant sur les inscriptions et les papyri, G. B. Caird a éliminé nombre de ces particularités de la LXX[10]. En réalité, les hébraïsmes sémantiques sont peu nombreux et leur nombre ne cesse de diminuer au fur et à mesure des progrès de la papyrologie documentaire. De plus, le contexte d'emploi de ces hébraïsmes permet en général de comprendre de quel champ sémantique ils relèvent, voire de déterminer leur sens précis. Par exemple, l'investiture des prêtres est exprimée en hébreu par l'expression verbale « remplir les mains de quelqu'un ». Pour un hébraïsant, cette expression signifie « consacrer, habiliter ». Or, le Pentateuque présente deux fois la tournure « remplir les mains », *plêroun*, à laquelle il est apparemment difficile pour un helléniste de

10. G. B. Caird, « Toward a Lexicon of the Septuagint », *Journal of Theological Studies* 19, 1968, p. 453-475, et 20, 1969, p. 21-40.

donner le sens d'investiture sauf s'il connaît l'hébreu. Cependant, le contexte d'Exode 32, 29, permet au lecteur de comprendre que le remplissage des mains n'est pas un acte ordinaire. Moïse vient d'ordonner aux lévites de tuer les adorateurs du veau d'or. Une fois ce châtiment accompli, il leur déclare : « vous avez rempli vos mains pour Seigneur » ; et celui-ci les bénit. Le lecteur comprend que le remplissage des mains est une métaphore qui désigne l'acceptation d'une responsabilité particulière au nom de Dieu. On n'est pas très loin du sens d'investiture. C'est sûrement le sens que l'on donne à Nombres 7, 88, où Moïse, dans le TM, vient d'oindre Aaron et, dans la LXX, vient de lui remplir les mains et de l'oindre : le remplissage des mains apparaît comme synonyme de l'onction.

Adaptation aux réalités grecques et fidélité au judaïsme

A première analyse, le phénomène des traductions multiples pourrait être traité sur le même plan que les translittérations et les hébraïsmes sémantiques et être considéré comme relevant des limites de l'hellénisation : si un même mot hébreu est rendu par plusieurs mots grecs, c'est qu'aux yeux des traducteurs, le mot n'a pas de véritable équivalent dans la langue d'arrivée et n'est pas traduisible. En fait un tel raisonnement ne tient pas compte de l'aspect positif des traductions multiples. Prenons le cas de Nombres 35 : les fils d'Israël reçoivent l'ordre de réserver aux lévites 48 villes, ainsi que le *migrâsh* qui est autour d'elles. Ce mot désigne la zone immédiatement extérieure aux murs de la ville, où les citadins conduisaient (*garâsh*) leurs troupeaux. Dans la LXX, le mot est traduit de trois façons : *ta homora*, « les bordures », *ta proastia*, « les banlieues », *ta sugkurounta*, « les lieux contigus ». Il donne lieu aussi à une traduction interprétative : *ta aphorismata*, « les lieux mis à part » ; au lieu d'être défini comme un espace, le *migrâsh* est décrit par un terme qui énonce ce qui est fait de cet espace : il est mis à part pour les lévites. Comment comprendre cette multiplicité des traductions ? L'explication est double. Tout d'abord, aux yeux des traducteurs, il n'y a pas d'équivalent grec exact du *migrâsh*. Mais ensuite une bonne approximation de cette réalité biblique peut être atteinte si l'on combine tous les équivalents grecs : le *migrâsh* est un lieu mis à part dans l'environnement des villes, qu'il borde et jouxte.

D'autres phénomènes de traduction montrent qu'en règle générale, les traducteurs ont su à la fois s'adapter aux réalités grecques et être fidèles au judaïsme. C'est ainsi que, pour rendre compte de réalités bibliques qui n'ont pas d'équivalent grec, ils créent des mots nouveaux, mais sans que ces mots nouveaux soient incompréhensibles pour des Grecs. Aux yeux des Juifs, l'autel du désert est unique et réservé à l'unique Seigneur : il n'était pas possible d'utiliser le mot *bômos*, qui renvoie aux autels multiples de la religion grecque. Dès lors, sur θυσία, qui est l'offrande apportée au Seigneur, les traducteurs ont créé *thusiastêrion*, qui désigne de manière limpide « l'autel à offrandes ».

Un phénomène voisin du néologisme consiste à donner à un terme un sens nouveau, mais tel que le contexte d'emploi permet de le comprendre. En grec, le proche parent se dit *agkhistos*, un mot dérivé de l'adverbe *agkhi*, qui marque la proximité. En droit attique, le substantif *agkhisteia* désigne le droit d'héritage en tant que proche parent et le verbe *agkhisteuô* signifie « être parent au degré successible ». Dans la LXX, le verbe est appliqué au domaine des crimes de sang : *ho agkhisteuôn to haima* ou *tou haimatos*, « le proche parent quant au sang » ou « du sang », est l'homme qui, étant le plus proche parent, est en droit de demander compte du sang versé.

Un procédé plus subtil consiste à utiliser des mots qui évoquent le lexique auquel on veut se référer, tout en s'en distinguant légèrement. Dans la religion grecque, le sacrifice du salut, en remerciement d'une guérison, d'un heureux retour, etc. s'appelle *ta sôtêria*. Il existe un équivalent biblique de ce sacrifice, qui se dit *shelâmim*. La traduction littérale serait *sôtêria*. Or la LXX propose toujours le singulier *to sôtêrion*. Ainsi, par l'emploi du radical *sôtêr-*, elle évoque le monde du sacrifice, mais, par le singulier, elle affirme que le rite biblique n'est pas identique au rite grec. Autre exemple : la phase préparatoire de tout sacrifice consiste à apporter l'offrande. Dans la religion grecque, cet apport est désigné par le verbe *epipherein*. Ce verbe est employé par la LXX, mais jamais dans un contexte de sacrifice. A sa place, elle utilise *anapherein* et *prospherein*, qui font clairement écho au verbe grec, tout en s'en distinguant : il est ainsi suggéré que l'apport sacrificiel biblique est différent de l'apport grec, tout en l'évoquant[11].

11. Sur tous les points évoqués, voir M. Harl, G. Dorival, O. Munnich, *La Bible grecque des Septante. Du judaïsme hellénistique au christianisme ancien*, Paris, 1988, p. 231-266 ; G. Dorival, « "Dire en grec les choses juives". Quelques choix lexicaux du Pentateuque de la Septante », *Revue des Études grecques* 109, 1996, p. 527-547.

Conclusion

Trois points méritent d'être soulignés :

1. Les traducteurs ont su dire en grec les choses juives, pour reprendre une belle expression d'Emmanuel Lévinas.

2. La Bible hébraïque est apparue de moins en moins traduisible au fur et à mesure de l'avancée du temps. Dans les dernières années du IIe siècle av. notre ère, le traducteur du Siracide affirme que « les textes n'ont pas une force égale lorsqu'ils sont dits dans leur langue originale en hébreu et lorsqu'ils sont traduits dans une autre langue ». Il est ainsi l'un des plus anciens témoins de l'adage *traduttore, traditore*. Au début de l'ère chrétienne, Théodotion, un réviseur de la LXX, multiplie les translittérations, non pas qu'il ne sache pas traduire, mais qu'il estime que certains mots ne peuvent pas être traduits. Un siècle après lui, la nouvelle traduction d'Aquila est difficilement compréhensible si l'on n'a pas une bonne connaissance de l'hébreu. Par exemple, pour rendre compte du fait que le mot *rệ'shît*, « commencement », est dérivé du mot *rô'sh*, « tête », Aquila traduit le premier substantif de la Genèse par *kephalaion* faisant ainsi écho à *kephalê*. Mais *kephalaion* ne peut avoir ni le sens de commencement ni celui de principe. Pour comprendre la signification qu'il a ici, il faut savoir quel est le mot hébreu sous-jacent ou du moins avoir à sa disposition un commentateur qui informe sur le texte hébraïque. De la sorte le fossé qui sépare l'hellénisme et le judaïsme s'est accru entre la période des traducteurs et celle des Sages. Ce phénomène participe de la résistance du judaïsme à l'égard de l'hellénisme et de l'affirmation identitaire.

3. Cette conclusion ne doit pas être poussée trop loin. C'est la Bible des Septante devenue l'Ancien Testament des chrétiens que les Sages ont rejetée, non le grec. La version d'Aquila est utilisée dans la diaspora encore à l'époque de Justinien et la Bible est lue en grec à Byzance. Le grec en tant que langue de communication n'est pas remis en cause. En revanche, il est coupé de son arrière-fond culturel et religieux. Le même phénomène n'est pas propre aux Juifs, mais est attesté chez les Pères de l'Église, même si, chez eux, il a pris une ampleur moindre.

Gilles DORIVAL

ASPECTS DE L'HELLÉNISME DANS L'AFRIQUE DU NORD ANTIQUE

L'influence de la culture grecque sur l'Afrique Mineure, bien qu'elle ne soit pas de toute première importance, a fait l'objet d'assez nombreuses études dans la dernière décennie, tant se fait sentir la nécessité de mettre à jour la monographie bientôt centenaire de W. Thieling[1]. Cette influence, portée par la mer, est en quelque sorte « diagonale » dans le monde méditerranéen antique. Elle ne s'est pas en effet simplement exercée du Nord vers le Sud, comme les influences issues, depuis le néolithique, des péninsules Ibérique et Italique, toutes proches des deux extrémités septentrionales de l'Afrique Mineure, mais elle s'est dirigée aussi du bassin oriental de la Méditerranée vers son bassin occidental.

Aux contraintes spatiales, qui, même dans l'Antiquité, ne contribuent que relativement à limiter une sphère d'influence, se sont ajoutées des circonstances historiques assez défavorables. Sur les rivages africains de la Méditerranée occidentale, l'hellénisme n'a pu se diffuser par le biais de la colonisation. Les Grecs, avec leur langue et leur écriture, ont abordé le Nord de l'Afrique par la Cyrénaïque (date traditionnelle de la fondation de Cyrène : 631 av. n. è.)[2]. Les tentatives de colonisation grecque à l'ouest de cette région ont échoué en raison de l'hostilité des Carthaginois, tôt implantés sur le littoral de la Tripolitaine et de la Petite Syrte et bénéficiant, semble-t-il, de l'appui des tribus locales[3]. L'on a

1. W. Thieling, *Der Hellenismus in Kleinafrika. Der griechische Kultureinfluss in den römischen Provinzen Nordwestafrikas*, Leipzig-Berlin, 1911.

2. F. Chamoux, *Cyrène sous la monarchie des Battiades* (Bibliothèque des Écoles françaises d'Athènes et de Rome, 177), Paris, 1953, p. 115-127 ; sur la langue et l'écriture des Grecs de Cyrène, cf. C. Dobias-Lalou, *Le dialecte des inscriptions grecques de Cyrène* (= Karthago, 25), Paris, 2000.

3. A vrai dire, on ne connaît guère que la tentative vaine de Dorieus, dans la région de *Lepcis Magna* vers 510 av. J.-C., cf. Hérodote, V, 42. Sur l'implantation punique sur la côte orientale de l'actuelle Tunisie et en Tripolitaine, cf. *La civilisation phénicienne et punique. Manuel de Recherche*, V. Krings, éd. (Handbuch der Orientalistik, I, 20), Leyde-New York-Cologne, 1995, p. 796-844 (III, 15 : H. Ben Younès ; 16 : M. Longerstay).

quelques raisons de croire que les Chalcidiens de l'Eubée ont fréquenté à l'époque archaïque les côtes septentrionales de l'Afrique, surtout entre Bizerte et Annaba (Bône)[4] ; mais il ne pouvait être question d'une colonisation grecque immédiatement au nord-ouest de Carthage et d'Utique. En revanche, des relations commerciales ont dû se nouer très tôt. Dans les fouilles de la Carthage la plus archaïque, menées par F. Rakob[5], ont été exhumées une douzaine de coupes eubéennes à dater entre 775 et 725 av. notre ère. Il faut noter que le nom même de Binzart, francisé en Bizerte, est partiellement d'origine grecque. *Hippo Diarrhytos* est en effet une *Hippo* (toponyme vraisemblablement phénico-punique) « traversée par les flots » (c'est le sens de l'adjectif grec διάρρυτος). D'où le processus d'évolution reconstitué par A. Beschaouch[6] : *Hippone Diarrhyto* > **Pone Zaryto* (avec apocope de **Hi-*) > **Pón Zárt* > Binzart. L'origine partiellement grecque du toponyme arabe actuel ne peut s'expliquer que par une longue fréquentation de ce port par des marins grecs.

En fait, s'il n'y a pas eu de colonisation grecque dans l'Afrique Mineure, il exista, en un autre sens, à Carthage même, au moins dès le début du IVe siècle av. notre ère, une sorte de colonie de Grecs signalée par Diodore[7]. Cette présence et ses effets ont été bien étudiés, notamment dans ses manifestations épigraphiques, jadis par St. Gsell[8] et, de nos jours, par M. H. Fantar[9]. Soumise au pouvoir politique punique, cette « colonie » ne se replia pas sur elle-même ; les filiations attestées par les inscriptions, dont quelques-unes sont bilingues[10], et l'onomastique attestent qu'il y eut nombre de

---

4. M. Gras, « Les Eubéens et la Tunisie », dans *Bulletin des Travaux de l'Institut national du Patrimoine. Comptes rendus* (Tunis), 5, janvier-juin 1990, p. 87-93 ; Id., « La mémoire de Lixus. De la fondation de Lixus aux premiers rapports entre Grecs et Phéniciens en Afrique du Nord », *Lixus* (coll. EFR, 166), Rome, 1992, p. 36.

5. M. Vegas, « Carthage : la ville archaïque. Céramique d'importation de la période du géométrique récent », *ibid.*, p. 181-189.

6. A. Beschaouch, « Aspects de l'hellénisme africo-romain », *CRAI*, 2004, p. 65.

7. Diodore, XIV, 77, 5.

8. St. Gsell, *Histoire ancienne de l'Afrique du Nord*, IV, Paris, 1924, p. 175 ; 192-193 ; 206 ; 213-215 notamment.

9. M. H. Fantar, « A propos de la présence des Grecs à Carthage », *Antiquités africaines* 34, 1998, p. 11-19 ; plus cursif et général : Id., « Présence grecque en Tunisie avant la conquête arabo-islamique », *Proceedings of the Sixth international Congress of Graeco-Oriental and African Studies, Nicosia 30 April-5 May 1996* (= *Graeco-Arabica*, 7-8, 1999-2000), Nicosie, 2000, p. 143-146.

10. Par exemple : *Répertoire d'épigraphie sémitique* III, 1224.

mariages unissant Grecs et Puniques[11]. Ces Grecs ont eu tendance à s'assimiler lentement. Ainsi un Bodmelqart au nom théophore bien punique, dont trois générations d'ascendants portent pourtant des noms apparemment grecs, commémore son sacrifice à Tanit et à Baal, les grands dieux de Carthage[12]. Parfois l'onomastique grecque résiste mieux, comme pour ce « Boéthos Carthaginois, fils d'Apollodore », qui signe ainsi[13] sur une base de statue trouvée à Éphèse[14], un artiste assez connu pour que Pausanias[15] en fasse encore état.

De leur côté, les Carthaginois étaient nombreux à parler le grec, langue de prestige, mais aussi langue fort utile pour le commerce. Dès la première moitié du IVe siècle av. notre ère, les Carthaginois étaient capables d'admirer le Syracusain Dion pour l'éloquence dont il faisait preuve dans sa propre langue[16]. Hannibal lui-même, entouré de conseillers civils et militaires grecs ou gréco-puniques[17], parlait le grec, couramment sinon parfaitement selon Cicéron[18] ; en tout cas, il écrivit, au témoignage de Népos[19], des ouvrages dans cette langue. Pour être bref, contentons-nous de signaler un témoignage saisissant de ce bilinguisme et de cette double culture. Nous connaissons par plusieurs sources[20] un philosophe de l'école académique, disciple, puis successeur de Carnéade

11. Déjà Amilcar qui dirigea en 480 av. J.-C. l'expédition d'Himère, était de mère syracusaine, cf. Hérodote, VII, 166, comme le rappelle M. H. Fantar, *art. cit.* (n. 9), p. 12.

12. *Corpus Inscriptionum Semiticarum*, I, 5984, cf. M. H. Fantar, *art. cit.* (n. 9), p. 143. Vers 200 av. notre ère, une certaine Euklea dédie une stèle au tophet de Carthage : *Corpus Inscriptionum Semiticarum*, I, 191, cf. M. H. Fantar, *art. cit.* (n. 9), p. 13-14. Inversement, les Grecs de Carthage célébrèrent le culte de Déméter et Korè introduit de Syracuse au début du IVe siècle avant notre ère, cf. St. Gsell, *op. cit.* (n. 8), IV, p. 346 ; M. H. Fantar, *art. cit.* (n. 9), p. 17-18.

13. St. Gsell, *op. cit.* (n. 8), IV, p. 206 et n. 1.

14. On peut imaginer une double identité, grecque dans les pays de langue grecque et punique à Carthage. Certains Carthaginois portaient des noms grecs sur des épitaphes découvertes en Grèce, cf. St. Gsell, *op. cit.* (n. 8), IV, p. 112 et n. 7. Cf. *infra* le cas d'Asdrubal/Clitomaque.

15. Pausanias, V, 17, 4.

16. Cornélius Népos, *Dion* I, 5.

17. St. Gsell, *op. cit.* (n. 8), II, p. 228-229 et 427, n. 1 ; IV, p. 193 ; M. H. Fantar, *art. cit.* (n. 9), p. 12. Cf. Népos, *Hannibal* XIII, 3 ; Tite-Live, XXIV, 6, 2.

18. Cicéron, *De Oratore* II, 75. Il est vrai que l'opposition *non optume Graece, sed tamen libere* a été parfois comprise autrement. Nous pensons que *libere* exprime une aisance un peu moindre qu'*expedite*.

19. Népos, *ibid.* XIII, 2.

20. S. Mekler, *Academicorum philosophorum index Herculanensis*, Berlin, 1902, p. 88-89 ; Diogène Laërce, IV, 67 ; Stéphane de Byzance, *s. v.* Καρχηδών, Meineke éd., p. 363. Sur le personnage, cf. St. Gsell, *op. cit.* (n. 8), III, Paris, 1918, p. 405-406.

de Cyrène à la tête de cette école. Il était né à Carthage vers 187 av. J.-C., d'un père au nom grec, Diognétos, et portait lui-même le double nom, punique et grec, d'Asdrubal et de Clitomaque. Il s'était installé à Athènes, et c'est depuis cette capitale culturelle de l'hellénisme qu'il envoya, peu de temps après la chute de Carthage, une consolation en grec à ses compatriotes captifs[21]. Il aurait publié plus de 400 traités, certainement en grec. Il faut dire que, d'après Diogène Laërce, l'Académie passait pour donner cours à une prolixité trop souvent dépourvue de sel.

Pour des raisons commerciales, des noms purement puniques, comme Magon ou Aris, étaient fréquemment estampillés sur des amphores de Carthage[22]. En ce qui concerne la monnaie, observons la fréquence au droit du palmier (en grec : φοῖνιξ), vers 350 av. J.-C.[23]. Il s'agit d'une sorte de rébus et de calembour à la fois qui manifeste l'appartenance à la sphère « phénicienne » (Φοῖνιξ signifiant aussi « Phénicien »). Or le jeu de mots est grec et ne peut être apprécié que par des grécophones, car les « Phéniciens » ne se désignent pas comme tels dans leur propre langue ou en punique[24]. Il est vrai que ces monnaies étaient essentiellement destinées à la solde des mercenaires[25] dont beaucoup étaient hellénophones.

En 146 av. notre ère, au lendemain de la chute et de la destruction de Carthage, nombre de traités, surtout techniques, écrits en punique furent traduits en grec, de façon à devenir accessibles aux érudits du monde hellénistique. Le traducteur en grec des traités de l'agronome Magon, qui connurent d'abord une version latine, s'appelait Cassius Dionysius et il était originaire d'Utique[26]. Son nom dénonce clairement un helléno-punique. C'est à cette époque aussi que dut se diffuser la version grecque du *Périple d'Hannon*[27]. Quant aux *Libri Punici*, les mystérieux *Livres puniques*, encore loués pour leur science et leur sagesse par saint

21. Cicéron, *Tusculanes* III, 54.

22. St. Gsell, *op. cit.* (n. 8), IV, p. 63 et n. 3 ; J.-P. Thuillier, « Une marque amphorique au nom de Magon en grec », *Byrsa*, I (coll. EFR, 41), Rome, 1979, p. 333-337 (mais le rapprochement avec Magon, l'auteur d'un traité d'agriculture, est arbitraire).

23. J. Alexandropoulos, *Les monnaies de l'Afrique antique, 400 av. J.-C.-40 ap. J.-C.*, Toulouse, 2000, p. 46.

24. S. Moscati, *L'épopée des Phéniciens*, Paris, 1971, p. 19-20.

25. J. Alexandropoulos, *op. cit.* (n. 23), p. 42.

26. Varron, *Res rusticae* I, 1, 10 ; Columelle, I, 1, 10 ; Pline l'Ancien, I, 8, *externis* ; I, 10, *externis*, etc.

27. W. Aly, « Die Entdeckung des Westens », *Hermes* 62, 1927, p. 299-341.

Augustin[28], ils furent également traduits en grec, mais peut-être seulement par Hiempsal II, le grand-père de Juba II, vers 80 av. notre ère. Il est très possible qu'en plus de les traduire, celui-ci leur ait apporté « sa touche personnelle », selon l'expression de M. Coltelloni-Trannoy[29]. En tout cas, Juba les utilisa[30] pour étayer sa thèse d'une origine occidentale d'un Nil prenant sa source dans ses États, thèse qui rapprochait encore des Lagides d'antan ce gendre de la Grande Cléopâtre, qui ne manqua pas de nommer son fils Ptolémée.

De Carthage, le grec pénétra à l'époque hellénistique dans les divers royaumes numides et maures. Les successeurs d'Alexandre avaient fondé sur les débris de son Empire des États dont les institutions, les pratiques de cours et le faste servaient de modèle aux monarques indigènes dans l'aire du Proche-Orient comme dans celle de la Méditerranée. Parmi les nombreuses innovations du long règne de Massinissa, roi des Massyles, puis de toute la Numidie jusqu'à la Moulouya, on doit mettre l'accent sur la volonté d'ouverture au monde grec. La querelle des comptoirs (*emporia*) de la Petite Syrte et de la Tripolitaine, qui opposa, entre la deuxième et la troisième guerre punique, le souverain numide à Carthage, nous semble avoir été en partie causée par la volonté des deux parties d'assurer, en contrôlant ces comptoirs situés sur le flanc oriental du futur Maghreb, une liaison avec les puissances dominant le bassin oriental de la Méditerranée[31]. Massinissa fut le premier souverain numide capable de concevoir une action diplomatique et de nouer des relations commerciales dans le cadre de l'ensemble de la Méditerranée, ce qui supposait, comme l'a souligné encore M. Coltelloni-

---

28. Augustin, *Épîtres* XVII, 2 ; cf. S. Lancel, *Carthage*, Paris, 1992, p. 377, qui remarque, à juste titre, que la façon dont en parle Augustin donne toutefois à penser qu'il n'a pas lu ces livres !

29. M. Coltelloni-Trannoy, « L'usage du grec dans les royaumes et les provinces romaines d'Afrique », in *Identités et cultures dans l'Algérie antique*, Cl. Briand-Ponsart éd., Rouen, 2005, p. 78. Il s'agit, à notre connaissance, de l'étude récente la plus complète (p. 69-125) et la plus approfondie sur l'hellénisme en Afrique Mineure.

30. Cf. Solin, 32, 2 ; Ammien Marcellin, XXII, 15, 8. Selon Pline l'Ancien, V, 51, Juba dédia un sanctuaire à Isis dans sa capitale, *Caesarea* (Cherchel), et y installa, comme preuve de ses dires, un crocodile censé provenir de ce haut cours maurétanien du Nil. Écho contemporain possible de cette théorie : Vitruve, VIII, 2, 7 ; scepticisme discret de Strabon, XVII, 3, 4, C 826.

31. J. Desanges, « Massinissa et Carthage entre la deuxième et la troisième guerre punique : un problème de chronologie », in *Actes du IIIe congrès international des études phéniciennes et puniques (Tunis, 11-16 novembre 1991)*, I, Tunis, 1995, p. 352-358 (= Id., *Toujours Afrique apporte fait nouveau*, Paris, 1999, p. 71-78).

Trannoy[32], non seulement l'usage du grec, mais aussi une certaine hellénisation du comportement. C'est dans cette perspective que le roi accueillit, vers 160/155, dans sa capitale *Cirta* (Constantine), Ptolémée VIII, qui ne régnait alors qu'à Cyrène, agrémentant les festins qu'il offrit au Lagide du concours de musiciens grecs. Ptolémée VIII en fut impressionné et consigna ces faits dans ses *Mémoires*[33]. Un autre témoignage frappant de la réputation gagnée par Massinissa dans le monde hellénistique est une inscription de Délos[34], dédiée à ce souverain peu après sa mort (148 av. J.-C.), par Nicomède II, roi de la lointaine Bithynie depuis 149. Nicomède, en consacrant une statue au roi numide, le remercie pour « la "prédilection et la bienveillance paternelles"[35] qu'il a eues à son égard ». En admettant même une part de convention dans le formulaire, on ne pourra s'empêcher de penser aux relations exécrables et tragiques de Nicomède avec son propre père, Prusias II, qu'en 149, pour sauver sa vie, il avait dû affronter et éliminer[36]. Malheureusement on ignore en quelle occasion précise Massinissa, presque nonagénaire mais toujours vert, avait pu gagner la reconnaissance du jeune Nicomède. Quoi qu'il en fût, Massinissa fit apprendre le grec à ses fils, du moins aux aînés, appelés à régner, car il en eut plusieurs dizaines[37]. Mastanabal, le cadet, était fort versé dans les lettres

32. M. Coltelloni-Trannoy, *art. cit.* (n. 29), p. 72-73.

33. Athénée, *Deipnosophistes* VI, 15 (229d) ; cf. aussi XII, 16 (518f-519a).

34. P. Roussel, J. Hatzfeld, « Fouilles de Délos », *Bulletin de Correspondance hellénique*, 33, 1909, p. 484, n° 11 ; F. Durrbach, *Choix d'inscriptions de Délos*, Paris, 1921, n° 93.

35. On ne peut banaliser le sens de πατ[ρικήν] en « ancestrale », car, même si mention est faite dans l'inscription de la filiation de Massinissa par rapport à Gaia, ce qui est banal, Massinissa inaugurait les rapports de la royauté numide avec le monde hellénistique. C'est d'ailleurs le sens de « paternelle » qui a été retenu par St. Gsell, *op. cit.* (n. 8), III, p. 307. Pour ce sens, cf. Polybe, XXXIII, 18, 3 et Diodore, XVII, 16, 2 ; cf. aussi L. Robert, *Opera minora selecta*, V, Amsterdam, 1981, p. 245. Nous remercions bien vivement notre ami Ph. Gauthier d'avoir attiré notre attention sur ces textes.

36. Un résumé clair de cet épisode est donné par É. Will, *Histoire politique du monde hellénistique (323-30 av. J.-C.)*, II, Nancy, 1967, p. 324.

37. Quarante-quatre fils (Eutrope, IV, 11) ou 54 (Valère-Maxime, V, 2, ext., 4). Massinissa eut le dernier à 86 ans : Polybe, XXXVI, 16, 5. Les historiens anciens ne se sont pas souciés du nombre de ses filles. Mais nous savons qu'il aimait s'entourer de ses nombreux petits-enfants, encore nourrissons, sans faire de différence entre ceux de ses fils et ceux de ses filles. Il les renvoyait à leurs parents quand ils avaient atteint trois ans, pour en accueillir d'autres récemment nés ; il en était si heureux qu'il s'étonnait que les Grecs vinssent acquérir des singes en quantité dans ses États, comme si, disait-il, chez eux les femmes n'enfantaient pas : Athénée, XII, 16 (518f-519a), d'après Ptolémée VIII qui nota ces pratiques et ce point de vue dans ses *Mémoires*, à l'occasion de la visite qu'il rendit au roi numide, cf. *supra* n. 33.

grecques[38] et envoyait ses chevaux, non sans succès, participer aux courses des Panathénées[39]. Quant à l'aîné, Micipsa, il établit à *Cirta*, nous dit Strabon[40], une véritable « colonie » grecque et, selon Diodore[41], se plaisait à discuter de problèmes philosophiques avec les membres les plus distingués de celle-ci. L'archéologie a confirmé ces indications. On a recensé, dans le sanctuaire d'El-Hofra[42], aux environs de *Cirta*, une vingtaine de stèles funéraires en caractères grecs[43]. L'usage de cette langue fut sans doute quelque peu fortifié par l'expansion commerciale du royaume numide. Les rois se mirent notamment à envoyer du blé dans l'aire de la mer Égée, et ils se firent favorablement connaître à Délos[44] et à Rhodes[45], les principales places commerciales de cette région.

A l'époque d'Auguste, Juba II, le petit-fils d'Hiempsal II qui traduisit et adapta les *Libri Punici*, placé par l'Empereur à la tête du royaume de Maurétanie[46], fut un écrivain fécond en grec, langue qu'il avait dû apprendre à la cour de son père, Juba I, à *Cirta* (Constantine), avant d'être déporté à Rome par César alors qu'il n'avait certainement pas plus de sept ans. Sa prédilection pour cette langue était telle qu'il s'efforça de prouver, avec plus d'ingéniosité que de rigueur, l'origine grecque d'un grand nombre d'usages

38. Tite-Live, *Epit.* du livre L.

39. *IG*, II^2, 2316, ll. 41-44.

40. Strabon, XVII, 3, 13, C 832.

41. Diodore, XXXV, 35, avec une confusion sur la personne de Micipsa, cf. St. Gsell, *op. cit.* (n. 8), VI, p. 91, n. 6.

42. A. Berthier, R. Charlier, *Le sanctuaire punique d'El-Hofra à Constantine*, Paris, 1955, I (texte), II (planches).

43. J. Marcillet-Jaubert, « Les inscriptions grecques », dans F. Bertrandy et M. Sznycer, *Les stèles puniques de Constantine*, Paris, 1987, p. 84-85 ; F. Bertrandy, « La communauté gréco-latine de *Cirta* (Constantine), capitale du royaume de Numidie, pendant le IIe siècle et la première moitié du Ier siècle av. J.-C. », *Latomus*, 44, 1985, p. 487-502.

44. *Inscriptions de Délos*, 442 A, lignes 100-106 (cf. Ph. Gauthier, « Sur le don de grain numide à Délos : un pseudo-Rhodien dans les comptes des hiéropes », in *Comptes et inventaires dans la cité grecque. Actes du colloque de Neuchâtel en l'honneur de Jacques Tréheux*, Neuchâtel, 1988, p. 61-69) ; 1577 ; 1577 bis ; 1578 (cf. M.-F. Baslez, « Un monument de la famille royale de Numidie à Délos », *Revue des Études grecques* 94, 1981, p. 160-165).

45. *Année épigraphique*, 1974, 632 (cf. V. N. Kontorini, « Le roi Hiempsal II de Numidie et Rhodes », *L'Antiquité classique* XLIV, 1975, p. 88-99).

46. Cf., avant tout, M. Coltelloni-Trannoy, *Le royaume de Maurétanie sous Juba II et Ptolémée*, Paris, 1997, et aussi J. Desanges, « L'hellénisme dans le royaume protégé de Maurétanie (25 av. J.-C.-40 ap. J.-C.) », *Bulletin du Comité des Travaux historiques et scientifiques*, n. s., *Afrique du Nord*, 20-21, 1984-1985, p. 53-61 (= Id., *Toujours Afrique apporte fait nouveau*, Paris, 1999, p. 163-171).

romains et de mots latins dans un traité d'au moins quinze livres, intitulé Ὁμοιότητες (*Similitudes*)[47]. Dans sa nouvelle capitale, *Caesarea* (Cherchel), il établit de nombreux Grecs[48], libres ou plus souvent affranchis et esclaves, parfois en liaison avec la cour d'Auguste : son médecin, Euphorbe, qui aurait découvert la plante à laquelle on donna ce nom[49], était le frère d'Antonius Musa, qui fut le médecin d'Auguste[50]. Son fils Ptolémée, dont la mère, Cléopâtre Séléné, était grécophone, laissa, nous dit Tacite[51], ses affranchis (en général d'origine hellénistique) gouverner à sa place, et l'on sait que le plus décidé de ses partisans, qui essaya d'organiser la résistance aux Romains en Maurétanie occidentale[52], après son élimination par Caligula, fut l'affranchi Aedemon, qui portait un nom grec.

Au total, nous ne pouvons que souscrire à la formule de M. Coltelloni-Trannoy[53] : « Il convient de considérer l'hellénisme comme l'un des facteurs qui ont contribué à forger et à définir l'identité des royaumes, à un moment de leur histoire. » Mais il faut observer, comme elle le fait aussi[54], que les usagers du grec dans les royaumes numides et maures semblent avoir été peu nombreux : essentiellement les rois et les émigrants grecs que ces rois ont appelés à s'installer en Numidie, surtout à *Cirta*, et les affranchis et esclaves royaux regroupés avant tout à *Caesarea* (Cherchel). En fait, l'hellénisation des cours a servi de médiation à l'intégration dans l'Empire romain, et, en ce sens, l'élimination du dernier des souverains régnant en Afrique du Nord, Ptolémée, et celle de son dernier partisan, l'affranchi Aedemon, ont valeur de symbole. Il serait cependant fort erroné d'en conclure que, dans ces régions, l'hellénisme ne fut qu'une sorte de vernis culturel de l'aristocratie, en place pour un temps et qui disparut sous l'administration romaine.

M. Coltelloni-Trannoy, après avoir relevé que les documents attestant l'usage du grec ou, plus généralement, l'influence de l'hellénisme en Afrique Mineure sont rares avant le IIe siècle de notre ère, constate à partir de cette époque, comme un fait nouveau dans

47. St. Gsell, *op. cit.* (n. 8), VIII, p. 265-266.
48. Id., *ibid.*, p. 243-244 ; pour une analyse plus détaillée, cf. M. Coltelloni-Trannoy, *op. cit.* (n. 46), p. 199-210.
49. Pline, V, 16 ; XXV, 77.
50. Id., XXV, 77.
51. Tacite, *Annales* IV, 23.
52. Pline, V, 11.
53. M. Coltelloni-Trannoy, *art. cit.* (n. 29), p. 70.
54. Ead., *ibid.*, p. 91.

cette aire, « l'apparition d'un usage diffus de la langue grecque au sein d'une population qui n'est pas nécessairement d'origine hellénique »[55]. Cette rupture étonne un peu, encore que, durant la période impériale, toute diffusion de la culture – et celle-ci va de pair avec le remarquable essor des villes et de la civilisation urbaine dans l'Afrique romaine[56] – implique des gains pour l'hellénisme, même dans la partie occidentale et latinophone d'un Empire qui fut profondément « gréco-romain », comme vient de le rappeler avec brio, P. Veyne[57]. Dans un exposé relativement bref, nous ne pouvons prendre en compte que quelques faits caractéristiques mettant en évidence l'imprégnation de l'Afrique impériale par l'hellénisme.

Choisissons à dessein, pour commencer, une région un peu marginale par rapport à Carthage et à la Zeugitane, cœur de la province Proconsulaire. Transportons-nous donc en Tripolitaine et aux abords de la Petite Syrte. Pour l'époque punique, les sources classiques désignent cette façade maritime sous le nom d'*Emporia*[58], un mot grec qui signifie « Comptoirs » et, par extension, « Côte ou Pays des Comptoirs ». Au IIIe siècle de notre ère, ce fut la *regio Tripolitana*[59], puis, au IVe siècle la *prouincia Tripolitana*. Or *Tripolitana* est un adjectif latin forgé sur le mot grec *Tripolis* ou « ensemble de trois villes », à l'exemple de la *Pentapolitana regio*, ou « Pays des cinq cités », qui, chez Pline l'Ancien[60], désigne la Cyrénaïque. Mais, dira-t-on, le mot *Tripolitana* doit être une élucubration savante de la lointaine administration centrale d'un Empire bilingue. Force est de constater cependant qu'il passa suffisamment dans l'usage pour se maintenir après la conquête arabe sous la forme *T'arâbulus*. Les ports de Tripolitaine, autant et peut-être plus que nombre d'autres ports de l'Afrique Mineure, furent un domaine de plurilinguisme.

---

55. Ead., *ibid.*, p. 93.

56. Songeons qu'au sud de l'Aurès, un personnage issu de la modeste ville de *Thabudeos* (Thouda) ne craignait pas de prendre pour *signum* (sobriquet), *Cicero Thabudeiensis* (« le Cicéron de *Thabudeos* ») : *Année épigraphique*, 1957, 185 ; H. d'Escurac-Doisy, « Inscriptions funéraires de Timgad », *Libyca/Arch.-Épigr.*, IV, 1956, p. 119-120.

57. P. Veyne, *L'Empire gréco-romain*, Paris, 2005.

58. R. Rebuffat, « Où étaient les *Emporia* ? », in *Hommages à Maurice Sznycer*, II, 1990, p. 111-126 (= *Semitica* 39).

59. G. Di Vita-Évrard, « Regio Tripolitana. A Reappraisal », in *Town and Country in Roman Tripolitana. Papers in honour of Olwen Hackett*, D. J. Buck et D. J. Mattingly éd., Oxford, 1985, p. 143-163.

60. Pline, V, 31 ; cf. P. Romanelli, « L'origine del nome Tripolitania », *Rendiconti della Pontifica Accademia di Archeologia* IX, 1933, p. 25-31.

Au IIe siècle de notre ère, Apulée, dans son *Apologie*[61], fait un triste portrait de son beau-fils Pudens : celui-ci aurait perdu l'usage du peu de latin appris à l'école, en passant son temps dans les mauvais lieux d'*Oea* (Tripoli). Il ne parlait plus que le punique et un reste de ce qu'il avait acquis de grec chez sa mère[62]. On en conclura d'abord, bien évidemment, que le punique était sa langue maternelle, mais aussi que son grec n'était pas purement scolaire comme son latin. Sa mère, riche et cultivée, le lui avait transmis. Il devait, malgré tout, quelque peu l'entretenir avec les jeunes gens de bas étage et les filles du port, ses fréquentations favorites, sinon il l'aurait oublié comme le latin. Le grec était apparemment compris à *Oea* du menu peuple comme des grandes familles, et aussi, bien entendu, des Orientaux, juifs notamment, qui laissèrent plusieurs inscriptions dans cette langue[63].

Si l'on considère à présent la Petite Syrte, notre golfe de Gabès, au nord de la Tripolitaine, c'est un fait bien connu, et remarqué par les géographes anciens[64], qu'elle est comme encadrée par deux îles, *Cercina* au nord (la Grande Kerkenna) et *Meninx* (Djerba) au sud. Le nom de *Cercina* est certainement d'origine locale, punique ou libyque. Mais à partir d'une époque que nous ignorons, il connut une interprétation grecque. En effet, une monnaie[65] de la ville homonyme de l'île, qui ne peut être postérieure au principat de Tibère, comporte, à côté des quatre premières lettres du toponyme en caractères latins : *CERC*, la représentation d'un petit crabe. Il s'agit d'un rébus numismatique, le petit crabe se disant en grec καρκινάς[66], mot proche du toponyme ou nésonyme *Cercina*. Curieusement, au XIXe siècle, Ch. Tissot[67], décrivant l'île, la compare longuement à une écrevisse, en situant sur la carte pattes, pinces, thorax et queue ! Prenons garde toutefois qu'en raison de la

61. Apulée, *Apologie* 98, 8.

62. Apulée dit, pour déprécier Pudens, non point qu'il parle grec, mais que, parlant punique, il est resté capable de « gréciser » quelque peu, grâce à sa mère : *loquitur nunquam nisi Punice et si quid adhuc a matre graecissat.* Il est dans la situation de celui qui, de nos jours, use à l'occasion de l'anglais basique. Chose étrange, il n'est pas seulement incapable de parler latin, mais il ne le veut pas : *enim Latine loqui neque uult neque potest.*

63. Y. Le Bohec, « Inscriptions juives et judaïsantes de l'Afrique romaine », *Antiquités africaines* XVII, 1981, p. 173.

64. Strabon, XVII, 3, 17, C 834 ; Méla, II, 105 ; Pline l'Ancien, V, 41, etc.

65. J. Alexandropoulos, *op. cit.* (n. 23), p. 279 ; 450-451, n° 57.

66. Élien, *Nature des Animaux* VII, 31.

67. Ch. Tissot, *Géographie comparée de la province romaine d'Afrique*, I, Paris, 1884, p. 186.

récession du trait de côte[68], l'apparence de l'île a dû changer depuis l'Antiquité, tout en gardant apparemment l'image d'un crustacé. Nul doute que le diplomate érudit n'ait réagi ici à la façon des marins, et singulièrement dans la Grèce ancienne, mémorisant naïvement la forme des îles qu'ils découvrent. Les Grecs auront donc réinterprété le nom indigène de l'île de *Cercina* et, en raison de la forme de celle-ci, la comparaison avec un crabe s'est localement imposée.

Nous aurons la hardiesse de supposer qu'il en fut de même de l'autre grande île encadrant la Petite Syrte, appelée jusqu'au IIIe siècle de notre ère[69] *Meninx*, forme la plus complète du nésonyme, et parfois *Menix*, *Menes*, ou simplement *Mene*[70]. Ces variantes donneraient à penser qu'on a ici également à faire à l'habillage grec d'un nom local. Cependant il ne faut pas perdre de vue que le toponyme Μῆνιγξ a un sens en grec, à savoir « la ou les méninges[71] », autrement dit les membranes entourant l'encéphale, et plus particulièrement la dure-mère, la plus externe des méninges. Or la forme générale de l'île de *Meninx* qui deviendra *Girba* (à notre avis le nom indigène) évoque grossièrement un cerveau (le contenant pouvant désigner le contenu, comme il en est pour « méninges » dans le français familier), avec au moins autant de justesse que le Péloponnèse se rapproche, selon Strabon[72], d'une feuille de platane. En définitive, nous sommes enclin à croire que c'est l'imagination des marins grecs qui flanqua la Petite Syrte et son fleuve ou lac Triton d'un crustacé (au hasard d'une consonance avec un nom punique ou libyque) et d'une méninge (ici la loi des probabilités ne nous permet plus de supposer une rencontre du même type !). N'oublions pas que ces mêmes marins n'hésitaient pas à voir dans les écueils s'élevant un peu au-dessus de l'eau, des dos de cochon (χοιράδες). Mais le plus remarquable est que ces dénominations se soient imposées à Rome et sur place. Histoires

---

68. A. Oueslati, R. Paskoff, H. Slim, P. Trousset, « Déplacements de la ligne de rivage en Tunisie d'après les données de l'archéologie à l'époque historique », in *Déplacements des lignes de rivage en Méditerranée d'après les données de l'archéologie*, Paris, CNRS, 1987, p. 76-78.

69. A. Beschaouch, « De l'*Africa* latino-chrétienne à l'*Ifrîqiya* arabo-musulmane : questions de toponymie », *CRAI*, 1986, p. 538-545 ; J. Desanges, « Djerba, saint Hippolyte et le *Stadiasme* », in *Itinéraires de Saintes à Dougga. Mélanges offerts à Louis Maurin*, Bordeaux, 2003, p. 301-304.

70. Sur ces formes, cf. J. Desanges, *ibid.*, p. 301-302.

71. Aristote, *Histoire des animaux* I, 16 (495a).

72. Strabon, VIII, 2, 1, C 335.

pittoresques de marins certes, mais qui ont laissé leur trace dans la toponymie et, plus profondément, dans les mentalités des gens de la côte en contact de tous temps avec des Grecs et Orientaux hellénophones, dont quelques-uns restèrent à quai et firent souche.

Mais écartons-nous à présent un peu de la mer et mêlons-nous au monde tribal pour constater l'étendue de cette « présence diffuse du grec en Afrique[73] », qu'on a tout récemment bien mise en évidence.

Dans une liste de peuples de la Libye proches de la mer, orientée de l'est vers l'ouest, qui est sans doute issue d'Artémidore ou de Poseidonios, plusieurs manuscrits de Strabon[74] mentionnent, entre des Gétules (probablement les Maces de Tripolitaine) et les Byzaciens (à localiser dans le Sahel de Sousse ou *Byzacium*), des Σίντας (acc.) que, traditionnellement, on corrige en Ἀσβύστας, en suivant l'*Epitome Vaticana*. Cette correction n'est pas du tout satisfaisante, car ce dernier peuple, bien attesté[75], vit en Cyrénaïque. Sans doute les Σίντες ou Σίνται sont-ils un hapax dans l'ethnonymie antique. Mais, en grec, il existe un nom commun[76] σίντης, -ου, qui signifie « pillard, voleur, rapace » ; il s'applique, il est vrai, le plus souvent aux animaux. Il pourrait s'agir d'un à-peu-près grec pour désigner les *Cinithi*[77] de la région de *Gightis* sur le golfe de Bou Ghara, au sud du Golfe de Gabès, situés effectivement entre les Gétules de Tripolitaine et le *Byzacium*. L'assimilation de l'initiale en grec est possible, puisque les *Niciues*[78] des sources latines, autre tribu gétule importante, sont nommés Νίσιβες par Ptolémée. Les *Cinithi* figurèrent sous Tibère dans la coalition menée par Tacfarinas, dont Tacite[79] se plaît à stigmatiser les « brigandages », puis ils se romanisèrent. Or, que leur nom ait été ou non une dénomination approximative et dépréciative des Cinithi, les *Sintae* réapparaissent

73. M. Coltelloni-Trannoy, *art. cit.* (*supra*, n. 29), p. 101.

74. Strabon, II, 5, 33, C 131 : εἶτα Σίντας ; on trouve aussi εἶτ᾽ Ἀσίντας qui doit être une fausse coupe.

75. Cf. A286. « Asbystae/Asbytae », *Encyclopédie berbère*, 7, Aix-en-Provence, 1989, p. 953 (J. Desanges).

76. Que des tribus soient désignées par des noms communs n'étonne pas. On connaît dans la même région des *Bagigetuli*, ou « Gétules errants » (*Table de Peutinger* VII, 2), et des Σποράδες, ou « Disséminés » (A. Bauer, *Die Chronik des Hippolytos im Matritensis Graecus 121*, Leipzig, 1906, § 200, 24, p. 102).

77. J. Desanges, éd. de Pline l'Ancien, *Histoire naturelle. Livre V, 1-46,* Paris, CUF, 1980, p. 338-340. Dans des textes tardifs on les appelle parfois *Cint*(*h*)*i*.

78. Id., *ibid.*, p. 336-337.

79. Tacite, *Annales* II, 52, 2 : *uagos primum et latrociniis suetos ad praedam et raptus congregare* ; 5 : *Conpulerantque Cinithios, haud spernendam nationem.*

beaucoup plus tard chez Augustin[80], en transcription latine de σίνται, pour désigner les plus querelleurs et les plus haineux des combattants du cirque. Ainsi, le sens de ce mot grec s'est maintenu dans le vocabulaire des Jeux, ce qui n'étonne pas outre mesure, puisque A. Beschaouch a souligné l'importance du grec dans la formation des noms des sodalités africaines, particulièrement actives dans l'organisation et le déroulement des spectacles et sans doute des concours[81]. Ici le grec, du fait que la Grèce fut à l'origine des Jeux, devait bénéficier d'un prestige assez comparable à celui de l'anglais, de nos jours, dans le domaine des sports.

Enfonçons-nous encore dans les terres pour atteindre les « portes du désert » avec le Bled el-Djerid, disposé autour d'une immense sebkha aux confins de la Byzacène et de la Tripolitaine. Là nomadisaient les Arzuges[82], signalés, semble-t-il, dès le principat de Trajan par une borne de limitation[83] peu lisible, mais où on peut restituer avec vraisemblance leur nom[84]. Vers 400 de notre ère, une partie d'entre eux était christianisée et, en 419, une lettre[85] faisant part de la condamnation de Pélage est même adressée aux évêques de « la province de Byzacène et d'Arzugis » (*per tractum prouinciae Byzacenae et Arzugitanae*). Il faut sans doute entendre que le pays des Arzuges était, dans l'intérieur des terres, la partie méridionale, plus ou moins étendue, de la province ecclésiastique de Byzacène. On a proposé de rapprocher leur nom de celui des actuels Marâzîg, qui nomadisent autour de Douz[86]. Une tribu comme tant d'autres, en somme ! Mais voici qui est plus étrange : une inscription de

80. Augustin, *De catechizandis rudibus* 16, 25, Bibliothèque augustinienne, 11, 1, G. Madec éd., Paris, 1991, p. 138 : *siue Sintae qui appellantur*.

81. Sur les *Asklepeia* de Carthage, cf. la bibliographie regroupée par A. Beschaouch, « Aspects de l'hellénisme africo-romain », *CRAI*, 2004, p. 53-54. Il existait aussi à Carthage des *Pythia* : *CIL*, XIV, 474.

82. Cf. A284. « Arzuges », *Encyclopédie berbère*, 6, Aix-en-Provence, 1989, p. 950-952 (J. Desanges) ; J. Desanges, « Réflexions sur l'organisation de l'espace selon la latitude dans l'Afrique du Nord antique », in *Frontières et limites géographiques de l'Afrique du Nord antique. Hommage à Pierre Salama*, Cl. Lepelley et X. Dupuis éd., Paris, 1999, p. 37 ; Y. Modéran, *Les Maures et l'Afrique romaine (IVe-VIIe s.)*, Rome, 2003, p. 364-373.

83. *CIL*, VIII, 22763a = *ILAf.*, 30.

84. Nous avons déjà proposé de le faire dans notre *Catalogue des tribus africaines de l'Antiquité classique à l'ouest du Nil*, Dakar, 1962, p. 79. Depuis cette lecture a été généralement adoptée.

85. *Patrologia Latina*, XX, col. 1009.

86. Ch. Courtois, *Les Vandales et l'Afrique*, Paris, 1955, p. 93, n. 8.

Mactar[87] atteste l'existence d'un prêtre (*sacerdos*) Arzugiu(s) – ou Arzugiu(m) si l'on y voit le génitif pluriel de l'ethnonyme. Il semble avoir organisé des chants et des rassemblements dans une enceinte sacrée[88] assurément païenne. On est donc conduit à penser qu'il a existé une confrérie mystique des Arzuges dont les rapports avec la tribu ne peuvent être ni mis en doute, ni précisés. Or, dès le milieu du IIIe siècle, un grand personnage, de rang sénatorial, qui gouverne la Numidie, prend comme surnom mystique Arzygius[89]. Fait plus étrange encore, à Rome, dans une inscription grecque, le nom Ἀρζύγιοι désigne, vraisemblablement au IIIe siècle, plutôt qu'au IIe[90], les membres d'une sodalité qui honore « celui qui chasse les maladies et les souffrances, le champion des (dieux) bienheureux »[91], c'est-à-dire Asclépios. Il est exclu que le nom de cette sodalité soit un homonyme grec du nom de la tribu africaine, pour la simple raison que le grec ne comporte pas de mot commençant par *αρζ-. Certes, il est difficile de comprendre comment une population africaine du désert a donné son nom à une sodalité, composée d'hellénophones établis à Rome, à moins que les recherches d'A. Beschaouch ne nous apportent un jour des lumières sur ce point. Notons cependant que les Arzuges, qui, en 399, conduisaient des voitures de charge pour l'administration et fournissaient des guides aux voyageurs pour franchir les chotts[92], n'étaient pas rétifs à la culture gréco-romaine. En effet, un poème, d'ailleurs très mal intentionné, du recueil de Saumaise publié dans l'*Anthologia Latina*[93] traite avec ironie d'un *uates Arzugitanus*, un poète inspiré arzuge, qui prétend maîtriser toute la

87. *Année épigraphique*, 1895, 117 = *CIL*, VIII, 23407 ; J. Desanges, « Un prêtre Arzugius à Mactar », *Bulletin du Comité des Travaux historiques et scientifiques*, n. s., *Afrique du Nord* 22, 1987-1989, p. 284-285.

88. D'après une suggestion de R. Rebuffat : *cant*(*us*) *et c*(*o*)*et*(*us*) *temp*(*li*).

89. M. Leglay, « Épigraphie et organisation des provinces africaines », in *Atti del III° Congresso intern. di epigr. greca e latina*, Rome, 1959, p. 236. Sur d'autres grands personnages, d'époque postérieure, portant à Rome le *signum* Arzygius, cf. *Encyclopédie berbère,* 6, p. 951-952.

90. Proposition de Ch. Hülsen, *Notizie degli scavi di Antichità*, Rome, 1888, p. 496 ; mais les noms de sodalité au pluriel sont encore très rares sous les Antonins.

91. *IG*, XIV, 968a = *IGRR*, I, 42.

92. Augustin, *Epistola* XLVI, 1 et 5, *Corpus Scriptorum Ecclesiasticorum latinorum* 34/2, Vienne, 1898, p. 123 et 126, cf. R. Thouvenot, « Saint Augustin et les païens », in *Mélanges Jean Bayet*, Bruxelles, 1964, p. 683-688 ; P. Trousset, « Le franchissement des chotts du Sud tunisien dans l'Antiquité », *Antiquités africaines*, 18, 1982, p. 45-49.

93. F. Buecheler, A. Riese, *Anthologia Latina*, I, 1 : A. Riese, *Carmina in codicibus scripta*, Leipzig, 1869, *Libri Salmasiani aliorumque carmina*, n° 131, p. 116 : *De Arzugitano uate.*

gamme des règles métriques, mais en réalité n'est qu'une souche, plus fruste qu'un arbousier, qui ferait mieux de retourner à ses rochers natals. Nul doute que le censeur du poète n'ait fait connaître son pamphlet versifié à sa victime, peut-être un rival. Or ce pamphlet évoque la génisse de bois façonnée pour leurrer de ses poutres adultères le taureau (une machination due au talent de Dédale et mise au service des ardeurs de Pasiphaé), ainsi que le « cheval de la tromperie achéenne », en clair le cheval de Troie. Ce sont là des allusions qui supposent, de la part du lecteur et de ce cercle de poètes, toute une culture classique à dominante grecque, à laquelle n'était donc pas étrangère l'élite du monde tribal[94].

Et justement nous ne quittons pas ce monde, en relevant l'existence, à Bou Djelida, près de Bou Arada, à environ 120 km au sud-ouest de Carthage, d'une *gens Bacchuiana*[95] qui a fait, sous Antonin le Pieux, une dédicace à *Saturnus Achaiae*, c'est-à-dire le Saturne de la Grèce (sans doute Kronos). M. Le Glay commentait[96] ainsi cette inscription : « Ce document semble indiquer que... [la] romanisation [de cette *gens*] était encore fortement contrebalancée par la gréco-punicisation qui, dans l'intérieur du pays, ne fut jamais plus effective qu'après la chute de Carthage. » Nous nous demandons, pour notre part, si la *gens Bacchuiana*[97] ne tire pas son nom d'une expertise dans le culte et les mystères de Bacchus-Liber, dieu lié en Afrique à Saturne[98] et à Kronos[99], une spécialisation qui n'exclut nullement un caractère ethnique, car il a existé dans nombre de civilisations des tribus qui se sont spécialisées dans des fonctions matérielles ou spirituelles.

Dans la même région de Bou Arada, N. Ferchiou et A. Gabillon[100] ont publié naguère une inscription en langue grecque, gravée dans la pierre, qui défend un domaine agraire contre les fléaux naturels, en conjurant nombre de démons. Comme

94. Songeons que, sous Marc Aurèle, un des fils de Julianus, notable de la tribu des Zegrenses qui nomadisait sur les pentes méridionales de Rif, et de Ziddina, au nom bien africain, se nomme Diogenianus, un anthroponyme grec affublé d'un suffixe latin : *Inscriptions antiques du Maroc*, 2. *Inscriptions latines*, Paris, 1982, n° 94, p. 76, l. 12.

95. *CIL*, VIII, 12331.

96. M. Leglay, *Saturne africain. Monuments*, Paris, I, 1961, p. 123-124.

97. On comparera au nom de cette gens, celui des Ἰόβακχοι, tribu du nome de Libye : Ptolémée, *Géographie*, IV, 5, 12, Müller éd., p. 693.

98. M. Leglay, *Saturne africain. Histoire*, Paris, 1966, p. 239-241.

99. Diodore, III, 71, 3-4 ; 72, 5, d'après les récits des Libyens.

100. N. Ferchiou, A. Gabillon, « Une inscription grecque magique de la région de Bou Arada (Tunisie), ou les quatre plaies de l'agriculture antique en Proconsulaire », *Bulletin du Comité des Travaux historiques et scientifiques*, n. s., 19B, 1983, p. 109-125.

dans le domaine des spectacles et des jeux, dans celui de la magie le grec était privilégié, un grec souvent dégradé, mais qui, du fait même de son obscurité, passait pour efficace chez les petites gens. En général, les textes magiques sont inscrits en grec sur des lames de plomb enroulées ou non. On en a trouvé en grande quantité à Carthage et à Sousse[101]. Ces tablettes, où plutôt lamelles, s'étaient répandues fort loin à l'intérieur des terres : un document de ce type, d'un style d'ailleurs aisé et pas du tout stéréotypé, a été trouvé à *Theueste* (Tébessa), en pays musulame, mais fortement romanisé à partir du milieu du Ier siècle de notre ère. Son éditeur[102] le date, sur des critères paléographiques, du Ier siècle avant notre ère, ce qui nous semble un peu précoce, même si *Theueste* est peut-être la Thèbes Hécatompyle conquise par les Puniques[103] au milieu du IIIe siècle avant notre ère.

Quand les forces obscures que redoutaient les habitants laborieux de l'Afrique romaine se muaient en une menace bien visible, c'était le plus souvent sous la forme de tribus extérieures à l'Afrique romaine ou mal intégrées dans cette dernière. A partir du IVe siècle, l'usage s'établit d'appeler indistinctement ces ennemis de l'ordre romain, vandale ou byzantin, Maures, et de les imaginer volontiers plus sombres que le reste de la population, et même parfois noirs[104]. Or, contrairement à ce que pensait P.-A. Février[105], ce ne sont pas les chrétiens qui, en rangeant les Maures du côté de Satan, les ont noircis, mais un rapprochement erroné de leur nom, plus probablement d'origine libyco-berbère que phénico-punique, avec le verbe μαυροῦν utilisé tôt en grec pour des raisons métriques à la place d'ἀμαυροῦν, « obscurcir », et surtout avec l'adjectif μαῦρος (ou μαυρός), qui s'est répandu plus tardivement à la place d'ἀμαυρός, « sombre, opaque » et finalement « noir ». Cette sorte de calembour donnant lieu à une fausse étymologie était consacré dans l'Empire gréco-romain dès le début du principat de Tibère, puisque Manilius écrit alors dans ses *Astronomiques*[106] : *et Mauretania nomen / oris*

101. Il faut toujours avoir recours à A. Audollent, *Defixionum tabellae*, Paris, 1904 ; cf. W. Thieling, *op. cit.* (n. 1), p. 43-48.

102. P. Roesch, « Une tablette de malédiction de Tébessa », *Bulletin d'Archéologie algérienne*, II, 1966-1967, p. 231-237.

103. Cf. J. Desanges, *Recherches sur l'activité des Méditerranéens aux confins de l'Afrique*, Rome, 1978, p. 187, n. 15.

104. P.-A. Février, « Le Maure ambigu ou les pièges du discours », *Bulletin du Comité des Travaux historiques et scientifiques*, n. s. 19B, 1983, p. 294-295. Mais déjà Silius Italicus, *Punica* II, 439, écrit : *nigri… Mauri.*

105. Id., *ibid.*, p. 295 ; voir nos observations, *ibid.*, p. 306.

106. Manilius, *Astronomiques* IV, 729-730.

habet titulumque suo fert ipsa colore, c'est-à-dire « La Maurétanie tient son nom de son visage et affiche elle-même son identité par sa propre couleur ». Alors qu'à l'origine le nom de Maures était réservé aux seuls autochtones du Nord-Ouest de l'Afrique du Nord, au-delà de la Moulouya, sous l'Empire cette dénomination se répandit toujours plus vers l'est, avec une connotation de noirceur. On voit toute l'importance qu'a pu avoir dans la mentalité africaine une fausse étymologie conçue à partir du grec. Et pour aller jusque dans le détail, nous nous demandons si c'est le simple effet du hasard qu'on connaisse, en Maurétanie césarienne, un évêché *Amaurensis*[107], en face d'un siège épiscopal *Maurensis*[108], ce qui reproduit la dualité ἀμαυρός/μαῦρος. Rappelons encore que les Numides, moins nomades que les Gétules[109], par exemple, se sont vu conférer cette réputation par l'interprétation grecque de leur nom, un à-peu-près, Νομάδες, qui signifie « pasteur » ou « nomade » !

Le grec n'a été vraiment parlé et cultivé en Afrique du Nord que par des élites de plus en plus restreintes, les *utraque lingua eruditi*, rompus aux deux langues de l'Empire, la latine et la grecque, et par le petit peuple des ports qui permettaient l'insertion d'une Afrique romaine presque insulaire dans la communauté méditerranéenne. C'est d'ailleurs surtout dans les ports que la « reconquête » byzantine a pu attiser quelque peu l'usage du grec, parce qu'il y était toujours resté vivace. On a souvent souligné qu'Augustin, à la veille de l'invasion vandale, malgré sa culture et son intelligence exceptionnelles, était mal à l'aise pour s'exprimer en grec[110] ; mais, nous dit S. Lancel[111], et c'est là toute la complexité de la situation, « J'ai quant à moi toujours été frappé du fait que les compagnons les plus proches d'Augustin, natifs comme lui de Thagaste, portaient des noms dérivés du grec : Alypius, "le sans souci", Evodius, "l'heureux

107. *Notitia prouinciarum*, *Mauretania Caesariensis*, 35, S. Lancel éd., *Victor de Vita*, Paris, 2002, p. 265.

108. *Ibid.*, *Mauretania Caesariensis*, 122, p. 269

109. Pour Hérodote, IV, 191, les Libyens situés à l'est du Triton (une partie du golfe de Gabès) sont nomades ; ceux qui sont situés à l'ouest (entendre au nord-ouest) sont cultivateurs. Salluste, *Jugurtha* XVIII, 7-8, en reprenant et en transcrivant à propos des Numides le nom grec *Nomades*, qu'ils se seraient donné à eux-mêmes (!), mais qui vient en réalité d'une traduction grecque, a beaucoup contribué à fixer le cliché de leur nomadisme, comparable à celui de la noirceur des Maures.

110. Augustin, *Confessions* I, 20 et 23 ; *Contra Litteras Petiliani* II, 91. Mais il faut faire la part de l'attitude, cf. le jugement pondéré de S. Lancel, *Saint Augustin*, Paris, 1999, p. 34-35.

111. Id., « Conclusions », in *Identités et cultures dans l'Algérie antique*, Cl. Briand-Ponsart éd., Rouen, 2005, p. 497.

voyageur", Trygetius, "le vendangeur" ». Pour notre part, nous croyons, avec M. Coltelloni-Trannoy, que si l'usage du grec a été quantitativement, dans l'Afrique du Nord antique, un phénomène, somme toute, marginal, il a existé souvent, à l'époque de l'Empire romain, un « bilinguisme du pauvre à côté de la culture bilingue des élites[112] » et plus souvent « un hellénisme larvé... sous des formes latinisées[113] ». Nous ajouterons : un mot grec derrière le mot latin, l'équivalence étant loin d'être toujours exacte ! Il nous semble que le fantôme du grec sous le latin était bien aussi présent que de nos jours le fantôme de l'anglais sous le français.

Ces considérations auront montré, nous l'espérons, combien il est urgent de réaliser un corpus des inscriptions grecques de l'Afrique Mineure, qui demandera beaucoup de patience, de savoir et de labeur, tout en restant d'une importance limitée, au regard des quelque 60 000 inscriptions latines qu'a livrées le sol africain. Mais mesurer, en prenant en compte tous ses aspects, l'importance réelle et les effets de l'hellénisme en Afrique Mineure est une tâche encore beaucoup plus considérable et délicate, pour l'accomplissement de laquelle la réalisation du corpus évoqué n'est qu'un préliminaire indispensable.

Jehan DESANGES

112. M. Coltelloni-Trannoy, *art. cit.* (*supra n.* 29), p. 109. En fait, ce bilinguisme devait être assez souvent un trilinguisme, compte tenu de l'importance du punique et, plus encore, du libyque dans l'Afrique romaine.

113. Ead., *ibid.*, p. 116.

RÉFÉRENTS GRECS, EXPRESSION LATINE : À PROPOS DE LA CULTURE DES SODALITÉS AFRICAINES*

Considérations liminaires

Phénomène social demeuré longtemps ignoré, mais dont on sait, désormais, qu'il caractérisait les provinces africo-romaines sous l'Empire, les sodalités étaient des corporations ou confréries (*sodales* et, parfois, *contubernales* ou *fratres*) qui associaient, dans leur cercle, des membres et des supporteurs ou fans.

Fondées sur l'analyse convergente de documents archéologiques, pour la plupart fruit de mes propres investigations, révisions ou découvertes (à savoir inscriptions, pavements de mosaïques, objets en céramique, sculptures, peintures murales), mes recherches m'ont permis d'établir, sur des bases assurées, des conclusions d'histoire.

Les sodalités se manifestaient dans l'espace public des cités (sur les dédicaces honorifiques, dans les thermes et même sur les arcs « de triomphe »), à l'intérieur des demeures privées (en particulier, sur le seuil des chambres ou sur les pavements ornant les bains), dans les lieux de réunions (cercles, clubs ou sièges corporatifs), enfin à travers certaines épitaphes ou sur des façades de mausolées.

Elles le faisaient en affichant, indirectement, leur identité par l'intermédiaire d'une signalétique codée. Il s'agissait, avant tout, d'une *emblématique chiffrée*, d'un système de signes cryptés. Ce code se composait de deux éléments de reconnaissance spécifiques : *un chiffre et un emblème*.

De la sorte, telle sodalité, qui portait le nom de *TELEGENI* (cf. fig. 1), arborait le chiffre 3 (*III*) et un croissant sur hampe, tandis

* = *Aspects de l'hellémisme africo-romain* II, la première partie étant à lire in *CRAI*, 2003, p. 53-65.

que telle autre, s'appelant *TAVRISCI* (cf. fig. 3), se distinguait par le chiffre 2 (*II*) et une feuille de lierre (une *hedera*).

Ces sodalités étaient innombrables et se trouvaient sans cesse soit en parade, soit en compétition. Aussi la vogue des signes impliquait-elle une signalétique spécifique et distinctive. Tel que j'ai pu le déceler, puis le formaliser, le système de distinction entre les groupes reposait sur les principes suivants :

1. Quand deux sodalités (ou plus) portaient le même chiffre, il leur était absolument nécessaire, pour se distinguer l'une de l'autre, de disposer d'un emblème différent. De fait, les *DECASI* et les *BARASI*, par exemple, relevaient également du chiffre 10 (X). Leur signe de reconnaissance distinctif était donc l'emblème : c'est ainsi que les *DECASI* arboraient un croissant sur hampe et les *BARASI* une tige de millet (composer, par ailleurs, les fig. 4 et 5).

2. En revanche, au cas où deux sodalités (ou plus) arboraient un emblème identique, elles ne pouvaient, naturellement, se distinguer l'une de l'autre que par le chiffre. La preuve en est, entre autres, que les sodalités dénommées *BARASI et FAGARGI* avaient pour commune référence une tige de millet. Mais les *BARASI* portaient le chiffre 10 (X) et les *FAGARGI* le chiffre 2 (II).

Par ailleurs, comme nous l'enseignent inscriptions, figures et images, ces corporations ne s'activaient pas seulement pour produire les spectacles de l'amphithéâtre, les *munera*, c'est-à-dire les chasses mises en scène (spectacles de *venatores*), les combats de gladiateurs (le *munus gladiatorum*, quand il se donnait encore en Afrique), les combats d'animaux, l'exhibition d'animaux « savants » ou de dressage. L'on sait, en effet désormais, que les sodalités avaient fini par étendre leur mainmise d'une part sur l'organisation des courses dans l'hippodrome (les *circences*), d'autre part sur la production théâtrale, en montant les *ludi scaenici*. En définitive, ces groupes s'étaient, à la longue, muées en entreprises de production – des sortes de consortiums requérant des ressources financières considérables et de lourdes infrastructures.

Certes, ces activités dans le domaine de la culture et des loisirs (*ludi et circenses*) devaient largement suffire à satisfaire la demande du public et à mériter la faveur populaire. Toutefois, l'étude des documents archéologiques et épigraphiques montre qu'entre le IIe et le IVe siècle, les sodalités africo-romaines avaient réussi à élargir le champ de leurs activités, en englobant des formes de production agricole et artisanale, tout autant que d'import-export en Méditerranée (activité d'armateurs, notamment).

Obvie, la conclusion est de portée considérable : dans les provinces romaines d'Afrique, sous l'Empire, les sodalités s'étaient érigées en puissances économiques notables, prenant, sur la longue durée, de l'envergure. Autre trait essentiel : elles constituaient également un levier de sociabilité.

De la culture grecque dans les milieux sodaliciens

Il est un fait inattendu et de conséquence non négligeable pour une approche nouvelle de la culture dans les provinces romaines d'Afrique, sous l'Empire. L'étude des documents épigraphiques et archéologiques met en lumière une connaissance assez remarquable de la grammaire, de la rhétorique et de la littérature grecques parmi les sodalités.

Plusieurs domaines l'illustrent. Mais, pour l'heure, je m'en tiendrai à des exemples donnés par l'onomastique et l'iconographie.

Onomastique des sodalités : noms latins et référents grecs

Remarquons, d'abord, que c'est le moule de la morphologie latine – essentiellement pour la déclinaison des substantifs – qui s'impose, en règle générale. Cela posé, l'appellation des sodalités, en latin, révèle, sur la base de référents en langue grecque, trois procédés de formation :

– la translittération du grec en latin : c'est le cas des groupes nommés *HYMETTI*, *EVCRATI*, *ANTHI* ;

– l'hybridation linguistique : noms gréco-latins comme *VEGETHI*, *LEONTI*, *LIGNI* ;

– l'acte de forger un mot (ou « forgerie » linguistique) : l'exemple remarquable est celui des *PANCHARI ;* mais c'est également par ce procédé que s'explique le nom des sodalités *PENTASI*, *DECASI*, *BARASI*, et, par extension analogique, *CAPRASI*, *MVLASI*.

Cas de translittération

* A l'instar d'ἀνίκητος, ος, ον – invincible – qui devient en latin *anicetus, a, um* (usité dans une inscription de la colonie julienne de Carthage[1]), l'adjectif ὑμήττιος, α, ον, que Lucien de Samosate,

1. Cf. *CIL* VIII, 12728.

sophiste célèbre, qui a vécu de 120 à 200 environ ap. J.-C., emploie dans le sens de « doux comme le miel de l'Hymette » (= mont de l'Attique), est à l'origine du nom des *HYMETTI*, sodalité attestée dans la région d'*Uthina*, non loin de Carthage[2].

* Si le sens originel d'εὔκρατος, ος, ον est « bien réglé », « tempéré » et même « modéré » (comme l'emploie Aristote pour qualifier un gouvernement), le Père de la médecine, Hippocrate, lui a donné la signification de « doux », « d'une humeur égale » – usage repris par l'empereur Marc Aurèle dans ses *Pensées*. Conséquemment il s'impose, à mon avis, d'opter pour cette acception dans le cas d'*EUCRATI*, appellatif d'une sodalité attestée en Numidie (l'actuelle Algérie), dans l'épitaphe d'une femme, *Iunia Baccula*, telle qu'elle est gravée sur son sarcophage[3].

* On le sait bien : un recueil où l'on trouve, à travers des pages choisies, la fine fleur de poèmes ou de morceaux en prose – autrement dit un « florilège » – nous l'appelons « anthologie ». Le référent grec de ce terme français est τὸ ἄνθος, ους, qui signifie la fleur ou la fine fleur, mais également des pages d'anthologie ou bien un groupe de gens vaillants. Assurément ce dernier sens convient tout particulièrement pour qualifier une sodalité, en l'occurrence celle qui est attestée à *Leptis Magna* (aujourd'hui Lebda, en Libye), les *ANTHI*, nom obtenu par translittération du grec en latin[4].

Formes d'hybridation linguistique

* Phonétique : *VEGETHI*

Lié au verbe *vegere* « ardent » (verbe très proche de *vigere* « avoir de la vigueur », et aussi « être en vogue »), l'adjectif latin *vegetus, a, um* pouvait fort bien qualifier une sodalité, laquelle aurait eu, naturellement, pour nom *Vegeti*.

Cependant le nom attesté à *Theveste* (Tébessa, en Algérie) est *Vegethi*, avec une dentale sourde aspirée *th*. Cette forme hybride ne peut s'expliquer que par le grec, en l'occurrence par référence analogique à *Megethi*, nom latin d'une sodalité obtenu par translittération du grec τὸ μέγεθος, ους, c'est-à-dire « la grandeur » et, surtout, « la force » et « la puissance », dans la langue d'Euripide et de Xénophon.

2. *CIL* VIII, 883.
3. *Année épigraphique*, 1966, n° 539, et 1992, n° 1880.
4. *Inscriptions of Roman Tripolitania*, n° 858.

Le nom grec de la sodalité des *Megethi* (avec *th* originel) – « les Forts », « les Puissants » – justifie, dans le milieu sodalicien, le nom gréco-latin de la sodalité des *Vegethi* (avec *th* consécutif à une hybridation) – les « gens ardents » ou bien (pourquoi pas ?) le « groupe en vogue ».

* Morphologie : *LEONTI*

Tandis que la langue grecque emploie, pour nommer le lion, le substantif ὁ λέων, λεόντος la langue latine dispose de sa propre forme du même radical : *leo, leonis.*

Aussi, pour rappeler la force, l'énergie et/ou le courage qui constituait la marque distinctive de telle sodalité, ses membres avaient-ils toute légitimité de lui donner comme raison sociale, sur la base du classique *leones*, le nom spécifique de **Leoni*, tout comme le nom de la célèbre sodalité des *Florenti* fut constitué à partir du classique *florentes*. Ce ne fut jamais le cas et la forme **Leoni* n'a pas eu droit d'usage, étant supplantée par *Leonti*.

Par voie de conséquence, la sodalité, elle aussi fameuse, des *Leonti* témoigne par son nom d'un cas d'hybridation morphologique : un radical grec qu'atteste particulièrement le génitif (λεόντ- d'où *Leont-*) et une terminaison latine *-i*, celle du nominatif masculin pluriel de la deuxième déclinaison (fig. 2).

* Sémantique : *LIGNI*

La redécouverte, dans les réserves du musée de Carthage, d'une épitaphe, jadis trouvée dans l'une des nécropoles de la ville romaine, m'a fait réviser le texte de l'inscription funéraire[5] mal lue et incorrectement décrite, et, par là, mettre au jour la sodalité des *Ligni* (avec sa signalétique spécifique : le chiffre 1 [I] et, pour emblème, une tige de millet).

Je me suis longtemps attaché à expliquer par le lexique latin la forme latine *ligni*, si proche de *lignum, i.*

Mais, malgré mon obstination, le « bois » ou toute autre « substance ligneuse » ne m'a pas fourni de signification plausible. En réalité, il fallait penser au grec.

Le latin *Ligni,* en effet, ne s'explique pas par le latin *lignum*, mais plutôt par le grec ἡ λιγνύς, ύος la « flamme ». Sans doute s'agit-il d'un emploi métaphorique, semblable à celui du français dans les expressions : « une âme de feu » ou bien « être tout feu tout flammes ».

5. *CIL* VIII, 13287.

Exemples de termes forgés

PANCHARI

Pour les noms forgés de sodalités, le plus bel exemple est, sans conteste, celui de *PANCHARI,* terme méconnu et quelque peu maltraité... Ainsi il y eut une tentative, en désespoir de cause, de supposer, dans le texte mentionnant ce groupe[6] une faute du lapicide et de corriger *Panchari* en P. *Anchari* (un prénom et un gentilice au cas génitif, à l'exemple d'un *signum* !...). Mais le directeur de l'*Année épigraphique*, l'académicien Alfred Merlin, éditeur des *Inscriptions latines de la Tunisie*, fit, à bon droit, remarquer dans ce dernier recueil[7] que le texte dont il s'agit est l'épitaphe d'une femme – ce qui exclut tout à fait, compte tenu de l'énoncé de l'inscription funéraire, la mention d'un P. *Anchari*. De fait, il n'est nullement besoin de recourir à l'argument de la faute du lapicide (argument, le plus souvent, fragile !) pour comprendre le terme *PANCHARI.*

Il s'agit bien d'un substantif, au nominatif pluriel, et c'est bien un nom de sodalité.

Le terme, entièrement forgé, est composé de deux éléments : d'une part, le préfixe πᾶν, qui marque en composition la plénitude ou l'ensemble (par exemple, ἡ πανσέληνος, la pleine lune), d'autre part, le substantif ἡ χάρις, ιτος, qui signifie la grâce, l'élégance ou la joie (particulièrement chez Platon), ou bien la « joie de la victoire », dans les *Olympiques* de Pindare.

Par référence au milieu agonistique qui caractérisait les sodalités, il est, ce me semble, préférable d'opter pour l'acception pindarique. Le mot *Panchari* serait une appellation de bon augure, qui exprime un vœu perpétuel de victoire et de joie pleine, à l'occasion de la victoire. Il constituerait une sorte de nom-devise. Je suis donc enclin à comprendre que les *Panchari* étaient une sodalité de « vainqueurs à la joie débordante ».

DECASI et *PENTASI*

Dans le lexique d'Homère, d'Hérodote et d'Eschyle, ἡ δεκάς, άδος désigne un groupe de dix, une dizaine. Mais le mot a été employé aussi dans le sens de groupe, association, compagnie, c'est-à-dire comme l'équivalent du latin *sodalitas*.

On comprend, dès lors, pourquoi telle sodalité africo-romaine ait pu choisir de s'intituler *DECASI*, comme nous en informe une

6. *CIL* VIII, 26238.
7. *Inscriptions latines de la Tunisie*, n° 1369.

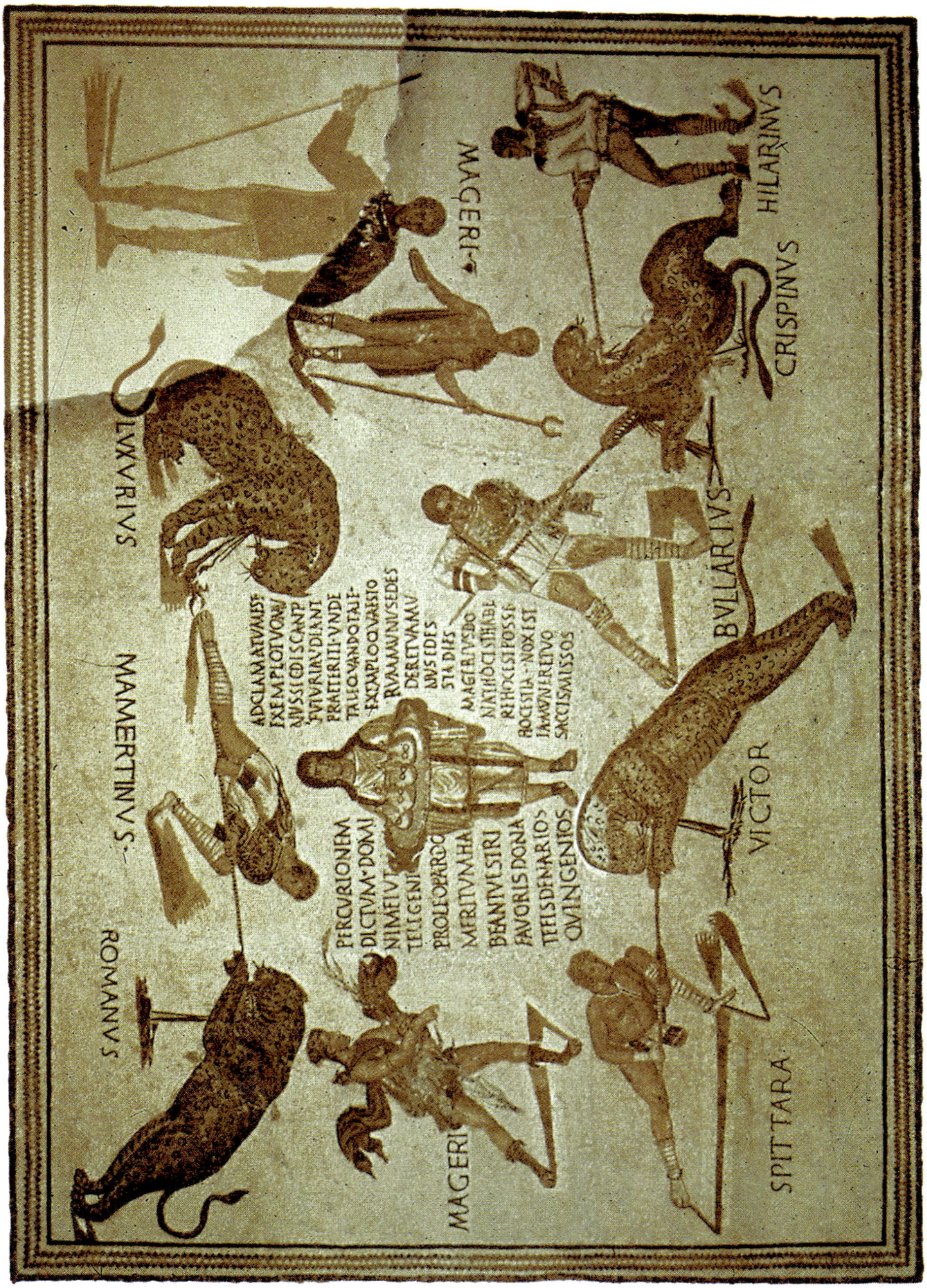

FIG. 1. – Mosaïque de Smirat, dans le Sahel tunisien (Byzacène côtière).
Scène de chasse dans l'amphithéâtre et mention de la sodalité des *TELEGENI*.

FIG. 2. – Mosaïque d'*Vzitta*, dans le Sahel tunisien.
Le lion vainqueur = « VIVE LES *LEONTI* ! ».

FIG. 3. – Mosaïque d'*Vzitta*, dans le Sahel tunisien.
Les taureaux endormis = « A BAS LES *TAVRISCI* ! ».

FIG 4.

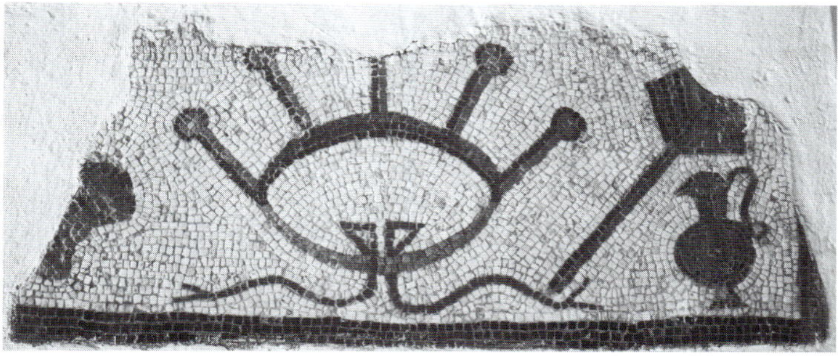

FIG. 5.

FIG. 6.

Légendes des figures 4, 5, 6 :

4 : Seuil en mosaïque, à l'entrée d'un siège de sodalité à El Jem (*Thysdrus*). Emblèmes des *PENTASI* (chiffre 5 et poisson).

5 : Seuil en mosaïque dans une « maison » de Medeïna (*Althiburos*). Emblèmes des *LIBVRNI* (chiffre 5 et palme).

6 : Mosaïque de *Thuburbo Maius* (en Tunisie). Scène représentant un lion en fuite devant un âne.

inscription funéraire d'Haïdra, en Tunisie (l'antique *Ammaedara* en Afrique proconsulaire). Cf. *CIL*, VIII, 11549 : *Decasi valete et semper harena placete*, « Adieu les *DECASI* et soyez toujours en faveur, dans l'arène ».

Ce terme de *DECASI* a été forgé par adjonction au substantif grec ἡ δεκάς, translittéré en latin *decas*, de la désinence latine -i, du nominatif masculin pluriel de la 2e déclinaison : δεκάς (*decas*) + i > *Decasi.*

Ce même processus a conduit à forger le nom de telle autre sodalité, attestée notamment à *Thysdrus*, en Byzacène (El Jem, en Tunisie), celle des *PENTASI.* L'on sait, en effet, que ἡ πεντάς, άδος désignait un groupe de cinq (personnes ou choses). L'adjonction à ce mot, translittéré *pentas*, de la désinence latine -i (comme dans le cas précédent de δεκάς > *Decasi*) a produit le nom *PENTASI.* Or, justement, le groupe de dix (ἡ δεκὰς), cette sodalité des *DECASI*, arborait pour chiffre le 10 (X), tandis que le groupe de cinq (ἡ πεντάς), cette sodalité des *PENTASI* (fig. 4), se distinguait par le chiffre cinq (IIIII).

Forgerie par suffixation en -*ASI*

Les noms sodaliciens *DECASI* et *PENTASI* ont permis la création d'un suffixe -*asi* qui a servi à forger, par dérivation, des substantifs de forme latine, à partir de radicaux grecs.

J'en donne, ci-après, trois exemples :

* *BARASI,* nom de sodalité attesté à *Ammaedara*/Haïdra[8].

Ce nom a été, de toute évidence, formé à partir de l'adjectif grec βαρύς, εῖα, ύ, non pas dans le sens de « digne », « respectable », « imposant », que lui donne Aristote, mais plutôt, à mon avis, dans l'acception que l'on trouve dans Polybe : « fort », « redoutable », « puissant », sens qui convient parfaitement à une sodalité en compétition.

Βαρ- *Bar -asi* > *Barasi.*

* *CAPRASI*, nom d'une sodalité que j'ai identifiée sur une mosaïque du Chlef (ex-Orléansville, antique *Castellum Tingitanum*, en Algérie).

A son tour, ce nom est formé du radical du nom grec du sanglier ὁ κάπρος, ου et du suffixe forgé pour la dérivation latine -*asi*.

Καπρ- *Capr -asi* > *Caprasi.*

8. *CIL* VIII, 11592 révisée par nous : cf. *CRAI*, 1977, p. 487-499.

**MVLASI*, dénomination d'une sodalité qui était en vogue à *Verecunda*[9] (aujourd'hui Markouna, en Algérie).

A sa manière, ce nom témoigne du degré d'érudition atteint par certains cercles culturels africo-romains – surtout depuis l'époque d'Apulée. Le terme ὁ μύλος, ou, le « poisson » que nous appelons mulet, est orthographié avec un seul lambda dans les *Halieutiques* (ou *De la pêche*) du poète didactique Oppien (d'Anazarbe, en Cilicie), qui a vécu au IIe-IIIe siècle ap. J.-C.

Tout au contraire, il apparaît, à la même époque, avec deux lambdas, ὁ μύλλος, graphie plus courante et qu'attestent les manuscrits du polygraphe Élien (de Préneste, IIe-IIIe s. ap. J.-C.), auteur de l'ouvrage technique *De la Nature des animaux,* ainsi que ceux du sophiste Athénée (de Naukratis, IIe-IIIe s. ap. J.-C.).

Μυλ- *Mul-asi* > *Mulasi.*

ICONOGRAPHIE : DE LA LITTÉRATURE GRECQUE AUX IMAGES AFRICO-ROMAINES

De la fable à la mosaïque

A *Thuburbo Maius* (Henchir Gasbât), non loin de Carthage, un pavement de mosaïque, resté remarquable malgré les lacunes qui le déparent, figure des Amours vendangeurs. Dans l'encadrement de ce tableau central est représentée une scène singulière : *un lion en fuite devant un âne* (cf. fig. 6).

Énigmatique, cette image n'a pas reçu d'explication…

La littérature grecque, telle que l'ont insérée, dans leur rhétorique les sodalités, permet de comprendre. De fait, la fable d'Ésope intitulée *L'âne, le coq et le lion* met en scène la fuite d'un lion devant un âne :

> « Un coq paissait un jour en compagnie d'un âne. Comme un lion marchait sur l'âne, le coq poussa un cri, et le *lion prit la fuite* (on dit, en effet, qu'il a peur de la voix du coq). *L'âne*, s'imaginant que, si le lion fuyait, c'était à cause de lui, *n'hésita pas à lui courir sus…* »[10]

Le *Lion*, on le sait maintenant, est la figure emblématique (une « figure parlante » diraient les héraldistes) des *LEONTI.* En figurant la fuite d'un lion, notre mosaïque tourne en dérision cette sodalité : « Sus aux Leonti ! » Car pareille fuite du « Roi des animaux » constitue une action honteuse. Pour l'heure, son vain-

9. *CIL*, VIII, 4191.
10. Ésope, *Fables*, LIV, C. Jouanno éd., CUF, 2006.

queur est l'*âne*. Nous disposons donc à *Thuburbo Maius* (en Tunisie) de l'équivalent iconographique de l'acclamation épigraphique, attestée à *Cuicul* (Djemila, en Algérie) : *ASINVS NIKA* – expression qui, en dépit de louables efforts érudits, n'a pas encore reçu d'interprétation convaincante.

Il est assuré, cependant, que l'*âne* est la figure emblématique d'une sodalité. J'ignore (momentanément, je l'espère !) de laquelle il s'agit. Par l'image (mosaïque de *Thuburbo Maius*) comme par le texte (expression épigraphique sur la mosaïque de *Cuicul*), cette sodalité est glorifiée, portée au pinacle : « Vive l'Âne ! » veut dire « Vive la *Sodalité* dont l'âne est le symbole ! »

Corrélativement, la mosaïque de *Thuburbo Maius* figurant un lion en déroute constitue une charge contre la sodalité des *LEONTI*.

Elle signifie : « A bas les *Leonti* ! »

En définitive, la transcription en œuvre d'art (ici, un pavement de mosaïque) d'une pièce littéraire (en l'occurrence, l'extrait d'une fable d'Ésope) a contribué à alimenter la compétition entre sodalités. Autrement dit, dans le monde des *munera, ludi* et *circences* de l'Afrique romaine, la culture littéraire peut servir à mettre en exergue, pour le perpétuer, un aspect signifiant de l'actualité sociale liée à ce monde.

De la légende à la mosaïque

Sur un site archéologique des environs de Kairouan, en Tunisie centrale, une mosaïque, mise au jour parmi les vestiges d'un ensemble thermal appartenant à une maison d'époque romaine, et publiée en 1935, reste, jusqu'ici, le seul document africain qui représente la légende de la dispute entre Athéna et Poseidon pour la suzeraineté de l'Attique.

Conservé au musée de Sousse, le pavement, de facture remarquable et presque intact, figure la scène suivante : « On y voit un victoire ailée, munie d'une palme, en train de tirer les suffrages recueillis dans une urne déposée sur une table. Elle dirige l'urne vers Athéna, et se tourne vers la déesse gagnante qui se trouve à sa droite [et à la gauche du spectateur], tandis que Poseidon, le vaincu de l'arbitrage, se tient à sa gauche [et, naturellement, à notre droite][11]. »

11. Cf. M. Yacoub, *Splendeurs des mosaïques de Tunisie*, Tunis, 1994, p. 212. Lire également P. Gauckler, *Inventaire des mosaïques* II, p. 108.

A juste titre, l'on a évoqué, à propos de ce pavement, sa valeur décorative et son précieux témoignage sur la bonne connaissance, dans les milieux africo-romains cultivés, des légendes et mythes grecs. Mais on a voulu aller plus loin. A la suite des regrettés Louis Poinssot et Louis Foucher, qui ont consacré leur carrière à la défense et illustration du patrimoine archéologique de la Tunisie, j'ai soutenu, un temps, l'idée séduisante que notre mosaïque d'Athéna et Poséidon pouvait illustrer une controverse qui, pendant de longues années, opposa Thysdrus – que protégeait Minerve/Athéna – et Hadrumetum – dont le génie tutélaire était Neptune/Poséidon – pour la propriété d'un sanctuaire de Minerve. Célèbre « cas d'école », cette controverse est rapportée par Frontin (le Gromatique) dans son manuel *De controversiis agrorum* (II, 57, 2), avec une figure illustrative à l'appui :

> *Nam et de aedibus sacris quae constituae sunt in agris similes oriuntur quaestiones : sicut in AFRICA inter Adrumetinos et Thysdritanos de aede Minervae de qua iam multis annis litigant.*

Mais géographie et chronologie ont constitué des raisons concordantes et assez puissantes pour me contraindre à me raviser. De fait, le site d'El-Haouaria à Sidi Ali Nasrallah, lieu de découverte de la mosaïque, s'étend à 45 km au sud-ouest de Kairouan : l'on se trouve donc bien loin des limites vraisemblables des territoires de *Thysdrus* (El-Jem) et d'*Hadrumetum* (Sousse, aujourd'hui). De plus, comment expliquer qu'au cours du IVe siècle avancé, datation proposée pour la mosaïque, un notable ait rappelé, dans sa maison, une vieille question en litige public qui, certes, fut, pendant longtemps, d'actualité, dans la seconde moitié du IIe siècle, mais qui pouvait, en l'occurrence, paraître hors de propos ? Enfin, Frontin ne citant que l'objet de la controverse et ses acteurs, rien ne nous assure que le vainqueur fût, en fin de compte, *Thysdrus*, c'est-à-dire la cité que protégeait Athéna/Minerve.

Je me suis donc résolu à interpréter la scène mettant face à face Athéna et Poséidon en la plaçant dans le cadre de la compétition entre les sodalités africo-romaines. M'y invitait, tout particulièrement, le contenu de l'inscription qui court sur la mosaïque de seuil conduisant de la pièce, où est figuré le jugement départageant Athéna et Poséidon, vers une autre qui lui est contiguë[12].

---

12. *Inscriptions latines de la Tunisie*, n° 279 = *CIL* VIII, 23131.

Invide livide, titula tanta, que < m > (= quae) adseverabas fieri, non posse, perfecte (= perfecta) sunt ; DD.NN.SS. minime ne contemnas !

C'est là une véhémente interjection :

« Hé ! l'Envieux livide ! ces dédicaces d'édifices si considérables, qui, selon tes assertions, ne pouvaient voir le jour, les voilà menées à leur achèvement !... »

S'en prendre ainsi à l'*Invidus*, pour le convaincre d'imposture, est une démarche comparable à l'interpellation que rapportent, de façon similaire, deux inscriptions sur mosaïque fortuitement revenues au jour dans des sites de Byzacène côtière (le Sahel tunisien d'aujourd'hui) :

– c'est, d'une part, à El Knaïss près de Msaken, dans un frigidarium de thermes privés[13] :

fruer baias quas PERFICI DENEGAVAS ;

– c'est, d'autre part, dans les environs de Moknine, à peu de distance de *Lepti Minus*[14] :

fruer baias quas tu DENEGABAS FIERI.

On comprend que, par cette apostrophe sans ménagement, « l'Envieux » est renvoyé à ses dénégations, qui sont restées sans effet, et il est sommé de constater, sur le vif (en prenant lui-même un bain), que l'édifice du bain a bel et bien été achevé.

Cet achèvement a consommé sa défaite. Il en est ainsi, également, à Salakta, l'antique port byzacénien de *Sullecthum*. De fait, une inscription sur mosaïque que j'y ai relevée[15] affirme que l'Envie (= L'Envieux livide, *invidus lividus*) perd l'haleine : *livor anhelat*, conséquemment à l'achèvement de l'établissement de bain : *En perfecta cito baiarum grata voluptas* (= Voici vite accompli le charmant plaisir du bain !).

Compétiteur acharné, l'Envieux ne souhaite pas la réalisation des entreprises d'autrui. De toutes ses forces et par ses manigances il s'y oppose, et il faut lui opposer d'autres forces pour le vaincre : *nisibus hic nostris prostratus*, « par nos efforts ici terrassée », dit du *livor* (= l'Envie) l'inscription de *Sullecthum* que je viens de citer. Car, loin d'être une entité abstraite symbolisant la malignité, l'*In*-

13. *Inscriptions latines de la Tunisie*, n° 147 : le lieu-dit est Es-Sedria.
14. M. Yacoub, *op. cit.* (n. 11), p. 184-185.
15. *Année épigraphique* 1968, n° 610.

vidus a le visage d'une sodalité rivale. Il est déterminé à l'emporter comme à empêcher la sodalité adverse de connaître le succès.

Somme toute, je propose, en conclusion, l'interprétation suivante pour la scène figurée sur la mosaïque d'El Haouaria (dans la région de Kairouan) :

– Debout, à notre gauche, prête à savourer le triomphe, Athéna alias *Pallas* constitue la figure emblématique de la sodalité des *PALLADI*[16].

– Sur notre droite, de l'autre côté de la victoire (laquelle montre toutes les attentions pour Athéna), apparaît Poséidon, le dieu qui obtint du sort « d'habiter la blanche mer à jamais » (*Iliade* XV, 187), d'où son épithète de πελάγιος. Ce dieu de la mer constitue, pour sa part, la figure emblématique de la sodalité des *PELAGI*[17].

Sur la mosaïque, l'image ne laisse pas de place au doute : la victoire a été le lot des *Palladi*, au grand dam des *Pelagi*. Pour finir, une acclamation semble s'imposer :

« Vive les *PALLADI* ! A bas les *PELAGI* ! »

Azedine BESCHAOUCH

16. *CIL* VIII, 3157.
17. *CIL* VIII, 20497.

LE COMMERCE DES SCULPTURES DANS L'EMPIRE ROMAIN : TÉMOIGNAGES SUR LES ÉCHANGES ARTISTIQUES DES ATELIERS D'APHRODISIAS AVEC L'AFRIQUE

Introduction

Les contacts commerciaux ouvrent la voie aux échanges artistiques : sous l'Empire, l'Asie Mineure va chercher des débouchés pour son industrie d'art que l'expansion des cités africaines va lui ouvrir.

Il est parfois possible d'identifier grâce à leur marbre dans les musées d'Afrique du Nord nombre d'œuvres dont le matériau provient des carrières micrasiatiques. Les marbres dits égéens du secteur d'Éphèse et de Belevi sont plus difficiles à repérer en raison de la ressemblance de certains filons avec le marbre du Pentélique, mais le marbre blanc très fin et translucide ou la brèche violette et blanche des carrières impériales de Dokimeion/Synnada, ainsi que les marbres blancs et noirs d'Aphrodisias y sont plus aisément identifiables parmi les sculptures découvertes sur les sites africains. Celles-ci sont en général classées parmi les produits importés, mais on ne peut exclure qu'elles aient été dans certains cas finies sur place par des sculpteurs venus d'Asie Mineure pour accompagner le chargement d'une grosse commande. En revanche, c'est le marbre blanc à veines grises de Marmara/Proconnèse, bon marché en raison du fait que les carrières de l'île sont à portée directe de la mer, qui sera le plus utilisé par les sculpteurs locaux en Afrique.

Je me bornerai, dans les limites de cette communication, à mettre en relief à travers quelques exemples de sculptures en marbre d'Aphrodisias, un aperçu de la diffusion en Afrique des créations des ateliers d'art de la cité carienne, en particulier dans le Byzacium. C'était une nécessité pour ceux-ci de concurrencer sur les marchés périphériques les ateliers néo-attiques qui tenaient à cette époque le haut du pavé à Rome et dans les centres qui en dépendaient directement comme Carthage. Ils vont donc chercher à fournir à meilleur compte aux villes nouvelles d'Afrique du Nord l'imagerie impériale et religieuse de l'équipement urbain : temples, *fora*, thermes et monuments de spectacles, mais aussi la statuaire décorative destinée à l'habitat bourgeois.

Outre les marbres statuaires à diverses échelles et différents niveaux d'exécution, les copistes aphrodisiens exportent aussi des éléments architecturaux modulaires[1] : colonnes et pilastres décorés, chapiteaux, frises (*zôdia*) d'entablement ou d'encadrement de baies. Ces productions étaient convoyées par la vallée du Morsynos (Dandalaz actuel) vers le Méandre et la Méditerranée, et parfois accompagnées par des équipes de sculpteurs pour la finition et la mise en place des ouvrages. La qualité des oeuvres des ateliers d'Aphrodisias s'explique par l'excellence du fer local pour un outillage performant, la facilité de taille du marbre des carrières au nord-est de la ville, et la virtuosité des artisans, formés à un haut niveau de connaissance des originaux de la sculpture grecque classique (*opera nobilia*), mais aussi à celle des créations de la sculpture hellénistique, en particulier le répertoire de tradition pergaménienne.

L'activité artistique des Aphrodisiens hors de leur région est attestée depuis l'époque julio-claudienne par des signatures de sculpteurs sur des œuvres découvertes en Italie et leur présence à Rome se manifeste à l'époque d'Hadrien à travers le décor du temple de Vénus et de Rome[2], et celui de la Villa Hadriana[3]. Il est plus difficile de cerner quand elle a commencé : on peut penser que son expansion est liée au développement de la cité voulu par Octavien et Antoine sous le triumvirat, lorsqu'un affranchi de César, Zoïlos, prend la tête de la cité carienne et en fait une ville modèle de l'intégration gréco-romaine. Mais il n'est pas exclu que les ateliers aphrodisiens aient pu antérieurement produire des sculptures dans la mouvance du centre artistique de Rhodes, qui

---

1. M. Floriani-Squarciapino, *La scuola di Afrodisia*, Rome, 1943, p. 99 sqq. ; W. D. Heilmeyer, *Korinthische Normalkapitelle*, Mitteilungen des deuschen archäologischen Instituts (Röm. Abt., Ergänzungheft 16), 1970, p. 168 sqq. ; D. Monna, P. Pensabene, *Marmi dell'Asia Minore*, Rome, 1977, p. 98.

2. A. Barattolo, « Afrodisia e Roma : nuove testimonianze per la storia della decorazione architettonica », *Mitteilungen des deutschen archäologischen Instituts (Röm. Abt.)* 89, 1982, p. 142 sqq., pl. 61-76.

3. G. Conti, *Decorazione architettonica della Piazza d'Oro a Villa Adriana*, Rome, 1970, p. 32-42 ; C. Caprino, « *Fregi* architettonici figurati », in M. Ueblacker, *Das Teatro marittimo in der Villa Hadriana*, Mayence, 1985, p. 61 sqq.

selon certains aurait repris le flambeau du « grand atelier » de Pergame. Selon d'autres chercheurs[4], l'« École de Rhodes » n'aurait jamais existé en tant que centre artistique indépendant, doté d'un style distinctif. Il n'est pas exclu que l'île ait fonctionné à l'époque impériale comme centre de regroupement et d'exportation des œuvres d'un « bassin » d'ateliers de sculpture liés aux carrières du secteur carien et phrygien. Le rôle de Tralles sur la route du Méandre serait également à évaluer dans cette perspective.

Quatre cas de figure particulièrement représentatifs de sculptures en marbre d'Aphrodisias découvertes en Afrique septentrionale nous offriront l'opportunité de soulever quelques questions de méthode et d'interprétation sur un aspect des échanges artistiques entre ces deux provinces éloignées par leur position géographique, mais partageant un même goût pour la richesse ornementale et le mouvement baroquisant. Toutefois les délais imposés pour la publication du colloque nous conduisent à limiter cette étude à un rapide rappel des interventions des ateliers aphrodisiens en Tripolitaine, et à développer davantage le commentaire de certaines sculptures découvertes dans le Byzacium, réservant pour plus tard l'examen de certaines œuvres provenant des collections de Juba II de Maurétanie.

Les ateliers d'Aphrodisias en Tripolitaine : le forum sévérien de Lepcis Magna

Comme l'arbre cache la forêt, la participation des sculpteurs aphrodisiens à la décoration architecturale du forum sévérien de Leptis Magna, mise en lumière par M. Squarciapino en 1943[5], a quelque peu occulté le fait qu'ils ont eu antérieurement au IIIe siècle des contacts avec la Tripolitaine : par exemple, le spectaculaire décor de voûte de la porte ouest de Lepcis, dédiée à Marc-Aurèle et datée de 175 ap. J.-C.[6], montre au centre d'une égide une tête de gorgone dont l'expressivité pathétique rappelle la figure de Gé de l'autel de Pergame (fig. 1). Les serpents qui l'entourent sont de même facture que ceux des reliefs gigantomachiques trouvés à

4. J. Isager, « The Lack of Evidence for a Rhodian School », *Mitteilungen des deutschen archäologischen Instituts (Röm. Abt.)* 104, 1995, p. 115-131 ; C. Mattusch, Rhodian Sculpture : « A School, A style, or Many Workshops ? », in *Regional Schools in Hellenistic Sculpture*, Oxford, 1998, p. 156.

5. M. Floriani-Squarciapino, *op. cit.* (n. 1), p. 80-96.

6 R. Bianchi-Bandinelli, G. Caputo, E. Vergara-Caffarelli, *Leptis Magna*, 1963, p. 101, pl. 171.

Aphrodisias[7] et des statues de géants en ronde-bosse du groupe de Silahtaraga[8]. Ils annoncent les géants anguipèdes des reliefs ornant les piédestaux de colonnes du temple de la *gens Severiana* dans le forum de Sévère, qui dérivent des mêmes cartons[9].

Une certaine recherche du *pathos* par le gigantisme et une déformation particulière du faciès caractérise les masques de gorgones et de méduses marines ornant les *imagines clipeatae* intercalées entre les arcades des portiques du Forum sévérien. M. Floriani Squarciapino les avait déjà judicieusement rapprochées des têtes de consoles colossales du portique de palestre des thermes d'Hadrien à Aphrodisias (fig. 2) où l'on retrouve les grands masques de gorgones aux serpents identiques à la série de la *peristasis* extérieure, terminée sous Hadrien, du temple d'Apollon à Didymes. Les gorgones marines de Leptis Magna semblent inspirées de la grande console d'angle des Thermes d'Hadrien figurant une déesse marine, Atagartis (fig. 3). L'opposition, soulignée par M. Squarciapino, entre certaines gorgones d'une qualité d'exécution et d'expression supérieure et d'autres sommairement taillées s'explique assez bien par le mode de travail des équipes de sculpteurs chargés de décorer un monument public et qui formaient des apprentis sur le tas en sculptant à côté d'eux un motif commun : ce mode de travail a pu être mis en lumière à travers l'exemple de la frise à guirlandes et têtes humaines du portique tibérien de l'Agora Sud d'Aphrodisias, où l'on trouve des têtes identiques sculptées sur plusieurs blocs voisins[10].

On reconnaît également la virtuosité des Aphrodisiens dans le décor des piliers à rinceaux, végétaux ou peuplés de figures animales, dont le plus ancien exemple en Tripolitaine est un monolithe en marbre de Proconnèse provenant d'un édifice à plan cruciforme de l'angle du forum de Sabratha[11]. Le rapprochement de ses rin-

---

7. Une partie de ces reliefs retrouvés en réemploi provient de la « fontaine Gaudin » au sud d'Aphrodisias : G. Mendel, *Musées impériaux ottomans, catalogue des sculptures grecques, romaines et byzantines*, Constantinople, II, 1914, p. 208-212, n°s 511-514 ; un second groupe formait le parapet du bassin d'Ampelios devant l'Agora Gate : K. T. Erim, *Aphrodisias, City of Venus Aphrodite*, London-New York, 1986, p. 123-129.

8. N. de Chaisemartin, E. Örgen, *Les documents sculptés de Silahtaraga* (ERC, 46), Paris, 1984.

9. M. Floriani-Squarciapino, *op. cit.* (n. 1), p. 83 ; *Sculture del foro severiano di Leptis Magna*, Rome, 1974, p. 84.

10. N. de Chaisemartin, « Technical aspects of the sculptural decoration at Aphrodisias in Caria », in *Archéomatériaux, Marbres et autres pierres*, Asmosia, IV, Bordeaux, 1999, p. 266, pl. 7.

11. R. Polidori, A. Di Vita, G. Di Vita-Évrard, L. Bacchielli, *La Libye antique, cités perdues de l'Empire romain*, Paris, 1998, p. 155.

FIG. 1. – Lepcis Magna : Méduse de la porte ouest
(photo F. Clerici, *Leptis Magna*, Rome, 1963, fig. 171).

FIG. 2. – Méduse : console des thermes d'Hadrien à Aphrodisias
(musée archéologique d'Izmir) (photo N. de Chaisemartin).

FIG. 3. – Atagartis : console des thermes d'Hadrien à Aphrodisias (musée archéologique d'Istanbul) (photo N. de Chaisemartin).

ceaux à volutes et grandes rosaces avec ceux de l'archivolte de la niche-*ephebeion* s'ouvrant dans le mur ouest de la cour-palestre des thermes d'Hadrien à Aphrodisias permet de penser qu'il était en fait largement antérieur à la fin du IIe siècle : sa datation devrait être remontée vers le milieu de celui-ci.

Si le style et le mode de traitement des rinceaux animés ornant les piliers des absides de la basilique sévérienne de Leptis Magna[12] sont proches de ceux que l'on trouve sur le site d'Aphrodisias dans la palestre d'Hadrien et l'exèdre impériale jouxtant les thermes du théâtre, aucune indication épigraphique attestant indiscutablement de la présence des Aphrodisiens sur le grand chantier de Lepcis n'a été relevée. On constate du reste que le marbre utilisé pour ce décor est majoritairement du Proconnèse, sans doute en raison du coût de transport de ces énormes quantités de marbre. Mais certaines habi-

12. P. Pensabene, « Scuole micrasiatiche e i pilastri della basilica severiana di Leptis Magna », *Marmora* 2, 2006, p. 41-59, les attribuerait plutôt à un atelier bithynien.

tudes des ateliers cariens, visant justement à accélérer et à optimiser le travail en traitant les éléments d'architecture suivant leur degré de visibilité pour le spectateur, sont clairement observables sur l'ensemble du décor.

Sculptures aphrodisiennes provenant du Byzacium

Dans la région du Byzacium, secteur oriental de l'Afrique proconsulaire, les sculptures que nous pensons pouvoir attribuer aux ateliers aphrodisiens sont identifiables tant par leur marbre que par leur mode d'exécution : toutefois il serait intéressant de pouvoir les soumettre à un test de cathodoluminescence qui permettrait de confirmer ces premières approches. Le choix que je présente ici est celui de productions caractéristiques du répertoire des sculpteurs cariens, de la statuette d'appartement à la statue cultuelle, dont les niveaux de qualité donnent une idée relativement exacte de l'éventail des productions proposées au IIe siècle de notre ère par les ateliers d'Aphrodisias.

L'ENFANT NOIR À LA COLOMBE DE SOUSSE

Une statuette de négrillon (fig. 4) tenant contre son sein gauche une colombe[13], haute de 0,53 m, a été découverte en 1899 dans une opulente maison romaine, dite « maison Monge », lors de fouilles dans le quartier du « Trocadéro » à Sousse (Hadrumetum) en compagnie de mosaïques géométriques à *emblemata* soignés[14]. Elle est taillée dans le calcaire marmoréen anthracite à veines beiges désigné comme *bigio morato* et dont les carrières ont été repérées au nord-est d'Aphrodisias.

13. P. Gauckler, E. Gouvet, G. Hannezo, *Musées de Sousse, II, Musée municipal* (Musées et collections archéologiques de l'Algérie et de la Tunisie, XI), Paris, 1902, p. 39, n° 3, PL. XIII, n° 2 ; L. Foucher, *Hadrumetum*, Paris, 1964, p. 170, pl. XII, d ; J. Desanges, in L. Bugner dir., *L'image du Noir dans l'art occidental. I, Des pharaons à la chute de l'empire romain*, par J. Vercoutter, J. Leclant, F. M. Snowden Jr, J. Desanges, Paris, 1976, p. 265, ill. 365 ; N. de Chaisemartin, *Corpus Signorum Imperii Romani. Tunisie, Byzacium II, Sousse et les sites environnants*, Recherches d'Archéologie africaine, INA-EFR, Paris, 1987, p. 47-49, n° 42, pl. 42 ; R. M. Schneider, « Nuove immagini del Potere romano. Sculture in marmo colorato nell'impero romano », in *I marmi colorati della Roma imperiale*, M. de Nuccio et L. Ungaro éd., Rome, 2002, p. 104, fig. 17.

14. *Bulletin archéologique du Comité des Travaux historiques et scientifiques*, 1901, p. CLXXXIII ; L. Foucher, *Inventaire des Mosaïques de Sousse*, f. n° 57 de l'*Atlas archéologique de Tunisie*, Tunis, 1960, nos 57043 à 57048.

Son dos (fig. 5) comporte sur l'occiput et l'omoplate gauche de larges tenons dont le plus bas porte les traces d'un goujon métallique, indiquant que la statuette était reliée à un élément postérieur, peut-être une autre figure ou un support de faible largeur, par exemple le pied d'un *cartibulum* ou d'un lampadaire. Le trou dans son oreille droite indique qu'une boucle d'oreille y était suspendue (fig. 6). On peut la considérer comme un sujet de genre, dont l'exotisme gracieux – J. Desanges parle de « préciosité alexandrine » – rappelle les statuettes de bronze comme le négrillon de Tarragone[15], porteur d'un plateau que l'on garnissait de lampes, ou celui d'Halicarnasse (Bodrum)[16] qui tenait probablement un cheval en main.

La représentation naturaliste de l'enfant, dont les membres minces et osseux contrastent avec le ventre et les fesses proéminents est assez proche des proportions du petit Noir de Tarragone. Il n'est pas exclu toutefois que l'oiseau qu'il serre sur sa poitrine soit plutôt lié à sa fonction d'oiseleur qu'à la thématique funéraire de l'âme envolée : S. Reinach[17] avait déjà répertorié une statuette de bronze hellénistique de négrillon tenant un oiseau dans la main droite et une mosaïque de la villa des Laberii à Oudna montre un jeune Noir piégeant des oiseaux avec des gluaux[18].

Le sculpteur met en relief les traits négroïdes du visage, avec le léger strabisme des yeux au globe de marbre blanc incrusté, le nez écrasé, la lippe un peu pendante et le prognatisme de la mâchoire. L'expression naïve et l'inclinaison de la tête lui confèrent un caractère mi-comique mi-attendrissant, qui rappelle le côté plus franchement caricatural d'une petite tête de Noir provenant d'Adana au musée d'Istanbul[19], elle aussi en marbre noir d'Aphrodisias.

La comparaison s'impose également avec la statuette du jeune garçon de bains noir (fig. 7) provenant des fouilles de Paul Gaudin à Aphrodisias au début du XXe siècle et publiée par François Baratte

15. A. Garcia y Bellido, *Esculturas romanas de España y Portugal*, Madrid, 1949, p. 442, n° 467, pl. 325 ; F. M. Snowden Jr, in L. Bugner dir., *op. cit.* (n. 13), p. 224, ill. 290, 303.

16. T. C. Witherspoon éd., *Art Treasures of Turkey*, Washington, 1966, p. 93, n° 145 ; F. M. Snowden Jr, *art. cit.* (n. 13), p. 206, ill. 265, IIe ou Ier siècle av. J.-C.

17. S. Reinach, *Répertoire de la statuaire grecque et romaine,* IV, Paris, 1920, p. 35, n° 5 (coll. Courtout) ; G. H. Beardsley, *The negro in Greek and Roman Civilisation, A study of the Ethiopian type*, Baltimore, 1929, n° 206, p. 93.

18. J. Desanges, *art. cit.* (n. 13), p. 260, ill. 355.

19. G. Mendel, *op. cit.* (n. 7), II, 1914, p. 140, n° 437 (697), Ht : 11 cm, iris des yeux incrustés en nacre.

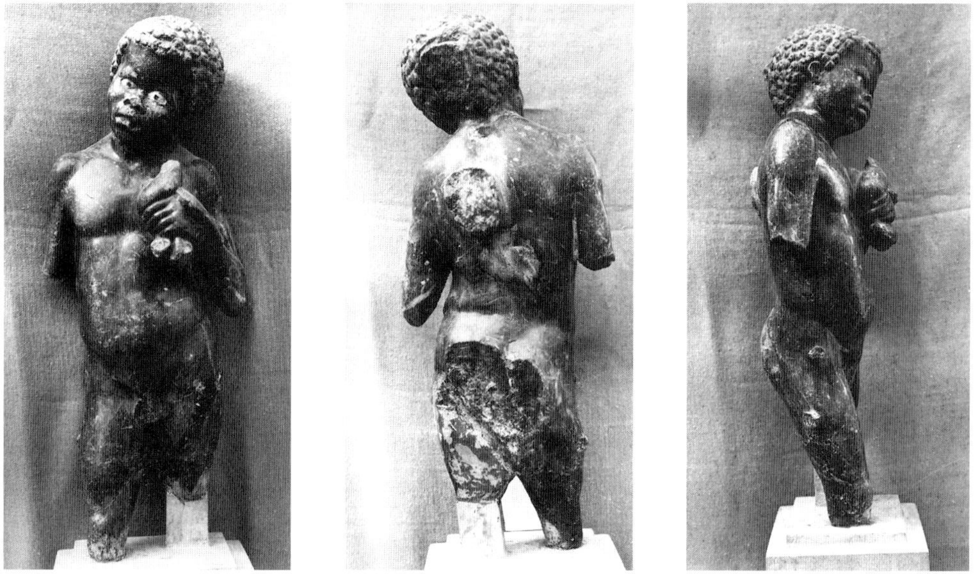

FIG. 4-6. – Enfant noir à la colombe de la Maison Monge à Sousse : face, dos et profil droit (photo N. de Chaisemartin).

FIG. 7. – Garçon de bains noir provenant des fouilles de P. Gaudin à Aphrodisias (musée du Louvre Ma 4926, photo C. Larrieu).

à l'occasion de sa récente entrée au Louvre[20]. Taillée elle aussi dans le marbre noir d'Aphrodisias, elle présente une stylisation plus poussée dans le traitement de la musculature du torse et celui du drapé de l'*exomis*. La tête toutefois offre aussi une nette accentuation des traits négroïdes, des yeux incrustés et une coiffure dont les boucles percées d'un trou de trépan sont plus longues que les boucles cochlides de la tête du petit enfant de Sousse, mais sans atteindre l'effet de *dreadlocks* des coiffures de la plupart des représentations de jeunes Noirs, comme par exemple l'Hermès de Carthage[21] qui semble aussi d'ailleurs taillé dans un marbre noir ressemblant au *bigio morato* d'Aphrodisias. Toutefois la statuette du Louvre reste frontale et plutôt rigide, contrairement à l'attitude sinueuse et hanchée de la statuette de Sousse, en cela plus proche de la tendance maniériste de la statue en basanite de jeune Noir d'Athènes, provenant d'Égypte[22], ou du bronze de Reims[23].

Cette sculpture d'appartement est un bon exemple de la production de statues décoratives, indispensables au standing des grandes *domus*, qui formait le tout venant de la production des ateliers d'Aphrodisias. Les modèles ne leur manquaient pas, car on a retrouvé sur le site un masque scénique de terre-cuite représentant un Noir plutôt caricatural, probablement le cuisinier noir de la comédie grecque[24]. Une tête de Noir aux yeux étrangement bridés figure aussi sur l'une des demi-bases du Sébasteion évoquant un des peuples de l'Empire, les Éthiopiens vraisemblablement[25].

La production de statuettes de Noirs destinées au décor domestique par les ateliers d'Aphrodisias semble confirmée par la découverte sur le site d'une statuette fragmentaire en marbre noir figurant un jeune Noir acrobate dans la position du poirier, en appui sur ses mains et la tête redressée (fig. 8). On connaît plusieurs variantes de ce sujet de statuette-fontaine figurant un jeune acrobate noir, dressé sur les mains sur un socle rocheux ou sur le dos

20. K. T. Erim, « De Aphrodisiade », *American Journal of Archaeology*, 1967, p. 238-239 ; F. Baratte, « Exotisme et décor à Aphrodisias : la statue de jeune Noir de l'ancienne collection Gaudin », *Monuments et Mémoires de la Fondation Eugène Piot* 80, Paris, 2001, p. 57-80.

21. Provenant des Thermes d'Antonin et conservé à l'Antiquarium de Carthage : G.-Ch. Picard, *Le monde de Carthage*, Paris, 1956, pl. 3 ; J. Desanges, *art. cit.* (n. 13), p. 260, ill. 358-359.

22. F. M. Snowden Jr, *art. cit.* (n. 13), p. 199, fig. 256-258.

23. *Ibid.* p. 224-226, ill. 295-296.

24. K. T. Erim, *art. cit.* (n. 20), p. 152.

25. R. R. R. Smith, « *Simulacra gentium* : the *ethné* from the Sebasteion at Aphrodisias », *Journal of Roman Studies* LXXVIII, 1988, p. 55, pl. VIII, n° 9.

FIG. 8. – Acrobate en marbre noir (musée d'Aphrodisias) (photo N. de Chaisemartin).

d'un dauphin, voire d'un crocodile. Une statuette plus complète, cette fois en marbre blanc, de jeune Noir sur un dauphin conservée au musée archéologique de Tralles confirme le passage des sculptures provenant d'Aphrodisias par la vallée du Méandre. D'autres statuettes-fontaines de même famille et de facture voisine sont conservées au British Museum[26], au musée des Thermes à Rome[27] ; enfin il en existe un exemplaire au musée de Palerme[28] qui n'est pas nécessairement un Noir.

Pour R. M. Schneider[29], ces jeunes Noirs sont vus comme des « esclaves de luxe », dont on sait qu'ils coûtaient plus cher que les esclaves blancs. Ils sont généralement associés aux parfums et aux soins du corps dans les thermes, et symbolisent à juste titre le luxe

26. A. H. Smith, *A Catalogue of Sculpture in the Department of Greek and Roma Antiquities. British Museum*, Londres, III, 1904, p. 114-115 (1768) ; G. H. Beardsley, *The Negro in the Greek and Roman Civilisation, a study of Ethiopian type*, Baltimore 1929, p. 104, n° 229, fig. 107 ; W. Deonna, *Le symbolisme de l'acrobatie antique*, Berchem-Bruxelles, 1953, p. 50, fig. 67, p. 47 ; F. M. Snowden Jr, *art. cit.* (n. 13), p. 229, ill. 299, p. 228 : acrobate sur le dos d'un crocodile qui le soutient de sa queue dressée, H 0,75 m.

27. G. H. Beardsley, *op. cit.* (n. 26), p. 104 sqq., n° 230 ; W. Deonna, *op. cit.* (n. 26), p. 50 ; O. Vasori in *Museo Nazionale romano, le sculture*, I, A. Giuliano dir., Rome, 1979, p. 158-160, n° 109 (Inv. N. 40809) ; F. M. Snowden Jr, *art. cit.* (n. 13), fig. 51. Provient de la Via Nomentana, secteur de la Villa Patrizi (1908) ; conduit d'eau par la bouche.

28. S. Reinach, *op. cit.* (n. 17), III, p. 121, n° 4 ; W. Deonna, *op. cit.* (n. 26), fig. 66b.

29. *Art. cit.* (n. 13).

exotique et sensuel venu des confins de l'empire. L'enfant noir de Sousse s'inscrit donc clairement au sein de la production de sculptures décoratives dans la veine pittoresque du réalisme « alexandrin » : son exotisme et son caractère primesautier devaient correspondre au goût de la clientèle africaine, probablement accoutumée depuis l'époque hellénistique aux sculptures de genre évoquant des thèmes familiers ou humoristiques.

LE TORSE DE SATYRE DE THYSDRUS (EL JEM)[30]

La richesse de la cité de Thysdrus (El Jem) est généralement attribuée à la production d'huile d'olive qui s'est développée au maximum dans cette région du Byzacium méridional à partir du IIIe siècle, entraînant l'essor de la ville et de ses somptueuses maisons aux sols de mosaïque. En fait de beaux exemples de sculpture antérieurs proviennent du site, par exemple un torse masculin (fig. 9) à la musculature puissante[31], qui porte au bas des reins un petit arrachement avec les traces d'un goujon métallique (fig. 10) : il est taillé dans un marbre crème translucide et peu homogène, à cristaux irréguliers, grands et moyens. De fines failles colorées par l'oxyde de fer et marquées de vacuoles traversent le torse, la section du cou et la hanche gauche et permettent de l'identifier comme du marbre d'Aphrodisias.

La musculature traitée avec une précision anatomique remarquable renvoie aux centaures de la Villa Hadriana signés par des artistes d'Aphrodisias, et au type du Vieux Pêcheur dont la réplique en marbre blanc du musée de Berlin provient des fouilles de P. Gaudin dans l'aile ouest de l'Agora sud ou Portique de Tibère[32] : sa tête, d'un réalisme pathétique remarquable a été retrouvée en 1989 dans le bassin central de cette place[33]. Des détails comme les

30. Je remercie vivement la direction de l'Institut national du Patrimoine de Tunisie, celle du musée national du Bardo et mon collègue et ami Hédi Slim, naguère responsable du centre de recherches archéologiques à El Jem, de m'avoir autorisée à travailler sur ces sculptures.

31. N. de Chaisemartin, « Un torse d'El Jem : quelques hypothèses », in *Hommage à Gilbert et Colette Picard* (Karthago, XXIII), 1995, p. 57-71.

32. Berlin, Staatliche Museen, inv. 1630 ; Th. Wiegand, « Torso eines Fischers aus Aphrodisias », *Jahrbuch der preussischen Kunst Sammlungen* 37, 1916, p. 1-13.

33. R. R. R. Smith, « Hellenistic Sculpture under the Roman Empire : Fishermen and Satyrs at Aphrodisias », in *Regional schools in Hellenistic Sculpture*, O. Palagia et W. Coulson éd., Londres, 1998, p. 253-255, fig. 1-3.

villosités gravées sous l'aisselle[34] gauche, le sternum et autour des mamelons des seins, ainsi que la technique de fixation du bras gauche, avec un léger creusement de la plage de raccord percée d'un goujon de fer, dénotent aussi des habitudes d'atelier propres à Aphrodisias[35].

La position du personnage est assez particulière : le mouvement des muscles du cou montre qu'il tournait la tête vers la gauche et vers le haut et le torse pivote dans la même direction, avec une forte inclinaison vers l'avant et à droite. Les cheveux flottent en mèches courtes sur la nuque, mais il est difficile de préciser si la limite de la barbe est visible sur le bord gauche de la cassure du cou. Les bras sont rejetés en arrière, le gauche descendant en oblique. La position des fesses montre que le personnage n'était pas vraiment assis, mais plus probablement en appui instable à gauche, la jambe droite pliée en avant, avec un soutien sous le bassin.

De l'omoplate gauche à la taille deux longues rémiges parallèles ayant appartenu à une aile d'oiseau s'appuient sur le dos, tandis que sur l'omoplate gauche, un tenon carré percé de deux trous de goujon indique qu'une autre figure, probablement ailée, devait prendre appui à cet endroit, son aile descendant le long du dos du torse.

Nous sommes donc en présence d'un groupe avec au moins deux figures, visiblement traité dans la tradition pergaménienne des personnages faits pour être vus sous plusieurs angles, avec une composition en torsion. Le traitement du torse rappelle évidemment les figures de Galates des ex-voto des Attalides à Pergame et sur l'Acropole d'Athènes, et l'on pourrait mettre en parallèle la position du personnage avec celle du Parthe d'Aix[36]. Si le petit arrachement au bas du dos correspondait bien à celui d'une queue en ajout, le personnage pourrait figurer un Satyre attaqué par un rapace ou un cygne, mais aucun parallèle ne semble identifié.

En revanche la position des bras pourrait permettre de restituer les mains liées posées au-dessus des reins à l'endroit où trois forts coups de pic ont été portés, probablement pour les détacher. Dans ce cas, on pourrait penser à un groupe de Prométhée et de

34. Détail caractéristique sur les centaures de la Villa Hadriana, et les géants en calcaire marmoréen noir de Silahtaraga (Istanbul) : N. de Chaisemartin, E. Örgen, *op. cit.* (n. 8), p. 44, n° 100, pl. 31-32.

35. Nous avons décrit ce processus de fixation au mortier de chaux des parties en ajout : N. de Chaisemartin, E. Örgen, *ibid.*, p. 81-82.

36. Aix-en-Provence, musée Granet, n° 246 ; R. R. R. Smith, *Hellenistic Sculpture*, Londres, 1991, fig 126.

l'aigle, mais les deux exemples de groupes connus sur ce thème : celui de la délivrance de Prométhée par Héraclès dans le sanctuaire d'Athéna à Pergame[37] et le relief du Sébasteion d'Aphrodisias[38] présentent le Titan debout et attaché au rocher par les poignets ; sur le relief, l'aigle percé d'une flèche est en contrebas du Titan. De plus, il faudrait justifier dans cette hypothèse le dispositif de fixation d'un ajout au bas des reins. Pas plus qu'à un Titan du reste, le torse marqué par une tendance à l'animalité ne pourrait convenir à un Hercule, dont on connaît pourtant sur un sceau de Délos[39] et des intailles[40] des représentations avec les mains liées dans le dos par Éros, évocation de la victoire de l'amour sur la vertu.

La plus plausible des hypothèses serait d'y voir un Marsyas *religatus* attendant son supplice après avoir été vaincu par Apollon lors du concours de musique de Kelainai. L'aspect courbé et l'ossature du torse souligneraient l'âge mûr du personnage et l'aile serait celle de la Victoire ou d'Agôn, génie ailé symbolisant le concours, couronnant Apollon. On sait qu'un célèbre tableau de Zeuxis représentant Marsyas vaincu était conservé à Rome dans le temple de la Concorde et aurait pu inspirer un groupe sculpté sur le même thème, d'autant que le lieu du concours mythique est tout proche d'Aphrodisias. Une gemme du cabinet des Médailles[41] montre ainsi, face à Apollon lyricine, un Marsyas aux bras liés derrière le dos, mais assis jambes repliées sur une dépouille de lion (fig. 11), ce qui ne rend pas exactement compte de la position du torse d'El Jem. De plus Marsyas est généralement représenté avec une barbe longue et des mèches descendant sur les épaules plus bas que sur le torse. Cette fois malheureusement nous n'avons pas sur le site de document comparable, malgré l'évidente similitude de style et de traitement du torse d'El Jem avec les Satyres dionysophores conservés au musée d'Aphrodisias et celui de la Via Sette Sale à Rome, signé par un sculpteur aphrodisien. On peut le rapprocher aussi du groupe de

37. F. Winter, *Altertümer von Pergamon*. VII, *Die Skulpturen*, Berlin, 1908, p. 175, n° 168, pl. 37 ; M. Kunze *et alii*, *Die Antikensammlung in Pergamonmuseum und in Charlottenburg*, Berlin, 1992, p. 174-175, n° 73 ; B. Andreae, *Schönheit des Realismus*, Mayence, 1998, fig. p. 241 et 244-245.

38. K. T. Erim, *art. cit.* (n. 20), p. 118-119 ; P. Linant de Bellefonds, « Héraclès à Aphrodisias », *Dossiers d'Archéologie* 148, avril 1990, p. 36-37.

39. M.-F. Boussac, « Sceaux déliens », *Revue archéologique*, 1988, 2, p. 334, fig. 58.

40. *LIMC*, V, Zurich-Munich 1990, s. *v.* « Heraklès », p. 174d, n° 3436-3438 (S. Woodford).

41. E. Babelon, *Catalogue des camées antiques et modernes de la Bibliothèque nationale*, Paris, 1897, n°s 40-41, p. 26-28, pl. VI.

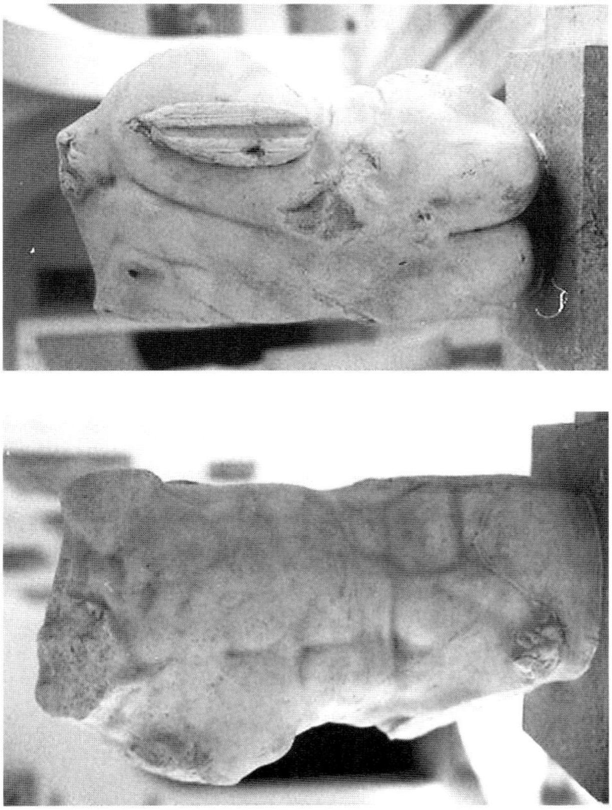

FIG. 9-10. – Torse du musée archéologique d'El Jem : face et dos (photo N. de Chaisemartin).

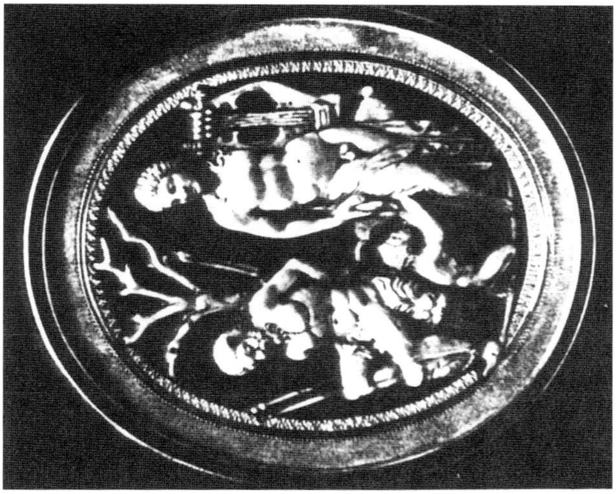

FIG. 11. – Concours d'Apollon et Marsyas : camée du Cabinet des Médailles (photo N. de Chaisemartin).

Satyres attaqués par des serpents ou des géants anguipèdes du Musée des Conservateurs, et des géants de Silahraraga.

La connotation idéologique de la victoire d'Apollon, dieu protecteur d'Auguste, sur le Satyre Marsyas, incarnation de l'*hybris*, est assez évidente dans l'imagerie impériale où elle représente l'avènement d'une nouvelle ère de paix et de développement de la civilisation. On constate que ce thème mythologique est populaire en Afrique du Nord où plusieurs mosaïques, des terres cuites et la patère d'argent de Bizerte le reproduisent[42].

Il est regrettable que le groupe auquel appartenait ce torse de grande qualité ne puisse être valablement restitué, mais il témoigne de la variété des modèles de personnages du thiase dionysiaque reproduits par les ateliers aphrodisiens et dont certains, comme le Satyre sardonique d'Atça près de Nazilli[43], restent aussi sans équivalent exact et peuvent être considérés comme des créations originales des sculpteurs cariens à partir de modèles de tradition pergaménienne.

La « Danseuse » d'El Jem

Un torse féminin drapé en calcaire marmoréen noir est conservé au musée du Bardo (fig. 12) et proviendrait des fouilles de Durancel dans les thermes d'El Jem[44]. Il s'agit d'une statue aux deux-tiers de la grandeur nature taillée dans plusieurs morceaux de marbre, probablement blanc pour le buste et les membres aujourd'hui manquants en contraste avec le *bigio morato* du drapé, composé d'un fin *péplos* attaché sur l'épaule droite et ceinturé aux hanches d'une cordelette, et d'un grand châle aux extrémités flottantes (fig. 13). Une grande veine blanchâtre dans le marbre cerne la hanche gauche et confirme son origine aphrodisienne.

Ces statues bicolores sont typiques des productions des ateliers d'Aphrodisias qui en taillaient parfois en un seul morceau à la jonction d'un filon blanc et d'un noir : Europe et Éros du musée d'Aphrodisias[45], tritons d'Istanbul[46]. L'association de plusieurs pierres en

42. M. Fantar, « Le mythe de Marsyas sur deux nouvelles mosaïques de Tunisie », in *L'Africa Romana, Atti del IV. Convegno di studi*, Sassari, 1987, p. 151-166.

43. Musée d'Aydin, n° Inv 1805.

44. P. Gauckler, in *Revue archéologique*, 1902, II, p. 405 ; in *Bulletin archéologique du Comité des Travaux historiques et scientifiques*, 1902, p. CLXXXVI ; P. Gauckler, L. Poinssot, *Musée Alaoui*, Supplément. 1, Paris, 1907, p. 58, n° C 1026 (H. 0,83 m).

45. K. T. Erim, *art. cit.* (n. 20), p. 146.

46. Proviennent des fouilles du Palais de Justice de Sultanahmet, Inv. musée d'Istanbul 79-10-286 ; *Istanbul Arkeoloji Müzeleri Yilligi* n° 7, 1956, p. 54, n° 5247, pl. 5.

contraste est caractéristique des sculptures hellénistiques composées à partir de matériaux divers : pierres, métal ou stuc et rehaussées de couleurs pour donner plus d'animation visuelle à l'œuvre.

Le buste et les bras étaient fixés dans des cuvettes d'encastrement piquetées probablement par un mortier adhésif comme c'est le cas pour les Géants anguipèdes exécutés en plusieurs morceaux de Silahtaraga[47] : un trou de tenon marque sur le pan du drapé enroulé autour de la hanche droite le raccord de la main et un goujon métallique au haut de la hanche suggère que le drapé se déployait derrière le dos. La main droite rassemblait les plis du voile sur la cuisse et l'avant-bras gauche venait s'insérer dans une gouttière préparée au ciseau dans le drapé noir, détail que l'on retrouve à l'identique sur une réplique du même type, dite « Victoire des Symmaques »[48] et provenant de Vigna Casali sur le Coelius à Rome (fig. 14). Les extrémités flottantes du châle étaient elles aussi exécutées à part et raccordées à la statue. Le *péplos* était fendu à l'endroit du genou droit, indiquant peut-être que la partie antérieure de la jambe nue, en marbre blanc, était fixée devant le drapé noir, schéma qui semble se retrouver sur la danseuse de Pergé (fig. 15), provenant de la *stoa* de Claudius Peison, dans les thermes sud[49].

Cette œuvre haute de 2,38 m, dont la restauration actuelle au musée d'Antalya[50] est une prouesse étant donné son état fragmentaire et la multiplicité des éléments sculptés qui la composaient à l'origine, nous donne une bonne idée de l'allure que devait avoir la statue d'El Jem : elle a conservé son buste en marbre blanc couronné d'une chevelure en marbre noir avec des bandeaux et un nœud de mèches dominant le front.

Sa publication par J. Inan permet de la rattacher à une famille de figures drapées tardo-hellénistiques[51], que L. Guerrini[52] avait

47. N. de Chaisemartin, E. Örgen, *op. cit.* (n. 8), p. 81-82.

48. Conservée à Rome, musées Capitolins, Centrale Montemartini. H. Gregarek, « Untersuchungen zur kaiserzeitlichen Idealplastik aus Buntmarmor », *Kölner Jahrbuch* 32, 1999, p. 233-234, D 135-139.

49. J. Inan, in *Türk Arkeoloji Dergisi* 26/2, 1983, p. 10 sqq., fig. 54 ; Id., « Eine hellenistische Tänzerin aus Perge », in *Akten des XIII. Internazionales Kongresses für klassische Archäologie*, Berlin, 1988, Mayence, 1990, p. 347-348, fig. 3-4.

50. H. Akilli, « Perge'de bulunan Dansöz Heykelinin Onarimi », *Arkeoloji ve Sanat* 28-31, 1985, p. 19 sqq., fig. 1-5.

51. E. Herkenrath, « Eine Statuengruppe der Antoninenzeit », *Mitteilungen des deuschen archäologischen Instituts (Athen. Abt.)* 30, 1905, p. 245-256.

52. L. Guerrini, « Ricerche stilistiche intorno a un motivo iconografico », *Annuario Scuola Atene*, 37/38, 1959-1960, p. 403-419.

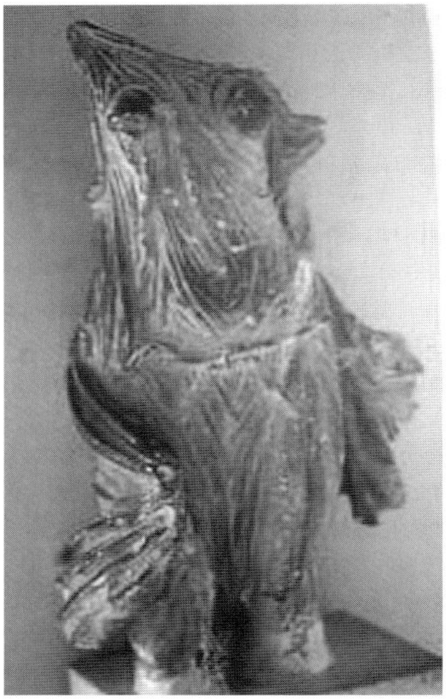

FIG. 12-13. – Danseuse des Thermes d'El Jem de trois quarts à gauche et face (photo N. de Chaisemartin).

FIG. 14. – Danseuse du Coelius dite « Victoire des Symmaques » (photo N. de Chaisemartin).

FIG. 15. – Danseuse de Pergé (musée archéologique d'Antalya) (photo N. de Chaisemartin).

classées en deux groupes, le premier en position frontale comme la statue d'El Jem, l'autre présentant une torsion en spirale de la silhouette, faite pour être vue sous divers angles, comme la danseuse de Pergé. Le modèle était assez populaire puisque J. Inan a collecté dix répliques et douze variantes du motif. Elle identifie la silhouette dansante comme une muse, Terpsichore sans doute. La tête de la statue de Pergé permet de dater le modèle original du second quart du IIe siècle av. J.-C. et la réplique de Pergé de l'époque hadrianique.

Il faut cependant observer que le châle gonflé derrière le flanc gauche de la statue d'El Jem l'apparente aux figures allégoriques des brises favorables, les *aurae*, dont Pline nous dit avoir vu au Portique d'Octavie deux statues *velificantes sua veste*, le manteau déployé comme une voile. Ce drapé symbolise donc la chance et la prospérité et dans l'idéologie augustéenne, ces figures d'*aurae*, présentes sur la cuirasse de Prima Porta comme sur le relief de Tellus de l'Ara Pacis, font partie de l'imagerie de la *pax augusta*.

Une statue féminine au drapé en *bigio morato* et aux parties nues en marbre blanc provient du théâtre de Sessa Aurunca[53] et présente justement un châle drapé auréolant la tête et les épaules et s'enroulant sur les bras. Le corps était composé de deux blocs raccordés et la tête insérée dans le buste est un portrait de la bienfaitrice de cette ville, Matidie la Jeune, nièce de Trajan, qui avait restauré le théâtre avec faste. La statue bicolore est attribuée aux « ateliers gréco-orientaux », mais les veines et les bigarrures blanchâtres du bloc inférieur et le maniérisme du drapé renvoient à une origine aphrodisienne. Le *peplos* adhérant aux formes du corps, avec son bord flottant sur le flanc droit et ses plis dessinant les jambes et se creusant en profondes gorges derrière celles-ci, rappelle de près la silhouette de l'allégorie de la cité d'Aphrodisias sur le monument augustéen de Zoïlos[54], qui présente aussi un châle gonflé par le vent et une silhouette en torsion.

En revanche la Polis d'Aphrodisias comme la Matidie-Aura de Sessa Aurunca ont toutes deux le bras droit levé contrairement aux statues de Pergé, du Caelius et d'El Jem. Le mouvement de la main droite de ces dernières les rapproche de la figure féminine *velificans* sur un des piliers à figures adossées du portique dit « de las Incan-

53. P. Zanker, *Provinzielle Kaiserporträts*, Munich, 1983, p. 7 n° 6 ; M. G. Ruggi d'Aragona, in M. de Nuccio, L. Ungaro éd., *op. cit.* (n. 13), p. 324, n° 23.

54. R. R. R. Smith, Aphrodisias 1, *The monument of Caius Julius Zoilos*, Mainz 1993, p. 36-38, n° 5, pl. 15-17.

tadas » dans le forum de Thessalonique[55]. Comme le montre la Seléné du groupe gigantomachique de Silahtaraga[56] et les deux déesses au voile gonflé des reliefs de la fontaine Gaudin d'Aphrodisias[57], ces figures féminines en mouvement, dérivant de statues-acrotères du second classicisme grec, étaient produites par les artisans d'Aphrodisias suivant de nombreuses combinaisons et dérivations. On constate que la statue d'El Jem est une variante à échelle réduite de la statue du Caelius, qui possède encore son socle mouluré à profil ionique, « signature » caractéristique des productions statuaires aphrodisiennes à partir du IIe siècle de notre ère. Le drapé de la figure d'El Jem laisse deviner des formes plus pleines que celles de la statue romaine, en particulier avec les plis cernant les seins et marquant en V le bas du ventre de manière plus accusée.

Quant à l'identification de la statue, elle est sans doute liée à son contexte de découverte dans les thermes de Thysdrus : l'hypothèse d'une Victoire, identification prêtée à la statue du Caelius, paraît peu probable, puisqu'elle est aptère. L'Aura bienfaisante ou la muse dansante, ou encore une Vénus/Aphrodite – qui fournit le modèle de la Polis du monument de Zoïlos – sont des pistes possibles pour une statue d'établissement thermal. Le vêtement sombre évoquant le ciel nocturne a fait parfois songer à l'apparition d'Isis à Lucius dans l'*Âne d'or* d'Apulée : les statues d'Isis trouvées à Palestrina et à Ostie (Isis Pharia[58]) sont justement en *bigio morato* avec les parties nues en marbre blanc et la seconde en tout cas, proche de la figure des piliers de Thessalonique, pourrait aussi être l'œuvre d'un sculpteur aphrodisien.

Mais l'exemple de la statue de Bisica[59], conservée elle aussi au musée du Bardo, pourrait indiquer qu'en Afrique Proconsulaire, il est plus probable que le voile gonflé représentant le ciel nocturne caractérise la correspondante africaine de Séléné, Caelestis, héritière de la grande déesse punique Tanit. En l'absence de la tête toutefois, il n'est pas loisible d'en décider, mais on peut souligner la

---

55. P. Perdrizet, « "L'Incantada" de Thessalonique », in *Monuments et Mémoires de la Fondation Eugène Piot* 31, 1930, p. 51-90 ; L. Guerrini, « Las Incantadas di Salonico », *Archeologia classica* XIII, 1961, p. 40-70 ; I. Baldassare, « Las Incantadas di Salonicco », *Studi Miscellanei* 22, 1976, p. 23-35 ; F. Canciani, *LIMC*, I, s. *v.* « Aura », n° 20, p. 53 et pl. 53.

56. N. de Chaisemartin, E. Örgen, *op. cit.* (n. 8), n° 4, p. 18-20, pl. 12-13.

57. G. Mendel, *op. cit.* (n. 7).

58. F. Zevi, *Museo ostiense. Nuove immissioni*, Rome, 1971, p. 7-8 ; Id., in M. de Nuccio, L. Ungaro éd., *op. cit.* (n. 13), p. 302-304, n° 4 (bibliographie).

59. P. Gauckler, L. Poinssot, *op. cit.* (n. 44), p. 56, n° 65, pl. XIV.

qualité de cette sculpture qui, malgré sa modeste échelle, indique certainement qu'elle avait une place de choix dans le programme iconographique des thermes de Thysdrus.

La Vénus au trophée d'El Jem

Cette statue féminine drapée plus grande que nature (fig. 16) est actuellement conservée au musée du Bardo[60] dans une niche du palier du premier étage. M. Yacoub l'identifie dans son guide du Bardo comme une Vénus Victrix tenant une corne d'abondance et la date de la seconde moitié du IIe siècle ap. J.-C. Sa provenance précise sur le site d'El Jem n'est pas précisée.

La tête manque ainsi que le bras droit brisé sous l'épaule (fig. 17), le poignet et la main gauches, les pieds et une partie du socle ; la jambe gauche et le drapé qui la recouvre sont endommagés à partir du bas de la cuisse et la partie antérieure du socle manque. Sur l'épaule gauche subsiste une jambe gauche d'enfant au pied cassé et des mèches ondulées descendent sur les épaules.

La statue est taillée dans un marbre blanc rosé à cristaux peu homogènes, portant une patine crème sur les parties polies et très brillant aux cassures. Dans le creux du bras gauche, on distingue une ligne de cassure marquée par un rang de vacuoles et sous le genou des lignes de faille obliques colorées en rose par l'oxyde de fer : ces caractères permettent d'identifier le matériau comme du marbre d'Aphrodisias.

Le torse est légèrement tourné vers sa gauche, le bras gauche à l'épaule haut placée s'appuie du coude sur un support dont le drapé recouvre la partie supérieure et l'avant-bras se replie vers l'avant. Le bras gauche s'écartait légèrement et un tenon le reliait à la hanche droite saillante. Une profonde cernure au trépan discontinu souligne la courbe du torse sur le flanc droit. La jambe droite est en appui et la jambe gauche pliée en avant, le pied droit plus haut que le gauche sur le socle.

Le dos plat et peu travaillé de la statue indique qu'elle devait être placée devant un mur. Malgré ses beaux volumes et son attitude en torsion qui permet de l'apprécier sous divers angles, il s'agit d'une pseudo-ronde-bosse ce qui est un indice de plus en faveur de son attribution à un sculpteur d'Aphrodisias : on a en effet sur le site des exemples de statues taillées dans d'épaisses dalles de

60. N° inv 3620 ; M. Yacoub, *Musée du Bardo*, Tunis, 1970, p. 68, fig. 70 p. 169.

marbre, comme le Discophore de l'atelier derrière le *bouleuterion*. Le sculpteur traitait d'abord le devant, puis retournait la dalle pour dégrossir le dos, qu'il détaillait plus ou moins selon la destination de la statue. Le dos plat permettait aussi un transport moins risqué de la statue.

Les proportions typiques du style riche de la fin du premier classicisme grec sont solides et pleines, le cou plutôt épais, l'épaule musclée, les hanches larges : pourtant la figure donne une impression de souplesse et de décontraction. Elle est vêtue d'un fin *péplos* attaché par une fibule ronde dont le décolleté glisse sous l'épaule droite et forme des plis en V entre les seins écartés et soulignés par un pli plus marqué qui les cerne à la partie supérieure. Une cordelette ceint les hanches et les plis du vêtement blousent par-dessus en formant des plis en feston.

Le manteau chevauche l'épaule gauche et son bord forme une cascade de plis jusqu'au socle. Traversant le dos en biais, il cerne la hanche droite d'un bourrelet de plis torsadé et vient se replier en double par-dessus la cuisse gauche, cachant complètement la robe et formant une série de plis en arêtes concentriques le long de la jambe droite.

Suivant le modèle de l'Aphrodite accoudée (« *leaning Aphrodite* ») la statue s'accoude à un support dont la partie inférieure, seule visible sous les plis du manteau est une cuirasse dont le plastron est surmonté d'une épaulière à rebord en relief (fig. 18). Les mamelons et le nombril sont marqués et la partie inférieure s'arrondit en couvre-ventre, entourée de deux rangs de ptéryges semi-circulaires décalées à motif floral et d'un rang de lambrequins.

Une cavité ronde marque le socle en avant de la cassure du pied gauche et un petit rehaut saillant entre son bord externe et la cuirasse indique peut-être le point d'appui d'un attribut.

Le point de départ de cette figure éclectique et complexe est le modèle de l'Aphrodite au pilier, dans la variante de l'Aphrodite Brazzà, probablement une Aphrodite Ourania provenant de Smyrne, le pied posé sur une tortue[61]. Certains auteurs y voient l'Aphrodite créée par Phidias pour Élis, ou sa correspondante dans le sanctuaire de l'agora d'Athènes, d'autres l'Aphrodite des Jardins d'Alcamène. La statue d'El Jem s'en distingue par son *péplos* fin remplaçant le *chitôn* à manches boutonnées, par le décolleté glissant

61. C. Blümel, *Staatliche Museen zu Berlin. Die klassisch-griechischen Skulpturen*, Berlin, 1966, p. 91-93, fig. 161-169 ; Cl. Rolley, *La sculpture grecque*, II, Paris, 1999, p. 140-141, fig. 125.

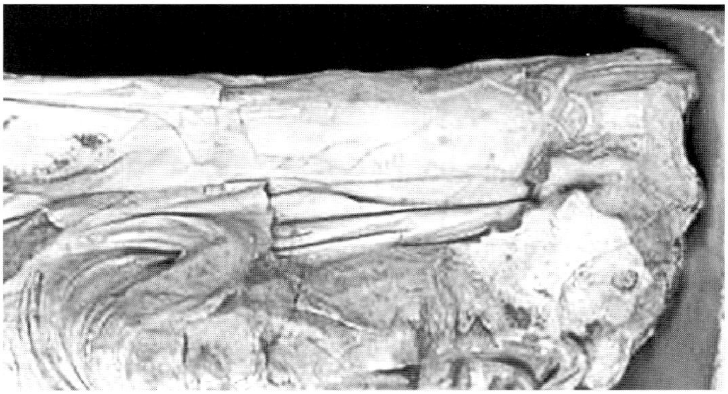

FIG. 18. – Vénus d'El Jem : détail du soutien/trophée (photo N. de Chaisemartin).

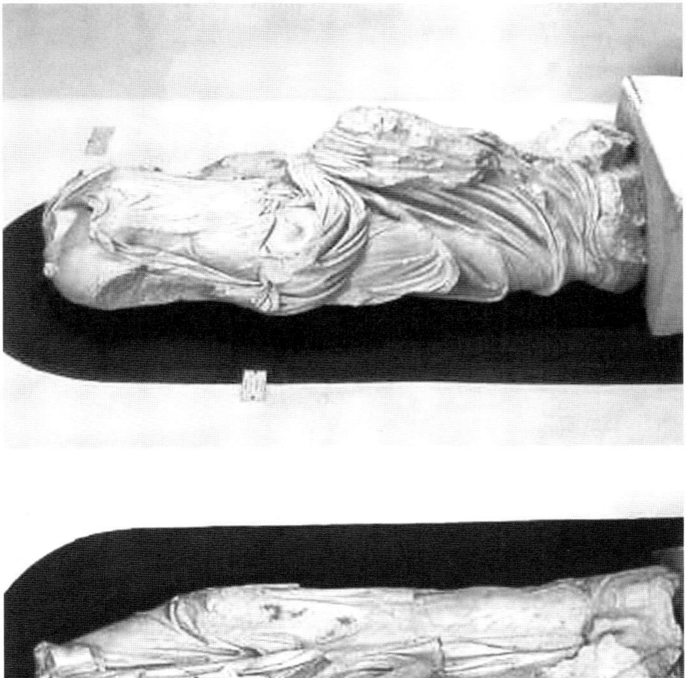

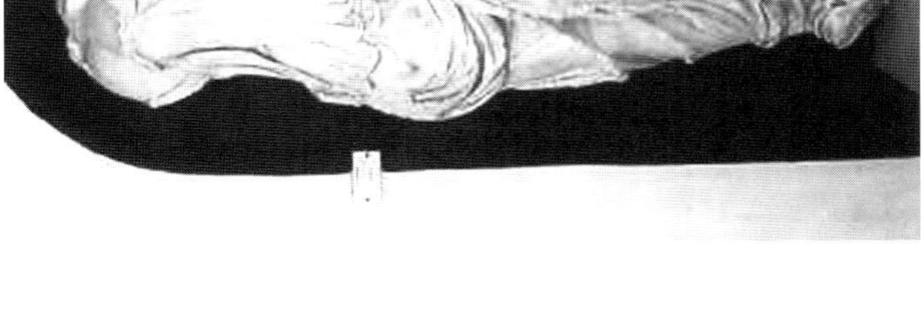

FIG. 16-17. – Vénus d'El Jem : face et de trois quarts (photo N. de Chaisemartin).

à droite et par un manteau beaucoup plus couvrant. La complexité du drapé qui accumule les « citations » de détails maniéristes empruntés à diverses époques confirme son caractère éclectique. Une figure féminine de la frise de l'Érechtneion[62] ressemble assez par sa composition à la statue d'El Jem, ce qui daterait le modèle du dernier tiers du ve siècle av. J.-C.

La statue de divinité féminine la plus proche de la statue d'El Jem n'est connue que par un dessin[63] : acéphale, elle pose le pied gauche sur un volatile et s'accoude à un pilier surmonté d'une figure féminine archaïsante. D'autres Aphrodites romaines regroupées par M. Bieber[64] ont des éléments communs avec la statue d'El Jem, particulièrement l'Aphrodite Doria Pamphili[65], dont l'auteur souligne les tendances baroques du drapé en ajoutant de manière significative : « It seems, therefore, that this was the type of Aphrodite chosen by the Romans for their draped Venus. » On peut y ajouter la belle statue acéphale provenant de Tralles[66] et autrefois conservée à l'école évangélique d'Izmir. Ce motif d'Aphrodite, certainement célèbre et particulièrement représenté en Asie Mineure, est souvent accompagnée d'un Éros volant sur les reliefs attiques, ce qui serait à l'origine de la présence du petit Éros – trop petit proportionnellement à la Vénus – chevauchant son épaule. Toutefois, il semble que la statue de Venus Verticordia, dédiée par Sulpicia à la fin du IIIe siècle av. J.-C., ait eu déjà elle aussi un Éros sur l'épaule.

Ce modèle de Vénus à la fois guerrière et maternelle, qui semble rare en ronde bosse, a connu en revanche un succès certain parmi les reliefs de la sculpture aulique d'époque augustéenne : citons d'abord la Vénus debout à la droite du Mars Ultor[67] – ou du Divus Augustus[68] selon les auteurs – figuré au centre du fronton du temple octostyle au fond du relief au sacrifice de l'Ara Pietatis ; bien que l'usure des motifs soit gênante, on reconnaît que la déesse présente le même hanchement accentué à droite, avec le genou

62. *LIMC*, II, 1, s. *v.* « Aphrodite », p. 28, n° 181, pl. 21.

63. *Ibid.*, p. 28, n° 182, fig. p. 29.

64. M. Bieber, *Ancient Copies*, New York, 1977, p. 95, pl. 74 : Aphrodites du Palazzo Lazzeroni fig. 447, du Palazzo Odescalchi fig. 448.

65. *LIMC*, II, 1 *s. v.* « Aphrodite », *ibid.*, p. 25, n° 157, pl. 18, modèle attribuable à Agoracrite vers - 430 ; M. Bieber, *op. cit.* (n. 64), p. 95, fig. 446.

66. R. Özgan, *Die griechischen und römischen Skulpturen aus Tralleis* (Asia Minor Studien, 15), Bonn, 1995, p. 25-27, n° TR. 7, pl. 4, 3-4.

67. P. Zanker, *Forum Augustum*, Tübingen, 1968, p. 14.

68. M. Torelli, *Typology and Structure of Roman Historical reliefs*, Ann Arbor, 1982, p. 77, pl. III.21.

gauche avancé et soulevé. Sa tête semble tournée vers l'Éros sur son épaule et elle tient un sceptre du même côté.

Sur l'autel des Lares du Belvédère du Vatican[69], datable de 7 av. J.-C., une figure féminine, debout à l'angle inférieur droit de la face principale, a malheureusement perdu sa tête. Le bras droit levé en direction d'un quadrige, elle entoure de son bras gauche les épaules d'un enfant en toge et un second enfant plus petit se dresse à sa droite. Son *péplos* présente des plis en V sur la poitrine, mais le hanchement à droite, le genou gauche avancé et l'arrondi du manteau drapé autour du ventre reprennent clairement le modèle de la statue d'El Jem. P. Zanker[70] l'identifie comme Vénus Genetrix, ancêtre des Julii, accompagnée de Caius et Lucius Césars et saluant le quadrige de chevaux ailés emportant César vers l'apothéose.

Enfin une Vénus de modèle analogue (fig. 19) est figurée sur le plastron de la statue cuirassée de Cherchell[71], qui aurait été dédiée par Juba II à Caius César après sa mort en 4 ap. J.-C. d'après P. Zanker : sous le buste de Mars légionnaire, Vénus, dans l'attitude exacte de la statue d'El Jem, tient un sceptre de la main gauche et pose la droite sur un bouclier dont l'épisème figure la tête hirsute d'une allégorie de peuple barbare. À sa droite se tient un Éros adolescent tenant un arc. Tourné vers elle, un personnage masculin drapé sur les hanches lui tend un petit trophée ; une Victoire lève le bras pour le couronner. Ce héros est identifié par P. Zanker comme Caius César, mais ce type de représentation pourrait aussi fort bien figurer Divus Julius.

P. Zanker voit cette fois dans la figure féminine une Vénus Victrix, c'est-à-dire la déesse protectrice de Pompée à qui le général avait dédié un temple au sommet de la *cavea* de son théâtre. Or, sur les monnaies frappées entre 61 et 55 par les partisans de Pompée, la déesse ne figure qu'en buste, et son principal signe distinctif est une couronne de laurier derrière son diadème. La légende de Vénus Victrix accompagne beaucoup plus tard sur un *aureus* de Julia Domna une figure féminine en pied vue de dos[72], drapée sous les

69. W. Amelung, *Die Sculpturen des vaticanisches Museums*, II, Berlin, 1908, p. 242 sqq., pl. 15 ; P. Zanker, « Der Larenaltar im Belvedere des Vatikans », *Mitteilungen des deuschen archäologischen Instituts (Röm. Abt.)*, 76, 1969, p. 205-218, pl. 65-67.

70. *Ibid.*, p. 209-211, pl. 66,1 ; P. Zanker, *Augustus und die Macht der Bilder*, Munich 1987, p. 222-224, fig. 177.

71. K. Stemmer, *Untersuchungen zur Typologie, Chronologie und Iconographie der Panzerstatuen* (Archäologische Forschungen, 4), Berlin, 1978, p. 10-12, n° I, 5, pl. 2, 1-2 ; 3, 1-5. H. G. Horn, Ch. B. Rüger, *Die Numider*, Bonn, 1979, p. 232-234 et 530-533.

72. H. Mattingly, E. Sydenham, *Roman Imperial Coinage*, IV, Londres, 1936, n°s 535-536, p. 165, pl. IX, 1 ; p. 171, n°s 579 et 581 ; p. 178, n° 645.

hanches, tenant une lance. Elle permet d'identifier comme la *Victrix* la Vénus de dos aux armes de Mars qui figure sur une série de monnaies d'Octavien avec une légende au divin César[73]. On a probablement sur le relief de Civita Castellana une figure de face de ce modèle de Vénus, ici accompagnée d'un Éros volant derrière son épaule, ce qui crée évidemment l'ambiguïté avec la *Genetrix*. L'étude de J. Pollini[74] identifiant la Vénus d'Arles comme une réplique de la statue de culte de Vénus Victrix dans le temple de Pompée dominant la *cavea* de son théâtre confirmerait qu'on ne peut identifier la statue d'El Jem comme une Aphrodite Victrix.

Le lien de la déesse figurant sur ces reliefs avec César, Auguste et ses petits-fils et héritiers nous conduirait plutôt à proposer de l'identifier comme la Vénus Genetrix, dont César avait commandé en 46 av. J.-C. la statue de culte destinée au temple de son forum à un sculpteur grec, Arkésilaos, qui ne l'avait pas encore terminée lors de l'inauguration du monument[75]. On sait qu'elle portait un Amour sur l'épaule, et elle a été longtemps identifiée avec le type de la Vénus à la pomme de Naples[76], en raison de la légende *Veneri Genetrici* accompagnant une Vénus de ce type sur un *aureus* d'Hadrien[77], mais cette hypothèse n'a plus aujourd'hui la faveur des chercheurs[78].

Une image monétaire pourrait nous donner une idée du schéma de cette Genetrix : c'est un denier de Manius Cordius Rufus (fig. 20) daté de 46 av. J.-C.[79] qui figure les têtes des Dioscures au droit et au revers une Vénus debout, un Amour sur l'épaule et tenant de la main gauche un sceptre bouleté ainsi qu'une balance de la droite. Sa robe est ceinturée assez haut et le manteau drape les hanches et les jambes, dont la gauche s'écarte sur le côté. Ce schéma est repris par la suite avec diverses variantes au revers de plusieurs deniers portant au droit le buste de César.

---

73. W. Trillmich, « Münzpropaganda », in *Augustus und die verlorene Republik*, Berlin, 1988, p. 483-485, fig. 211, n° 7 et 10.

74. J. Pollini, The « Dart Aphrodite », *Latomus* 55/4, oct.-déc. 1996, p. 757-785.

75. Pline, *Histoire naturelle* XXXV, 155-156.

76. J. Pollini, *art. cit.* (n. 74), p. 778.

77. M. Bieber, *op. cit.* (n. 64), fig. 144 ; J. Pollini, *art. cit.* (n. 74), pl. XXVI, fig. 16.

78. A. Stewart, *Greek sculpture. An Exploration*, New Haven-Londres, 1990, p. 307 ; Cl. Rolley, *op. cit.*, II (n. 61), p. 142-143, fig. 127. En revanche, J. Pollini, *art. cit.* (n. 74), p. 781, reste en faveur de cette identification.

79. E. Sydenham, *The Coinage of the Roman Republic*, Londres, 1952 p. 162, n° 976, c ; M. Crawford, *Roman Republican Coinage*, Cambridge, 1974, I, p. 473, n° 463/1a.

FIG. 19. – Vénus sur la statue cuirassée de Cherchell
(d'après P. Gauckler, *Musée de Cherchell*, Paris, 1895, pl. 12, 2).

FIG. 20. – Denier de Manius Cordius Rufus : Vénus, 46 av. J.-C.
(cliché Roman Republican Coin Project, Dr M. A. Padolsky).

Deux deniers de P. Sepullius Macer frappés en 44 av. J.-C.[80], portent au revers une Vénus debout de trois quarts tenant un sceptre de la main gauche et une victoire de la droite. Son attitude est assez proche de celle de la statue d'El Jem, avec le hanchement à droite et la jambe gauche pliée en avant, et une mèche descend de son chignon sur l'épaule. Mais elle regarde devant elle et ne porte pas de manteau sur son *péplos* ceinturé sous les seins dont l'*apoptygma* descend à mi-cuisse. Sur l'un des deniers, un bouclier très bombé est dressé derrière sa jambe gauche, sur l'autre le sceptre passe derrière une étoile à cinq branches. La même figure occupe l'avers des deniers de M. Mettius[81], où son vêtement court ressemble à la tunique d'amazone de Roma-Virtus ; le bouclier se dresse sur un globe entouré de cercles. Enfin, sur un denier de Lucius Aemilius Buca[82], le drapé de la tunique dévoile le sein gauche. De ce fait, la figure de Vénus la plus proche du modèle de la statue d'El Jem et des reliefs évoqués ci-dessus reste un *aureus* d'Hadrien[83] portant aussi la légende *Venus Génitrix* : cette fois ce n'est pas la Vénus du type Naples-Louvre qui est figurée, mais un modèle fort proche de la statue d'El Jem, portant de la main droite une figurine, peut-être une Victoire, et le bras gauche appuyé sur un bouclier. Il est donc possible que les monétaires de la série césarienne n'aient pas encore disposé du modèle exact de la statue d'Arkesilaos et aient reproduit une série de variantes à partir du schéma de base approximatif du denier antérieur de Manius Cordius Rufus.

Les trois reliefs d'époque augustéenne figurant la même Vénus montrent qu'à cette époque le type de la Vénus Genetrix était au contraire familier aux sculpteurs, qui la reproduisaient cependant, à l'instar des monétaires du temps de César, avec des attributs variables, parfois même avec une modification dans l'attitude, comme le bras levé sur le relief de l'autel du Belvédère.

C'est pourquoi nous proposerions volontiers, à titre d'hypothèse de travail sujette à confirmation ultérieure, de voir dans la statue d'El Jem une possible reproduction de la Vénus Genetrix du temple du Forum de César : elle présente en effet des proportions

80. E. Sydenham, *op. cit.* (n. 79), p. 178, n° 1070 ; M. Crawford, *op. cit.* (n. 79), I, p. 491, n° 480/18.

81. E. Sydenham, *op. cit.* (n. 79), p. 176, n° 1055 et p. 177, n° 1056 ; M. Crawford, *op. cit.* (n. 79), I, p. 488, n° 480/3 et p. 490, n° 480/17.

82. E. Sydenham, *op. cit.* (n. 79), p. 177, n° 1060 ; M. Crawford, *op. cit.* (n. 79), I, p. 488, n° 480/4.

83. Aureus d'Hadrien : *LIMC*, II, 1, s. *v.* « Aphrodite », p. 200, n° 48, pl. 125.

et un traitement clairement classicisant et qui s'inspire du style des figures féminines des frontons du Parthénon. En revanche le soin apporté au rendu de la silhouette en légère torsion et du drapé animé par les contrastes de plis et le léger maniérisme de l'*apoptygma* blousant au-dessus de la ceinture trahit des tendances de la sculpture hellénistique et révèle une œuvre éclectique.

Si cette hypothèse pouvait être vérifiée, la Vénus d'El Jem, généralement datée du IIe siècle, aurait de bonnes chances d'avoir appartenu à un sanctuaire du culte impérial, ce qui rendrait justice à l'élégance et au classicisme de sa mise en œuvre. Son dos plat de facture assez sommaire indique qu'elle était placée contre un mur ou dans une niche et qu'elle aurait pu avoir été réalisée sur place suivant les impératifs du cahier des charges de la construction d'un temple. A Aphrodisias même, on a retrouvé dans le *propylon* du Sébasteion la base d'une statue d'Aphrodite Prométôr – équivalent grec de l'épiclèse *Genetrix* – et le temple situé au fond de la voie sacrée à portique devait receler aussi une statue de culte de la déesse. On ne saurait exclure la possibilité que l'une ou l'autre d'entre elles ait été d'un modèle proche de l'Aphrodite d'El Jem. Si cette dernière est due à un sculpteur aphrodisien venu à El Jem pour exécuter ou terminer cette sculpture en marbre des carrières de la cité carienne, il se pourrait qu'elle soit antérieure à la date antonine qui lui est généralement attribuée : je proposerais volontiers pour elle la fin de l'époque julio-claudienne ou le troisième quart du Ier siècle.

Cette importante statue, permettant enfin d'avoir une idée de la statue d'Arkesilaos, indiquerait que les commandes faites aux artisans aphrodisiens incluaient aussi des statues liées au culte et à l'idéologie officielle, suivant des modèles célèbres venus de Rome. Les contacts des ateliers d'Aphrodisias avec les villes du Byzacium pourraient donc avoir débuté antérieurement au IIe siècle.

Il serait à l'évidence intéressant de prolonger ce début d'enquête dans les musées et collections de la partie occidentale de l'Afrique du Nord et de pouvoir confirmer l'identification des marbres micrasiatiques par des analyses archéométriques appropriées.

Nathalie DE CHAISEMARTIN

LA CONNAISSANCE DU GREC EN MILIEU JUIF
(IIIe s. av. - IVe s. ap. n. è.)

On a souvent voulu opposer Athènes et Jérusalem comme les deux pôles d'une culture antique méditerranéenne qui devaient finir par fusionner avec le temps pour produire notre civilisation européenne[1]. Ce que nous savons des communautés juives à partir du IIIe siècle av. notre ère nous montre que cette opposition, si elle a existé, ne concerne en tout cas pas le domaine linguistique. Le grec a été la langue des Juifs aussi, et peut-être une langue majoritaire parmi eux, à une certaine époque. En étudiant la présence du grec en milieu juif sur la longue durée, on peut tracer une sorte de courbe qui va croissant jusqu'au début du IIe siècle, d'un bout à l'autre de la Méditerranée, puis décline en Occident comme en Orient à partir du VIe ou du VIIe siècle.

Premières attestations du grec en milieu juif : l'Égypte lagide

C'est en Égypte lagide que nous pouvons suivre l'acculturation de la minorité juive et ce à partir du IIIe siècle, non seulement parce que la tradition plus ou moins légendaire place la traduction de la Tora en grec sous le règne de Ptolémée II Philadelphe (282-246), mais parce que les sources archéologiques et littéraires ne manquent pas.

Les plus anciennes dédicaces de synagogues datent du IIIe siècle, comme en témoignent les noms des souverains mentionnés[2]. Des papyrus nous montrent la présence de *Ioudaioi* parmi

1. Dans son ouvrage *Europe, la voie romaine* (1996), le philosophe Rémi Brague évoque les divers penseurs qui ont cultivé cette opposition depuis le XIXe siècle, et il conclut que l'Europe a choisi la « secondarité », « la voie romaine » héritière d'Athènes, le christianisme héritier de Jérusalem.

2. Ptolémée III (246-222) et Bérénice, cf. A. Bernand, *Le Delta égyptien d'après les textes grecs* I, Le Caire, 1970, p. 414-415, n° 3, et *Inscriptions grecques du Fayoum* I, n° 1.

des listes de soldats ou de clérouques[3]. Les épitaphes juives des nécropoles d'Alexandrie ou de Léontopolis à partir du IIe siècle sont rédigées très majoritairement en grec : 109 sur 114 (5 étant en hébreu ou araméen)[4], parfois même en vers selon la pure tradition hellénique. Dans ces documents, l'onomastique semble oublieuse des origines, du moins en apparence, car Simon est un nom ambigu et les noms théophores fréquents parmi les Juifs, comme Dositheos, expriment la permanence d'une foi ancestrale.

Très tôt les Juifs d'Alexandrie, sans doute plus lettrés que ceux du reste de l'Égypte, se mettent à écrire en langue grecque. Les écrits d'Aristobule ou de Démétrios le chronographe ne sont certes pas immortels, seuls quelques fragments cités par des auteurs postérieurs ont survécu. La tragédie tirée de l'Exode par un certain Ézéchiel, dont Eusèbe de Césarée a préservé d'importants passages, est déjà plus intéressante. La *Lettre d'Aristée* à Philocrate, de l'avis général une œuvre apologétique juive sous un masque grec, est une légitimation de la traduction de la Septante. Le roman de *Joseph et Aseneth* rappelle le grand précurseur biblique de la présence juive en Égypte et s'exprime sur les mariages mixtes. La *Sagesse de Salomon* est une première manifestation de cette synthèse judéo-grecque dont Philon est le représentant le plus éclatant, au début du Ier siècle de notre ère.

La présence d'un foyer culturel grec aussi proche de Jérusalem qu'Alexandrie a-t-elle contribué à l'hellénisation de la Judée ? Ce n'est pas impossible car la région s'est trouvée dans la sphère lagide jusqu'en – 200. L'auteur de la *Lettre d'Aristée* affirme que, dès le règne de Ptolémée II, il y avait à Jérusalem des Juifs parfaitement bilingues, au point de traduire vers une langue étrangère, le grec, à la plus grande satisfaction de ceux dont c'était la langue maternelle ! Vers le milieu du IIe siècle le petit-fils de Josué (Jésus) ben Sira venu s'établir de Jérusalem à Alexandrie exprime, du moins, les difficultés qu'il a éprouvées pour traduire l'œuvre de son grand-père (celle que nous connaissons sous le nom de Siracide ou Ecclésiastique) : « car elles n'ont pas la même force, les choses dites en hébreu dans ce livre, quand elles sont traduites dans une autre langue »[5].

3. Cf. V. Tcherikover, A. Fuchs, *Corpus papyrorum judaicarum*, I, 29 et 30, Jérusalem 1957.

4. Cf. W. Horbury, D. Noy, *Jewish Inscriptions of Greco-Roman Egypt*, Cambridge University Press, 1992.

5. *Siracide*, Introduction § 24.

Le grec en Judée (IIe siècle av. - Ier siècle ap. n. è.)

En passant de l'orbite lagide à celle des Séleucides de Syrie (– 198), la Judée continue d'être exposée à l'hellénisation, comme le soulignent les livres I et II des Maccabées. Il ne faut peut-être pas en exagérer l'étendue à cette époque. La tentation de l'hellénisme a touché les élites judéennes dont certaines portent déjà des noms grecs comme les grands-prêtres usurpateurs Jason et Ménélas. Ceux que Juda Maccabée envoie en ambassade au Sénat romain en l'an – 161 (Eupolémos, fils de Jean, et Jason, fils d'Éléazar[6]) pour demander l'amitié et l'alliance de Rome (qu'ils obtiennent aussitôt) sont sans doute capables de s'exprimer en grec. Il en va de même pour Nouménios, fils d'Antiochos, et Antipater, fils de Jason, chargés plus tard par son frère Jonathan de renouveler ce même traité[7].

La dynastie hasmonéenne qui s'installe au pouvoir après la révolte des Maccabées est loin d'être hostile, au moins, à un vernis d'hellénisme. A partir de Jean Hyrcan (– 142 – 104), les souverains portent un double nom hébraïque et grec (Juda-Aristobule, Alexandre-Jannée, Salomé-Alexandra). Il est vrai aussi que leurs conquêtes territoriales incluent de plus en plus de populations grecques. Le grec apparaît aussi bientôt sur les monnaies. Il continue d'être indispensable pour les relations internationales en Orient et avec Rome, mais aussi pour les relations avec une diaspora juive de plus en plus nombreuse, que ce soit en Égypte et en Cyrénaïque, ou en Asie Mineure. Ceux qui le peuvent font le pèlerinage au Temple de Jérusalem. Ils y envoient aussi le demi-sicle dû par tous les mâles de plus de vingt ans, comme on le voit d'après le *Pro Flacco* où Cicéron défend (en – 59) le gouverneur d'Asie, Flaccus, qui s'était emparé des sommes collectées pour le Temple dans des villes comme Apamée, Laodicée, Adramyttium, Pergame où vivaient donc des communautés certainement hellénophones.

Rome met fin à la royauté hasmonéenne en – 63, à la suite d'une querelle fratricide de succession et, après une période de transition, installe Hérode, fils de l'Iduméen Antipater, sur le trône de Judée. Toute la politique hérodienne vise à moderniser, donc à romaniser, le pays, mais romanisation va de pair avec hellénisation, puisque le grec est la langue de l'empire romain en Méditerranée

6. I Maccabées 8, 17.

7. I Maccabées 12, 16. Après la mort de son frère, Simon, qui lui succède, renvoie à Rome Nouménios avec la même mission (*ibid*. 12, 23).

orientale. C'est du grec qu'Hérode a besoin pour ses relations internationales avec Rome ou la Cappadoce (il est lié d'amitié avec le roi de ce pays, Archélaüs, beau-père de son fils Alexandre). Il faut croire qu'il pratique lui-même la langue grecque car il n'est jamais question d'interprète dans ses rencontres avec Auguste ou Agrippa. Il envoie ses fils à la cour d'Auguste où ils apprennent à pratiquer l'art oratoire en grec : Alexandre aura à s'en servir quand, accusé de complot par son père, il devra présenter un mémoire en grec pour sa défense.

Le petit-fils d'Hérode, fils de son fils Aristobule, prénommé Agrippa en l'honneur du gendre d'Auguste, est lui aussi élevé à Rome en compagnie du futur empereur Claude dont les deux points forts sont l'histoire et le grec. Certains épisodes de sa vie rapportés par Josèphe laissent entendre qu'il pouvait parler araméen, grec et sans doute aussi latin. Après le contrôle direct de Rome sur la Judée, Agrippa reprend pour quelques années (41-44) possession du royaume hérodien. Son fils, Agrippa II, contrôle jusque vers la fin du Ier siècle des territoires plus excentrés vers la Syrie où le grec est dominant ; élevé à Rome, il doit posséder mieux le grec et le latin que l'araméen ou l'hébreu.

L'attrait du grec n'est sans doute pas tout à fait le même dans l'ensemble de la société judéenne. Flavius Josèphe (né en l'an 37) nous donne une idée du statut du grec dans la classe sacerdotale de Jérusalem avant la destruction du Temple :

> « Je me suis efforcé de posséder les lettres grecques après avoir appris la grammaire grecque, bien que notre éducation nationale m'ait empêché d'acquérir une prononciation correcte : chez nous, en effet, on n'honore nullement ceux qui ont appris beaucoup de langues étrangères parce qu'on juge cette étude accessible, non seulement aux gens de naissance libre, mais encore à n'importe quel esclave, et l'on reconnaît seulement comme savants ceux qui connaissent la Loi de façon précise et peuvent interpréter le sens de l'Écriture sainte » (*Antiquités juives* XX, 264).

Pour la même époque[8], nous possédons de nombreuses attestations épigraphiques de la présence du grec dans les inscriptions funéraires de la vallée du Cédron (8 sur 10), la nécropole du mont des Oliviers, sur divers ossuaires où encore la tombe de la famille Goliath de Jéricho dont 50 % des inscriptions sont en grec.

8. Cf. M. Hengel, *The Hellenization of Judaea in the first Century C. E.*, Londres, 1990.

L'hypothèse selon laquelle des Juifs de la diaspora auraient demandé à être enterrés à Jérusalem pourrait expliquer le choix du grec. Ce choix s'explique bien en tout cas pour la dédicace d'une synagogue avec auberge attenante offerte par un certain Theodotos, fils de Vettenos, aux pèlerins venus de l'étranger. Le grec devait être aussi la langue des synagogues des Affranchis, des Cyrénéens, et des Alexandrins citées dans les Actes des Apôtres (VI, 9).

Le grec devient très tôt la langue de la jeune communauté chrétienne qui comprend ses « hellénistes » comme Étienne et les plus ardents diffuseurs de la nouvelle foi, comme Paul, issus de la diaspora d'Asie Mineure[9]. Dans toutes les synagogues où se rend ce dernier (Antioche de Pisidie, Iconium, Lystra, Éphèse, Thessalonique), il ne fait aucun doute qu'il prêche en langue grecque.

Le milieu du Ier siècle est celui de l'expansion maximale du judaïsme avec un centre, Jérusalem, et une diaspora plus nombreuse que la population de Judée. On a parfois évalué à un sur dix la proportion de Juifs dans l'Empire romain au Ier siècle, soit environ huit millions ; les estimations les plus basses tournent autour de six millions. Si la Babylonie, alors aux mains des Parthes, est plutôt de langue araméenne, dans l'Empire romain c'est le grec qui domine à l'est de la Méditerranée, là où se trouve le plus grand nombre de Juifs. A mesure que ceux-ci s'installent dans la capitale de l'Empire, le grec s'y introduit aussi avec eux.

Le tournant du IIe siècle

Le IIe siècle marque indubitablement un tournant, car il voit l'affaiblissement d'une partie importante du judaïsme hellénophone (mais le grec reste florissant dans d'autres régions) et le transfert de la Septante au christianisme.

Entre 115 et 117, sous le règne de Trajan, à la suite d'une révolte juive encore mal expliquée, les communautés hellénophones les plus brillantes : celles d'Égypte, de Cyrénaïque et de Chypre, sont anéanties. Des Juifs reviendront en Égypte à partir du IIIe ou du IVe siècle mais ne retrouveront jamais le niveau de culture qui avait été celui de leurs prédécesseurs. La Septante et l'œuvre de Philon sont désormais passées aux mains de l'Église.

9. P. Van der Horst, *Ancient Jewish Epitaphs*, Kampen, 1991, p. 130, affirme que le grec était répandu même parmi le peuple et que Jésus devait le comprendre.

Le deuil des communautés disparues inspire quelques expressions d'hostilité à l'usage du grec. On tenta même d'en interdire l'enseignement, sans succès. Il faut sans doute voir un certain humour dans cette réponse d'un rabbin consulté à ce propos par son neveu : « Quelqu'un qui comme moi a étudié la Tora tout entière, a-t-il le droit d'étudier la culture grecque ? » ; R. Ismaël lui cita le verset : « Tu méditeras jour et nuit » (Josué I, 8) et dit : « Va-t'en chercher une heure qui ne soit ni jour ni nuit et tu pourras étudier la culture grecque. »

On s'interroge sur l'opportunité d'une traduction grecque de la Bible qui a entraîné une dissidence. Néanmoins, on reste persuadé que la Bible ne saurait être traduite qu'en grec. Depuis que la Septante est devenue « l'Ancien Testament », une autre traduction grecque a la faveur des rabbins, celle du prosélyte Aquila. R. Eliezer et R. Josué (début du IIe s.) lui appliquent un verset des Psaumes (Ps 45, 3) favorisant un jeu de mots sur Japhet ancêtre de Yawan (Ionie) devenu le nom de la Grèce, et *yafé* « beau » :

> « Ils le louèrent en disant : "Tu as fait œuvre plus belle que tous les fils d'Adam". »

La répression impitoyable de la révolte de la diaspora d'Égypte, Cyrénaïque et Chypre sous Trajan, et de la deuxième révolte judéenne sous Hadrien (132-135) fait un nombre de victimes encore plus considérable que la première en Judée et entraîne l'extinction des derniers locuteurs de l'hébreu.

Des documents contemporains de la seconde révolte juive (132-135) attestent qu'il existait un véritable trilinguisme en Judée au début du IIe siècle. En effet les lettres envoyées par le chef de la révolte Bar Kokhba à un même officier sont écrites tantôt en grec, tantôt en araméen, tantôt en hébreu ; on n'en a pas trouvé d'explication meilleure que la qualité du secrétaire auquel était dictée la missive.

Les archives d'une matrone juive nommée Babatha, originaire de Mahoza dans la province d'Arabie, montrent à la même époque l'usage croissant du grec dans les contrats. Sur trente-cinq papyrus datables de 93 à 132, dix-sept sont en grec et neuf en grec avec résumés et signatures en araméen ou nabatéen[10].

Après 135 les centres d'étude sacrée refleurissent en Galilée. Le grec apparaît toujours comme indispensable, du moins aux chefs

10. Cf. Y. Yadin, « Expedition D, The Cave of Letters », *Israel Exploration Journal* 12, nos 3-4, 1962, p. 235 sq.

de la nation en relation avec les autorités romaines. Les patriarches se doivent de connaître la langue grecque pour être des interlocuteurs valables. Le Talmud évoque maintes anecdotes où Rabbi Juda s'entretient avec un empereur non identifié, du nom d'« Antoninus ». La langue de ces conversations supposées, souvent savoureuse, n'est pas spécifiée mais il ne peut s'agir que du grec.

D'ailleurs, le même Rabbi Juda qui, au tournant du IIIe siècle, jouit de la considération des autorités romaines, voudrait généraliser l'usage du grec aux dépens de l'araméen qui manque de noblesse à ses yeux :

> « Qu'avez-vous à faire du "syrien" en Terre d'Israël ! s'exclame-t-il. Ou la langue sacrée, ou le grec ! »[11]

Le grec dans la littérature rabbinique

On peut faire remonter au Ier siècle av. notre ère. les discussions entre rabbins qui devaient finir par constituer le Talmud et le Midrash. A l'origine, la transmission de ces traditions était censée rester orale pour ne pas concurrencer l'Écriture. La crainte de les perdre dans une époque troublée amena à les classer et à y opérer un tri, c'est ainsi que la Mishna fut rassemblée vers l'an 200. Elle servit ensuite de base au Talmud dit « de Jérusalem » (vers l'an 400) et au Talmud de Babylone (vers 500). En parallèle se développaient divers recueils homilétiques connus sous le nom de Midrash.

Dans l'ensemble de cette littérature on a recensé pas moins de 2 500 mots grecs et latins, dont un peu moins de 500 pour la seule Mishna[12]. Il est vrai qu'il faut distinguer les transcriptions occasionnelles des véritables emprunts, généralement faits à travers l'araméen.

L'emprunt au grec ne concerne pas seulement les domaines de la civilisation hellénique mais il s'étend aussi à des secteurs proprement juifs[13]. Un « prêtre ordinaire » est appelé *cohen hediot*, par opposition au grand-prêtre (*hediot* de ἴδιωτης, « simple parti-

11. TB *Sota* 49b ; *Baba Qama* 82b.

12. Cf. l'ouvrage pionnier de S. Krauss, *Grieschiche und lateinische Lehnwörter im Talmud, Midrasch und Targum* (1898-1900), mais une étymologie sur trois en est reconnue comme erronée.

13. Cf. S. Lieberman, *Greek in Jewish Palestine*, New York, 1942 (« The Greek of the Rabbis », pp. 15-28 ; « The Greek of the Synagogue », p. 29-67), et « How much Greek in Jewish Palestine ? », in *Texts and Studies*, New York, 1974, p. 216-234.

culier », est également utilisé en dehors de cette expression). Un tribunal aussi important dans la vie juive que le Sanhédrin porte un nom grec (de συνήδριον). Nombreuses sont les autres notions juridiques empruntées au grec : celles d'« accusateur » *qategor* (κατήγορος), et de « défenseur » *sanegor* (συνήγορος) ou *praqlit* (παράκλητος), de « tuteur » *apotropos* (ἐπίτροπος) et de « testament » *dîthiki* (διαθήκη), toutes notions si capitales dans les discussions rabbiniques que l'on s'étonne que l'hébreu ne leur ait pas fourni sa propre terminologie.

L'hébreu mishnique emprunte également des mots comme *awir* « air » (ἀήρ), *listim* « voleur » (λῃστής), *basis* « base » (βασις), *parsuf* « physionomie » (πρόσωπον). Sans doute y rattachait-on des nuances que les termes hébraïques correspondants ne possédaient pas.

Dans le domaine des *realia* les emprunts ne sont guère inattendus. Il est naturel que le « stade », la « basilique », le « portique » portent des noms grecs. De leur côté, l'« auberge » *pundaq* (πανδοχεῖον), la « salle à manger » avec ses trois lits de table *traqlin* (τρίκλινος), la « chaise haute » *kathedra* (καθέδρα), la « sandale » *sandal* (σάνδαλον) reflètent un mode de vie marqué par l'hellénisme. Le prestige exercé par la culture grecque se manifeste également par la pénétration de mots comme « philosophe » et « géométrie » (au sens de « mathématique »). Le seul penseur grec désigné nommément est Épicure dont le nom devenu nom commun symbolise la mécréance.

Les relations commerciales avec des régions limitrophes hellénisées expliquent aisément la pénétration de termes comme *monopol* (sur μονοπωλία) « monopole », *pinkas* « livre de comptes » (de πίναξ « tablette à écrire »), ainsi que de nombreux noms de poids et monnaies.

Des mots du domaine de la guerre et de l'administration font également leur entrée en hébreu : *hegemon* au sens de « gouverneur de province » (ἡγεμών), *polmos* « guerre » (πόλεμος), *istratia* « armée » (στρατία).

Ainsi nombre de mots grecs avaient fini par pénétrer dans le vocabulaire courant sans qu'on y prît garde.

Inscriptions juives en grec (IIe-VIe s.)

Malgré la disparition des centres les plus brillants de l'hellénisme juif au début du IIe siècle, le grec demeure la langue de la diaspora juive de l'Orient à l'Occident de la Méditerranée pour quelques siècles encore. Aucune forme de littérature ne nous est parvenue de ces communautés, mais un nombre non négligeable de vestiges archéologiques atteste la présence du grec parmi elles. Aux inscriptions rassemblées dans le *Corpus inscriptionum Judaicarum* de J. B. Frey (Rome, 1936) sont venues s'en ajouter d'autres grâce à des découvertes récentes.

En Asie Mineure, les Juifs parlent toujours le grec et il est vraisemblable qu'ils utilisent la traduction des Septante ou celle d'Aquila désormais préférée par les rabbins, dans les offices liturgiques[14]. La plus grande synagogue de cette région est celle de Sardes découverte en 1962. Reconstruite après le tremblement de terre de l'an 17 et remodelée entre 320 et 360, elle offre des inscriptions très majoritairement grecques allant du IVe au VIe siècle avec à peine quelques fragments hébreux[15]. A Acmonia et dans ses alentours, en Phrygie, à côté de la plus ancienne synagogue d'Asie Mineure attestée par une inscription (fin Ier s.), ont été retrouvées une quinzaine d'inscriptions tombales juives en grec datant du IIIe siècle. De la même époque sont les inscriptions d'Apamée, Milet, Aphrodisias. Dans cette dernière ville, la présence de prosélytes ou de θεοσεβεῖς (craignants-Dieu) retient particulièrement l'attention[16].

A la même époque (IIIe s.) en Galilée, la nécropole de Beth Shearim offre une nette majorité d'inscriptions grecques qui ne concernent pas toutes, d'ailleurs, des Juifs de la diaspora.

A l'autre bout de la Méditerranée, c'est à Rome que la présence juive est le mieux attestée entre le IIe et le Ve siècle. On y a identifié six catacombes juives découvertes à des dates différentes : Monteverde (1602), Vigna Randanini (1859), via Appia Pignatelli (1885), Vigna Cimarra (1866), via Labicana (1882), villa Torlonia (1919). Les inscriptions funéraires retrouvées ont été réparties entre les réserves du Vatican et le musée archéologique de Rome[17]. Généralement gravées sur des plaques de marbre qui étaient fixées sur la

14. Cependant les inscriptions paraissent parfois se référer à la LXX. Par exemple l'usage du nom « Deutéronome » dans trois inscriptions tombales d'Acmonia en Phrygie (vers 240) qui renvoie à Deut. 17, 18 dans la LXX.

15. Cf. P. Trebilco, *Jewish Communities in Asia Minor*, Cambridge University Press, 1991, ch. II.

16. Cf. J. Reynolds, R. Tannenbaum, *Jews and Godfearers at Aphrodisias*, Cambridge, Cambridge Philological Society, Supplementary Vol. 12, 1987.

17. Le *Corpus* de Frey (1936) recensait déjà 554 inscriptions auxquelles sont venues s'en ajouter d'autres provenant de la villa Torlonia. Cf. M. Fasola « Le due catacombe ebraiche di villa Torlonia », *Rivista di Archeologia cristiana* 1-2, 1976, p. 7-62.

paroi des galeries près des sépultures, elles apportent, malgré leur brièveté, des indications fort précieuses sur la langue, l'onomastique, les activités, les croyances de la communauté juive romaine[18]. Dans trois quarts au moins des épitaphes la langue est le grec, le quart restant est en latin, sauf une inscription araméenne et une bilingue grec-araméen. Toutefois les noms latins, éventuellement transcrits en caractères grecs, sont de loin plus répandus que les noms grecs, tandis que les noms hébreux sont l'exception – encore est-il difficile de se prononcer sur des noms comme Simon ou Aster, peut-être adaptation d'Esther. Le grec des inscriptions est souvent fautif, écrit de manière phonétique mais, à cette époque, cela n'est pas propre aux épitaphes juives. On peut se demander si la prévalence du grec correspond véritablement à l'usage parlé ou marque simplement la fidélité à des communautés hellénophones d'origine. Elle semble, en tout cas, indiquer un courant d'immigration continu venu de l'Orient hellénisé. L'accueil des immigrants explique sans doute la présence d'une synagogue à Ostie, découverte en 1961.

Notons qu'à Carthage le latin prédomine nettement dans les inscriptions funéraires juives des hypogées. Les plus anciennes (fin IIe-début IIIe s.) sont écrites en caractères grecs, même si les noms sont latins. L'inscription la plus spectaculaire, celle de la mosaïque de la synagogue de Naro (Hammam-Lif) est entièrement latine ; il est vrai qu'elle se situe entre la fin du IVe et le VIe siècle.

Le déclin du grec parmi les Juifs (VIe-IXe s.)

Au VIe siècle on possède un témoignage indubitable de la désaffection envers la traduction grecque de la Bible dans l'Empire byzantin. En effet, la novelle 146 de Justinien, datée très exactement du 13 février 553, enjoint aux Juifs de lire en public l'Écriture dans une langue qu'ils comprennent et de choisir de préférence le texte de la Septante mieux susceptible de les rapprocher des interprétations chrétiennes[19]. Cette mesure répondait à une demande d'arbitrage des Juifs, les uns partisans d'une lecture synagogale en hébreu, les autres d'une lecture en grec. On ne sait de quelle communauté

18. Cf. H. Leon, *The Jews in Ancient Rome*, Philadelphie, 1960 ; L. V. Rutgers, *The Jews in Late Ancient Rome. Evidence of Cultural Interaction in the Roman Diaspora*, Leyde, 1995.

19. Cf. A. M. Rabello, *Giustiniano, Ebrei e Samaritani alla luce dei fonti storico-letterarie, ecclesiastiche e giuridiche*, Milan, 1988, II p. 814-828.

émanait cette demande, peut-être de celle de Constantinople. La novelle 146 a donné lieu à bien des interprétations : quel était l'usage en vigueur antérieurement à cette dispute ? la lecture en hébreu ou en grec ? Les commentateurs ont parfois qualifié de « traditionalistes » les partisans de l'hébreu, mais comme l'a magistralement démontré V. Colorni[20], les hébraïsants apparaissent plutôt comme des novateurs, car l'usage liturgique du grec était depuis longtemps répandu dans les communautés juives de diaspora.

Loin d'assurer la victoire des « hellénistes », la novelle de Justinien a pu favoriser une réaction hébraïsante en raison de ses intentions avouées de conversion.

Le dernier état de la légende formée autour de la traduction des Septante était pourtant encore bien connu des rabbins, preuve qu'il ne circulait pas seulement en milieu chrétien : le roi Ptolémée avait isolé chacun de ses soixante-douze invités juifs dans une loge sans leur en dire la raison, puis il était passé auprès de chacun pour lui demander de traduire la Tora, et le résultat avait été miraculeusement concordant. Déjà, cependant, à partir du VIe siècle, d'autres avis se faisaient entendre. Le traité *Soferim* (VIIIe s. ?) compare le jour de la traduction de la Tora en grec à celui où fut érigé le veau d'or (I, 7-10).

La novelle 146 atteste à n'en pas douter d'une réhébraïsation de communautés hellénophones, du moins sur le plan de la liturgie.

Rien ne confirme mieux ce phénomène de réhébraïsation des communautés juives aux dépens du grec et, dans une moindre mesure, du latin, que l'évolution sur trois siècles (VIe-VIIe-VIIIe) des inscriptions funéraires découvertes à Venosa en Apulie[21]. D'abord rédigées en grec ou bilingues grec-latin, elles deviennent trilingues grec-latin-hébreu[22] ou bilingues avec hébreu et latin. Les dernières épitaphes au nombre de vingt-six, datées de 808 à 828, sont écrites en caractères hébreux. Telle est la situation qui prévaudra, désormais, pour les stèles funéraires à travers le monde juif jusqu'à l'émancipation. Cela ne préjuge en rien de la langue parlée au quotidien.

20. *L'uso del greco nella liturgia del giudaismo ellenistico e la novella 146 di Giustiniano* (Annali di Storia del Diritto, VIII), Milan, 1964, p. 16.

21. Cf. Frey, *CIJ* 569-619, V. Colorni, *op. cit.* (n. 21), p. 21 sq.

22. Une célèbre inscription de Tortosa (Espagne VIIe s.) est également trilingue, cf. *CIJ* 661. L'inscription de Narbonne précisément datée de 687 est en latin avec la mention hébraïque courante « Paix sur Israël ».

Parallèlement, il est vrai, le grec recule un peu partout d'un bord à l'autre de la Méditerranée jusqu'à redevenir seulement l'idiome de son territoire d'origine. Toutefois, au lieu de restituer la question des langues usitées par les Juifs dans une problématique générale, on lui a cherché des raisons particulières comme une « campagne lancée contre la langue grecque par de résolus partisans de l'hébreu »[23]. Des émissaires venus d'Orient (Tibériade ou Babylonie) auraient prêché le retour à l'hébreu et envoyé massivement des maîtres. Si jamais il y eut une telle « campagne », dont les conditions concrètes resteraient d'ailleurs à élucider, elle ne put aboutir que parce que l'évolution religieuse de l'Ouest et de l'Est de la Méditerranée passés au christianisme et bientôt à l'islam, contraignait le judaïsme à revenir à sa source[24].

Désormais tout enseignement se donnait dans le cadre de la religion, le grec était langue d'Église à l'Est et le latin à l'Ouest. Des parlers vernaculaires se développaient en parallèle, créant une situation de diglossie qui devait prévaloir en certains pays bien au-delà de la Renaissance.

Ceux qui fréquentaient une école ne pouvaient apprendre à écrire qu'auprès de leurs autorités religieuses. Ainsi s'explique l'étape transitionnelle du grec transcrit en caractères hébreux. La plus ancienne attestation se trouve dans un contrat de mariage d'Antinopolis daté du 15 novembre 417[25]. On en connaît un autre exemple à Venosa (*CIJ* 595).

La longue fidélité des Juifs à la langue grecque n'est plus connue aujourd'hui que des historiens. Dès le Xe siècle, après la période de transition que nous avons décrite, le judaïsme sous tous les cieux s'appuie sur la Bible hébraïque, une liturgie hébraïque, le Talmud de Babylone (hébreu et araméen). La diglossie courante partout réserve l'usage de l'hébreu aux doctes qui rédigent en cette langue. L'émancipation au XIXe siècle et les massacres du XXe siècle ont bouleversé cet édifice, en même temps que l'hébreu revenait de la façon la plus surprenante à une vie nouvelle.

Mireille HADAS-LEBEL

---

23. N. de Lange, *Les Juifs et la langue grecque,* Pardès 12, 1990, p. 94. S. Simonsohn, « The Hebrew Revival among Early Medieval European Jews », in *Salo W. Baron Jubilee Volume II,* Jérusalem, 1974, p. 831-858.

24. L'interdiction d'utiliser l'arabe du Coran obligera les Juifs des pays musulmans à écrire de la poésie en hébreu biblique à partir du Xe siècle.

25. Cf. C. Sirat, P. Cauderlier, « Un contrat de mariage juif au Ve siècle », *CRAI*, 1985, Paris, 1985.

LES IMMIGRÉS ORIENTAUX À ROME ET EN CAMPANIE : FIDÉLITÉ AUX *PATRIA* ET INTÉGRATION SOCIALE[1]

Nama [patribus] ab oriente ad occiden[tem]
(graffito du mithraeum de Santa Prisca, Rome)[2]

Depuis une génération au moins, un profond réexamen des religions appelées orientales depuis F. Cumont a pu être mené, d'une part grâce à l'attention portée aux documents épigraphiques et archéologiques, qui rééquilibrent une reconstruction historique longtemps dessinée à partir des sources littéraires[3], et, d'autre part,

1. Abréviations :

CIL = *Corpus Inscriptionum Latinarum.*
CCID = *Corpus Cultus Iovis Dolicheni*, M. Hörig et E. Schwertheim, Leyde (Études préliminaires aux Religions orientales dans l'Empire romain, 106), 1987.
CIMRM = *Corpus Inscriptionum et Monumentorum Religionis Mithriacae*, M. J. Vermaseren, La Haye, 1956-1960.
CIS = *Corpus Inscriptionum Semiticarum.*
IGGRP = *Inscriptiones Graecae ad res Romanas pertinentes.*
IGVR = *Inscriptiones Graecae Vrbis Romae.*
ILS = *Inscriptiones Latinae Selectae*, H. Dessau éd., Berlin, 1892-1916.
OSUR = *Orientalia Sacra Urbis Romae Dolichena et Heliopolitana, Recueil d'études archéologiques et historico-religieuses sur les cultes cosmopolites d'origine commagénienne et syrienne*, G. M. Bellelli et U. Bianchi éd. (Studia archaeologica, 84), Rome, 1996.
RICIS = *Recueil des inscriptions concernant les cultes isiaques*, L. Bricault (Mémoires de l'Académie des Inscriptions et Belles-Lettres, 31), Paris, 2005.

2. M. J. Vermaseren, C. C. Van Essen, *The Excavations in the Mithraeum of the Church of Santa Prisca in Rome*, Leyde, 1965, p. 179.

3. Les « cultes orientaux » tels qu'ils apparaissent dans les témoignages de dévotion [cf. par ex. la formule votive dominante *V(otum) S(olvit) L(ibens) M(erito)*] ne présentent guère la forme exotique – « orientale » – que la tradition littéraire et historiographique a transmise (par ex. Apulée, *Métamorphoses* 8, 24 et Lucien, *De Dea Syria* 43-44). Cf. N. Belayche, « L'Oronte et le Tibre : l'"Orient" des cultes "orientaux" de l'Empire romain », in *L'Orient dans l'histoire religieuse de l'Europe. L'invention des origines*, M. A. Amir-Moezzi et J. Scheid éd. (Bibliothèque de l'École des Hautes Études, section des sciences religieuses, 110), Turnhout, 2000, p. 1-35.

grâce à un équipement heuristique qui emprunte des outils à la sociologie et aux théories de la communication[4].

Dans l'immense chantier ouvert, je ne m'attacherai pas aux dieux et à leurs théologies, même si c'est, pour partie, sur la base des figures divines que fut posée l'altérité de ces cultes, nonobstant les conditions juridiques de la domiciliation de certains – la *Mater deum* phrygienne à Rome en 204 ou Sarapis dans la colonie romaine de Pouzzoles au plus tard en 105 av. notre ère[5]. C'est sur leurs fidèles que je compte m'attarder, en me cantonnant aux immigrés orientaux à Rome et en Campanie et en examinant les dynamiques à l'œuvre chez ces déplacés plus ou moins volontaires et temporaires et le devenir de leurs traditions religieuses une fois transférées. Les vecteurs orientaux, esclaves et marchands[6], ont joué un rôle important, quoique différent selon les cultes et les régions, dans la diffusion des dieux orientaux en Occident. Au plan d'ensemble, la question entre dans le vaste champ de la capacité intégratrice de l'Empire romain, saluée par un Aelius Aristide par exemple, et qui n'est plus à démontrer. En matière religieuse, en dehors des structures comme l'armée, qui constituaient un creuset romain naturel[7], des formes de relations sociales – comme le patronage – poussaient au mouvement, autant que le caractère ouvert de la société romaine jusqu'au IIIe siècle. L'aire géographique retenue pour l'étude évoque le débat historiographique qui, sur le terrain romain et italien précisément, avait opposé Franz Cumont

---

4. D'où des tentatives de dénominations alternatives : culturelle (cf. I. Tassignon, « Les témoins des cultes romano-orientaux recueillis en Belgique et dans le Luxembourg », *Les Études Classiques* 60, 1992, p. 39-54) ou juridique, dans la lignée de G. Wissowa (*Religion und Kultus der Römer*, Munich, 1912[2]) qui les classait dans les *sacra peregrina*. Pour un panorama récent des investigations, C. Bonnet, « Repenser les religions orientales », in *Religions orientales – culti misterici. Neuen Perspektiven – nouvelles perspectives – prospettive nuove*, C. Bonnet, J. Rüpke et P. Scarpi éd. (Potsdamer Altertumswissenschaftliche Beiträge, 16), Stuttgart, 2006, p. 7-10.

5. La *lex parieti faciendo* réglemente des travaux édilitaires réalisés dans le temple de Sérapis, *CIL* X, 1781.

6. Par ex. : Sarapion, l'esclave de Scipion Nasica en 138 av. notre ère (Valère Maxime, 9, 14, 3) ; les amphores retrouvées à Pompéi qui devaient contenir de l'eau du Nil (Σεράπις δῶρα), *RICIS* 504/0219 ; P. Aelius Miron, dévot de Jupiter Dolichenus, *negotiator* en 218 de notre ère (*CCID* 416 = *OSUR* n° 39, p. 177).

7. Cf. deux prétoriens pourtant originaires de Gaule Belgique qui offrent leur dédicace *diis sanctis patriensibus*, qui ne sont autres que les dieux de l'État romain (Jupiter Optimus Maximus, Apollon, Mercure, Diane, Hercule et Mars), *Année épigraphique*, 1894, 18. Cf. aussi les dédicaces *IOM : Iovi optimo maximo Damasceno* par T. Cassius Myron, vétéran (*CIL* VI, 405 = *ILS* 4325) ou *I O M Heliopolitano* par une vexillation de l'*ala Itureorum* (*CIL* VI, 421 = *ILS* 2546).

aux conclusions de Jules Toutain sur l'importance – limitée pour le savant français – des « religions orientales » dans l'Empire occidental[8]. L'intégration des étrangers – qui ne se résume pas à une « romanisation » (quels que soient les vifs débats autour du concept[9]) – est particulièrement bien documentée pour Rome et la Campanie, où leur pourcentage fut important dès les derniers siècles de la République. Elle n'a pas affecté l'attachement aux « deux patries » si l'on veut parler le langage politique de Cicéron[10], ou plus exactement, en préférant une notion anthropologique, elle a favorisé des conduites d'« altérité incluse »[11]. L'épitaphe en grec de Q. Iulios Miletos, un citoyen romain dévot de Sérapis, « qui a quitté Tripolis d'Asie [en Lydie] sa patrie, cité sainte (πατρίδαν πόλιν ἁγνήν) » pour assister à des jeux (ἀγῶνα) donnés par Septime Sévère à Rome et qui y est resté, emploie la formule grecque habituelle pour exprimer son attachement originel[12].

Dans la mesure où l'identification des dévots comme orientaux immigrés plus ou moins récemment et définitivement est possible – souvent seulement plausible[13] –, leurs dédicaces sont susceptibles d'indiquer les différences éventuelles de comportement entre immigrés temporaires et d'autres de longue date, d'éclairer l'existence (avec toutes les modulations possibles) de phénomènes d'*interpretatio* ou d'assimilation des figures divines[14], enfin

8. J. Toutain, *Les cultes païens dans l'Empire romain*, Paris (Bibliothèque de l'École des Hautes Études, section Sciences religieuses 20, I), 1911, p. 144-145 et 176-177 et le compte rendu de F. Cumont, *Revue de l'Histoire des Religions* 66, 1912, p. 126-127.

9. Pour les « *new "Romanisation studies"* », cf. G. Woolf, « The Religious History of the Northwest Provinces. Recension of T. Derks », *Journal of Roman Archaeology* 13, 2000, p. 615-630, et « MacMullen's Romanization », *ibid.* 14, 2001, p. 575-579 ; *Integration in the Early Roman West. The Role of Culture and Ideology*, J. Metzler, M. Millet, N. Roymans et J. Slofstra éd., Luxembourg, 1995 ; et J. Webster, « Creolizing the Roman provinces », *American Journal of Archaeology* 105, 2001, p. 209-225.

10. Cicéron, *Lois* II, 2, 5.

11. F. Dupont, « L'altérité incluse. L'identité romaine dans sa relation à la Grèce », in *Façons de parler grec à Rome*, F. Dupont et E. Valette-Cagnac dir., Paris, 2005, p. 255-277.

12. *IGVR* IV, 1567 = *RICIS* 501/0207 ; après 206 probablement, cf. *SEG* LI (2001), 1429.

13. Cette brève analyse n'a pas d'ambition prosopographique. Cf. les remarques méthodologiques de M. Malaise, *Les conditions de pénétration et de diffusion des cultes égyptiens en Italie*, Leyde (Études préliminaires aux Religions orientales dans l'Empire romain, 22), 1972, p. 25-34 et 67-75.

14. Cf. Cicéron, *République* II, 4 : « les villes maritimes ; des parlers nouveaux, des habitudes nouvelles y pénètrent, on n'y importe pas seulement des marchandises, mais aussi des coutumes étrangères, de sorte que nulle institution nationale ne se conserve dans sa pureté. »

d'attester des modes rituels et organisationnels de ces dévots et de leurs cultes par rapport à ceux de la société d'accueil. Parcourir les trois pistes excèderait l'ampleur d'un article. J'ai donc sélectionné un point d'observation : le choix de langue, qui est potentiellement riche[15] – bien que peu analysé en série – et qui peut tirer profit de précieuses analyses récentes sur le bilinguisme en général[16]. Pour la question que je poursuis, l'usage d'une langue autre que le latin présente l'avantage de repérer plus facilement les immigrés, qui ne se confondent pas avec les pérégrins comme nous le constaterons plusieurs fois. Cet usage conduit à s'interroger sur l'« identité », entre autres religieuse, revendiquée par eux de la sorte[17], sachant qu'ils étaient sûrement bilingues, comme l'indique une dédicace, hélas anonyme : Διὶ πατρίῳ. *Ex oraculo*[18]. Hormis de rares incursions chez des mithraïstes, j'ai principalement retenu deux dévotions : les cultes isiaques (selon la terminologie récemment théorisée par M. Malaise[19]) et les cultes syriens, parce qu'ils sont suffisamment documentés et que les pratiques linguistiques de leurs fidèles sont contrastées.

Les hommages aux dieux ancestraux proclamaient les attachements ataviques partout dans l'Empire[20], indépendamment du statut ou des *origines* des personnes. La fidélité aux *patria* – qui était une composante de la *pietas* ou de l'*eusebeia* – était une conduite d'autant plus universelle que le pouvoir romain la respectait, la protégeait même juridiquement si l'on songe aux édits de César, repris

15. Cf. la communication de Catherine Dobias dans ce volume.

16. Par ex. *Bilinguismo e biculturalismo nel mondo antico (Atti del Colloquio, Pisa, 28-29 settembre 1987)*, E. Campanile, G. R. Cardona et R. Lazzeroni éd., Pise, 1988, et *Bilingualism in Ancient Society : language contact and the written text*, J. N. Adams, M. Janse et S. Swain éd., Oxford, 2002.

17. Cf. pour les Juifs de Rome, D. Noy, « Writing in tongues : the use of Greek, Latin and Hebrew in Jewish inscriptions from Roman Italy », *The Journal of Jewish Studies* 48, 1997, p. 300-311.

18. *CIL* VI, 427 = *IGRRP* 73 = *IGVR* 96 (au *forum piscatorium*).

19. M. Malaise, *Pour une terminologie et une analyse des cultes isiaques*, Bruxelles (Académie royale de Belgique, Mém. cl. des Lettres, 35), 2005.

20. Par ex. *Hestia patrôa* pour I. Maior Antôninos, *IGVR* 162 (R. Cagnat, *IGRRP* 57, y reconnaissait Vesta) ; *Arès theos patrôos epèkoos* (l'interprétation grecque du dieu arabe Arsû) pour L. Licinios Hermias, un palmyrénien, en 134, *IGRRP* 33 = *IGVR* 122 ; le *patrios theos* des Gazéens (Marnas) à *Portus Ostiae*, alors que l'épimélète du temple a un anthroponyme romain (Τιβ. Κλ. Παπείριος), *IG* XIV, 926 = *IGRRP* 387 ; cf. M. Floriani-Squarciapino, *I culti orientali ad Ostia*, Leyde (Études préliminaires aux Religions orientales dans l'Empire romain, 3), 1962, p. 63-65.

par Auguste, en faveur des Juifs[21]. A cet égard, les attachements aux divinités originaires d'Orient n'ont rien de singulier, sinon que leur nombre les rend plus visibles. La fidélité aux *patria* s'exprimait dans l'attachement aux versions topiques des divinités. Sans s'attarder sur les exemples bien connus des dieux palmyréniens[22], on retiendra pour Rome un *Theos Hadados* Ἀκρωρείτης et Λιβανεώτης (Baal du mont Liban), ou « Zeus Olybrios de l'ethnos des Ciliciens de la métropole très illustre d'Anazarbe »[23]. Ces attachements sont d'autant plus manifestes lorsque ces divinités sont devenues universelles, mais qu'elles continuent d'être honorées selon la forme propre de leur lieu d'origine. Cela s'impose pour des prêtres – par ex. Dioscoros néocore de Sarapis de Canope ou *Maximos Helladios* zacore d'un Zeus Polieus en 280 –, mais le choix est assumé aussi par de simples fidèles : par ex., celui d'une Isis *Lydia* à Rome pour un affranchi impérial devenu procurateur, ou d'une Artémis *Aulis* pour une Aurelia Elpineikè[24]. A Pompéi, en 3 av. notre ère, le 1er jour du mois de Pharmoutis, G. Ioulios Hèphaistion, fils d'Hèphaistion, « prêtre du *politeuma* des Phrygiens [en réalité l'*ethnos*] a consacré une statue de Zeus Phrygien »[25]. De façon si inhabituelle qu'on a imaginé un temps un faux dû à Ligorio, L. Fabirius Philotimus, affranchi de Lucius, a multiplié les épiclèses pour sa Junon *Assyria Regina Dolichena*, la qualifiant à la fois selon deux épiclèses d'origine et une épiclèse théologique familière de la Junon romaine[26].

Ces fidélités ne déclenchaient pas de comportements d'exclusivité[27]. A Rome sur le Janicule, une « Artémis appelée aussi

21. Cf. C. Saulnier, « Lois romaines sur les Juifs selon Flavius Josèphe », *Revue biblique internationale* 88, 1981, p. 161-198.

22. En 236, Aglibol et Malachbel n'ont besoin d'être désignés comme *patrôoi theoi* que dans la version grecque de la dédicace de T. Aurelios Héliodôros Hadrianos Palmyrenos, *IGVR* 119 (*CIS* II, 3902 pour la version palmyrénienne) ; pour un pérégrin, Makkaios Malè, c'est la triade Bel, Iaribol et Aglibol, qui est honorée en grec et en palmyrénien (*IGRRP* 46 = *IGVR* 120 = *CIS* II, 3904).

23. Respectivement : *IGVR* I, 110 = *OSUR* n° 2, p. 61 ; *IGRRP* 72. Cf. aussi Zeus Xenios, *IGRRP* 71.

24. Respectivement : *RICIS* 501/0102 ; *IGVR* I, 193 = *RICIS* 501/0145 (de quelle néocorie s'agit-il ?) ; *IGRRP* 74 et 34. Voir aussi *IGRRP* 88 (un affranchi impérial, L. Aurelios Satyros, a offert une statue de Corè pour les Sardiens, ses compatriotes probablement). Cf. aussi un Caius Iulius Abdedera (*sic*), galle de la Déesse syrienne, *CIL* VI, 32462 = *ILS* 4280 (IIIe s. ?).

25. *IGRRP* 458.

26. *OSUR* n° 53 p. 204 (l'inscription reste douteuse).

27. Cf. S. Price, « Homogénéité et diversité dans les religions à Rome », *Archiv für Religionsgeschichte* 5, 2003, p. 188-196.

Σιδωνία Κυπρία » a dédié un autel à Zeus Keraunios – l'*interpretatio* grecque d'un Baal phénicien – et aux nymphes Furrinae qui étaient vénérées depuis longtemps sur le lieu[28]. Les divinités importées recevaient des hommages lors d'occasions typiquement romaines[29]. Dans ce même « sanctuaire syrien » du Janicule, une grand-mère d'origine orientale, Terentia Nikè, en compagnie de son fils Terentius Damarion prêtre du lieu, célébra le *dies lustricus* de son petit-fils (quand l'enfant reçoit son nom et la bulle protectrice selon le *mos* romain), par un *uotum* à Jupiter Héliopolitain et au *Genius Forinarum*, le titulaire archaïque du *lucus Furrinae* où fut installé le temple du dieu syrien[30]. L'association des deux divinités étrangères culturellement et théologiquement l'une à l'autre s'est faite sur la base d'une cohabitation topographique pour un rituel pratiqué à la romaine lors des cérémonies de la naissance.

Les exemples sélectionnés ont délibérément mélangé hommages en latin et hommages en grec. Nous devons savoir mesurer les informations révélées par les choix de langue. Si la langue employée n'était que la manifestation d'un conservatoire identitaire, on pourrait s'attendre à ce qu'elle reflète l'identité des dieux, selon qu'ils sont des figures topiques d'audience locale – dont les noms barbares furent transcrits phonétiquement[31] et qui pour certains n'ont pas connu de forme latine (comme le Zeus Olybrios de Cilicie rencontré plus haut)[32] –, ou des dieux dont l'audience est devenue universelle, ou bien qui furent intégrés dans le panthéon d'État (comme Isis et Sarapis). On pourrait également imaginer que la manifestation de formes religieuses ou culturelles transplantées authentiquement depuis le pays d'origine dépende de la date d'arrivée et de la progression dans l'intégration. Mais, nous savons que

28. *OSUR*, n° 1, p. 58 et fig. 1, p. 78. Cf. J. Calzini Gysens, « Dieux ancestraux et Baals syriens attestés à Rome », in *OSUR*, p. 264-266.

29. Cf. N. Belayche, « *DEAE SVRIAE SACRVM*. La romanité des cultes "orientaux" », *Revue historique* 302/3, 2000, p. 564-592.

30. Y. Hajjar, *La triade d'Héliopolis-Baalbek. Son culte et sa diffusion à travers les textes littéraires et les documents iconographiques et épigraphiques*, Leyde (Études préliminaires aux Religions orientales dans l'Empire romain, 59/1), 1977, n° 286, p. 357-359.

31. Cf. à Rome, en latin *Balmarqodes*, *Beheleparus*, *Bellefarus*, *Maleciabruda* (*CIL* VI, 403, 30934, 31168 et 36792) ; cf. J. Calzini Gysens, *art. cit.* (n. 28), p. 261-276. L'orthographe variait même pour des dieux devenus aussi importants que le Sol d'Émèse (*Elagabalus* ou *Alagabalus*, en grec *Elaiagabalos*), *deus patrius* de C. Iulius Avitus Alexianus, gouverneur de Rhétie sous Septime Sévère, *Année épigraphique*, 1962, 229.

32. *Supra* n. 23 ; cf. aussi Θεὸς Ζβερθούρδος καὶ Ἰαμβαδούλης, des dieux thraces (*IGRRP* 72 et 58). Mais à Sarmizégetuse (Dacie), les *dei patrii Bebellahamon*, *Benefal* et *Manavat* sont honorés en latin par un *duovir* de la colonie, *CIL* III, 7954.

les communautés d'étrangers de première génération furent en permanence renouvelées par les flots d'une immigration qui n'a jamais fléchi[33]. En laissant de côté les pratiques linguistiques de certaines cités campaniennes, où le grec témoignait de l'identité de fondation[34] et restait même langue publique comme à Naples[35], les inscriptions non latines – en grec généralement, rarement en langues sémitiques[36] – devraient à première vue émaner de milieux d'immigration temporaire ou récente[37], pour lesquels le lien avec l'Orient d'origine restait fort, comme on le sait pour la *statio* des Tyriens à Pouzzoles[38]. Les épigraphes en grec permettent, donc, de repérer plus facilement les immigrés que celles en latin, qui ne fournissent que l'indice trop vague de l'onomastique. Néanmoins, la règle n'est pas absolue. Certains dieux originaires du Proche-Orient ne furent honorés presque qu'en latin : ainsi du Jupiter d'Héliopolis, peut-être parce qu'il venait d'une colonie romaine[39], et de celui de Dolichè, probablement parce que ses adeptes se recrutaient principalement dans l'armée. Sur le Janicule, voisinant avec des dédicaces en grec à Hadad et Zeus Keraunios, M. Oppius Agroecus et T. Sextius Agathangelus honorent Juppiter *Maleciabruda* en latin. Ce Baal de

33. Cf. G. La Piana, « Foreign groups in Rome during the first centuries of the Empire », *Harvard Theological Review* 20, 1927, p. 183-403.

34. A Pompéi, Terentia Paramonè est prêtresse de Déméter Thesmophoros (en grec), *IGRRP* 459. Mais, à Aeclanum, le médecin public, G. Salouios Attikianos, est un affranchi d'après sa nomenclature et consacre une offrande au dieu Asclépios en grec, *IGRRP* 461.

35. Cf. par ex. M. Marios Epictètos (un affranchi) qui offre une dédicace en grec à la Tychè de Neapolis (τῇ Τύχῃ Νέας πόλεως), *IG* XIV, 720 = E. Miranda, *Iscrizioni greche d'Italia. Napoli*, Rome, 1990, n° 8 ; plus généralement, les décrets publics en grec et les dédicaces aux dieux des phratries (*IGRRP* 434), M. Leiwo, *Neapolitana : A Study of Population and Language in Graeco-Roman Naples*, Helsinki, 1995.

36. Cf. une inscription en araméen au temple de Marnas à *Portus Ostiae* (*CIS* I, 16) et *infra* n. 98 pour une dédicace en palmyrénien.

37. Par ex. à Porto (*Portus Ostiae*) : « M. Aurelios Domniôn, [nauclère (?) et] bouleute d'Alexandrie τοὺς πατρίου[ς θεοὺς ἀνέθηκε] », *IG* XIV, 924 = *RICIS* 503/1213 ; « M. Aurelios Demetrios, appelé aussi Harpocratiôn, bouleute de la très illustre cité des Alexandrins », *RICIS* 503/1206. A Pompéi, un graffito de Théophile de Béroia dévot d'Isis, *IGRRP* 460 = *RICIS* 504/0215. Je laisse de côté les inscriptions en hiéroglyphes sur les obélisques impériaux (par ex. sur l'obélisque de Domitien *RICIS* 501/0124), qui relèvent du projet idéologique.

38. *IGRRP* 421 = *OGIS* 595 (en 174) ; cf. J. D. Sosin, « Tyrian *stationarii* at Puteoli », *Tyche* 14, 1999, p. 275-284. La permanence des liens est attestée pour de nombreuses associations ethniques, cf. R. S. Ascough, « Translocal Relationships among Voluntary Associations and Early Christianity », *Journal of Early Christian Studies* 5, 1997, p. 228-234.

39. Il n'importe pas ici qu'il s'agisse de Berytus ou d'Héliopolis, selon la date retenue pour la fondation de la deuxième colonie.

Yabrud dans l'Anti-liban n'est connu que par une autre inscription, en latin elle aussi, qui provient de la colonie romaine de Bérytus[40].

Inversement, chez des Romains « directs » (selon la terminologie des sociologues contemporains), et indépendamment du « snobisme » de certains (dans leurs épitaphes surtout), le grec pouvait faire figure d'authenticité ou refléter la langue cultuelle[41]. On peut comprendre ainsi l'offrande en grec de salles à Sarapis et aux dieux *sunnaoi* et *sunbômoi* que fit Q. Tineios Rufos, pontife et consul ordinaire en 182, en l'honneur de Commode[42]. Nombreux furent les Romains amenés par leurs fonctions à fréquenter les dieux dans leur environnement d'origine et qui en ont adopté la langue d'hommage et les théonymes. Témoin, au début du IIIe siècle à Rome, la dédicace en grec de Q. Aurelios Rufinos avec sa famille « à Zeus Hélios megas Sarapis et aux dieux *sunnaoi* »[43], suivant une formule qui se diffuse en Égypte sous Trajan et Hadrien et dont on ne connaît qu'une transcription latine partielle au Portus d'Ostie (*Jupiter magnus Sarapis*)[44].

A l'examen, les choix linguistiques sont moins commandés par des degrés diversement achevés d'intégration que par des stratégies de communication modulées selon les occasions. Ce sont donc des révélateurs sociaux qui interfèrent peu avec la nature plus ou moins originelle du culte concerné. On peut s'en persuader en comparant trois dédicaces d'Isiaques qui ont obtenu une autorisation de la cité pour le lieu de la consécration. A Rome, pour un singe de basalte offert et réalisé par des fidèles d'onomastique et de langue grecque, l'autorisation obtenue du curateur des édifices sacrés et des bâtiments publics est gravée en latin[45], comme à Pouzzoles, où une ins-

40. *Année épigraphique,* 1950, 232 : *I O M Malechiabrudenus*. Cf. aussi la dédicace *I O M Balmarqodi* (« maître des danses ») offerte par un soldat de la *Legio IV Scythia*, *CIL* VI, 403.

41. Un indice de référents grecs dans deux textes en latin qui qualifient l'espace de culte de *magarum*, *CIL* XIV, 18 et 19 = *RICIS* 503/1221 et 1222.

42. *IGVR* I, 177 = *RICIS* 501/0140. Cf. aussi la dédicace à Isis de M. Ὄψιος Νάουιος Φαννιανός, qui traduit en grec son *cursus honorum* (*IG* XIV, 719 = *RICIS* 504/0301) et celle de T. Αἴλιος Φηλικίσσιμος à Zeus Hélios Sarapis (*RICIS* 503/1201).

43. *IGVR* I, 189 = *RICIS* 501/0144. Cf. L. Bricault, « Zeus Hélios Mégas Sarapis », in *Michel Malaise* in honorem. *La langue dans tous ses états* (Acta Orientalia Belgica 18), Bruxelles, 2005, p. 243-254.

44. *CIL* XIV, 188 = *ILS* 4403 = *RICIS* 503/1220 (*neocori* [sic] *Iovis magni Sarapidis*).

45. *Loco adsignato a Caelio [...] cur(atori) aed(ium) sacr(arum) et op(erum) pub(licorum)*, CIL VI, 857 = *IGVR* III, 1588 = *RICIS* 501/0123 ; de même au Portus Ostiae, *CIL* XIV, 47 = *ILS* 4402 = *RICIS* 503/1205.

cription bilingue (latin et grec) de la *statio* des Tyriens assurait la visibilité la plus grande aux titres de la cité-mère[46]. En revanche, deux affranchis sans doute (Atimetus et Épaphroditus) ont offert dans le *Serapeum* d'Ostie un autel orné à « Jupiter Sarapis » dont la dédicace est entièrement latine[47]. Enfin, à Rome à nouveau, un troisième cas de figure, tardif (sous Dioclétien en 299), émane du zacore Dioscoros (avec des familiers). Cet Alexandrin très probablement, fier d'arborer sa fonction de néocore du temple d'Alexandrie, a dédié un temple de Sarapis avec la statue du dieu ; la concession du lieu par l'ὑπατικος ἱερῶν ναῶν est inscrite en grec, comme l'épigramme célébrant la donation[48]. Dioscoros écrivait à destination des fidèles du temple, auprès desquels il manifeste son intimité avec la métropole du culte qui renforçait sa légitimité cultuelle de desservant ; il resserrait par là même les liens entre les deux sanctuaires. Les deux dédicaces précédentes visaient un public plus ouvert en affichant pour tous les normes légales suivies, ou bien émanaient de dévots davantage soucieux de faire connaître leur intégration.

En contexte cultuel, l'usage linguistique ne semble pas déterminé par la langue maternelle des fidèles, mais par le public visé par le texte, selon les cas le cercle des compagnons de dévotion, pour lesquels la langue d'origine conservait ses droits, ou le public indifférencié de la cité. Ses variations suivent donc le milieu socio-professionnel et les ambitions d'auto-représentation qui gouvernent la pratique épigraphique en général. Comme les deux affranchis du *Serapeum* d'Ostie, les *Augustales*, de même qu'un *magister uici* de Rome, tous dévots d'Isis, offrent leurs dédicaces en latin[49]. Ces fonctions, liées au quadrillage de la Ville par le culte impérial, majoritairement occupées par des affranchis orientaux depuis leur mise en place par Auguste, les familiarisaient avec les formes romaines de culte[50] et signaient leur ascension dans la société romaine. Un affranchi impérial d'Antonin, T. Aurelius Egatheus, a fait graver deux versions similaires de son offrande, la

46. *CIL* X, 1601 = *IGRRP* 419.

47. *RICIS* 503/1106 : *Ioui Serapi et [...] Atimetus [et ...] Epaphroditus [ar]am sua pecunia pe[...]runt et mun[ificentia ornatam p]osuerunt [loco conce]sso ab T(ito) Statilio Tauria[no, pont(ifice) Vul(kani) et aed(ium) sac(rarum)].*

48. *IGVR* I, 191 = *RICIS* 501/0134 (la datation suit à la fois le calendrier romain et le calendrier égyptien).

49. Respectivement *RICIS* 503/1130 (Ostie) ; *CIL* VI, 30975 = *ILS* 3090 = *RICIS* 501/0137 (Rome).

50. Cf. J. Toutain, *op. cit.* (n. 8), p. 170-174.

version latine d'abord – une langue qu'il maîtrise parfaitement puisqu'il était employé au bureau des codicilles –, puis la grecque[51]. A l'*Iseum Campense* de Rome, le grec était certainement une langue liturgique[52] et le sanctuaire accueillait assurément des dévots – donc des lecteurs potentiels – des deux langues, comme on peut le déduire du buste inscrit en grec offert à Embès, prophète et père de la confrérie sacrée des Péanistes de *Zeus Helios megas Sarapis* à Rome (ἡ ἱερὰ τάξις τῶν Παιανιστῶν τοῦ ἐν Ῥώμῃ Διὸς Ἡλίου μεγάλου Σαράπιδος). D'après son anthroponyme égyptien, ce personnage est un officiant importé, alors que le curateur (κουράτωρ) de l'hommage, Meteilos Ampliatos, est un citoyen d'onomastique latine rompu aux usages romains[53]. A Rome, comme à Ostie et à Porto, la présence de fidèles et d'officiants égyptiens peut expliquer le caractère égyptisant des cérémonies et l'organisation sacerdotale calquée sur celle d'Alexandrie[54]. Or, à Porto, où les dévots d'Isis et Sarapis entretiennent régulièrement des liens avec le milieu alexandrin par l'intermédiaire du port et chez qui le grec domine, c'est pourtant en latin que ces mêmes *cultores* hellénophones de Sarapis dédient une *schola* à Isis et à la Mère des dieux[55], du fait que ce local entrait au nombre des lieux associatifs ayant pignon sur rue.

Au Trastévère[56], deux dévots des dieux palmyréniens, C. Licinius N [...] et Héliodorus le Palmyrénien ont dédié un temple pour Bel et un pour Malachbel[57]. Les deux dédicaces sont bilingues, mais pas similaires, et fournissent un éclairage plus subtil sur les jeux de langues dans l'affichage identitaire. Les deux textes latins donnent une envergure publique à une offrande faite *pro salute Imperatoris*. Aussi, le citoyen romain précède-t-il le pérégrin

---

51. *CIL* VI 8440 = *IGVR* I, 101 = *RICIS* 501/0119. Cf. aussi M. Aurelius Asclepiades, fils de Démétrios, Alexandrin, *a balnearibus*, *IGVR* I, 250 = *RICIS* 501/0206.

52. Cf. les textes hymniques qui sont en grec, *IGVR* I, 192 = *RICIS* 501/0215.

53. *IGVR* I, 77 = *RICIS* 501/0118, en 146 ; cf. la triple datation (calendrier romain, alexandrin et datation consulaire). *Id.* pour *IGVR* I, 191 = *RICIS* 501/0134. Cf. aussi l'hommage d'un licteur de décurion à *theos epèkoos Sarapis*, *IGVR* I, 187 = *RICIS* 501/0113.

54. Cf. la célèbre fresque d'Herculanum ; M. Malaise, *op. cit.* (n. 13), p. 74-75 et 113-143.

55. *CIL* XIV, 123 = *RICIS* 503/1218 ; l'un des deux curateurs porte le *cognomen* d'Arpocration.

56. Cf. F. Chausson, « *Vel Soli vel Iovi*, Quatre études sur la Vigna Barberini (191-354) », *Mélanges d'Archéologie et d'Histoire de l'École françasie de Rome. Antiquité* 107, 1995, p. 663-718.

57. *CIL* VI, 50 et 51 = *IGVR* 117 et 118 = *IGRRP* 43 et 44. Cf. E. Equini Schneider, « Il santuario di Bel e delle divinità di Palmira : communità e tradizione religiose dei Palmireni a Roma », *Dialoghi di Archeologia* 5, 1987, p. 69-85.

Héliodore, conformément à la hiérarchie sociale romaine. Dans les deux cas, le nom latin du dieu honoré est Bel, comme si ce grand dieu de Palmyre avait des chances d'être mieux reconnu du plus grand nombre que son acolyte messager Malachbel, pourtant présent à Rome[58]. Dans les dédicaces en grec, qu'on devine à destination plus interne, l'hommage à l'empereur disparaît ; Héliodore précède son confrère citoyen et les deux divinités sont rendues à leur vrai théonyme. Les ambitions de visibilité n'avaient pas pour tous la même importance. Sous Domitien, un certain Eleim des Tyriens de Pouzzoles honore, dans une épigraphe grecque et latine, le *Theos Hélios Sareptènos* (de Sarepta, entre Tyr et Sidon). Lui inscrit l'hommage à l'empereur dans les deux langues ; mais le texte grec précède la version latine, hélas trop lacunaire pour qu'on puisse les comparer en tout[59]. On constate des variations analogues chez les dévots de Mithra. Dans la première décennie du IIe siècle, un mithraïste de l'Esquilin marque en latin, comme il le doit, son statut d'affranchi impérial (*T. Flavius Augusti libertus Hyginus Ephebianus*), alors qu'en grec, il est le citoyen *Titos Phlaouios Hygeinos*[60]. Sa dédicace latine s'adresse *Soli inuicto Mithrae*, la qualité solaire faisant partie intégrante de la théologie du dieu dès qu'on le voit honoré à Rome[61] ; en grec, en revanche, il ne s'adresse qu'à Hélios Mithra, bien qu'*Hèlios anikètos* soit attesté[62]. Le message utilise manifestement des codes différents selon les lectorats, ce qui permettait au public oriental de conserver ses traditions propres tout en se faisant comprendre et en sacrifiant si besoin aux traditions romaines.

Dans bien des cas, les fonctions sacerdotales des auteurs des épigraphes peuvent justifier la conservation de modes d'expression transférés de la patrie d'origine du dieu, surtout si la langue rituelle était le grec. A Porto, toutes les dédicaces de néocores de Sarapis sont en grec[63], alors qu'à Ostie le latin prédomine. Sous Hadrien, M. *Oulpios Apollônios*, un affranchi récent probablement, choisit le grec pour honorer, en tant que προφήτης, Antinous selon un formulaire attesté en Égypte (Ἀντινόωι συνθρόνωι τῶν ἐν Αἰγύπτωι

58. Cf. *infra*, n. 98.

59. *IGRRP* 420.

60. *CIL* VI, 732 = *IGRRP* 77.

61. Cf. le relief romain d'Alcimus, esclave *vilicus* du Préfet du prétoire Ti. Claudius Livianus, dédié vers 102 *Sol(i) M(ithrae)*, *CIMRM* 594.

62. Cf. *IGRRP* 78 = *IGVR* 124 (M. J. Vermaseren, *CIMRM* 568, a restitué *Hèlios aniketos [Mithra]*).

63. *RICIS* 503/1205 et 1207-1211.

θεῶν)[64] ; de même plus tard, sous Caracalla, G. Avidios Trophimianos, « hiérodule de toute la hiérodulie », lorsqu'il honore *Zeus Helios megas Sarapis* dans un contexte de fidélité à l'Empereur[65]. Si les prêtres des divinités isiaques, pourtant publiques dès les Flaviens au plus tard[66], partagent leurs offrandes épigraphiques entre le grec et le latin[67], les épitaphes de ces mêmes isiaques, même lorsqu'ils sont prêtres ou « arétologue grec » comme se présente M. Iulius Eutychides[68], sont généralement en latin, puisqu'elles sont à destination de tous les passants et à contenu juridique, voire imprécatoire pour certaines[69]. Font exception les épigrammes, dont la forme poétique fait office de distinction, et des formules funéraires non romaines, qui sont en grec[70]. C'est la langue choisie pour « Phlaouia Serouanda, appelée aussi Agrippina », pour laquelle on appelle l'εὐψυχῆς μετὰ τοῦ Ὀσείριδος[71]. Mais, sur l'épitaphe de *Iulia Politice*, la formule grecque de tradition égyptienne : « Qu'Osiris te donne l'eau fraîche (*to psycron hydor*) » a été translittérée en lettres latines[72].

Chez les prêtres de Jupiter Dolichenus, dont on a depuis longtemps souligné l'importance du facteur oriental – civil ou militaire – dans la diffusion du culte[73], les liens restaient étroits entre les des-

64. *IGRRP* 32 = *IGVR* I, 98 = *RICIS* 501/0117. Cf. un Servios Agathinos prophète, *IGVR* I, 176 = *RICIS* 501/0154.

65. *IGVR* I, 190 = *RICIS* 501/0107.

66. Cf. J. Scheid, « Quand fut construit l'*Iseum Campense* ? », in *Orbis Antiquus. Studia in honorem Ioannis Pisonis*, L. Ruscu *et al.* éd., Cluj-Napoca, 2004, p. 308-311.

67. Respectivement : *Ouibios hiereus*, *IGVR* I, 100 = *RICIS* 501/0153 ; « A. Ravius Hilarius, *sacerdos* d'Isis reine, mégalèphore », *CIL* VI, 32463 = *ILS* 4368 = *RICIS* 501/0150.

68. Respectivement : *CIL* VI 2249 = *ILS* 4407 = *RICIS* 501/0162 (une prêtresse des Bubastis) ; *RICIS* 501/0214. A Ostie, *CIL* XIV 437 = *RICIS* 503/1125.

69. Elles exposent le droit du tombeau (par ex. *CIL* VI 2281 = *RICIS* 501/0166) et sa protection (par ex. *CIL* VI 21129 = *RICIS* 501/0172 et *CIL* VI 24760 = *ILS* 8180 = *RICIS* 501/0193). Pour une donation testamentaire à Ostie, *CIL* XIV 21 = *ILS* 4373 = *RICIS* 503/1113.

70. Cf. aussi l'épitaphe bilingue d'Alexandria, « pastophore de la déesse du Nil Isis », *CIL* VI, 32458 = *IGVR* III, 1150 = *RICIS* 501/0174.

71. *IGVR* II, 1042 = *RICIS* 501/0196.

72. *CIL* VI, 20616 = *IGRRP* 276 = *RICIS* 501/0198. Pour la formule en grec, *IGVR* II, 720 = *RICIS* 501/0199.

73. Pour des synthèses récentes (avec bibl. antérieure), E. Schwertheim, « *Iupiter Dolichenus*. Seine Denkmäler und seine Verehrung », in *Die orientalischen Religionen in Römerreich*, M. J. Vermaseren dir., Leyde (Études préliminaires aux Religions orientales dans l'Empire romain, 93), 1981, p. 193-212, et « Die orientalischen Religionen im römischen Deutschland. Verbreitung und synkretistische Phänomene », *Aufstieg und Niedergang der Römischen Welt* II, 18, 1 (1986), p. 795-796 ; et R. Turcan, *Les cultes orientaux dans le monde romain*, Paris, 1989, p. 156-166.

servants et la provenance syro-commagénienne du dieu, à en juger par les anthroponymes. Aquila Barhadados est prêtre de la communauté dolichénienne de l'Aventin en 183 ; Sopatrus et Marinus sont prêtres au sanctuaire de l'Esquilin en 191 et Aur. Teatecnus Hela au *sacellum* des *castra Ravennatium* sur le Trastévère[74]. Une dédicace en grec, mise au jour sur le Quirinal, fut dédiée par M. Oulpios Artemôn et son fils, dont la nomenclature révèle une origine pisidienne et une citoyenneté trajanienne, « sur ordre du dieu de Dolichè par l'intermédiaire du prêtre Athèneos (κατὰ κέλευσιν θεοῦ Δολιχηνοῦ ... κατ' Ἀθηνέου τοῦ ἱεροῦ) »[75]. Le nom de la divinité, exprimé comme puissance topique, indique une représentation du dieu qui ne doit rien à la correspondance généralement établie avec le *Jupiter optimus maximus* romain. Le relief s'accorde avec ce langage d'origine. Il figure le dieu, affronté à sa parèdre, certes en habit d'*imperator*, mais monté sur le taureau selon des codes syro-anatoliens, et « révèle le soin avec lequel le clergé de Rome s'efforçait de maintenir les traditions, en conservant le plus possible à Dolichenus et à sa parèdre leur aspect originel »[76]. A une exception près[77], ce document est unique dans une épigraphie dolichénienne presque exclusivement latine, à Rome et en Campanie comme ailleurs en Occident. Chez ces dévots, la langue utilisée était celle des milieux d'adoption, donc le latin, même pour des esclaves comme Paezon et sa fille Paezusa, esclaves d'Aquilia Bassilla, qui honorent Jupiter Dolichenus et Junon Reine[78]. Car, même si les liens avec le Proche-Orient d'origine étaient entretenus du fait des déplacements des légions et de leur station dans ces provinces dès le IIe siècle, les fidèles étaient majoritairement des soldats et des fonctionnaires impériaux et les prêtres, même d'origine orientale comme M. Ulpius Cresimus, *natione Parthus*, *sacerdos* à la caserne

74. Respectivement : *CCID* 363 = *OSUR*, n° 9, p. 104 ; *CCID* 408 = *OSUR*, n° 30, p. 153 ; *CCID* 423 = *OSUR* n° 45, p. 192 ; cf. aussi Chrysas Thyrsus (*OSUR*, n° 31, p. 160). Cf. P. Merlat, *Jupiter Dolichenus. Essai d'interprétation et de synthèse*, Paris, 1960, p. 16 et 192-194. Pour les fouilles récentes du sanctuaire de Dolichè : *Doliche – Eine kommagenische Stadt und ihre Götter, Mithras und Iupiter Dolichenus*, A. Schütte-Maischatz et E. Winter éd., Bonn, 2004.

75. *CCID* 428 = *OSUR* n° 7 p. 75.

76. P. Merlat, *Répertoire des inscriptions et monuments figurés du culte de Jupiter Dolichenus*, Paris-Rennes, 1951, n° 242, p. 241.

77. A Naples, *CCID* 467 ; mais, sur le statut du grec à Naples, cf. *supra* n. 35.

78. *CCID* 402 : *Ioui Optimo Maximo Dolichen(o), Paezon, Aquiliaes Bassillaes actor, cum Paezuza, filia sua, d(ono) d(edit)* ; et 403 = *OSUR*, n° 3 et 4, p. 96 et 97.

des *equites singulares*[79], utilisaient donc le latin, contrairement à bon nombre de prêtres des cultes isiaques.

L'usage du latin ne trahissait pas une quelconque volonté de gommer le caractère oriental de l'adhésion religieuse. Au début du IIIe siècle, au Dolichenum de l'Aventin, des dévots d'origine orientale ou de citoyenneté toute fraîche développent le nom romain du dieu, *IOMD*, en *deus magnus Commagenorum*, mettant délibérément l'accent sur son identité ethnique et orientale[80]. A la même époque, un soldat de la flotte prétorienne de Misène, C. Iulius Dionysius, d'origine syrienne (*natione Surus*) dédie une petite base *paterno deo Comogeno*, en place du classique *IOMD*[81]. Même pour des divinités dont le nom sémitique était difficile à transcrire, et dont la diffusion ne fut que ponctuelle[82], le latin s'imposait en fonction des conditions sociales. Au Champ de Mars fut découverte la dédicace d'Orthius, affranchi impérial préposé aux archives (*tabellarius*), offerte à *I O M Turmasgade*, avec un relief de type dolichénien figurant un aigle posé sur la tête d'un cervidé ou le tenant dans ses griffes[83]. Jupiter Turmasgades, un autre Baal de la montagne commagénien, dont le théonyme signifie « Montagne du sanctuaire » en araméen[84], est un familier de Jupiter Dolichenus et de Mithra à Doura Europos, où il est honoré en grec par un légionnaire[85]. Un autre Baal syrien, Jupiter Beheleparus, avait un sanctuaire sur la via Campana-Portuense, dont nous conservons le règlement rituel. Bien que très lacunaire, on y apprend qu'un *Leonas vilicus*, probablement servile, y garantit l'exercice du culte *more patrio* (c'est-à-dire syrien) et on devine des règles de pureté corporelle et alimentaire, peut-être en relation avec un calendrier

79. *OSUR*, n° 38 p. 173 (en 161-180).

80. *OSUR*, n° 15, l. 8, p. 125.

81. *OSUR*, n° 46 p. 194 ; cf. U. Bianchi, « *I.O.M.D. et Deo paterno Comageno* », in *OSUR*, p. 599-603.

82. Cf. *supra* n. 31 et 32.

83. *CIL* VI, 30950a.

84. Cf. J. F. Gilliam, « Jupiter Turmasgades », in *Actes du IXe congrès international d'études sur les frontières romaines (1972)*, D. M. Pippidi éd., Bucarest-Cologne, 1974, p. 311-313, et É. Puech, « Note d'épigraphie palestinienne. Le dieu Turmasgada à Césarée Maritime », *Revue biblique internationale* 89, 1982, p. 210-221 : « le Nemrud Dagh [...] devait très probablement porter le nom araméen de *Tûr-masgada*, "Montagne-du-Sanctuaire" » (p. 216).

85. Iulianus, de la *legio XVI F(lavia) F(irma) [An]toniniana*, sous Caracalla (Διὶ Ἡλίῳ Μίθρᾳ ἁγιῷ ὑψίστῳ ἐπηκόῳ Το[υρ]μασγάδῃ), J. F. Gilliam, « *The Dolichenum*. II, *The Inscriptions* », *The Excavations at Dura-Europos III*, New Haven, 1952, p. 115-116, n° 974 et pl. XX 1 = *CIMRM* I, n° 70, p. 72.

sacrificiel[86]. L'usage du latin peut s'expliquer par le fait qu'il s'agit d'une réglementation à laquelle Leonas souhaitait donner la plus grande publicité possible pour prévenir les violations et peut-être aussi parce que la communauté des fidèles était latinophone, comme dans les groupes dolichéniens.

Dans ces groupes, la langue rituelle était certainement le latin comme le laisse entendre l'usage de la formule *ubi ferrum nascitur*[87]. Le Dolichenum civil de l'Aventin a livré des témoignages écrits bien ancrés dans la tradition sociale romaine, comme des plaques de marbre offertes par les *patroni* du sanctuaire qui déroulaient la liste des confrères[88]. Pourtant, l'organisation de la communauté ne se réclamait pas de règles romaines de recrutement. Les responsables religieux sont choisis par le dieu / *quos elexit I O M D sibi servire*[89] – selon des processus de légitimation connus dans les religions non civiques – et l'onomastique des membres oriente assurément vers une population d'origine gréco-orientale et de citoyenneté récente. À côté des anthroponymes romains des *patroni* (Annius Iulianus ou Annius Victor par exemple) dont certains sont membres de l'ordre équestre, figurent de nombreux *Aurelii* de citoyenneté récente et dont la région d'origine (Égypte, Anatolie, Syrie) affleure sans doute sous le nom[90]. Le modèle oriental de la prêtrise se combinait avec une architecture hiérarchique qui reproduisait les réseaux sociaux dominants[91] ; au point que, dans la communauté de l'Esquilin, qui rassemblait des soldats détachés auprès de la 2e cohorte de vigiles, et dont l'organigramme était moins complexe qu'au sanctuaire de l'Aventin[92], c'est la hiérarchie militaire qui déterminait celle des membres dans le groupe[93]. Dans les témoi-

86. *CIL* 30934 = *ILS* 4343 ; cf. J. Scheid, « Interdits et exclusions dans les banquets sacrificiels romains », in *Food and Identity in the Ancient World*, C. Grottanelli et L. Milano éd., Padoue, 2004, p. 130-133.

87. Par ex. *ILS* 4302 ; cf. U. Bianchi, « *I.O.M.D. ubi ferrum nascitur* », in *OSUR* p. 591-597.

88. *OSUR*, n° 13-15 p. 115-127 et n° 20 p. 133-139 (le *patronus* est de rang équestre).

89. *OSUR*, n° 20 p. 133, ll. 8-9.

90. Aurelius *Magnesius Lamprias*, Aurelius *Sarapiacus*, *Aurelius Antiochus* (*CCID* 373 et 381 ; cf. E. Zappata, « Les divinités dolichéniennes et les sources épigraphiques latines », in *OSUR*, n° 13, p. 120-121, et n° 20 p. 133) ; M. Autronius *Karicus* (*CCID* 424).

91. Cf. R. L. Gordon, « Religion in the Roman Empire : the Civic Compromise and its Limits », in *Pagan Priests*, M. Beard et J. North éd., Londres, 1990, p. 246.

92. Cf. J. Rüpke, « Integration und Transformation von Immigrantenreligion : Beobachtungen zu den Inschriften des Iuppiter-Dolichenus-Kultes in Rom », *Historia antigua* 21, 2003, p. 105-118.

93. *CCID* 408 ; cf. E. Zappata, *art. cit.* (n. 90), p. 157.

gnages mithriaques, aussi, les dédicaces en grec sont rares, même chez les dévots au latin incertain[94], et même chez les prêtres[95]. Les rares expressions perses, comme les saluts de bon augure « *Nama* » écrits sur les murs du *mithraeum* de Santa Prisca[96], reprennent des formules rituelles qui étaient confinées dans les antres.

L'affichage au moyen du choix de langue de la fidélité aux *patria* ou de l'intégration dépendent donc, principalement, de l'occasion et du contexte (intra-communautaire ou public), de la fonction au sein de la communauté religieuse, et parfois seulement de la forme singulière, locale, du dieu honoré. L'autel bilingue offert à Rome par un couple et son fils est trop exemplaire pour ne pas être évoqué, même s'il est connu. Ni l'onomastique du père, Ti. Claudius Felix, un fonctionnaire impérial[97], ni la dédicace familiale en latin (*Soli sanctissimo sacrum... Votum soluerunt libens merito*), ni le relief représentant le buste d'Hélios nimbé et radié porté sur les ailes déployées d'un aigle, ne laissent deviner l'origine orientale dans cette famille d'assise sociale bien polie. Tout au plus, la nomenclature du père (d'origine impériale) et les *cognomina* de l'identité du fils (*Helpis* et *Alypus*) indiquent-ils une romanité acquise. Sur la face opposée à celle de la dédicace latine, une deuxième en palmyrénien est assortie d'un relief d'inspiration non romaine : un quadrige attelé de griffons conduits par un dieu solaire en costume oriental que couronne une victoire. Elle est dédiée par le mari seul et sa communauté ethnique : « Tiberius Claudius Felix (*TBRYS QLWDYS PLQS*) et les Tadmoréens (*WTDMRY*) », et s'adresse « à Malakbel (*LMLKBL*) et aux dieux de Tadmor (*WL'LHY TDMR*) [Palmyre en araméen] », au lieu du seul *Sol sanctissimus*. Le formulaire, enfin, suit des règles proches-orien-

94. Cf. par ex. à Rome, *CIL* VI, 3722 a : Brumasius deo me(n)sa(m) posuit salbum ⟦*sic* = salvo⟧ patre cum [o]mnis ⟦*sic* = omnibus⟧ byyris ⟦*sic* = viris⟧ [sa]cratis.

95. Cf. J. Rüpke, *Fasti sacerdotum. Die Mitglieder der Priesterschaften und das sakrale Funktionspersonal römischer, griechischer, orientalischer und jüdisch-christlicher Kulte in der Stadt Rom von 300 v. Chr. bis 499 n. Chr.* (Potsdamer Altertumswissenschaftliche Beiträge 12), Stuttgart, 2005, 1143 (Chrestus, *pater*, dédie un relief avec un certain Gaurus, en grec) ; 3405 (Valerius Marinus, *pater* et sa femme *[...]bia Zosimè* (?).

96. M. J. Vermaseren, C. C. Van Essen, *op. cit.* (n. 2), p. 148-162. Cf. aussi à Rome, *ILS* 4238 et 4239.

97. Cf. G. W. Houston, « The Altar from Rome with Inscriptions to Sol and Malakbel », *Syria* 67, 1990, p. 189-193, traduit l. 6 *Calbienses de coh(ortis) III*, « logés dans la troisième cour des appartements des *horrea Galbiana* ». *Contra* J. Teixidor, *The Pantheon of Palmyra*, Leyde (Études préliminaires aux Religions orientales dans l'Empire romain, 79), 1979, p. 46-47, comprenait *Calbienses* comme un ethnique designant la tribu palmyrénienne des Benê Kalbe.

tales : « A leurs dieux (*L'LHYNN*). Paix (*SLM*) », en place du *VSML* de la face latine[98]. Ce fonctionnaire des entrepôts impériaux conservait donc étroitement ses solidarités et son identité religieuse d'origine dans son cadre communautaire. Le célèbre autel portant acclamation et dédicace à Zeus Hélios Sarapis / Mithra, retrouvé dans le *pronaos* du *mithraeum* des thermes de Caracalla, n'avait comme lectorat potentiel que les fidèles du conventicule ; ce qui explique, peut-être, la réaction d'un confrère plus zélé remplaçant Sarapis par Mithra dans l'acclamation de la face A[99].

Dans une société où l'illustration publique gouvernait les relations sociales, on ne s'étonnera pas de rencontrer d'autres identités de ce type – « à la Janus » – telle celle de M. Antonius Gaionas. L'anneau de sacrifice qu'il offrit au sanctuaire dit de Jupiter Héliopolitain sur le Janicule[100] est inscrit en grec, à usage interne. Gaionas n'y fait apparaître que son *cognomen* grec et sa fonction sacerdotale de *deipnokritès*, une symposiarchie des *sacra* du dieu à la façon des associations orientales[101]. Mais, quand en 186, il dédie une colonne de marbre à la même divinité en l'honneur de Commode dont le portrait devait coiffer la colonne, il a changé de ton. L'inscription est en latin, sauf une épigramme empoulée en grec[102]. Gaionas énonce ses *tria nomina* et sa filiation, ainsi que des fonctions bien romaines (un triple flaminat et la surveillance des rues sur la rive droite du Tibre), qui appartiennent au fonctionnariat impérial. La divinité reçoit alors son nom romain habituel : *I O M Heliopolitanus*[103]. Mieux encore que Ti. Claudius Felix qui conservait la même nomenclature en latin et en palmyrénien, la figure de Gaionas est fort instructive sur la façon dont les dévots émigrés gardaient leurs attaches religieuses. D'immigration plus ou moins récente, leur adoption

98. *CIL* VI, 710 = *CIS* II, 3903. Cf. J. Teixidor, *op. cit.* (n. 97), p. 50 : ces Palmyréniens « *probably did not grasp the theological differences separating their hometown cults from the Roman ones* ».

99. *CIMRM* I, 463 = *IGVR* I, 194 = *RICIS* 501/0126 : face A : Εἷς Ζεὺς [Σάραπις] Μίθρα Ἥλιος κοσμοκράτωρ ἀνείκητος.

100. Ce pourrait être un *Serapeum* d'après des investigations en cours, cf. C. J. Goddard, « Furrinae Lucus », *Lexicon Topographicum Urbis Romae Suburbium* 2, 2004, p. 280-284.

101. Y. Hajjar, *op. cit.* (n. 30), n° 289, p. 367-370 et commentaire p. 552 ; J. Scheid, « Le ΔΕΣΜΟΣ de Gaionas. Observations sur une plaque inscrite du sanctuaire des dieux syriens à Rome (*IGVR* 109) », *Mélanges d'Archéologie et d'Histoire de l'École française de Rome. Antiquité* 107, 1995, p. 301-314 ; F. Duthoy, J. Frel, « Observations sur le sanctuaire syrien du Janicule », in *OSUR*, p. 293-297.

102. Y. Hajjar, *op. cit.* (n. 30), n° 292, p. 378-380 = *IGVR* 166.

103. Id. pour *Jupiter Optimus Damascenus* (*CIL* VI, 405).

manifestée des codes romains témoignait de leur intégration et soutenait leur ascension sociale, souvent dans l'administration d'Empire[104]. Aussi, selon le contexte plus ou moins public de la dédicace, insistaient-ils sur l'appartenance de leur dévotion à la romanité – et le parler latin était un des moyens – ou bien l'exprimaient-ils selon des modalités d'origine diversement modulées.

Au terme de cet examen même partiel, il apparaît que les usages linguistiques des immigrés orientaux à leurs dieux ancestraux sont davantage conditionnés par les ressorts de la communication sociale que par une volonté de transplantation à l'identique des pratiques religieuses traditionnelles. La fidélité aux *patria* s'accommodait d'une adaptation aux modes d'expression de la société d'accueil. Aussi avons-nous pu souvent constater que les affichages religieux variaient selon que le public visé était communautaire ou indistinct. Ces comportements s'expliquent par le fait que la société romaine de l'Empire classique était une société ouverte et que les orientaux dévots de ces cultes ne restaient pas en dehors de ses dynamiques d'évolution, comme l'indiquent les voisinages de lieux de culte dans les quartiers, voire les cohabitations dans les sanctuaires. Dans les communautés qui voyaient passer fréquemment des compatriotes en résidence temporaire, principalement dans les *Serapea* de Rome et de Porto, les modes d'origine d'expression religieuse étaient plus naturellement employés, ce qui ne signifie pas que la fidélité aux traditions y fût plus vive. Elle y était plus littérale, parce qu'elle s'exprimait dans un contexte social différent. Ces témoignages éclairent à nouveau l'aspect romain des « cultes orientaux ». Bien qu'émigrés et fidèles à leurs traditions, les orientaux qui ont porté ces cultes au départ avaient à cœur de s'intégrer. En optant en public pour des formes religieuses romaines – comme la relation votive – et pour une expression latine, leurs divinités pouvaient acquérir une audience et une respectabilité, sans qu'ils fussent obligés d'en sacrifier la personnalité.

Nicole BELAYCHE

104. *Contra* G. La Piana, *art. cit.* (n. 33), p. 312, qui reléguait ces cultes « *on the margin of Roman religious experience* » et qui, dans le sillage de l'herméneutique cumontienne, concluait à l'échec du processus de romanisation parce que les « religions orientales » n'ont pas réussi à devenir universelles comme le christianisme !

ISIS : DES EAUX DU NIL À CELLES DE LA MÉDITERRANÉE

Isis est, à l'origine, la personnification du trône royal – telle est la signification du hiéroglyphe de son nom –, ce siège qui, jusqu'à la fin de l'Égypte pharaonique, demeura son emblème caractéristique. Certains mythèmes isiaques, la toponymie d'époque gréco-romaine, l'archéologie sembleraient situer l'origine géographique de son culte en Basse Égypte ; mère divine d'Horus dans la cosmogonie héliopolitaine, sœur-épouse d'Osiris, la déesse-mère se fait aussi déesse des morts, protectrice et régénératrice. Au cours du Ier millénaire av. J.-C. s'opère la « montée en puissance » d'Isis, la déesse bénéficiant alors de la vogue du mythe osirien et des doctrines funéraires s'y rattachant. Grâce notamment à son puissant rôle maternel, elle s'approprie peu à peu les fonctions, compétences et attributs de la plupart des déesses égyptiennes, en un processus hénothéiste qui aboutit à la création d'une puissance omnipotente et cosmique, une évolution dont Hérodote put constater le terme et dont il se fit l'écho. Protectrice de la fonction royale, la déesse connaît, au IVe siècle, la faveur des Nectanébo, les derniers souverains indigènes, comme elle originaires du Delta. Grâce à eux, elle règne en maîtresse depuis Behbeit el-Hagar jusque dans l'île de Philae. Nombreuses sont les fêtes qui la célèbrent au long de l'année et des berges du Nil. La prise du pouvoir par les Ptolémées et la fondation d'Alexandrie, la nouvelle œcoumène, donnent une impulsion décisive aux tendances universalisantes d'Isis et favorisent la diffusion de son culte hors d'Égypte.

S'élabore alors, à côté de représentations très traditionnelles qui perdurent, une Isis appelée communément « alexandrine », mais qu'il vaudrait mieux qualifier de « gréco-égyptienne ». Si l'attitude générale des représentations statuaires demeure à l'origine très figée – elle s'assouplit par la suite –, ce sont les détails de son vêtement et de sa parure qui se modifient : elle abandonne sa tunique longue et étroite pour se parer du *chiton*, de l'*himation* et d'un châle à pan frangé, noué entre les deux seins ; elle ne porte plus la perruque égyptienne, mais de longues boucles torsadées, dites libyennes ou libyques, comparables à nos « anglaises » modernes ; son chef, cependant, reste surmonté le plus souvent de ses anciens attributs pharaoniques, le hiéroglyphe de son nom ou les cornes d'Hathor enserrant le disque solaire surmonté de deux hautes plumes, que nous appelons, à la suite de Plutarque, *basileion*. Les figurines en terre cuite d'Isis, moulées à la grecque, qui connaissent un large succès dans la *chôra* dès le IIIe siècle av. J.-C., expriment la variété des représentations nouvelles de la déesse, et s'organisent autour de trois fonctions essentielles : allaitant Harpocrate ou Apis, ou bien portant Harpocrate, elle préside à la maternité et protège les nouveau-nés ; ophiomorphe comme Thermouthis ou portant le flambeau telle Déméter, elle est une déesse agraire, sous son aspect indigène ou sous sa forme grecque ; enfin, identifiée à Aphrodite, elle accorde sa protection aux femmes, aux couples et aux marins.

Comme l'ont montré, entre autres, Françoise Dunand et surtout Michel Malaise[1], il est désormais avéré que l'élargissement de la personnalité d'Isis s'est réalisé pour une bonne part en terre d'Égypte, selon un processus typiquement égyptien qu'autorisait la fluidité de la conception divine dans la vallée du Nil. Cette personnalité d'Isis a, d'une part, profité de la souplesse de la théologie égyptienne et d'équivalences fort anciennes établies avec des déesses tant égyptiennes que proche-orientales, et, d'autre part, bénéficié d'enrichissements dus aux contacts noués avec les croyants grecs à partir du VIIe siècle av. J.-C., que ce soit à Naucratis, à Memphis ou ailleurs. Ce travail d'élaboration est certainement le fait de milieux sacerdotaux locaux plus ou moins hellénisés, mais bien au courant des vertus dynamiques de cet hénothéisme égyptien qui permit de voir dans les diverses déesses, égyptiennes puis étrangères, des hypostases de l'unique Isis, comme le rappelle un hymne, écrit en grec, gravé au début du Ier siècle av. J.-C. sur les pilastres de l'entrée du temple d'Isis-Thermouthis à Narmouthis dans le Fayoum.

Cet effort théologique, qui semble avoir eu pour but de populariser Isis auprès des Grecs d'Égypte, est singulièrement novateur

1. F. Dunand, C. Zivie-Coche, *Dieux et hommes en Égypte. 3000 av. J.-C.-395 ap. J.-C. Anthropologie religieuse*, Paris, 1991, p. 268-272 ; M. Malaise, « Le problème de l'hellénisation d'Isis », in *De Memphis à Rome. Actes du Ier Colloque international sur les études isiaques, Poitiers-Futuroscope, 8-10 avril 1999*, L. Bricault éd. (Religions in the Graeco-Roman World, 140), Leyde-Boston-Cologne, 2000, p. 1-17.

car jamais, durant les temps pharaoniques, les Égyptiens ne s'étaient préoccupés d'un quelconque prosélytisme que les fondements mêmes de leur religion n'imposaient pas. Mais, soumis désormais à un pouvoir étranger concentré entre les mains d'un pharaon « grec » et de sa cour alexandrine, ils ont choisi de présenter certaines de leurs divinités sous un jour plus accessible à leurs nouveaux maîtres politiques, sans toutefois rien renier de leurs caractères propres, bien au contraire. Ainsi serait née l'Isis hellénistique, plutôt qu'hellénisée qui, révérée hors d'Égypte dans le cadre de la diaspora isiaque, se révèle fondamentalement identique à l'image qu'elle présente en Égypte. Tout au plus se doit-on de préciser que certaines prérogatives connurent une vogue particulière en dehors de la vallée du Nil, dans le monde proprement grec, tandis que d'autres ne purent ou ne surent s'exporter.

Pour analyser ce processus et les expressions figurées qu'il revêt, sans doute est-il préférable de laisser de côté le terme si controversé de syncrétisme – qu'il soit de juxtaposition, d'association, de superposition, d'emprunt d'images ou d'attributs, selon la typologie proposée par Pierre Lévêque[2] et affinée par Vinciane Pirenne-Delforge et André Motte[3] – et parler plutôt de « coexistence d'images », certaines étant privilégiées par tel ou tel milieu en fonction de sa culture, de ses croyances ou des références qui sont les siennes. La polysémie des référents imagés associant Isis à d'autres divinités rend possible, pour le spectateur grec ou romain, une appréhension immédiate non pas tant d'un quelconque syncrétisme religieux, mais bien plutôt des différentes facettes de la divinité égyptienne, puisque son image présente à la fois des caractéristiques de l'« autre », l'égyptienne, et de la « même », qu'il s'agisse d'une Artémis, d'une Aphrodite, d'une Tychè, etc. Mais attention, l'« autre » non plus n'est pas toujours identique : ainsi, par exemple, à l'époque hellénistique, dans le monde grec, il se marque par la présence du *basileion* (sur des stèles, des monnaies), alors qu'à l'époque impériale, dans l'ensemble du monde romain, c'est le sistre qui joue désormais ce rôle d'identifiant, révélant ainsi les influences réciproques des cultures et l'importance de la codifi-

2. P. Lévêque, « Essai de typologie des syncrétismes », in *Les syncrétismes dans les religions grecque et romaine*, Colloque de Strasbourg, 9-11 juin 1971, Paris 1973, p. 179-187 ; dans le même volume, F. Dunand, « Le syncrétisme isiaque à la fin de l'époque hellénistique », p. 79-93.

3. A. Motte, V. Pirenne-Delforge, « Du bon usage de la notion de syncrétisme », *Kernos* 7, 1994, p. 11-28.

cation des valeurs dans chaque culture. Ce jeu d'identités multiples permis par la nature polysémique de l'image doit d'ailleurs pouvoir se lire comme l'équivalent des nombreuses épiclèses et épithètes d'Isis.

Si nous focalisons maintenant notre attention sur un plan plus étroitement politique, il est nécessaire de nuancer sinon de réviser nombre d'idées reçues concernant les rapports entretenus par le pouvoir lagide, la déesse et son nouveau parèdre Sarapis.

De fait, les raisons profondes de la soi-disant « création » de Sarapis – qui n'est au mieux qu'iconographique – par l'un des deux premiers Ptolémées, nous échappent encore, de même que les circonstances précises dans lesquelles cet avatar d'Osiris-Apis devint l'époux d'Isis. Les premières dédicaces les associant et que l'on peut dater avec une relative précision se placent au début du règne de Ptolémée II. En agissant ainsi, Sôter ou Philadelphe auraient voulu mettre en place un nouveau couple divin, modèle et garant de leur pouvoir et donner à Alexandrie une divinité poliade. Rien n'est moins sûr. A y regarder de près, il faut attendre le règne de Philopator, souverain dont la titulature royale comporte régulièrement l'appellation d'« aimé d'Isis », à la toute fin du IIIe siècle, pour voir apparaître le couple divin, en bustes accolés, sur une émission sans lendemain du monnayage lagide. Ce n'est pas non plus avant la régence de Cléopatre Ire, entre 180 et 176 av. J.-C., que s'élabore la thématique faisant de son défunt époux (Ptolémée V) un Osiris, de son fils le tout jeune – il a alors entre 4 et 6 ans – Ptolémée VI Philométor un Horus, promis à la succession de son père, et d'elle-même une Isis. Il est significatif de noter que ces nouveautés voient le jour à une époque où le nationalisme égyptien s'exprime ouvertement dans la vallée du Nil. Enfin, le rôle de divinité poliade d'Alexandrie dévolu à Sarapis n'est pas attesté avant l'époque romaine.

En fait, s'il est exact que les Lagides firent un certain nombre de gestes à l'endroit des divinités égyptiennes, et notamment d'Isis, ces gestes visèrent clairement à faire passer les nouveaux détenteurs du pouvoir pour les héritiers légitimes des pharaons, dont ils reprennent notamment les travaux de constructions sacrées. La sollicitude des Lagides envers Isis constitua une tentative pour séduire les prêtres de la déesse et légitimer leur autocratie : le financement de temples comme celui d'Horus à Edfou ou d'Isis à Philae allait dans ce sens. On peut, me semble-t-il, observer les limites de cette politique en remarquant que c'est précisément Isis qui se trouve invoquée par les rois indigènes Haronnophris et Ankhonnophris lorsqu'ils se soulèvent contre Ptolémée IV et Ptolémée V à la fin du IIIe et au début du IIe siècle, ou plus tard Harsiesis sous Ptolémée VIII Évergète II, en 132-129. La promotion de Sarapis, son union avec Isis marquent certainement, non le souci de voir les populations d'Égypte se retrouver autour d'une vénération commune pour ce couple divin comme les modernes l'ont longtemps cru, mais plutôt une véritable scission religieuse du pays, avec au nord d'Hermopolis des cultes égypto-grecs intéressant la minorité hellène et ceux qui gravitent autour du pouvoir et, au sud, les cultes égyptiens traditionnels dont ceux d'Isis, Osiris et Horus. Par la suite, à l'époque romaine, ce sont les empereurs qui placent dans leur nom de « fils de Rê » la mention « aimé d'Isis », signe qu'ils tiennent à contrôler ces clergés locaux plus ou moins soumis et considérés comme potentiellement dangereux.

Hors d'Égypte, les études menées ces dernières décennies sous l'impulsion de Jean Leclant ont permis de renouveler assez largement notre approche et notre compréhension de la diffusion isiaque. Le corpus documentaire dont nous disposons aujourd'hui, riche de milliers d'unités, permet d'opérer un certain nombre de constats sur la diffusion du culte d'Isis dans le bassin méditerranéen[4].

Le culte d'Isis a précédé hors d'Égypte celui des autres divinités de son cercle ; celui-ci a été propagé initialement par des Égyptiens et non des Alexandrins ; les sites portuaires en furent les premiers récepteurs. La présence d'Égyptiens dans les ports hellènes, la plupart du temps pour des raisons commerciales, n'est en effet pas étrangère à l'édification de certains des tout premiers sanctuaires, fussent-ils de dimensions modestes : songeons pour Délos à Taessa (égypt. *T3-st ?*) qui a consacré sur l'île un autel à la déesse au début du IIIe siècle, au prêtre d'Isis Ouaphrès (égypt. *w3h-ib-p3-R*^{c}), originaire de Busiris et enterré à Démétrias durant ce même siècle, aux Αἰγύπτιοι initiateurs de l'Isieion d'Érétrie et bien sûr à ces autres Égyptiens mentionnés dans un texte fameux daté de 333/2 av. J.-C. rappelant que la *boulè* athénienne leur avait accordé quelques

4. L. Bricault, *Atlas de la diffusion des cultes isiaques* (Mémoires de l'Académie des Inscriptions et Belles-Lettres, XXIII), Paris, 2001 ; Id., *Recueil des Inscriptions concernant les Cultes Isiaques (hors d'Égypte)* (Mémoires de l'Académie des Inscriptions et Belles-Lettres, XXXI), 3 vol., Paris, 2005.

mois ou quelques années auparavant le droit d'ériger, peut-être au Pirée, un temple pour Isis[5].

Il faut attendre les années 230-220 pour qu'un nombre plus important de documents, majoritairement épigraphiques, permette de mieux appréhender les conditions de cette diffusion, et les lieux où elle s'opéra. A cette date Isis et/ou Sarapis possèdent des temples en Attique [Le Pirée, Athènes, Rhamnonte], en Béotie [Orchomène, Chéronée], en Macédoine [Thessalonique], en Thrace [Périnthe], en Carie [Halicarnasse, Kéramos, Stratonicée], dans le Dodécanèse [Lindos, Camiros], dans les Cyclades [Délos], à Carthage, à Byblos, en Sicile, et la liste n'est pas close. Pour expliquer ce succès, plutôt que de songer à un soi-disant déclin de la religion grecque traditionnelle, il faut davantage s'interroger sur les aspects et les pouvoirs nouveaux de cette divinité venue d'Égypte. Son caractère de déesse-mère, son rôle dans le mythe osirien, son rapprochement avec Déméter et les doctrines éleusiniennes expliquent sans doute le succès d'Isis, qui, très tôt, supplante le trop politique et officiel Sarapis. Ses qualités de mère et de protectrice de l'amour séduisent. Les arétalogies isiaques, dont l'*Urtext* est datable du IIIe siècle av. J.-C., et dont la rédaction s'inscrit dans le processus diffusionnel hénothéiste évoqué plus haut, livrent un condensé des multiples pouvoirs d'Isis et assurent sa promotion. Elle y est déesse souveraine, solaire, démiurge, maîtresse des éléments, législatrice, inventrice de bienfaits nombreux pour les hommes (écriture, langues, temples, mystères), déesse des femmes et incarnation de la fonction maternelle, protectrice des naissances, des récoltes, maîtresse du destin. Elle est aussi, mais l'arétalogie ne le dit pas, déesse guérisseuse. De son assimilation à Arsinoé II, promotrice de la thalassocratie lagide, Isis a gardé la fonction de maîtresse des flots qui préside à l'ouverture de la navigation, le 5 mars, lors des *Ploiaphesia*, le *Navigium Isidis* des Latins, et ce jusqu'au Ve voire VIe siècle ap. J.-C. si l'on en croit Végèce et Jean le Lydien[6].

La conquête de la Sicile, l'ouverture de Rome vers l'Orient, le sac de Délos et le retour dans la péninsule des *negotiatores* italiens favorisent l'introduction du culte d'Isis en Campanie puis à Rome dès le milieu, sinon le premier tiers du IIe siècle av. J.-C. Si Sarapis devient

5. Id., « La diffusion isiaque : une esquisse », in *Fremdheit-Eigenheit. Ägypten, Griechenland und Rom. Austausch und Verständnis*, dans P. C. Bol éd. (Städel-Jahrbuch N. F. 19), Stuttgart, 2004, p. 548-556.

6. Id., *Isis, Dame des flots* (Aegyptiaca Leodiensia, 7), Liège, 2006.

avec les Flaviens une divinité de premier plan, c'est, dans le couple, Isis qui rencontre le plus de succès auprès de la population, comme l'attestent inscriptions, statuettes et bijoux. L'étude du panthéon de plusieurs laraires, en Italie comme dans plusieurs autres provinces occidentales de l'Empire, confirme cette popularité. A la différence de la Grèce, ce n'est pas l'aspect maternel d'Isis qui semble prédominer en Italie. C'est plutôt celui de protectrice, de Fortuna, de puissance supérieure au destin et dispensatrice de richesses : elle est *pharia*, *pelagia*, *restitutrix salutis*, *victrix*, *invicta*, *frugifera*. Souveraine toute-puissante du monde, elle est *augusta*, *regina*, *domina*, *triumphalis* ; non seulement Isis vainc le sort, mais elle assume elle-même le rôle du destin. Cette omnipotence se traduit plastiquement par une image très standardisée, qui présente Isis debout, le poids du corps porté sur une seule jambe, un sistre brandi de la main droite et une situle dans la main gauche pendante. Ce type est souvent considéré comme l'image « canonique » de la déesse, parce que la plus fréquente dans la sculpture. Pourtant, aucune représentation ne paraît antérieure au Ier siècle ap. J.-C. Cette image doit correspondre à l'iconotype officiel diffusé par le pouvoir impérial – peut-être à l'initiative des Flaviens –, repris à l'envi dans les monnayages provinciaux et la sculpture jusqu'à la fin du IVe siècle.

A l'époque hellénistique, en Égypte comme ailleurs, les sculptures montraient plus généralement Isis tenant une corne d'abondance dans la main gauche et, semble-t-il, une patère dans la droite baissée, ou bien encore une situle dans la gauche baissée et un *uræus* dans la droite tendue vers l'avant. Le premier type peut remonter au IIIe siècle av. J.-C. On le trouve aussi bien à Alexandrie qu'à Délos ou sur des lampes de Pompéi. Le second type, peut-être légèrement postérieur au premier, demeure très populaire en Égypte à l'époque romaine, comme le montent les statues cultuelles de l'Isieion de Ras el-Soda et du Sarapieion de Louxor, qui datent du IIe siècle de notre ère.

Beaucoup plus rares sont les images d'Isis *lactans*, d'Isis *navigans* et d'Isis-Sothis chevauchant le chien, essentiellement transmises par la documentation numismatique et lychnologique. Remarquable est la quasi absence de figurations locales, empruntant à telle ou telle divinité soit son nom, soit l'un de ses attributs[7]. Seul le cas d'Isis-Noreia, en Norique, peut être signalé.

7. J. Leclant, « Isis, déesse universelle et divinité locale, dans le monde romain », *Iconographie classique et identités régionales* (*Bulletin de Correspondance hellénique*, Suppl. 14), Paris, 1986, p. 341-353.

Notons pour finir combien rares sont les bustes d'Isis. Loin derrière les représentations en pieds, ils semblent n'avoir occupé qu'une place secondaire dans l'iconographie officielle, contrairement à Sarapis, dont les représentations en bustes sont très fréquentes.

Le rituel, quant à lui, était fort comparable à ceux des cultes grecs, même si l'on doit noter ici et là quelques influences égyptiennes. Il en est ainsi de la toilette de la statue divine, des rites de lustration ou de purification ; l'importance attachée à l'eau dans les cultes isiaques rappelle l'eau sainte du Nil, symbole de régénération et d'immortalité. La tenue de repas cultuels, signalés jusque dans le sanctuaire isiaque de Cologne, en Germanie, auxquels participent les dieux, est déjà attestée dans l'Égypte hellénistique. Une coloration exotique était parfois donnée par un *dromos* bordé de sphinx, comme au Sarapieion C de Délos ou à l'Iséum du Champ de Mars, renforcée par la présence à l'intérieur du sanctuaire de statues égyptiennes ou de style égyptisant ; à l'époque impériale, les temples égyptiens de Rome et de Bénévent s'ornent d'obélisques, de statues de pharaons, de cynocéphales et de lions ; dans l'Iséum de Cherchel, un crocodile capturé au sud de l'Atlas marocain permettait à Juba II de prouver que le Nil prenait sa source dans ses états, au sud des Colonnes d'Hercule.

Enfin, sous l'influence croissante des préoccupations eschatologiques, Isis était devenue, dès l'époque hellénistique, une déesse des mystères. Dans son arétalogie, Isis déclare qu'elle a « montré aux hommes l'initiation », et dans le texte de Maronée, en Thrace, daté de la fin du IIe siècle av. J.-C., elle affirme qu'elle a fait don des écrits sacrés aux mystes, tandis qu'Osiris lui-même est qualifié de *mystes* dans une inscription de Thessalonique du IIe siècle av. J.-C. Les dévots ne se contentent plus de lui demander le bonheur terrestre, ils veulent assurer leur survie dans l'au-delà et leur félicité éternelle. L'origine des mystères isiaques est-elle à rechercher en Égypte même, comme on l'a longtemps cru ? Certainement pas. Le modèle des *mysteria* remonte à l'Éleusis de la cité classique. On en note la prégnance dès l'époque hellénistique, par exemple quand l'auteur juif du roman *Joseph et Aseneth* décrit le judaïsme comme une religion à mystères, dans le souci de le présenter dans un écrin familier aux Grecs. En Égypte, on jouait certes des drames sacrés, celui de la passion d'Osiris entre autres ; mais il n'est point question là de mystères au sens grec du terme. Dans l'ancienne Égypte, seul le défunt était consacré et divinisé ; dans les mystères hellénisés, c'est le vivant qui est initié, donc libéré du présent et de l'angoisse terrestre. Par l'initiation aux mystères isiaques, le myste est sauvé ; débute alors une existence nouvelle qui le sauvera du néant après la mort et lui permettra de partager le sort d'Isis.

Ce sont ces multiples fonctions, ces aspects divers, cette personnalité complexe et proche à la fois qui surent séduire, huit siècles durant, de l'Empire kushan aux rives atlantiques du couchant, nombre d'hommes et de femmes, qui reconnurent en Isis l'*una quae es(t) omnia*, comme la définit si bien une dédicace de Capoue du IIe siècle ap. J.-C.

Laurent BRICAULT

LA MÉDITÉRRANÉE, TRAIT D'UNION OU BARRIÈRE ?

Une image empruntée à la neurophysiologie serait peut-être plus adéquate : la synapse, qui laisse passer ou bloque les neuromédiateurs. La Méditerranée a pu servir de synapse culturelle entre plusieurs mondes. Sa vocation naturelle a-t-elle toujours été de se trouver en position ouverte, ou non ? Un débat célèbre, ouvert par Henri Pirenne en 1937, relancé par Maurice Lombard dans les années 1950 et peut-être assoupi aujourd'hui, a porté sur le point de savoir qui est responsable de la fermeture de la Méditerranée et de la coupure des communications entre l'Orient et Occident : les barbares et la dislocation de l'Empire romain ou la conquête arabe ? Le débat n'a pu s'ouvrir et se prolonger que par l'effet d'un postulat implicite, à savoir que la position normale et naturelle de la Méditerranée est d'être ouverte et que sa fermeture demande explication. Le postulat inverse de la fermeture naturelle et normale aurait aboli la question dès l'origine. J'aimerais soutenir ce postulat hétérodoxe et tenter de le transformer en théorème, car il m'apparaît plus proche de la réalité et de la vérité, et susceptible de favoriser des changements féconds de point de vue. Les faits plaident en ce sens, à condition d'adopter la perspective juste. Les faits reçoivent des explications sensées. Les enseignements à tirer ne sont pas indifférents.

Les faits

Les faits sont des constructions de l'entendement, par application d'outils intellectuels à une documentation accumulée par les activités humaines et traitée de manière à pouvoir tester des hypothèses. Pour notre propos, le premier souci doit être de préciser l'échelle à laquelle les faits pourraient servir à conforter ou à ruiner l'hypothèse première de la Méditerranée comme obstacle culturel.

Quant à l'espace, l'échelle à retenir est celle à laquelle la mer peut être perçue comme une unité géographique distincte et cohérente, et non pas comme la juxtaposition et l'addition d'éléments disjoints – des rades, des baies, des côtes, des deltas, des estuaires, des bassins… –, telle qu'elle apparaîtrait à des échelles plus petites. Or, à cette échelle, les terres à considérer, que la Méditerranée est censée mettre en communication ou non, sont de dimensions continentales. L'échelle spatiale imposée par la problématique détermine l'échelle temporelle, où l'unité de compte n'est plus le siècle mais le millénaire. Ce choix d'échelle doit paraître incongru et inactuel à des spécialistes de la Méditerranée antique, pour qui l'échelle temporelle a pour unité sinon l'année du moins la décennie et, à contrecœur et faute de mieux, le siècle.

Qu'observe-t-on à cette échelle spatio-temporelle ? On aperçoit distinctement trois grands ensembles, que l'on conviendra d'appeler des « plaques culturelles », en référence à la tectonique des plaques géologiques. La plaque d'Asie Antérieure court de la Méditerranée orientale à l'Indus et de l'Asie centrale à l'Océan Indien. La plaque d'Afrique dessine un quadrilatère de l'Océan Indien à l'Atlantique et de la Méditerranée à la forêt dense. L'Europe est circonscrite par la Méditerranée au sud, l'Atlantique à l'ouest et les confins polaires au nord. A l'est, les limites sont plus indécises, quoiqu'elles n'excèdent guère le système hydrographique du Don, les marais du Pripet et la Baltique. En tout cas, culturellement et aux échelles définies, l'Europe ne s'étend certainement pas jusqu'à l'Oural. Il apparaît que les trois plaques ont la Méditerranée comme frontière commune. Par ailleurs, les contacts entre plaques sont possibles en trois zones. La plaque africaine touche la plaque européenne sur le détroit de Gibraltar et la plaque asiatique dans la presqu'île du Sinaï. En ces deux points, les transmissions de thèmes culturels sont possibles et plausibles. Les plaques européenne et asiatique se rencontrent en une zone plus indécise et plus étendue, puisqu'elle comprend les Balkans, la mer Noire et l'Asie Mineure, sinon en entier du moins largement à l'Est. Si l'on accepte l'image géologique, il s'agit moins d'une zone de contact, comme aux extrémités occidentale et sud-orientale de la Méditerranée, que d'une zone de subduction entre plaques.

Chaque plaque est esquissée dès le paléolithique supérieur – et même bien au-delà, si l'on voulait remonter plus haut dans les développements de la lignée humaine –, mais reçoit une individualité de plus en plus distincte et précise, au long des millénaires qui débutent avec la fin de la dernière glaciation et voient s'esquisser, s'accentuer, s'installer et s'approfondir la néolithisation. La question peut être soulevée : peut-on assigner à ces plaques culturelles une ou des évolutions typiques et orientées ? Pour répondre, il faut regarder au-delà de l'horizon méditerranéen et inclure dans l'échantillon à considérer les plaques culturelles chinoise, indienne et amérindienne. A cette échelle culturelle, on observe un mouvement obstiné de coalescence politique qui, en cinq à sept mille ans et par l'entremise de guerres et de conquêtes innombrables, aboutit finalement à l'impérialisation de la plaque. Un Empire chinois s'installe durablement au IIIe siècle av. notre ère, un Empire indien éphémère lui est à peu près contemporain, un ou deux empires amérindiens ont émergé au XVe siècle, dont les développements ultérieurs ont été abolis par la conquête européenne. La norme politique paraît devoir être un empire étendu à l'ensemble d'une plaque distincte. Comment s'applique-elle aux trois plaques mises en contact par la Méditerranée ?

La norme est scrupuleusement respectée par l'Asie Antérieure, qui ouvre, au demeurant, la marche, puisque l'unification impériale est acquise dès le VIe siècle av. notre ère par le truchement des Perses achéménides. Sur la plaque africaine, la norme a été abolie, de manière bien plus radicale et définitive par la désertification du Sahara que par les Espagnols en Amérinde. La mutation climatique saharienne – qui est le complémentaire inverse de la fonte de l'inlandsis eurasiatique et nord-américain – a rendu impossibles même les premières étapes de la coalescence politique, celles qui, en plusieurs millénaires, expriment l'évolution des tribus en chefferies et des chefferies en royaumes. La radicalité de la mutation est telle qu'il faut un effort violent, pour garder constamment à l'esprit la réalité originelle d'une plaque africaine et le fait avéré que, jusqu'au IIe millénaire av. notre ère, l'Afrique du Nord doit être tenue pour le nord de l'Afrique. La plaque européenne a, quant à elle, ignoré la norme, et, en lieu d'empire, a fait émerger, après une gestation de mille ans, entre 476 et 1453, pour retenir des dates symboliques, une solution originale et exclusive : non pas un empire mais un système diplomatico-stratégique reposant sur le principe de l'équilibre entre polities, dont aucune n'est assez puissante pour l'emporter sur la coalition de toutes les autres.

Chaque plaque évolue, pour l'essentiel, de manière endogène et sous la pression de contraintes et de facteurs propres. Sans doute, des contacts et des échanges s'effectuent entre les trois plaques, comme il s'en effectue entre l'Asie Antérieure et l'Inde, entre l'Inde et la Chine, entre les Andes et les hauts plateaux mexicains. Mais les transmissions ne sont pas plus marquées et décisives entre les plaques communiquant par la Méditerranée qu'ailleurs. Une exception majeure se signale à l'attention, à savoir la néolithisation technique et économique, qui marque le passage, lent et continu, de la prédation à la production alimentaire. Sur la plaque européenne, la néolithisation est originaire d'Asie Antérieure, selon trois directions et en trois vagues distinctes et séparées : le long des côtes méditerranéennes à la mi-VIIe millénaire av. notre ère, selon le système du Danube à la mi-VIe millénaire av. notre ère et par le Dniepr, le Dniestr et les plaines d'Europe du Nord à la mi-V^{e} millénaire av. notre ère. La Scandinavie vit sa néolithisation beaucoup plus tard, à partir du IIe millénaire av. notre ère. Sur la plaque africaine, on enregistre également trois directions. Le front le plus important et le plus décisif est saharo-soudanais, qui s'impose dès la fin du VIIe millénaire av. l'ère, en progressant d'est en ouest. Cette orientation semble indiquer une origine asiatique, mais elle n'est pas assez marquée, pour que soit exclue la possibilité d'un foyer néolithique autochtone. La néolithisation suivant les côtes méditerranéennes vient, comme en Europe, d'Asie. La troisième progression selon les parallèles concerne, dans le nord-ouest de l'Afrique, les reliefs du Tell et de l'Atlas, où l'influence saharo-soudanaise paraît décisive.

Quelle position et quel rôle attribuer à la Méditerranée dans cette animation ? La réponse brutale est que, pendant ces millénaires, elle ne joue aucun rôle, en tout cas pas de contact entre les trois plaques. Avec la néolithisation en marche sur les trois plaques, on constate le développement non pas d'une synapse entre elles, mais d'une aire culturelle méditerranéenne propre et distincte. Sur cette aire culturelle, on observe une ligne évolutive caractéristique et en grande partie endogène. Aux VIIe et VIe millénaires av. l'ère, la néolithisation progresse le long des côtes et par les îles, en procédant par sauts et en profitant du cabotage. Des ensembles régionaux finissent par émerger, par exemple l'ensemble culturel formé par les littoraux maghrébin, espagnol, français, italien et insulaires. Entre ces aires régionales, les contacts et les échanges sont sporadiques avant l'âge du Bronze. A partir de là, ils s'intensifient, en continuant de privilégier le cadre méditerranéen. Il est frappant que, malgré l'antériorité chronologique du front de néolithisation méditerranéen, tant au nord qu'au sud de la mer, le passage à la production de l'Afrique et de l'Europe ne doit rien à leur front méditerranéen respectif. Avec le temps, on voit émerger et se consolider des ensembles politiques, phénicien, grec, punique, italiote, romain, étrusque..., tous strictement méditerranéens et peu tournés vers les profondeurs des trois plaques. Enfin, l'unification politique est effectuée sous l'égide de Rome. L'aboutissement reçoit des évolutions antérieures ses deux caractères distinctifs. D'une part, l'Empire romain ne vérifie pas la norme néolithique impériale, puisque, non content de ne pas s'identifier à une plaque culturelle, il inclut dans une formation politique commune des fragments de trois plaques. D'autre part, l'Empire correspond à l'unification politique, par la guerre et la conquête, de l'ensemble méditerranéen, qui a évolué de manière très largement autonome pendant des millénaires et qui constitue ainsi son centre de gravité géostratégique.

Le diagnostic est clair : la Méditerranée n'est pas une synapse du tout ! Elle est une zone de contact, mais par simple contiguïté géographique. Les échanges et les rapports les plus importants entre les plaques ne passent pas par la Méditerranée, mais par Gibraltar, le Bosphore et le Sinaï. Par ailleurs, cette zone est très capable de s'ériger en entité historique et culturelle distincte, en contact avec les trois plaques : d'un intermédiaire putatif, la Méditerranée est devenue un interlocuteur à part entière et potentiellement dominant.

Les explications

Elles doivent porter sur deux objets distincts, d'une part les grandes plaques culturelles et, d'autre part, la Méditerranée comme ensemble culturel et politique. Quant aux plaques culturelles, une explication à peu près convaincante devrait s'attacher à montrer, d'un côté, la rationalité ou la logique des grands ensembles culturels en tant que tels, c'est-à-dire comme objets de la matière historique à côté d'autres comme les polities, les systèmes diplomatico-stratégiques transpolitiques, les réseaux de communication et beaucoup d'autres. De l'autre côté, il conviendrait de trouver les raisons de la définition de telles plaques. De même, ce ne serait pas la même démarche, qui s'attacherait à examiner pourquoi l'espèce humaine se constitue en sociétés politiques ou polities, définies comme des espaces de pacification tendancielle vers l'intérieur et de guerre virtuelle vers extérieur, et celle qui prétendrait expliquer la France, la Chine ou les États-Unis comme des cas de polities historiques. Curieusement, dans le cas des grandes plaques, les deux démarches convergent et se confondent au niveau des principes les plus généraux de l'explication. Les données empiriques sont incontestables. Alors que l'humanité paléolithique était distribuée – les Aborigènes australiens en témoignaient encore à la fin du XVIIIe siècle – en minuscules ethnies d'un millier d'individus, chacune explorant son propre champ de possibles culturels, l'humanité néolithique a été happée dans un mouvement lent et inexorable de regroupement et de coalescence, jusqu'à être tendanciellement distribuée en six ou sept grands ensemble.

Ceux-ci couvrent environ cinq millions de km^2, mettent de cinq à sept mille ans pour se constituer, ont disposé, dans les meilleurs cas, de cinq mille ans pour se développer et se consolider, avant que l'irruption de la modernité vînt bouleverser la donne historique, et trouvent leurs destinations politiques dans la fondation d'un empire. La Chine, l'Inde, l'Asie Antérieure et l'Amérinde – celle-ci avec des incertitudes, en raison d'une évolution plus tardive et interrompue brutalement – répondent exactement à ces critères. L'Europe aussi, sauf que l'aboutissement politique n'a pas été un empire, mais une transpolitie en équilibre, que l'on appelait « la balance européenne » au XVIIIe siècle et « le concert des nations européennes » au XIXe. En Afrique, il est rétrospectivement assuré que, sans l'épisode majeur de dessiccation qui a donné naissance au Sahara, une civilisation unitaire se serait développée au nord de la forêt dense et qu'elle aurait abouti probablement à un empire et certainement à une organisation politique l'incluant dans son intégralité. Au sud de la forêt, l'Afrique bantoue a vécu sa néolithisation avec plusieurs millénaires de décalage et à partir de l'ère chrétienne seulement, si bien qu'il est impossible de discerner des lignes directrices et encore moins de fixer des contours et des aboutissements.

Dans tous les cas, le principe général de l'explication est assez simple et constitué de deux volets. Les grandes plaques correspondent manifestement à des zones climatiques circonscrites. Montesquieu n'avait pas tort de placer le climat à la base de l'explication des affaires humaines, mais il aurait eu encore davantage raison, s'il eût posé que le climat – et, plus généralement, les milieux naturels – ne fait sentir son influence que par l'entremise des équipements techniques avec lesquels les humanités s'adaptent à leur environnement. Pendant les dix à douze mille ans de néolithisation et de néolithique, l'équipement technique a été développé à l'occasion de l'agriculture principalement. Ainsi, un premier volet est économique et technique.

Le second volet concerne l'espace, les communications, les coûts de transaction, les réseaux, qui tous convergent dans une problématique politique. En conformité avec le concept du politique, celle-ci se développe dans deux directions. Selon l'une, des espaces de pacification tendancielle sont définis, qui se fondent sur la circonscription de polities et sur la définition de régimes politiques, c'est-à-dire sur des modes d'organisation des relations de pouvoir. Selon l'autre, des guerres sont inévitables entre polities, qui, à l'échelle des siècles et encore plus des millénaires, conduisent inexorablement à l'absorption des polities les unes par les autres, jusqu'à l'émergence d'un vainqueur ultime, Qin en Chine, les Maurya en Inde, les Perses achéménides en Asie Antérieure. Un empire est simultanément une politie continentale et un régime politique adapté à sa gestion la plus efficace et la moins coûteuse possible. On peut plaider que l'Empire chinois a le mieux réussi cet exercice périlleux et que, à ce titre, il peut être utilisé comme étalon dans les études comparatives. Le second volet est politique.

Une explication plus ambitieuse encore chercherait à intégrer les facteurs économiques et politiques, soit dans un ordre de dimension supérieure soit en les subordonnant les uns aux autres. La première paraît impraticable. La seconde favorise le politique sur l'économique. Quoi qu'il en soit, si le principe de l'explication est simple, son détail est infiniment compliqué et chaotique. La combinaison du principe et du détail fait irrésistiblement penser à une image empruntée à la physique et/ou aux mathématiques, celle du chaos et de l'attracteur : des mouvements dispersés dans tous les sens favorisent malgré tout une certaine direction qui les attire. En l'occurrence, l'attracteur est l'empire, qui maximise les avantages économiques et minimise les coûts politiques.

La Méditerranée perçue comme ensemble culturel et politique résulte de facteurs et de contraintes bien connus. Le plus frappant et le plus distinctif est un climat particulier, à la fois original, rare et même unique par son extension. Les autres zones de climat méditerranéen, la Californie, le Cap, la côte centrale du Chili, sont plus étroites, moins tranchées et peut-être moins équilibrées. Ce climat fait contraste le plus vif avec l'arrière-pays en Afrique, où celui-ci est un désert. Il est moins marqué, mais à peine, en Europe, où les influences océaniques et continentales s'imposent très vite, à l'occasion au bord même de la Méditerranée par l'influence du relief. En Asie Antérieure, les transitions sont mieux assurées, mais le relief et l'aridité imposent des coupures saillantes. Ensuite, la mer elle-même est hostile et difficile à pratiquer pour des techniques pré-modernes de navigation. Elle est, de ce fait, peu liante et favorise le cabotage le long des côtes aux dépens de la navigation en haute mer. Cette contrainte favorise la dispersion contre la concentration. Un corollaire de cet état de fait est la difficulté d'assurer le contrôle de la mer. La piraterie en est encouragée, qui contribue à la dispersion et au repli sur des positions mieux protégées. Les données climatiques, topographiques, hydrographiques et hydrologiques, enfin, se combinent, pour favoriser décidément la définition et la circonscription d'unités locales menues, une rade, un estuaire, une plaine côtière... En raison des milieux naturels, des équipements techniques et du coût des relations, chaque unité tend à l'autarcie et toutes trouvent à peu près les mêmes solutions. Se suffisant à elles-mêmes, elles n'ont pas besoin des autres. Ajoutons que la pénétration de l'arrière-pays à partir de la mer ne va pas de soi, en raison des obstacles physiques mais surtout du fait d'une inappétence, imposée par les contrastes mêmes entre la zone méditerranéenne et l'intérieur des continents. Au total, on peut caractériser la Méditerranée comme une zone à la fois distincte par rapport au continent et centrifuge par rapport à elle-même.

En combinant les deux objets, les plaques culturelles et la Méditerranée, on obtient un tableau cohérent et intelligible. Il se signale à l'attention par trois traits dominants. La Méditerranée, d'abord, est une zone de contact entre les trois plaques culturelles, pour des raisons de simple contiguïté. Des objets, des informations, des thèmes passent par elle, car il est de la nature des plaques culturelles de s'interdire une étanchéité totale. Pourquoi ? Parce que l'espèce humaine est une et que ses représentants finissent toujours par communiquer peu ou prou. Entre la Chine et l'Inde, la barrière de l'Himalaya et du Tibet est redoutable, si bien que les deux plaques ont choisi de communiquer en la contournant au nord par les steppes – et non, énigmatiquement, par le sud et la voie maritime. La Méditerranée, ensuite, est une zone à part, qui ne se confond avec aucune des trois plaques ni ne se fond en aucune d'elles. Cette particularité encourage le repli sur soi et l'enfermement dans la résolution de ses propres problèmes et dans l'exploration de ses possibilités propres. La tendance de fond n'est pas tant de dresser une barrière que de s'abstenir de servir de trait d'union. La vocation naturelle n'est pas synaptique. La Méditerranée, enfin, est une zone centrifuge par rapport à elle-même. Cette dominante la disqualifie encore plus pour la fonction de trait d'union ou de synapse. Mais, comme la contiguïté est un fait, la barrière n'en est pas une, ou bien elle est friable et poreuse. Une perception plus juste note une tendance plus marquée de la Méditerranée à l'introversion qu'à l'extraversion.

Enseignements

Les enseignements principaux de la thèse sont structurels et conjoncturels, d'un côté, et touchent aux destinées de Rome, de l'autre. D'un point de vue structurel, si la thèse est, sinon vraie, du moins vraisemblable, la Méditerranée n'est pas le centre de gravité des trois plaques culturelles. En conséquence, il faut les chercher ailleurs. La quête conduit à des conclusions non quelconques, qui pèsent probablement encore aujourd'hui sur les développements à très grande échelle de l'humanité. Sur la plaque européenne, le centre de gravité est probablement les Germanies puis les Allemagnes. Le diagnostic soulève deux questions cruciales. La première est de savoir pourquoi les Romains ont décidé de s'arrêter à la frontière du Danube et du Rhin. La réponse de principe n'est pas énigmatique. Rome étant centrée sur la Méditerranée et installée sur les trois plaques, elle avait perdu la liberté de centrer son empire sur l'une des trois, sans risquer à coup sûr la dislocation. Elle devait contenir son rayon d'action géostratégique dans des limites lui permettant de transférer des troupes en n'importe quel point chaud de son empire dans les délais les plus brefs. Une seconde considération était la nature du terrain en Europe centrale, encore largement boisé et peu propice aux manoeuvres de la cavalerie, et la structure encore tribale des sociétés. Celle-ci favorise la défense aux dépens de l'attaque, en se pliant spontanément aux maximes de la guérilla : se disperser quand l'ennemi attaque en force et se regrouper contre ses points faibles. Quant aux Allemagnes, elles posent la question la plus cruciale de l'histoire européenne moderne et contemporaine. Pourquoi le centre de gravité européen a-t-il manqué, au XVe siècle, de s'actualiser politiquement, en créant ainsi un vide et une zone de fracture, là où il importait d'instaurer la stabilité ? Pourquoi un royaume d'Allemagne n'a-t-il pas émergé de l'âge féodal, comme ont émergé des royaumes d'Angleterre, d'Espagne, de France, de Suède… ?

Le centre de gravité de l'Asie Antérieure est, à n'en pas douter, la Mésopotamie. Le constat soulève, ici aussi, une question cruciale. Pourquoi les Achéménides et les Abbassides n'ont-ils réussi à maintenir leur position que pendant deux siècles environ à chaque fois ? La réponse doit être cherchée dans le triomphe apparemment invincible de forces centrifuges dominantes. Celles-ci peuvent être rapportées de manière plausible à un climat de type sahélien, caractérisé par une pluviosité parcimonieuse et irrégulière, et, en conséquence de cette donnée naturelle, à un habitat en forme d'oasis séparées par des solitudes. Cette structure réticulaire à grandes mailles impose des coûts prohibitifs de contrôle de l'espace, tout en favorisant les raids de conquête de très grande ampleur, à la manière d'Alexandre, des Arabes, des Mongols et des Turcs. Le fait est que, avec le temps, trois grands ensembles ont fini par émerger, iranien, arabe et turc, et que c'est l'ensemble arabe qui s'est révélé le plus centrifuge et le plus fragile.

En Afrique, le centre de gravité a été purement et simplement aboli, ce qui a rendu autonomes les franges nord et sud, sahéliennes, et problématiques les communications à travers le Sahara. Ce destin historique interrompu par les fluctuations climatiques pose la question de la destinée des franges. La réponse est nette au nord. Celui-ci n'avait le « choix » qu'entre deux sorts : ou bien l'intégration dans un ensemble méditerranéen, ou bien la captation par l'une ou l'autre des plaques européenne et asiatique. Dès la plus haute époque, la vallée du Nil et l'Égypte ont adopté la solution asiatique et s'y sont tenues indéfectiblement. Le reste de l'Afrique du Nord, jusqu'à l'Atlantique, a davantage hésité, du fait de l'épisode romain, mais, pour l'essentiel, l'Asie Antérieure l'a emporté dès la période byzantine. Au sud, la situation est plus confuse, en raison des contacts imposés avec l'Afrique de la forêt et bantoue. Malgré tout, malgré le désert et la difficulté des communications, toute la zone sahélienne, de l'Atlantique à l'océan Indien, a conservé une personnalité distincte et maintenu des contacts avec l'Asie Antérieure. Quant aux relations entre les deux zones sahéliennes, elles ont pris, à l'occasion, des formes messianiques et millénaristes tout à l'Ouest avec les Almohades et les Almoravides, sont demeurés discrets et sporadiques dans tout le Sahara et n'ont été maintenus durablement et continûment que par l'Égypte et le Haut Nil, ce qui suffit à expliquer la prégnance des influences asiatiques.

Le point de vue conjoncturel est défini par les rapports susceptibles d'être noués soit entre les plaques soit en Méditerranée même. La conjoncture introduisant par définition dans la complexité des événements, il convient de s'en tenir aux propositions les plus générales, celles qui ont des chances d'être vérifiées dans toutes les conjonctures, du moins à l'échelle des millénaires. La plaque africaine, ce qu'il en reste, peut être conquise à frais réduits à partir des deux autres plaques, mais les bénéfices de l'aventure sont limités. Elle s'est toujours limitée à l'Afrique du Nord, où l'Égypte est le trophée le plus convoité, mais est devenu un élément actif de la plaque asiatique. Ce n'est qu'au XIXe siècle, dans une conjoncture moderne radicalement nouvelle et pour des raisons internes à l'Europe et à son principe d'équilibre, que Français et Anglais ont cru bon de conquérir et de se partager l'ensemble presque complet de la plaque et, au-delà, le reste de l'Afrique.

La plaque européenne est rendue imprenable, depuis l'Asie Antérieure, par la multiplication des centres de pouvoir politiques. Leur prolifération repose sur et perpétue, par une action réciproque, l'impossibilité de l'unification impériale et la structure aristocratique des sociétés. Comme le notait déjà Machiavel, l'Europe peut, à la rigueur, être conquise, mais le contrôle durable des conquis est impossible : la résistance est inévitable et, ses coûts de coalition étant bas, irrésistible. Les échecs des Huns, des Arabes, des Mongols et des Turcs ont pu avoir des raisons conjoncturelles voire anecdotiques, mais les racines sont beaucoup plus profondes. Inversement, l'Asie Antérieure peut être conquise à partir de l'Europe, comme en témoignent Alexandre et des épisodes contemporains, mais la conquête est ruineuse et éphémère à raison des coûts infligés par la dominante centrifuge.

En Méditerranée même, la réponse la plus générale est triple. Ou bien la barrière l'emporte, si bien que l'Europe et l'Asie s'ignorent : il ne se passe rien sinon la piraterie. Ou bien la Méditerranée s'anime, en raison de développements survenus en Europe et en Asie et suivis de la prise de contact entre elles, par exemple les poussées arabes, les Croisades, l'expansion ottomane et l'impérialisme européen au XIXe siècle. Ou bien le plus improbable survient et la Méditerranée est érigée en entité distincte. Cette issue est intervenue une seule fois sous la figure de l'Empire romain.

A propos de Rome, l'enseignement unique à tirer de la thèse est que son aventure impériale est une aberration historique. Ce diagnostic permet de soulever les questions les plus pertinentes et d'en esquisser les réponses. La première explication doit s'appliquer aux raisons pour lesquelles les franges méditerranéennes des trois plaques se sont retrouvées détachées de leur appartenance naturelle. La réponse est évidente pour la frange africaine : le Sahara l'a transformée en Afrique du Nord en place du nord de l'Afrique. Elle l'est à peine moins pour l'Europe : la sortie de la dernière glaciation s'est opérée du sud au nord et a été doublée par une néolithisation en trois bandes parallèles suivant la même progression. La réponse est plus délicate pour l'Asie Antérieure. Le facteur le plus apparent est, sans doute, la conquête d'Alexandre, suivie immédiatement de l'éclatement de son Empire. Mais le basculement des Séleucides en direction de l'ouest a dépendu d'une résurgence iranienne par l'entremise des Parthes. Un troisième facteur, plus difficile à peser, a pu être la construction de l'Empire maurya en Inde. En bloquant toute velléité d'aventure militaire à l'est, il a pu détourner les Parthes vers l'ouest, contrairement à la situation qui, au début du XVIe siècle, invitera les Moghols à s'aventurer en Inde. Ainsi, les trois facteurs ont pu se conjuguer, pour tourner vers la Méditerranée le Cham et l'Asie Mineure.

Une deuxième question porte sur les raisons de l'unification politique des trois franges. Une réponse de principe est proposée par la théorie des jeux. Les jeux à deux ou trois ne connaissent aucun point d'équilibre, ce qui les rend intrinsèquement instables. D'autre part, ce sont des jeux de tout ou rien, où celui qui gagne, gagne tout, et celui qui perd, perd tout. En conséquence, aucun des joueurs ne peut faire confiance aux autres, car l'enjeu est trop important et chacun doit saisir toute occasion de gagner. Or gagner ou perdre, quand les joueurs sont des polities, c'est conquérir ou être conquis. La logique de ces jeux transpolitiques à deux ou trois conduit irrésistiblement, à l'échelle des siècles, à l'émergence d'un vainqueur ultime et à la fondation d'un empire. Il se trouve que la Méditerranée, entre le IIIe et le Ier siècle av. notre ère, a vécu des jeux à deux ou à trois, entre Rome, Carthage et les royaumes hellénistiques. La théorie prédit un vainqueur ultime, mais elle ne permet pas de le désigner à l'avance. D'où la troisième question : pourquoi Rome ?

Personne, jusqu'ici, n'a trouvé d'explication meilleure que celle de Polybe. Elle est distribuée en deux départements. L'un est intelligible en grande partie, qui souligne les avantages que la politique extérieure peut tirer d'un régime politique mixte, où les trois éléments monarchique, aristocratique et démocratique ont atteint une expression presque pure et réussi un équilibre à peu près parfait. Selon Aristote – et toute théorie politique qui tienne –, ce régime mixte est le meilleur, et, selon Cicéron – et toute histoire politique qui mérite l'assentiment –, la cité de Rome en a procuré, par des développements organiques étalés sur des siècles, l'exemplaire le plus réussi. L'autre département demeure aussi énigmatique qu'il l'était aux yeux de Polybe. Il renferme la constance romaine dans un effort séculaire, une obstination fondée sur le mauvais caractère, la cupidité, la fierté, l'ambition, la vision, par un ensemble de qualités, de vertus et de vices, dont on ne voit pas comment on pourrait les expliquer, même en recourant aux vertus éducatrices de la religion romaine. Au demeurant, la perfection du régime politique est, elle aussi, mystérieuse, comme le sont toutes les singularités historiques.

Il convient de les repérer, de les saisir dans leur vérité et de s'abandonner à l'admiration de l'improbable et de l'unique.

Il reste à tirer les conséquences des réponses aux questions. Elles sont manifestes et connues. Deux ressortent avec une acuité particulière. L'Empire romain est composé de portions de trois plaques culturelles. Il en résulte que, sur chacune, il a dû constamment affronter des ennemis, sans jamais pouvoir les vaincre définitivement. Cette situation contredit radicalement le concept même de l'empire, qui inclut la pacification d'une aire culturelle, étendue jusqu'à la zone indécise où les ennemis deviennent insignifiants, en temps normal. Cette situation anormale a fait de Rome un empire militaire, en contraste le plus marqué et le plus étrange avec l'Empire chinois, qui s'est conformé au concept d'empire jusqu'à se permettre de mépriser le métier des armes et de confiner au désarmement général. Le prix à payer par Rome pour cette « infraction conceptuelle » a été, d'un côté, des coûts prohibitifs, une fiscalité étouffante, une économie suffoquée et, probablement, une démographie anémiée, et, de l'autre, une instabilité politique chronique du fait des armées et de la carrière des armes comme filière principale de l'ascension sociale et des ambitions.

D'autre part, l'Empire étant disparate dans sa composition, les forces centrifuges sont irrésistibles et ne peuvent être contenues qu'à proportion de l'efficacité de l'appareil du pouvoir. La première grande crise de l'Empire, entre 235 et 270, révèle la fragilité de la construction. Les réformes institutionnelles de Dioclétien et les fondations de Constantin sont autant d'aveux d'impuissance face à la dérive qui affecte les deux plaques européenne et asiatique – l'Afrique du Nord n'est qu'un comparse et un objet de développements subis. On connaît la suite. Byzance rejoint ses destinées asiatiques, où le problème aurait dû être dorénavant : qui l'emportera, de Byzance ou de l'Empire sassanide et du christianisme ou du mazdéisme ? Personne n'aurait pu prévoir qu'un messianisme judéo-chrétien récupéré par des bédouins mettrait tout le monde d'accord, en imposant une solution inattendue. Quant à Rome, elle se consacre dès lors à sa vocation européenne et contribue de manière décisive à l'aventure européenne.

Jean BAECHLER

BILAN DU COLLOQUE

Tous les participants à ce XVIIe colloque conviendront que ces deux journées ont été aussi variées que riches d'enseignement. Nous sommes réunis en bordure de la Méditerranée et nous pouvons l'apercevoir des fenêtres de ce salon. Cette mer est assurément une zone de contacts, mais nous pouvons nous demander s'il s'agit plutôt d'un pont ou bien d'un fossé. Cette question se pose de nos jours de façon lancinante, comme une actualité souvent tragique vient nous le rappeler. Mais qu'en était-il dans l'Antiquité ? C'est bien à cela que nous nous sommes efforcés de réfléchir : le contact ne va pas de soi. Est-il négatif, ou bien pouvons-nous y retrouver des valeurs communes à tous les Méditerranéens, sous l'empreinte de la Grèce ?

Nous sommes remontés bien avant Alexandre le Grand, et même avant la naissance de l'Histoire, puisque nous nous sommes occupés de mythologie. Il nous en reste la valeur de l'épopée qui nous montre que les Grecs se sont intéressés très tôt à l'espace méditerranéen dans son ensemble.

On le savait, et des communications nous l'ont rappelé, il n'y a pas une langue grecque, mais des dialectes, L'influence des langues locales apparaît faible sur le grec en Libye. Mais il y a aussi la question du bilinguisme dans l'Afrique Mineure, et la pénétration d'expressions grecques dans un monde qui n'est certainement pas hellénophone.

La *paideia* a joué un rôle considérable, notamment en Asie Mineure, et nous avons pu voir que la culture classique grecque ne s'est pas développée dans l'isolement, mais bien dans le dialogue.

Un deuxième grand centre d'intérêt de notre rencontre a porté sur l'extension géographique des lieux de rencontre entre Grecs et non-Grecs. Et la question des flux s'est posée en même temps. Il y a les ports méditerranéens, mais il y a aussi les ports du désert. La rencontre du monde sédentaire et du monde nomade nous a été présentée à partir du cas de la Mésopotamie hellénisée, et nous avons pu méditer sur la lenteur des flux, d'Alexandre le Grand à Rome et enfin à Byzance.

A l'extrême Occident de l'espace méditerranéen, l'Afrique du Nord nous a amenés aussi à nous interroger sur la pénétration grecque dans ce monde considéré trop souvent comme exclusivement punique puis romain.

L'Égypte nous a fait prendre conscience d'une capacité d'attraction peu commune : et s'il n'y a visiblement pas de retour depuis la vallée du Nil en direction de la mer Noire, le Pont Euxin des Anciens, en revanche, la diffusion des cultes égyptiens a été un fait d'importance majeure, mais qui s'est développé sous une apparence grecque.

Les contacts, dans le cas égyptien, ne sont plus seulement entre Orient et Occident, mais aussi entre le Nord et le Sud. C'est aussi le cas des relations intellectuelles et artistiques entre Athènes et Cyrène.

Un troisième et dernier aspect de ce colloque a concerné la diversité des modalités de ces contacts. Les matériaux n'ont pas été absents, puisque nous avons envisagé le marbre et la céramique.

Même si elles étaient animées par des notabilités, les sodalités de l'Afrique antique nous ont montré comment la pénétration du grec pouvait s'opérer dans des milieux aux résonances populaires au IIe et au IIIe siècle ap. J.-C.

Les rapports entre le grec et le latin nous ont rappelé le poids des communications sociales à l'époque de l'Empire romain. Et le lien entre le politique et le religieux nous est apparu en pleine lumière avec la diffusion des cultes d'Isis et de Sérapis.

La grande question des relations de l'hellénisme et du judaïsme a fait la place qui devait lui revenir aux Septante. Mais nous avons vu aussi dans ce cadre la question du déclin de l'attachement des Juifs à la langue grecque.

Au travers de tant de situations différentes, heureuses ou moins réussies, il est demeuré évident que l'unité culturelle du monde antique n'a jamais été oubliée, et cela grâce au ciment constitué par l'hellénisme. En plein XVIIIe siècle encore, n'est-ce pas cette pensée qui a inspiré le « grand jeu » de Catherine II de Russie ?

André LARONDE

LES PARTICIPANTS

Alexandre AVRAM	Professeur à l'Université du Mans
Jean BAECHLER	Membre de l'Académie des Sciences morales et politiques
Nicole BELAYCHE	Directeur d'études à l'École pratique des Hautes Études, V^{e} section
Azedine BESCHAOUCH	Associé étranger de l'Académie des Inscriptions et Belles-Lettres
Laurent BRICAULT	Docteur de l'Université de Paris IV-Sorbonne
Hélène CARRÈRE D'ENCAUSSE	Secrétaire perpétuel de l'Académie française
Nathalie DE CHAISEMARTIN	Maître de conférences à l'Université de Paris IV-Sorbonne
Jean-Marie DENTZER	Membre de l'Académie des Inscriptions et Belles-Lettres
Jehan DESANGES	Correspondant de l'Académie des Inscriptions et Belles-Lettres
Catherine DOBIAS	Professeur émérite à l'Université de Bourgogne
Gilles DORIVAL	Professeur à l'Université de Provence
Mireille HADAS-LEBEL	Professeur à l'Université de Paris IV-Sorbonne
André LARONDE	Membre de l'Académie des Inscriptions et Belles-Lettres, Professeur à l'Université de Paris IV-Sorbonne
Jean LECLANT	Secrétaire perpétuel de l'Académie des Inscriptions et Belles-Lettres, Conservateur de la Villa Kérylos, Professeur honoraire au Collège de France
Jean-Jacques MAFFRE	Professeur à l'Université de Paris IV-Sorbonne
Thierry PETIT	Professeur à l'Université Marc Bloch-Strasbourg II

TABLE DES MATIÈRES

LES CAHIERS DE KÉRYLOS

N° 1. — Colloque du 27-30 septembre 1990, « Platonisme et Néoplatonisme — Antiquité et Temps modernes » — Athènes 1991 — épuisé

E. MOUTSOPOULOS, Le modèle platonicien du système ontologique plotinien

J.-F. MATTÉI, Du mythe hésiodique des races au mythe homérique des Muses dans la *République*

A. THIVEL, Hippocrate vu par Platon

N.-L. CORDERO, Les circonstances atténuantes dans le parricide du *Sophiste* de Platon

J.-M. GABAUDE, Les *Ennéades* et l'expression poétique de la métaphysique

L. JERPHAGNON, Plotin ou l'anti-Narcisse

M. DIXSAUT, Le sens d'une alternative (*Phédon*, 78b) ou de l'utilité des commentaires néo-platoniciens

A. CHARLES-SAGET, Le philosophe et le sacré. Réflexions sur le caractère hiératique de la philosophie chez Jamblique

M. KOUTLOUKA, La notion du temps, de l'Antiquité au christianisme

I. GOBRY, La ténèbre (γνόφος) : l'héritage alexandrin de saint Grégoire de Nysse

M. DE GANDILLAC, La renaissance du platonisme selon Marsile Ficin

K. CHRISTODOULOU, De quelques aspects du « platonisme » de Montaigne

J. DILLON, Notre perception du monde extérieur selon Plotin et Berkeley

A. PIGLER-ROGERS, Interprétation de la durée chez Plotin et Bergson

C. SPANTIDOU, Plotin et S. J. Perse : la rencontre lumineuse

P. RODRIGO, Τῆς ψυχῆς ἐπιμελεῖσθαι, Platon et la phénoménologie

D. O'BRIEN, Platon et Plotin sur les parties de l'autre (résumé)

L. WESTRA, Liberté, créativité et l'un de Plotin (résumé)

N° 2. — Colloque de l'automne 1991, « Les Grecs et l'Occident » — Rome 1995 — 14 €

N° 3. — Colloque du 29-30 octobre 1992, « Architecture du Rêve » — Paris 1994 — épuisé

N° 4. — Colloque du 30 septembre-3 octobre 1993, « Le Romantisme et la Grèce » — Athènes 1994 — 14 €

E. MOUTSOPOULOS, Fuite et nostalgie romantique de la Grèce

A. THIVEL, Prométhée, personnage romantique

J.-M. GALY, Le romantisme des premiers lyriques grecs

A. PIGLER-ROGERS, La *Penthésilée* de Kleist

A. VILLANI, Hölderlin et la question du centre

J.-L. VIEILLARD-BARON, Hegel et la Grèce

A. LANG, Le pessimisme romantique et le pessimisme dionysiaque des Hellènes selon Nietzsche

R. TSCHUMI, Résurgences grecques au fil du romantisme anglais

Ph. ANTOINE, De l'*Itinéraire* à la *Note sur la Grèce*. Évolution et constantes de l'attitude de Chateaubriand face à la Grèce

R. GARGUILO, D'Atala à Athéna. L'itinéraire poétique et politique de Chateaubriand

A. SANTA, Stendhal et la Grèce

A. COURT, Lamartine et la Grèce

J. GUICHARDET, Edgard Quinet, chantre de « La Grèce moderne »

J.-M. GABAUDE, Le romantisme de M. de Guérin et la Grèce

X. GOULA-MITACOU, Flaubert en Grèce

R. RICHER, Le romantisme grec

E. MOUTSOPOLOS, Considérations rétrospectives

N° 5. — Colloque du 6-9 octobre 1994, « Entre Égypte et Grèce » — Paris 1995 — 14 €

J. LECLANT, Préambule

F. REINACH, Avant-propos

N. GRIMAL, L'Égypte et le monde égéen préhellénique : entre commerce et histoire

A. LARONDE, Mercenaires grecs en Égypte à l'époque saïte et à l'époque perse

F. CHAMOUX, L'Égypte d'après Diodore de Sicile

S. AMIGUES, Les plantes d'Égypte vues par les naturalistes grecs

J. DUCAT, Grecs et Égyptiens dans l'Égypte lagide : hellénisation et résistance à l'hellénisme

J. SIRINELLI, Un regard sur la Bibliothèque d'Alexandrie

P. Arnaud, Naviguer entre Égypte et Grèce : les principales lignes de navigation d'après les données numériques des géographes anciens

V. Karagéorghis, Chypre entre l'Égypte et l'Égée

M. Dewachter, Un grec de Louqsor collaborateur de Champollion et Lepsius : Ouardi-Triantaphyllos

R. Richer, La communauté grecque d'Alexandrie au XIXe et XXe siècles

N 6. — Colloque du 6-7 octobre 1995, « L'Académie des Inscriptions et Belles-Lettres et l'Académie des Beaux-Arts face au message de la Grèce ancienne » — Paris 1996 — 14 €

J. Leclant, Préambule

R. Vian des Rives, Avant-propos

S. Exc. D. Macris, La Grèce éternelle et la Grèce d'aujourd'hui : un survol de la diachronie grecque

J. de Romilly, Des philologues au grand public : le renouveau des textes sur la Grèce antique

B. Zehrfuss, De Pergame à Kérylos, l'esprit grec

J. Marcadé, De Délos à Beaulieu

F. Chamoux, L'homme Socrate

J. Irigoin, Dom Bernard de Montfaucon

R. Turcan, Le symbolisme funéraire à l'Académie des Inscriptions et Belles-Lettres

J. de La Genière, L'immortalité d'Héraclès : voyage d'un mythe grec

H. Metzger, Perspective nouvelles offertes à l'étude des vases grecs et de leurs images

J.-L. Florentz, A l'écoute de la Grèce antique

P. Carron, L'Omphalos, centre du monde

A. Poncet, L'Influence de la Grèce antique sur la sculpture contemporaine

C. Abeille, La Grèce toujours recommencée

N° 7. — Colloque du 4-5 octobre 1996, « Regards sur la Méditerranée » — Paris 1997 – 14 €

J. Leclant, R. Vian des Rives, Préambule

J. Leclant, Allocution d'accueil

J.-R. Pitte, Un regard géographique sur la Méditerranée

F. Chamoux, Le monde égéen et l'Afrique

J. Desanges, Regards de géographes anciens sur l'Afrique mineure

N° 8. — Colloque du 3-4 octobre 1997, « Le théâtre grec antique : la tragédie » — Paris 1998 — 18 €

N° 9. — Colloque du 2-3 octobre 1998, « Alexandrie : une mégapole cosmopolite » — Paris 1999 — 18 €

S. Exc. Pierre HUNT, Adresse : L'année France-Égypte 1998

J. LECLANT, Allocution d'accueil

M. CHAUVEAU, Alexandrie et Rhakôtis : le point de vue des Égyptiens

G. LE RIDER, Le monnayage d'or et d'argent frappé en Égypte sous Alexandre : le rôle monétaire d'Alexandrie

J.-Y. EMPEREUR, Travaux récents dans la capitale des Ptolémées

F. BURKHALTER-ARCE, Les fermiers de l'arabarchie : notables et hommes d'affaires à Alexandrie

N. GRIMAL, L'Un et les autres

B. MEYER, Les *Magiciennes* de Théocrite et les papyrus magiques

F. CHAMOUX, Le poète Callimaque et le rayonnement culturel d'Alexandrie

A. LARONDE, Alexandrie et Cyrène

Cl. NICOLET, Alexandrie et Rome : peut-on comparer ?

J. MÉLÈZE MODRZEJEWSKI, Espérances et illusions du judaïsme alexandrin

M. PHILONENKO, La Bible des Septante

G. DORIVAL, Les débuts du christianisme à Alexandrie

A. LE BOULLUEC, La rencontre de l'hellénisme et de la « philosophie barbare » selon Clément d'Alexandrie

J. SIRINELLI, Clément d'Alexandrie, cosmopolitisme, œcuménisme

D. ROQUES, Alexandrie tardive et protobyzantine (IVe-VIIe s.) : témoignages d'auteurs

R. SOLÉ, La « Place des Consuls » à Alexandrie

N° 10. — Colloque du 1er-2 octobre 1999, « Le théâtre grec antique : la comédie » — Paris 2000 – 18 €

J. LECLANT et R. VIAN DES RIVES, Préambule

J. LECLANT, Allocution d'accueil

J. JOUANNA, Présentation du colloque

J.-M. GALY, Les moyens de la caricature dans les comédies d'Aristophane

I. RODRÍGUEZ ALFAGEME, La structure scénique dans les *Nuées* d'Aristophane

P. THIERCY, L'utilisation dramaturgique du chœur dans les comédies d'Aristophane

E. MOUTSOPOULOS, La musique dans l'œuvre d'Aristophane

N° 11. — Colloque du 13-14 octobre 2000, « Histoire et historiographie dans l'Antiquité » — Paris 2001 — 18 €

N° 12. — Table ronde du *LIMC* du 8-9 juin 2001, « Rites et cultes dans le monde antique » — Paris 2002 — 10 €

N° 13. — Colloque du 19-20 octobre 2001, « Tradition classique et modernité » — Paris 2002 — 20 €

N° 14. — Colloque du 18-19 octobre 2002, « La poésie grecque antique » — Paris 2003 — 20 €

J. LECLANT, Allocution d'ouverture

J. JOUANNA, Introduction

J. JOUANNA, D'Alcman et Pindare aux mélodes byzantins : continuité et évolution des mètres lyriques

E. CINGANO, Entre *skolion* et *enkomion* : réflexions sur le « genre » et la performance de la lyrique chorale grecque

D. CUNY, Théognis inspirateur de Sophocle ?

Ph. BRUNET, Sappho au banquet des Savants

A. BLANCHARD, Sémonide, fr. 7, v. 1-95 : pourquoi les femmes ne ressemblent-elles pas davantage aux hommes !

G. LIEBERMANN, La XIe *Néméenne* de Pindare, un vers de la dernière épode et le sens du mot γυῖα

J. YVONNEAU, Une énigme pindarique : l'ouverture de la *Néméenne* V

D. ARNOULD, Le mythe de Thésée dans l'œuvre de Bacchylide

P. JUDET DE LA COMBE, Réflexion dramaturgique et lyrisme. Sur les chœurs de l'*Agamemnon* et du *Prométhée enchaîné* d'Eschyle

Jacques JOUANNA, L'insertion du lyrisme dans le drame chez Sophocle : l'exemple d'un *commos* (*Philoctète*, v. 1081-1217)

M. TRÉDÉ, Présence et image des poètes lyriques dans le théâtre d'Aristophane

P. HUMMEL, La poésie lyrique entre archaïsme et classicisme

P. LAURENS, Une situation de rivalité linguistique : la réussite tardive d'un Anacréon latin

A. BÉLIS, Un *lyrikos* de l'époque des Antonins : Mésomède de Crète

N° 15. — Colloque du 10-11 octobre 2003, « La médecine grecque antique » — Paris 2004 — 20 €

Jean LECLANT, Allocution d'ouverture

Jacques JOUANNA, Avant-propos

Jacques JOUANNA, Médecine égyptienne et médecine grecque

Françoise SKODA, Les notions d'utilité et de nocivité dans la médecine grecque et leur expression lexicale

Simon BYL, Le délire, symptôme cnidien ou coaque ?

Paul DEMONT, Les humeurs : une question de goût

Danielle JACQUART, Médecine grecque et médecine arabe : le médecin doit-il être philosophe ?

N° 16. — Colloque du 8-9 octobre 2004, « La Grèce antique sous le regard du Moyen Âge occidental » — Paris 2005 — 24 €

N° 17 – Colloque du 14-15 octobre 2005, « L'homme face aux calamités naturelles dans l'Antiquité et au Moyen Âge » – Paris 2006 – 24 €

LAVAUZELLE graphic
87350 PANAZOL
(France)
N° Imprimeur : 7047053-07
Dépôt légal : Septembre 2007